平成時代の366名言集

～歴史に残したい人生が豊かになる一日一言～

久恒啓一［編著］

日本地域社会研究所

コミュニティ・ブックス

まえがき

日本地域社会研究所から刊行する私の「名言」シリーズは、2017年の『偉人の命日366名言集』、2018年『偉人の誕生日366名言集』に続いて、3冊目になります。

今回は時代も平成から令和に変わる時期でもあり、個人として平成を送るという意味合いから、平成の30年間に亡くなった人物を取り上げることにしました。当初予想したとおり、対象期間が短いことから難航したのですが、なんとか完遂できました。それがこの『平成時代の366名言集』です。

平成の時代に亡くなった人たちは、同時代を生きた人でもあり、「偉人」という範疇で論じるべきか疑問もあり、時代として選別しました。

取り上げた人物にはまだ時間がたっていないこともあって、私が訪問し続けている人物記念館がある人はほとんどいません。そのため自伝、伝記を中心とした書籍を中心に、毎日のように資料を読み込む日々が続きました。巻末の参考文献が膨大なのはこのためです。

また、過去の2冊は近代中心ではあっても、よく知られている著名人が多く、毎日の人選にはそれほど苦労はなく、その人とどう向き合うかが主要なテーマでした。しかし、平成時代に亡くなった人に絞ると、人選自体に困難がありました。そのため私自身も名前を聞いたことのない人を選ぶことになりました。そして芸能も含め全く知識のない分野もその都度、強制的に勉強するはめになりました。そのことで、近年にも偉い人がずいぶん存在したことがわかり、知らなかったことに恥ずかしくなったことも度々でした。その結果、少しは教養が身についた気もしています。2019年も、「平成編」を毎日、継続中です。この「修行」は人選も含め、今年はさらに困難な旅となっています。

「人の偉さは人に与える影響力の総量で決まる」という、人物記念館の旅から得た結論からいえば、取り上げた人物たちはやはり「偉い人」です。周囲に深く、同時代に広く、そして長く影響を与えた人たちです。

この書には「歴史に残したい　人生が豊かになる一日

一言」というサブタイトルがついていますが、この言葉は書いている私自身の感慨でもあります。毎日の早朝の彼らとの対話の時間は、至福の時間でした。この習慣はずっと続けていきたいと思っています。

久恒啓一

1月

1月1日　出羽錦忠雄……32
勇退の　伯父にはなむけ　初賜杯

1月2日　金子繁治……33
世界チャンピオンは、奪い取るものではなく、チャンピオンにふさわしい器になった者に神様が与えて下さる栄誉だよ。

1月3日　河原淳……34
ぼくの人生はおおかたのぞきに費やされてきました。

1月4日　鳥居民……35
なぜ、『昭和二十年』を書こうと考えたのか。多くの人々が命を奪われ、多くの人々が白らの命を断った年である。親は子に先立たれ、妻は夫を奪われ、子は親を失い、親と子が死んだ年である。そのような年は他にはない。その年はどういう年だったかを探ろうとした。

1月5日　長井勝一……37
商業誌なのにもうける気はなく、原稿料さえろくに払えない。それでも根っからの漫画好きが集まって、ここまで来た。やめたくてもやめさせてもらえなくてね。

1月6日　加藤芳郎……39
ちょっとだけ一生懸命という余裕があると、物の本質や形がわりと見えてくるものだ。

1月7日　小西和人……40
釣りに国境なし。

1月8日　横澤彪……42
（発想のもとになっているのは）少数派ですよ。絶対多数派においつかない。

1月9日　福井謙一……43
自分のやりたい学問と距離のある学問であればあるほど、後になって創造的な仕事をする上で重要な意味をもってくる。

1月10日　松本重治……45
日米関係は日中関係である。

1月11日　淡路恵子……47
体から心まで、とにかく自分のことは自分で管理していないと、女優はつとまらないわよね。

1月12日　深作欣二……48
いや、オレは過去を振り返るんではなく、若いヤツとやりたいんだ。
1月13日　坂田道太……49
むしろ素人の方がよい。
1月14日　和田勉……51
同じ役者とはほとんど二度と仕事をしない主義。
1月15日　大島渚……53
情報もいいでしょう。でも、生の体験は強い。
1月16日　秋山庄太郎……55
職業は紛れもなく写真家。趣味もまた写真。道楽なんだから始末におえない。
1月17日　小林繁……56
人生のバッターボックスに立ったら、見送りの三振だけはするな。
1月18日　岩見隆夫……58
晩年は、毎春、サクラ前線に合わせて、主として徒歩で日本列島を北上、ついで夏祭りをたどりながら南下、各地の銘酒を訪ね歩いた。
1月19日　大鵬幸喜……60
横綱が物言いのつく相撲を取ったのが悪い。
1月20日　柴田トヨ……62
人にやさしくする。そして、やさしくしてもらったら忘れない。これが百年の人生で学んだことです。
1月21日　村木良彦……64
仕事の面白さというのは、ジョブデザインだ。
1月22日　常盤新平……66
臆病になるな、他人の目や陰口にとらわれず、自分のやりたいことに忠実になろう。
1月23日　戸板康二……67
道にはトレーニングがつきもの。道とつく限り、鍛錬を抜きにしては考えられません。
1月24日　吉野トヨ子……70
吉野選手には顔中にひげが生えている。
1月25日　三木のり平……71
演技の勉強は、いつもじっと観察すること。面白い発見がある。それを芸にする。裏の裏を見る。仕掛けはどうなっているんだろうって思わないヤツに進歩はない。
1月26日　野中広務……73
「運・鈍・根」、つまり、運を得ることと、それを焦らず活かすための不断の努力、そして根性が、人間の進み方として一番必要じゃないかと思っています。

1月27日　大原富枝……75
「何が寂しいものですか。読みたい本も、考えることもたくさんある。年をとることって、楽しいですよお。
1月28日　山階芳麿……76
保護の仕事をやる以上、滅ぼさないようにしなければならない。
1月29日　布川角左衛門……78
今日も亦、生涯の一日である。明日を考えて共に生きよう。そこにそれぞれの人生がある。ゆっくり急げ。
1月30日　加藤寛……80
人生は修行の連続とよく言うが、世の中に無駄な仕事はない。どんな仕事もどんな経験でも必ずそこには自分に役立つ勉強が潜んでいる。だから、ただ働きを惜しんではいけない。
1月31日　芥川也寸志……81
父（芥川龍之介）が死んだ年齢である三十六歳を越えていく時は、もっとやり切れなかった。毎日のように、畜生！　畜生！　と心の中で叫んでいた。無論、自分が確立されていないおのれ自身への怒りであった。

2月

2月1日　佐伯旭……84
真理は平凡な中に在る。一朝一夕にことがなるものではない。一日一日が大事なのだ。
2月2日　山内一弘……85
ボールには打つところが5カ所ある。内側、外側、上、下、真ん中だ。
2月3日　三浦朱門……87
失敗談を語れ。
2月4日　芦野宏……89
シャンソンは「こころの歌」とも言われていますが、歌い手の人柄や人生が、歌の中に現われてくるものだと思います。
2月5日　初代　高橋竹山……91
ヘタな三味線では、だれも戸を開けてくんねえ。
2月6日　渡辺和博……92
主張と収入の和は一定である。
2月7日　河上和雄……94

はたして、この仕事だけで一生を終えていいのか？

2月8日　江副浩正……96
自ら機会を創りだし、機会によって自らを変えよ。

2月9日　高野悦子……98
興業という、文化から程遠いところで仕事をしていますが、志だけは高く持ってきました。

2月10日　石牟礼道子……101
銭は一銭もいらん。そのかわり、会社のえらか衆の、上から順番に、水銀母液ば飲んでもらおう。……上から順々に四十二人死んでもらう。奥さんに飲んでもらう。胎児性の生まれるように。そのあと順々に六十九人、水俣病になってもらう。あと百人ぐらい潜在患者になってもらう。それでよか。

2月11日　玉置宏……103
一週間のご無沙汰でした。

2月12日　石井慎二……105
自然に依拠し、移り変わる四季のなかで営まれている農の世界に身を寄りそわせること、そして、そこで自らの力によって創造していく、新しい自立自尊の生き方のいっさいをさして、田舎暮らしと呼ぶ。

2月13日　鈴木清順……107
不得手なものからは奇蹟は生まれない。

2月14日　中嶋嶺雄……108
日本だけで通用した東大を頂点とする身分属性の「学校歴」よりも、個人が国際社会で渡り合える知的経験、「学習歴」が大事です。

2月15日　武田豊……109
皆からリーダーは見つめられている。

2月16日　船村徹……110
俺は茨城弁で歌詞を書くから、お前は栃木弁で作曲しろ。

2月17日　藤田まこと……112
役者は権威と箔がついたら終わり。平でいたい。

2月18日　津島祐子……114
不運なことだけど、不運に溺れていると不幸になる。

2月19日　鄧小平……116
改革・開放には大きな肝っ玉が必要だ。正しいと思ったら大胆に試してみよ。

2月20日　金子兜太……117
長年の間に亡くなった人で、自分にとって印象に残っている人たち、お世話になった人とかいろいろいろ、つまり私にとって大切な、特別な人たちですが、その名前をずうっと言っていくのです。今、二百人くらいになっているかな。
2月21日　石橋信夫 …… 119
私は経営を耳で学んだ。これこそ生きた経営学である。私は学問はないが「聞学《もんがく》」は習得した。これが何よりの武器なのである。
2月22日　隅谷三喜男 …… 120
きみたちが専門と定めたことを学ぶとともに、人間とは何であるか、人生とは何であるか、という問いについても考えてもらいたいと思う。
2月23日　片倉もとこ …… 121
沙漠のままの文化を大切にしたい。
2月24日　前畑秀子 …… 122
練習中、泳いでいながらプールの中で汗が流れるのがわかった。
2月25日　飯田龍太 …… 123
誰もが感じていながら、いままで、誰も言わなかったことを、ずばりと言い止めた俳句。それが名句の条件である。
2月26日　宮脇俊三 …… 125
彼ら（車窓風景）は見てくれと私に言う。しかし同時に、おれのことをお前、書けるのか、と言っているように思われる。
2月27日　西田善夫 …… 127
笑顔の優勝です。泣かない優勝です。
2月28日　山下俊彦 …… 128
一番気を付けなければならないのは報告ですね。それも、相談する形で報告するのが、一番大切です。
2月29日　鏡里喜代治 …… 129
10番勝てないときだ。

3月

3月1日　かまやつひろし …… 132
ジャンルは関係ない。自分が活性化する。思わず夢中になってしまう一瞬が持てる相手に出会いたいといつも思っている。
3月2日　久世光彦 …… 133
うまくやろうと思うな。その先に広い世界はない。

3月3日　村松増美……134
私も英語が話せなかった。
3月4日　半村良……135
地図にカミソリで裂け目を入れて出来た楕円の空間に架空の土地を作れば、それがすごくリアルになるんだ。
3月5日　納谷悟朗……137
ただ声を当てればいいと考えている声優が多すぎる。目の前に客がいると思っていない。
3月6日　多湖輝……139
動けば必ず何かが変わります。動けば必ず何かがわかります。動けば必ず何かが身につきます。動くことによってあなたは強くなってきます。
3月7日　黒岩重吾……140
阿騎野の朝に志を立つ。
3月8日　池田満寿夫……142
すべての創造は模倣から出発する。創造が真の意味の創造であるためには、その創造のための模倣が、創造的模倣でなければならない。
3月9日　石田晴久……144
インターネットのある生活。
3月10日　山口昌男……145
自分のやりたい研究に指導教官など、この世にいないものと思え。
3月11日　上村松篁……147
鳥の生活を理解しなければ、鳥は描けない。
3月12日　五代目　桂文枝……148
無知であることは恥ずかしくない。無知に甘えることこそが恥ずかしいのだ。
3月13日　川村勝巳……149
会社の経営は、ある意味で不況の方がやりやすいこともある。
3月14日　円城寺次郎……151
椎名君、日経は新聞も出している会社にしたいんだよ。
3月15日　清水一行……153
なぜ、ぼくに声をかけてくれないのか。雑巾がけでもなんでもするから、仲間に入れてくれ。
3月16日　笠智衆……154
地道な努力というものも、だれも気が付かないようでいて、結局は、次第に人の目にも立つようになるものらしい。

3月17日　永井道雄……155
教育の主役は、幼稚園から大学院までの教師だ。
3月18日　稲森俊介……156
一人ひとりの能力を最大限に発揮しよう。
3月19日　夏樹静子……157
この本を、私に心身の健康を取り戻して下さった平木英人先生に捧げます。
3月20日　須賀敦子……159
書くべき仕事が見つかった。いままでの仕事はゴミみたいなもんだから。
3月21日　四代目　江戸家猫八……160
仕事を全うしたい。
3月22日　胡桃沢耕史……161
稿料格安、締め切り遵守。
3月23日　大橋鎭子……162
私は「暮しの手帖」一冊全体を「戦争中の暮しの記録」だけで作りましょう、と提案しました。臨時増刊、特別号、単行本などにするよりも、定期の「暮しの手帖」に載せたほうが、よりたくさんの人に手に取ってもらえ、読んでもらえる。しかも、雑誌もよく売れ、営業的にプラスになると思ったからです。
3月24日　田村喜子……164
「方」がつくのは偉いのよ。だって、「親方」と「奥方」には頭があがらないでしょ。
3月25日　田村魚菜……166
料理或いは食べ物、というレンズのフィルターをつけて歩いてきた。
3月26日　山口誓子……168
私はただ事に当たって全力を尽くしただけのことである。
3月27日　朝倉摂……170
劇場空間は生き物なのです。それに応えるべく、劇場空間が喜んでくれるような仕事に挑みたいといつも思っています。
3月28日　氏家齊一郎……172
70年以上生きてきて、何もやってこなかった男の寂しさが分かるか。
3月29日　成毛滋……173
日本のインチキギタリストは……。
3月30日　佐藤忠良……174

底光りするような個性というものは、競技者が一番でゴールに入るときの鍛錬にも似て、作家人生の終盤に出るのが本当ではないだろうか。
3月31日　六代目　中村歌右衛門 …… 176
謙虚さをなくしたら芸はダメ。

4月

4月1日　大川ミサヲ …… 178
まあまあ幸せ。
4月2日　越後正一 …… 179
成功は窮苦の間に芽生えており、失敗は得意満面の間に宿る。
4月3日　菊村到 …… 180
仕事をするということは自分を開発し発見していくことに他なりません。
4月4日　佐々木高明 …… 182
照葉樹林文化論。
4月5日　升田幸三 …… 183
天下をとれる人というのは、結局、最上のコンディションをその日にピタリと持ってゆくことの出来る人、ということです。
4月6日　原田明夫 …… 185
起こったことは仕方がないのだから、そのことを前提に最善を考えよう。
4月7日　岸田衿子 …… 187
本の中のものと子どもが遊んでくれればいいといつも考えている。
4月8日　清家清 …… 189
家とは単なるハウスではなくホームであるべきだ。
4月9日　村田邦彦 …… 191
泥船を木船に、木船が鉄船になるようにやってきました。
4月10日　菅洋志 …… 193
一番高いところ、一番前など、見晴らしの良い場所を確保し、シャッターを押す。
4月11日　高橋圭三 …… 195
管理職になってハンコなんか押せない。ハンコは誰でも押せるが、職人アナの代わりはいない。
4月12日　ペギー葉山 …… 197
すべてが、つながっているんですよ。……私の人生って

「歌の扉」があって、それを開けると、また次の「歌の扉」があって、という、そういう運命的な歌の神様に導かれたような気がするの。
4月13日　江頭匡一 …… 199
目標を作り、計画を立て、それを確実に実行するときは間違いなく目標に到達する。
4月14日　三國連太郎 …… 201
自分の器量に過不足のない物選び、それができれば一人前。
4月15日　三重野康 …… 203
五十歩と百歩は違う。
4月16日　村田昭治 …… 205
経営力の差は、経営能力というよりも経営姿勢から生まれる。
4月17日　山田智彦 …… 207
先に何かがあるという思いは、単調な生活のはげみになる。
4月18日　栗栖継 …… 209
重訳が必ずしも直接訳に劣らない。
4月19日　高橋節郎 …… 211
絵心、詩心、遊び心が芸術家の三大要素である。
4月20日　竹内均 …… 212
前進あるのみ。
4月21日　多田富雄 …… 213
君と一緒にこれから経験する世界は、二人にとって好奇心に満ちた冒険の世界なのだ。
4月22日　斎藤英四郎 …… 215
明るさを求めて暗さを見ず。今日失敗しても明日に明るさを求める。人の欠点より長所を見る。その方が人生楽しいじゃないですか。
4月23日　第二十二代目　木村庄之助 …… 216
行司も力士も親方衆も、昔からの相撲の型、行司の型を後世に伝えるよう努力し、協会はそれができるような体制をつくるようがん張ってもらいたいものだ。
4月24日　小島勝平 …… 218
鼻は低く、志は高く。
4月25日　尾崎豊 …… 220
僕はお金のためにロックンロールをやっているんじゃない。僕は僕の歌を聴いてくれて希望を持ってもらえるために歌うんです。僕は傷ついた人たちのために歌いたい。

4月26日　大山倍達……222
この地上において、自分より強い人間が存在することを絶対に許さない。
4月27日　大社義規……224
ツキが落ちても悲観するな。
4月28日　粟津潔……226
与えられたテーマに自分なりの「見い出し方」を持ち込むことができたら、デザインはデザインを超えていく。
4月29日　牧伸二……228
漫談芸は格闘技である。
4月30日　竹内宏……230
30歳代までは議論しなさい。40歳代には議論を聞いてあげなさい。50歳代になったら議論に負けてあげなさい。

5月

5月1日　戸川幸夫……234
犬にも人間と同じように心があるんだよ。
5月2日　槇有恒……236
頂点に立つ人々の光栄は大きいが、その光栄はすべての仲間のものである。
5月3日　長田弘……238
自分たちの目の前にあるもの　平凡なものが一番　本当は奇跡じゃないかと思われてならないですね。
5月4日　長洲一二……239
できるだけ、本物に接しておきたい。
5月5日　古川薫……241
樹液の環流を聴く樵《きこり》のようでありたい。
5月6日　松下圭一……242
歴史の変化のなかに現実の構造変化をみ、また現実の構造変化を推し進めて歴史の変化をつくりだす。
5月7日　安宅英一……244
人でも、ものでも、結局のところは品ですね。品格が大切です。
5月8日　テレサ・テン……246
わたしはチャイニーズです。世界のどこで生活していてもわたしはチャイニーズです。
5月9日　安藤太郎……248
経営の一番のキーポイントは情報処理。情報が不的確だと明確な企業ポリシーはできてこない。

5月10日　**難波康子**……249
やはりエヴェレストは大変である。登った人はどんな形にせよ尊敬する。
5月11日　**亀倉雄策**……251
人生のなかだるみの第一波は40代後半。問題の第二波は50代半ばにくる
5月12日　**蜷川幸雄**……253
大きい物語を書くことを恐れるな。
5月13日　**瀬戸雄三**……255
リーダーは不満や行動ができない理由などを引き出して負担を取り除かねばならない。
5月14日　**鈴木俊一**……256
節目節目に古井（喜実）さんという人がいろいろな形で登場するんです。
5月15日　**高坂正堯**……258
古典を読んでわからなければ自分をアホだと思いなさい。新著を読んでわからなければ、著者をアホだと思いなさい。
5月16日　**邱永漢**……260
人生とは、「お金」という煉瓦を「時間」というセメントで積み上げていく作業工程。
5月17日　**古岡秀人**……262
戦後の復興は教育をおいてほかにない。
5月18日　**伊藤ユミ**……263
追いかけて追いかけて　すがりつきたいの　あの人が消えてゆく　雨の曲がり角。
5月19日　**七代目　中埜又左ヱ門**……264
〝衛〟には守るという意味があり後ろ向きであるが、〝ヱ〟は工夫の〝工〟にも通ずる。
5月20日　**牧野剛**……266
曲がったキュウリ。
5月21日　**藤山寛美**……268
順番を待っているだけの人間には永久に順番が来ない。
5月22日　**平岩外四**……270
タフでなければ生きていけない。やさしくなければ生きている資格がない。
5月23日　**熊井啓**……272
未覺池塘春草夢
5月24日　**西丸震哉**……274
やりたいことを、やれるときにやってしまえ。

6月

突風に生卵割れ、かつてかく撃ちぬかれたる兵士の眼。
6月10日　水野晴郎 …… 306
いやぁ、映画って本当にいいもんですね〜。
6月11日　原田利勝 …… 308
掃き溜めに一輪の花のような存在だった。
6月12日　木村次郎右衛門 …… 310
責任の重さみたいなのを痛感している。一日でも長く元気でありたい。
6月13日　村田英雄 …… 312
足がなくても歌は歌える。
6月14日　谷岡ヤスジ …… 313
「鼻血ブー」「アサー!」「オラオラオラ」
6月15日　十四代目　酒井田柿右衛門 …… 314
職人は不器用な人がいい。
6月16日　住井すゑ …… 316
生きるとは創造すること。
6月17日　宿沢広朗 …… 318
銀行が必要ないと言えば、ラグビーに賭ける覚悟はある。ただ、両方やっていないと、価値がないんじゃないかと思う。
6月18日　山本直純 …… 320
直純死すとも音楽死せず!
6月19日　美川英二 …… 322
交際費をたくさん使って一流の人達と一流の場所でたくさん会いなさい。そうすれば人を見極める力が養えるはずだ。
6月20日　早坂茂三 …… 324
世間に媚びを売らず、背伸びせず、自分を深く耕して一芸を身につけ、淡々とわが道を進む。
6月21日　増田通二 …… 326
本だけじゃダメだ。本物を見なければいけない。
6月22日　滝沢修 …… 328
俳優の仕事とは、結局は自分がどんなに豊かであるかに尽きる。
6月23日　吉永祐介 …… 329
巨悪は眠らせない。
6月24日　別所毅彦 …… 330
やろう、やれる、やるぞ。
6月25日　二代目　尾上松緑 …… 331
舞台が好きになるか、ならないか。

7月

間だの芸だのいらない。芝居はF1レース。0・01秒間違えると死ぬという真剣勝負を観に、客は来る。金を払って車庫入れを観に来る客はいない。

7月11日　岩田聡 …… 359
人間は何を面白がるのか、何に驚くのか。

7月12日　大橋巨泉 …… 361
戦争は爺さんが決めて、おっさんが命令して、若者が死ぬ。

7月13日　劉暁波 …… 363
私には敵はいない。

7月14日　深田祐介 …… 365
これも週休2日制のお蔭です。

7月15日　佐藤道夫 …… 367
自分の起こした不始末はまず自分で始末するというのが、子どもの躾の第一歩である。責任をとるとは、そういうことをいう。

7月16日　喜屋武眞榮 …… 369
小指の痛みは全身の痛みだ。

7月17日　石井好子 …… 371
にもかかわらず笑う。

7月18日　笹川良一 …… 372
日々これ粗食で九十、百は働き盛り。

7月19日　岩谷直治 …… 374
事業というものは植林と同じです。苗を植えて肥料をやり、草をむしり、丹精を込めて育てなければいけない。

7月20日　鶴見俊輔 …… 376
潔癖な人は、幸福になることはできない。

7月21日　渥美俊一 …… 377
経営は科学。数字を入れて話しなさい。

7月22日　草柳大蔵 …… 378
一日に本を27ページ読みなさい。専門書、教養書、頭が疲れたときに読む本。毎日9ページずつ読めば1年で約1万ページになる。

7月23日　南部忠平 …… 379
負けたって殺す奴はいないんだから、やってみるしかないんだよね。

7月24日　森毅 …… 381
ゆっくりわかるのも、一種の才能。

7月25日　ベン・ホーガン …… 382
ゴルフでは次のショットが一番大事である。

7月26日　板坂元……383
頭は筋肉のようなもので、使わなければ退化する。

7月27日　若泉敬……385
惰眠をむさぼるような人生を送るな……寸暇を惜しんで己を磨き、励め。

7月28日　水島廣雄……387
小を大に、大をトップに育てることこそ人生の快事である。

7月29日　松原泰道……389
人の心に光を灯す説法をしたい。そのために生きている間は学び続けたい。

7月30日　山田昭男……390
私には、社員のアルバイトを禁止する理由がまったく分からない。

7月31日　鶴見和子……392
斃れてのち元《はじ》まる。

8月

8月1日　永山則夫……394
私がなければ事件は無い、事件がある故に私がある。

8月2日　村上信夫……396
やはり平和が一番だ。うまい料理こそ平和の象徴。もう一度料理をつくろう。

8月3日　倉嶋厚……397
やまない雨はない。

8月4日　渥美清……398
何というかな。ああ生まれてきて良かった、そう思うことが何べんかあるだろう。そのために生きてんじゃねえか。そのうちお前にもそういう時が来るよ、な？　まあ、がんばれ。

8月5日　前田武彦……400
言葉は時として刃物より鋭く人を傷つける。

8月6日　上原康助……402
沖縄の問題を中央で語るためには歴史を学び、現場に行くこと。

8月7日　田川誠一……404
若い人たちには「将来」があると、よく若手は言うが、私には「晩節を全うしたい」という思いがある

8月8日　星野道夫……406

きっと、人はいつも、それぞれの光を捜し求める長い旅の途上なのだ。

8月9日　大槻文平 …… 408

ハンブル・ライフ（つつましい生活）。

8月10日　阿部進 …… 410

子どもたちをハッとさせ、ワッと言わせ、グッとこさせる。

8月11日　両角良彦 …… 411

有能と有徳ははっきりと別物である。

8月12日　河野裕子 …… 413

病むまへの身体が欲しい　雨あがりの土の匂ひしてゐた女のからだ

8月13日　下河辺淳 …… 415

国土の上に絵を描くことはしても紙の上に文章を書くことはしない。

8月14日　山口小夜子 …… 417

意図を排除して自分を無にすることから、本質に触れる。

8月15日　丸山眞男 …… 419

自由は置物のようにそこに「ある」のではなく、現実の行使によってだけ守られる、いいかえれば日々自由になろうと「する」ことによって、はじめて自由でありうるということなのです。

8月16日　沢村貞子 …… 421

目立ちたがらず、賞められたがらず、齢にさからわず、無理をしないで、昨日のことは忘れ、明日のことは心配しないで――今日一日を丁寧に――肩の力を抜いて、気楽にのんきに暮らしてゆこう。

8月17日　柳原良平 …… 422

つかめる夢はつかんだ。さらに夢をつくろう。

8月18日　金大中 …… 424

この世で一番恐ろしいのは自分の眼である。鏡の中に現れる自分の眼こそが一番恐ろしい。

8月19日　伊谷純一郎 …… 426

人は誰だって快楽を求める。しかし君、男子たるもの歓喜を求めにゃいかんよ。

8月20日　吉田文雀 …… 427

好きで入った世界、何もかも芝居に直結している。

8月21日　平松守彦 …… 429

リンケージ（人々とのふれあい、つながり）こそが究極の生き甲斐なんですよ。

8月22日　藤圭子 …… 431
人生って苦しいことの方が多いけど、歌があったらまあいいっか、と言えるような死に方をしたい。

8月23日　川本喜八郎 …… 433
人形はひとことでいえば神、お仕えするもの。

8月24日　谷川健一 …… 435
独創的な大きな仕事をした者はみんな独学者です。

8月25日　高木東六 …… 437
後悔していることがある。それは、この八十年、無精をして日記をつけなかったということだ。

8月26日　田村隆一 …… 439
一所懸命

8月27日　アントン・ヘーシンク …… 441
私はちがう。あらゆるスポーツをやって、頭の先からつま先まで、鍛え抜いているんだ。

8月28日　ミヒャエル・エンデ …… 442
時間こそが人生そのものなのです。そしてそれは心の中にあります。時間を節約しようとするほど生活はやせ細ってしまうのです。

8月29日　加瀬昌男 …… 444
そこには今までなかった新しいことが書いてある。表現そのものが新しい。著者のぬくもりみたいなものが感じられ、類書がなく、しかも人の興味をグイグイ引っ張っていくようなもの。

8月30日　天谷直弘 …… 446
生きている限り、人は運命と闘うか達観してこれと遊ぶか、ほかに道はない。

8月31日　ウェールズ公妃ダイアナ …… 447
社会で最も弱い立場の人びとを助けようとすることほど大きな喜びはないわ。

9月

9月1日　初代　若乃花 …… 450
15尺の土俵。あの中にはなんでも落ちている。女房、金、ダイヤモンド、全てがある。全人生がある。

9月2日　上甲正典 …… 452
心が成長すれば、技術も成長する。心の成長なくして、技術の成長はありえない。

9月3日　明間輝行 …… 453

副社長まではゴルフでいえばフロントティでプレイしているようなものですが、社長はバックティ、もうあとがないんです。

9月4日　小室直樹 …… 454

学問とは驚く能力です。はじめに楽しむことを覚えるべきです。

9月5日　マザー・テレサ …… 456

私たちが修道院以外のところで食事をしないのは、貧しい人々への配慮なのです。水一杯いただきません。本当に何も。

9月6日　黒澤明 …… 457

難所でひるんだらお終いだ。その難所で耐え、喰らいついて耐える。この努力が天才と凡才を分ける。

9月7日　山口淑子 …… 459

順風満帆？　いや、人生にそんなことはめったにない。

9月8日　松沢卓二 …… 460

光とは方向性です。社員に対して方向性を示すことのできる人が経営者であって、示せない人は単なる管理者にすぎません。

9月9日　草柳文恵 …… 461

私、デビューがはやかったから。

9月10日　ハナ肇 …… 463

定年があるような人生はダメなの。定年のない人生てのは素晴らしいの。休んでられないんだもの。

9月11日　吉永正人 …… 464

馬混みに入ると、アクシデントが起きやすいからね。だから、逃げか追い込みが好きなんです。

9月12日　塩屋賢一 …… 465

犬を道楽のために訓練するのではなく、人の役に立てるために訓練したい。

9月13日　小牧正英 …… 467

鹿踊りや剣舞が大好きだ。

9月14日　小島直記 …… 468

自伝信ずべからず、他伝信ずべからず。

9月15日　渡辺美智雄 …… 470

上を見て働け、下を見て暮らせ。

9月16日　牛島憲之 …… 471

絵の具とカンバスと、雨風しのげて目と手があれば、絵は描けるんだよ。

9月17日　会田雄次 …… 472

愛情で夫婦が結ばれるのは、20代限り。30代は互いの努力によってかろうじて関係が保たれる。40代は努力するエネルギーがなくなって我慢する以外に方法がなくなり、50代は我慢さえできなくなって互いにあきらめの境地に入る。そして60代に入ってはじめてお互いに感謝するようになるのだ。
9月18日　立川孟美 …… 473
人さまと恩ある御縁を得て、その都度いただく仕事をとにかく誠実にやろうとだけ思い、歩いて来たと思う。
9月19日　中内巧 …… 474
若い会社というのは、たいがい、いかがわしいもんや。それでええんや。おまえら、もっといかがわしくなれ！
9月20日　土井たか子 …… 476
山が動いた。
9月21日　辺見じゅん …… 478
人の生き方には「直向き（ひたむき）な生」と「諸向き（もろむき）な生」とがある。
9月22日　前川春雄 …… 479
奴雁の哲学
9月23日　藤子・F・不二雄 …… 480
のび太は、私自身なんです。
9月24日　永井英明 …… 482
名人の残した足跡を幹にして、しっかりとした枝葉をつくて将棋界がさらに発展するよう願っております。
9月25日　浪越徳治郎 …… 483
指圧のこころ母ごころ、押せば生命の泉わく。
9月26日　ポール・ニューマン …… 485
成長できるのはひとりでいる時だけだ。
9月27日　ヒュー・ヘフナー …… 487
人生は人の夢を生きるには短すぎる。
9月28日　マイルス・デイヴィス …… 489
ジャンルというヤツは嫌いだ。そんなもの、音楽には関係ないだろう。
9月29日　鬼塚喜八郎 …… 491
あなたの人生の目標は何ですか、と尋ねられたとき、明快に答えられないようなことではいけません。
9月30日　吉田直哉 …… 493
新しい発想はどこから生れるか？　きのうをなぞって安易に生きることを潔よしとしない姿勢、人と同じきを恥じる気概からであろう。

10月

10月1日　米澤嘉博 …… 496
森ではなく木を見なければなりません。そして、木が枯れれば、森は衰えてゆくのです。

10月2日　大滝秀治 …… 498
自信の上に自惚れがある。謙虚の下に卑屈がある。自惚れは自信過剰、卑屈は謙虚の下、だけど、自信と謙虚のあいだでもって、一生懸命にやっていればいいんじゃないか。

10月3日　盛田昭夫 …… 499
お祝いやお悔やみを伝えるときくらい、定型文を使わずに文章を自分で考えなさい。

10月4日　古野清孝 …… 501
船の上から、海のなかの魚の群れを見つけられないか。

10月5日　三鬼陽之助 …… 502
人生は晩年の方が充実する。過去の失敗から知恵が、それまでの蓄積から先見力が生まれるからだ。

10月6日　安田幸吉 …… 504
コース造りは庭造り、下手な人でも楽しめるように。

10月7日　三木鶏郎 …… 506
辛うじて　人生八十　たどりつき

10月8日　大沢啓二 …… 507
喝！

10月9日　飯沢匡 …… 508
元気におやりなさい。元気に。

10月10日　中村元 …… 510
老人が真っ先に立って、新しい学問を開拓する必要があると考える。

10月11日　飛鳥田一雄 …… 512
タイじゃなくて、マスを釣ってこい。

10月12日　黒川紀章 …… 514
移動により人間は賢くなった。ホモ・モビリタス（移動するヒト）。

10月13日　丸谷才一 …… 516
よし、自分は上機嫌で書こう。

10月14日　張学良 …… 518
（西安事件に関して）私がすべての責任を負っています。しかしまったく後悔はしていない。

選べるという自由がございますね。

11月

11月1日　二上達也 …… 550
ここは師匠の意地を見せてやろうと気合を入れたが、結果は私の完敗だった。このとき引退を決意した。
11月2日　橋本文雄 …… 551
ええ音やないか！
11月3日　二代目　桂小金治 …… 552
一念発起は誰でもする。努力までならみんなする。そこから一歩抜き出るためには、努力の上に辛抱という棒を立てろ。この棒に花が咲く。
11月4日　隆慶一郎 …… 554
歴史家に負けていてたまるか。
11月5日　村山雅美 …… 556
無理はしても、無謀はしない。
11月6日　種村直樹 …… 558
気まぐれ列車
11月7日　徳大寺有恒 …… 560
クルマは買っても売っても損をする。
11月8日　星野芳郎 …… 562
マイカー
11月9日　利光松男 …… 563
引き返す勇気を持て。
11月10日　はらたいら …… 564
はらたいらさんに３０００点！
11月11日　江上波夫 …… 566
学問は人なり。
11月12日　藤原啓 …… 568
筆を土に変えただけ。
11月13日　田英夫 …… 570
ジャーナリストとして政治に参加します。
11月14日　日高敏隆 …… 571
人は作るもんちゃう、育つもんや。
11月15日　孫基禎 …… 573
これからは二度と日章旗の下では走るまい。
11月16日　水の江瀧子 …… 575
一生懸命押すのが3人ぐらい、反対が7人ぐらいっていうんが、一番成功するんじゃないかな。

11月17日　木村義雄……577
誰にでも全盛期はある。問題は、そこをどれだけ長く続けられるかだよ。

11月18日　羽仁未央……579
画一的な人生のパターンに向けて、みんなが競争しているのは、異常だと思います。

11月19日　甘糟章……581
読者の心の奥底の飢えとか、ニーズを見つけ、そこに穴を開けるのが編集者の仕事です。

11月20日　福田恒存……583
唯一のあるべき幸福論は、幸福を獲得する方法、を教へるものではなく、また幸福のすがたを描き、その図柄について語ることでもなく、不幸にたへる術を伝授するものであるはずだ。

11月21日　立川談志……585
落語とは「業《ごう》」の肯定である。

11月22日　今井正……587
自分を無にして調べるのがぼくの主義だった。

11月23日　飯塚毅……589
自利トハ利他ヲイフ

11月24日　高田宏……591
人生はいろんな出会いで織り上げられた織物みたいなもの。

11月25日　國弘正雄……593
とても橋にはなれなかったが、橋げたの一つぐらいにはなれたのではないかな。

11月26日　島田正吾……594
１００歳までは、新国劇の演目でひとり芝居をやる。内館さん、そこでだ。１０１歳のひとり芝居、新作を書いてくれないか。

11月27日　新井正明……595
毎日毎日、嫌なことばかりだけれども、これは砥石で研かれているようなもんだな。

11月28日　進藤一馬……596
できれば桜を残すことはできんやろか。

11月29日　林雄二郎……598
情報化社会

11月30日　呉清源……600
勝っても負けても、最善の一手を尽くせば、それで立派な一局なのです。

12月

僕自身が津波を甘くみていた。津波は本当に怖い。
12月14日　木暮剛平 …… 627
良い句に接したり句作に耽っているとやすらぎを覚え、いつしか俳句は私の心のオアシスとなっていました。
12月15日　小宮山正九郎 …… 629
喫茶店ではなく喫茶室。
12月16日　桂信子 …… 631
表現は平明に、内容は深く。
12月17日　南博 …… 633
日本人ほど自らの国民性を論じることを好む国民は他にない。
12月18日　加藤仁 …… 634
一点突破で道は開けるんです。
12月19日　大東隆行 …… 636
リーダーは指導者でなくてはならんと思っています。支配者でも管理者でもいけない。
12月20日　青島幸男 …… 638
才能はみんな同じなのに、やらないだけですよ。気力の問題ですね。ボクは才能は傑出していないが、ウヌボレだけは人一倍です。
12月21日　大川慶次郎 …… 640
私は競馬で3億得しています。そして4億損しています。
12月22日　加藤シヅエ …… 641
一日10回感動すること。それが長生きの秘訣です。
12月23日　葉室麟 …… 643
体調管理を万全にして、なすべき仕事をなしとげなければならない。
12月24日　三船敏郎 …… 645
私は日本と日本人のためにこれからも正しい日本人が描かれるよう断固戦っていく。
12月25日　柳宗理 …… 646
いくらデザインがよくても、その良さをわかってくれるクライアントがいなくては作れない。
12月26日　白井義男 …… 648
人生にはピンチばかり多くて、チャンスは極めて少ないものだ。
12月27日　若狭得治 …… 649
麒麟《おおとり》と遊ぶ。
12月28日　斎藤十一 …… 651

芸能人には引退はあるが、芸術家にはない。書きながら柩に入るのが作家だ。……時に私の死期も近いから、私への香典原稿を一作頂きたい。
12月29日　朝比奈隆 ……653
ただ確かなことは、自分の中に燃料を持っていなければ、人の心を燃やすことはできない。
12月30日　宮尾登美子 ……655
書きたいことはいっぱいあり、全部書くには二百歳まで生きなくてはなりません。
12月31日　松平康隆 ……658
金メダルを狙うには、非常識を積み重ねていくしかないんだよ。
参考文献 ……660

1月

睦月

1月1日

出羽錦忠雄（でわにしき・ただお）

勇退の　伯父にはなむけ　初賜杯

1925.7.15 ～ 2005.1.1

東京府南葛飾郡（現：東京都墨田区）出身の元大相撲力士。

1950年代の栃若時代から1960年代の柏鵬時代の力士で、幕内在位77場所と長く土俵で活躍した。出羽錦は栃錦と同期入門であるから、いかに長く相撲を取っていたかがわかる。得意の左半身になるとテコでも動かず、土俵の鬼・若乃花とは3度の引き分けを演じ、大横綱・大鵬を決め出しで土俵下に投げたこともある。重い腰と多彩な技を持ち、金星は10個と大物食いだった。燻し銀の関脇として強く印象に残っている。

土俵を離れてからの出羽錦は、巧みな話術と人間味のあふれる笑顔で、1999年9月場所までNHK大相撲解説者として一世を風靡した。力士として25年、親方として25年、そして解説者として10年を過ごした。貴花田、若花田、曙が活躍した時代に、ユニークな語り口とユーモアのある語りは人気があり、記憶に残っている。相撲解説のとき、「寝て起きて　また強くなる　貴花田」「曙が　朝日に変わる　九月場所」など即席の句などを披露した。

逆に川柳に詠まれたこともある。「塩などは　安いもんだと　若秩父」と詠まれるように若秩父が豪快に塩を播いて人気をはくしたのと反対に、出羽錦は塩を申し訳程度にちょっと播き、「出羽錦　塩の値段を　知っており」と詠まれているのも面白い。

私が好きなのは「勇退の　伯父にはなむけ　初賜杯」である。日本相撲協会理事長の二子山親方(初代若乃花)が勇退する場所に、可愛がった甥の貴花田（後の横綱貴ノ花）が初優勝した。優勝旗は本来なら審判部長がわたすのだが、協会の粋なはからいで二子山理事長が渡すことになった名場面を詠んだ人情味あふれる名句である。

１月２日

金子繁治（かねこ・しげじ）

世界チャンピオンは、奪い取るものではなく、チャンピオンにふさわしい器になった者に神様が与えて下さる栄誉だよ。

1931.8.13 ～ 2016.1.2

日本のプロボクサー、プロモーター。

「魅惑のパンチャー」の異名を持ち、昭和30年代の日本プロボクシング界のスターとして活躍した。１９５０年デビュー、全日本新人王決定戦を制したボクサーとして、初めて１９５３年に東洋ボクシング連盟の東洋王座を獲得し、以後６度防衛した。１９５８年にノンタイトルで、ＴＫＯで勝利したが、網膜剥離で引退する。ついに世界タイトルへの挑戦はかなわなかった。

引退後は金子ボクシングジムを設立し、東洋バンタム級王者村田英次郎には４度世界チャンピオンに挑戦させたが、２分２敗で夢は叶わなかった。東洋太平洋クルーザー級王者高橋良輔、東洋太平洋ミドル級チャンピオンのケビン・パーマー、日本ジュニアフライ級チャンピオン岩田健二らを育てた実績がある。

１９６２年にファイティング原田が世界チャンピオンになったころから海老原博幸なども出て、日本のプロボクシングは全盛期を迎える。野球のＯＮ砲、相撲の柏鵬時代と同じ時代であり、テレビ放映される機会も多く、10代に入っていた私も熱狂した覚えがある。金子が引退したのはその数年前だから、残念ながらその勇姿はみていない。

冒頭の言葉は、後にジムの清水智信が２度の世界戦で苦杯をなめたときに、金子が清水に語った励ましの言葉である。その清水は３度目の挑戦でＷＢＡスーパーフライ級チャンピオンになった。不運のボクサー金子繁治は、親子二代をかけて神様からようやく栄誉を与えられたのだ。ボクサーとしても強者だったが、クリスチャンであった金子繁治は指導者としても優れていたと感じさせる言葉である。

1月3日

河原淳（かわはら・じゅん）

ぼくの人生はおおかたのぞきに費やされてきました。

1929.11.28 ～ 2006.1.3

日本のイラストレーター、デザイナー。

河原淳は名古屋工大機械科を卒業し、慶応義塾大学国文科に学び、文化学院デザイン科で遊んだ雑学の人だ。

私は30代の初めに、所属した「知的生産の技術」研究会で、著名人の書斎を訪ねるというユニークな企画を立てたことがある。講談社に持ち込んだら、編集者が面白がってくれ、２年かけて17人の書斎を訪問し、『私の書斎活用術』（講談社）という本になった。

その中の一人であったイラストレーターの河原淳さんの自宅は2階建ての家屋の上にさらに白い箱のようなものが乗っていた。それが書斎だった。階段を上っていくと書斎に入れるが、そこからは四方を見渡せる構造になっていた。河原さんは「物見やぐら」と呼んでいたが、そこから望遠鏡を使うなどして、窓から世の中を観察しながらイラストを描いて楽しんでいた。赤い手動式コーヒーミルをゆっくり回しながらコーヒー豆をひいてくれて御馳走になった。気さくで、愉快なおじさんだった。

尊敬している人や嫌な人が亡くなったことを知ると弔辞を書くという妙な趣味を持っていた。こういった別れの言葉は自分にとっての人生の指針になると考えていた。そしてその日にちなんだ偉人や天才のエピソードを記して表現力を磨いていた。私の「名言との対話」の精神と似ている。

河原淳は『雑学人生のすすめ』の「あとがき＝執筆顛末記」で、自身をピーピング・トム氏と呼びながら、本、雑誌、新聞、ちらし、ＤＭ、テレビ、映画、音楽会、美術展、陳列棚、ウインドー、公衆便所、ときにスカート、他家の窓や洗濯物などをのぞきの対象としてきたと述懐している。その習性で雑学が身につき、世の中を渡る武器となり、「中産階級の松クラス」に属することになったと述べている。好奇心と面白がる精神で、好きなこと、面白そうなことだけに取り組む生涯を送った。こういう人生もある。

１月４日

鳥居民（とりい・たみ）

なぜ、『昭和二十年』を書こうと考えたのか。多くの人々が命を奪われ、多くの人々が自らの命を断った年である。親は子に先立たれ、妻は夫を奪われ、子は親を失い、親と子が死んだ年である。そのような年は他にはない。その年はどういう年だったかを探ろうとした。

1929～2013.1.4

日本の歴史作家・評論家。

勝算のない戦いをなぜ始めたのか。１９９１年の鳥居『日米開戦の謎』（草思社）によれば、長野修身海軍軍令部総長はアメリカとの戦争に反対だったが、陸軍がソ連戦に乗り出すのを断念させようと、インドシナに派兵しアメリカを挑発した。木戸幸一内大臣も日米外交の改善を望んでいたが、その条件だった中国からの撤兵を天皇に助言しなかったのは、2・26事件を抑えた側で成り立っている現政権への政治的復讐を恐れたためだった。つまり陸軍と海軍、現政権と批判勢力の暗闘によって、アメリカとの戦争に向かっていったという洞察である。国内問題が原因で負けるとわかっている対外戦争に打って出たのだ。

鳥居のライフワークである『昭和二十年』シリーズは、敗戦の年（１９４５年）1年間の社会の動きを、重層的に描くドキュメントである。丸谷才一はこの試みに対して、ギボン『ローマ帝国衰亡史』、頼山陽『日本外史』、『平家物語』に匹敵すると評価している。井上ひさしも、読物として最高におもしろい、文学として、百科事典としても読める、と絶賛している。昭和の戦争を知るためには、必ず読まねばならない。

この『昭和二十年』は、２００８年（平成20年）までに12巻まで刊行されている。13巻で絶筆。このあと2巻ないし3巻で第一部が完結し、第二部は3巻か4巻で終わるはずであった。全体では20巻ぐらいか。あるいは30～40巻になっただろうという説もある。

鳥居民は昭和20年の1月1日から7月２日までを書いた。１９８５年の56歳から、２０１２年の83歳までという長い時間をかけて「昭和二十年」を執念深く追い続けた。そして２０１３年１月４日に心筋梗塞のため84歳で死去し、この大著はついに未完に終わった。鳥居の戦死ともいうべき人生を眺めると、ライフワークと寿命との関係を考えさせられる。

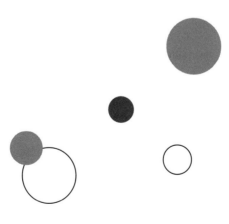

1月5日

長井勝一（ながい・かついち）

商業誌なのにもうける気はなく、原稿料さえろくに払えない。それでも根っからの漫画好きが集まって、ここまで来た。やめたくてもやめさせてもらえなくてね。

日本の編集者、実業家である。青林堂の創業者であり、漫画雑誌「月刊漫画ガロ」の初代編集長。

1921.4.14 〜 1996.1.5

長井は東京オリンピックの行なわれた1964年（昭和39年）に伝説の漫画雑誌「ガロ」を創刊する。長井によれば白土三平に既製の商業誌では不可能な大長編「カムイ伝」を発表してもらうために創刊したが、この雑誌からは漫画文化の創世記を担った漫画家やイラストレーターなどが多数輩出された。南伸坊、水木しげる、林静一、赤瀬川源平、渡辺和博、荒木経惟、中島らも……。「ガロ」は全共闘世代に熱い支持を受けた。

宮城県塩竈駅前の生涯学習センターふれあいエスプ塩竈の中にある長井勝一漫画美術館を訪問した。以下、「ガロ」で育った漫画家たちの長井評。人物像が親しかった人々の回想から浮かんでくる。

矢口高雄…農民が主人公の作品『カムイ伝』には驚いた。「ガロ」で世の中の仕組み、差別などを知った。

水木しげる…井さんは漫画好きというより、漫画家好きな人だった。

永島慎二…人間をみつめた人だった。

鶴見俊輔…もし「ガロ」がなかったら、もし「ガロ」に私が出合うことがなかったら、私は今とかなり違っていただろう。それほどに影響を受けた。

唐十郎…20代の頃から「ガロ」を読んでいた。小説よりも劇画の方が、はるかに現代を伝えていたからだ。

石ノ森章太郎…「ガロ」はワレワレCOM族にとっては宿敵だった（COMは手塚治虫が主宰）。

菅野修…「ガロ」から生れた作家には、素晴らしい才能を感じます。どうして「ガロ」だけに集結されるのでしょうか？　多分、長井さんの魔力のおかげだと思います。

四方田犬彦…「ガロ」というのは永遠にマイナーな位置にあるわけですよ。「ガロ」に入門し卒業した人は、次々とメジャーになってゆく。けれども本誌そのものは、どこ吹く風とばかりにいつまでもマイナーな、アンダーグラウンドな位置に留まり続ける。これは今日の東京の大衆消費社会では稀有な、というより唯一の文化現象のような気がしますね。

南伸坊…長井さんは、才能の見際めっていうか、見出し方っていうのがボクなんかより、ズッと、頭柔らかいと思いましたね。

永島慎二…さまざまな時代を経て、時と共に、これほど内面的に大きくなっていった人は珍しい、と思う。

長井は漫画産業の内弟子制度から脱却するために「新人漫画家投稿募集！」という新人発掘のやり方を発明した。金がなかったことがこのような智恵を生み出した要因でもあった。

この伝説の漫画誌は、私は読まなかったが、学生時代からまわりの感度の高い友人たちが「カムイ伝」などを熱心に読んでいた記憶がある。全共闘世代も主人公たちの生き方や言葉に大いに影響を受けた雑誌だったのだ。長井は一つの時代を創った。

長井勝一が創刊した漫画雑誌「ガロ」は漫画人たちを生んだ優れたインフラだったと思う。後に大家になっていく漫画家たちはそのインフラで思う存分に才能を開花させた。一番偉かったのはそういう漫画雑誌「ガロ」を創刊し維持し続けた長井勝一だったのではないだろうか。やめたくてもやめられなくなってしまったと本人が述懐しているように、インフラによってコンテンツが花開き、コンテンツの隆盛によってインフラの価値がさらに高まっていくという好循環。この構図はいつの時代も変わらない。

1月6日

加藤芳郎（かとう・よしろう）

ちょっとだけ一生懸命という余裕があると、物の本質や形がわりと見えてくるものだ。

1925.6.25 〜 2006.1.6

日本の漫画家、放送タレント。

漫画「のらくろ」や「冒険ダン吉」に熱中し、小学校5年生の時に、「僕は漫画家になってやる」と心に誓う。敗戦後の生活も、「僕には漫画がある」と苦にはならなかった。

1948年独立。1954年から毎日新聞夕刊で連載された「まっぴら君」は、2001年6月23日掲載を最後に病気で中断するまで連載は47年間、1万3615回に達し、全国紙では空前の連載記録を樹立した。

一生懸命のコンクリート詰めになると、かえってものが見えなくなってしまう。それが他人からは少しおかしく見える。人生意気込まないで肩の力を抜いて、ぽつぽつと楽しくやろう。その精神で描いたのが加藤の漫画だ。

「テレビ三面記事ウィークエンダー」（日本テレビ）の司会、「テレフォン人生相談」（ニッポン放送）パーソナリティ、「連想ゲーム」（NHK総合テレビ）の白組・男性軍のキャプテンなどで親しまれた。特に「連想ゲーム」では、洒脱な話術とヒントの出し方で人気を博した。この1969年から22年間続いた看板番組「連想ゲーム」での活躍は記憶にある。

「本職のほかにもう一芸、プロ級の腕を身につけたいもの。そこに気持ちの余裕が生まれます。それがバランス感覚というものじゃないでしょうか」、という加藤のもう一芸は、テレビタレントだったのかもしれない。

一つのことを長く続ければチャンスに巡り会える。加藤芳郎が漫画家になったのも、タレントとして親しまれたのも、長く続けたからだ。運もツキも長もちの結果として手に入る。人生は何もしないと長すぎるし、しかし何かをしようとすると短すぎるのだが、加藤芳郎は漫画という本職と、それが引き寄せたテレビタレントの二足を履き、心の余裕を持ち続けることができた。「ちょっとだけ一生懸命」の精神で、バランスのとれた80年の人生を送ったのだろう。

1月7日

小西和人（こにし・かずひと）

釣りに国境なし。

1927.1.11～2009.1.7

日本の新聞記者、編集者。「週刊釣りサンデー」を創刊。全日本サーフキャスティング連盟第二代会長。

磯釣りと投げ釣りの双方に創生期からトップリーダーとして関わってきた小西和人が、「これだけはどうしても書き遺しておかねば……」という思いで書いた自伝であり、釣りの近代史でもある『楽しみを釣る――釣り人のためのニッポン釣り史伝』を読んだ。小西本人だけでなく、近代の釣りの誕生、揺籃、青春、黄金期に関わった人々が生き生きと描かれている。魚病。入浜権運動。釣り竿デモ。釣り界の関東と関西の対立。……人に歴史あり、そして歴史に人あり。

昭和2年生まれの小西は飛行機会社の設計技師を志望していたが、敗戦で飛行機会社はなくなったため、畑違いの新聞記者になる。このあたりは同年生まれの野田一夫先生と同じだ。そういう青年が多かったのだろう。この本を読み進めながら、私は父のことを思い出していた。父も釣りが好きで、小学生のころに一度だけ「ごすてんのう」に同行した記憶がある。エサを丸めて爆弾のように川に投げ込むというやり方だった。あれは投げ釣りだったのだろうか。

記者時代29年のうち転勤は4回。「人間《じんかん》いたるところ青山あり」を信条とする小西は、その都度、チャンスととらえ転勤先で釣りに没頭している。休日はすべて釣りの毎日だった。そして記録を残した人である。

対馬が巨ギス天国であることを発見、柳井大島の大ガレイのポイント発見、などの功績がある。小西は記録にこだわっている。日本では珍しいヨコ社会である釣り界を組織し、発展のために多くの貢献をしている。正確な釣魚の記録を残すための大物賞、累積大物賞など、世界一の技術を持つ魚拓という記録方法を用いた生涯記録制度を創設した。

小西和人は満50歳で新聞社を辞め、１９７６年に「週刊釣りサンデー」を創刊する。前週日曜日の釣況を木曜発売の週刊誌に載せて今週日曜日の釣りの参考にしてもらうという仕掛けである。当初「武士の商法」と危ぶむ人も多かったが釣り人の熱い支持で成功を収めている。この週刊誌は２００３年の１４４１号まで続いた。連載記事をもとに『魚のすべて』や『釣れ釣れ週記』シリーズなど、さまざまな出版も行なった。『さかな大図鑑』や『新さかな大図鑑』などの釣り人向けの本格的な魚類図鑑をつくり、10万部を超えるようなベストセラーになった。また、この釣り雑誌の協力でサンTV系「ビッグフィッシング」という1時間のフィッシング番組に数多く出演した。

１９９３年には日本、韓国、台湾、そして後に加わった亜細亜釣魚連盟の初代議長をつとめている。釣り人の心情と行動は万国共通であることもわかり、小西は「釣りに国境なし」をモットーとした。中国語では「釣魚無国界」。

１９２６年（昭和2年）生まれの釣り界の風雲児、革命児の小西和人は、自宅のソファで眠るように逝去した。享年81。この小西和人の釣り一筋の人生行路とその記録を読むと、歴史を書いた人が歴史をつくるのだ、そういう感慨がある。どのような分野においても歴史を残さねばならない。

1月8日

横澤彪（よこざわ・たけし）

（発想のもとになっているのは）少数派ですよ。絶対多数派においつかない。

1937.12.15 ～ 2011.1.8

日本のテレビプロデューサー。フジテレビプロデューサーとして活躍。退社後は吉本興業東京本社代表、専務取締役東京本部本部長などを歴任した。

1974年の「ママとあそぼう！ ピンポンパン」、1980年の「THE MANZAI」、それから「らくごin六本木」、「スター千一夜」、「笑ってる場合ですよ！」、「森田一義アワー 笑っていいとも！」、「オレたちひょうきん族」などを手掛け、フジテレビの立て直しに一役買った。お笑い界のビッグ3ことタモリ、たけし、さんまをスターダムへと押し上げた。

「今のバラエティを観ていると、ほとんど僕たちの考えたようなやり方、そのままです。これはすごく情けないです。近い将来、こんな調子でテレビが続いてしまうと、『だれだ、最初にこういうことを始めたのは』と、戦犯に挙げられてしまいそうですが（笑）」と横澤は語っている。現在の「お笑い」隆盛のテレビ番組にも、当てはまる言葉だ。

また、ハイビジョン時代については、「ハイビジョンっていうクリアな画面っていうのも、ちょっとテレビにとってはありがた迷惑」「（年配の女優は）気の毒っていうかね、もう妖怪みたい」「若者志向になりますよ、どんどんね」とテレビの未来を悲観している。

「60歳の定年を前にして、ボクが転職を決意したのは、残り少なくなった人生を、大好きな『笑い』に賭けてみたいという、いたって単純な発想でした」と語った、横澤彪という異能の人は、「笑いを通して社会に貢献」しようと考え、テレビ、吉本興業と一貫して「お笑い」に賭けた職業人生を全うしている。この革命児は、常に「少数」の側に立って、新しいスタイルを追求していった。

多数の側によるな。横並びを排せ。先人のマネをするな。そして先人の目指したものを目指して革命を起こせ。冒頭の言葉は、新しいことを始めようとする人にとって大いなる激励である。

1月9日

福井謙一（ふくい・けんいち）

自分のやりたい学問と距離のある学問であればあるほど、後になって創造的な仕事をする上で重要な意味をもってくる。

1918.10.4 ～ 1998.1.9

日本の化学者。京都大学・京都工芸繊維大学名誉教授。日本学士院会員、ローマ教皇庁科学アカデミー会員、全米科学アカデミー外国人客員会員。

32歳、京都大学教授。33歳、フロンティア軌道理論を発表。52歳、京都大学工学部長。63歳、ノーベル化学賞、文化勲章、定年退官後、京都工業繊維大学学長。71歳、学術審議会会長。

福井謙一は１９８１年にアジアで初のノーベル化学賞を受賞した。１９５２年のフロンティア軌道理論発表以来29年後の受賞である。これは日本化学界１２０年の歴史上初めての快挙だった。

恩師の兒玉博士は福井を天才的秀才と呼んでいるが、人物的にはエピソードがないというのが特長である。福井は直感と計算の両方に強い科学者だった。選択には直感が重要というのが持論であった。科学的直感は、幼い頃から自然に親しむことによって養われると信じていた。直感とは総合知、全体知のようなものを感じることなのだろうか。

創造的な仕事ができる第一の要件は、社会に創造性を尊重する気風が盛んでなくてはならない、と福井は提言している。そして「チームワークは大事です。ただし、日本の基礎科学研究が世界に伍していくためには、もっと若い才能を突出させてやる環境づくりが必要です」と警鐘も鳴らしている。「理論は理論家のひとりよがりのものであってはならず、実験家がそれを信頼して使っていくようなものでなければならない」というのは、理論科学者からみた実験科学者との関係である。

「時間と空間を媒介して、宇宙空間の全ては因果関係でつながっている」。これも目が覚めるような名言だ。

福井謙一には広い分野に関する旺盛な好奇心があった。学生時代は文学部で田辺元の哲学の講義を聴いた。11歳年長で日本人初のノーベル賞（物理学賞）を得た湯川秀樹が西田幾多郎の哲学講義を聴いたのと同じだ。福井は他分野にも好奇心を持つことが創造に繋がると言っている。そして疲れるということがわからないというほどの体力をもって、29年にわたり長い間執念深く自分のテーマを追い続けた人だ。

１月10日

松本重治（まつもと・しげはる）

日米関係は日中関係である。

1899.10.2 〜 1989.1.10

日本のジャーナリスト。財団法人国際文化会館理事長。アメリカ学会会長。

　松本重治は東大を出たが、官禄を食むことはしたくない、会社や銀行にも入りたくないとブラブラし、アメリカに留学する。そこで漠然と「国際的ジャーナリスト」になりたいという希望を持ち、アメリカと中国について関心を抱くようになる。１９２９年の京都での太平洋会議にセクレタリーとして参加。その後、この会議の延長線上に、多くの「奇縁」とともに人生が展開していく。

　満州事変後の排日・抗日の嵐の中でジャーナリトとして上海に赴任した松本重治は６年間（１９３２〜１９３８年）にわたって日中関係をテーマに仕事をする。内外の政治家、外交官、財界人、ジャーナリストとの多彩な交友を重ね、日中関係の正常化と和平の実現に尽力する。当時の中国の指導者は、ほとんど日本留学の経験者だった。内外の主要な人々が松本重治のまわりを巡る。どの人も国益を念頭に置いて国際関係を考え仕事をしている。立派な日本人と立派な中国人が織りなす絵柄としての歴史は大変に興味深い。

　１９７２年の日中国交回復時には周恩来首相から、「水を飲むときには井戸を掘った人を忘れないと言う諺が中国にはあるが、岡崎先生（岡崎嘉平太）と松本先生（松本重治）はその一人です」と感謝されている。

　松本重治は「日米関係の核心的問題は中国問題である。日米関係は日中関係である」という謎めいた言葉を吐いている。日中関係は、その背景としてそのときの米中関係が色濃く反映するという意味で、単体としての二国間関係ではありえないということを示唆している。後に大平正芳も「日中関係というけれども、実際は日台関係だよ」と口癖のように外務省職員に語っていた。日中関係を考えるときに、寛大な戦後処理をしてくれた蒋介石率いる台湾との友好関係をどうするかが、頭の痛い問題であるという意味だった。日台関係、日中関係は、実際は日日関係の部分が大きかった。日本と中国との関係、日本と台湾との関係は、国内の中国派と台湾派との関係に尽きるということなのだ。

　つまり、「日中関係は日米関係」「日中関係は日台関係」「日中関係・日台関係は日日関係」というようにぐるぐるとまわっている。外交というものは国内政治の反映なのである。

　松本重治が館長を務めていた六本木の国際文化会館。ＪＡＬ時代はこの会館には縁があってよく訪れていたが、ここを舞台に日中・日米関係を中心に国際関係の歴史がつくられていったのだと改めて松本重治らの仕事に敬意を抱いた。

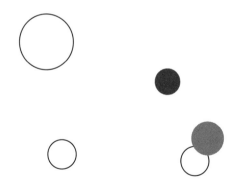

1月11日

淡路恵子（あわじ・けいこ）

体から心まで、とにかく自分のことは自分で管理していないと、女優はつとまらないわよね。

1933.7.17 〜 2014.1.11

日本の女優。15歳で松竹歌劇団入団。16歳、映画出演。17歳、松竹歌劇団の人気ダンサー。20歳、フィリピン人歌手ビンボー・ダナオと同棲。以降、毎年多くの映画に出演。1966年33歳、中村錦之介（後に萬屋錦之介と改名）と結婚。1987年54歳、錦之介と離婚。「男はつらいよ　知床純情」で女優復帰する。以降は映画と舞台で活躍、最晩年はテレビのバラエティ番組の毒舌キャラで人気。芸能界屈指のゲーマーでもあった。

デビュー時に尊敬し親しかった淡島千景と、「野良猫」出演時に黒澤明監督命名の恵子を合わせて、芸名が淡路恵子となった。

「女優になるには、運やチャンスが一番大事なんだ、って。そういうものに恵まれたときに、ガーッと頭角を現さないといけない……」

最盛期は「月刊淡路恵子」といわれるくらい次々と映画に出ていた。日曜20時からのＮＨＫテレビ「若い季節」（1961年）でのプランタン化粧品の女性社長役で、専務役の松村達雄との会話は私にも記憶がある。

結婚した錦之介は「俺はうまい役者と呼ばれるより、いい役者になりたい」と始終語っていたという。「いい役者」とはいい言葉である。錦之介はその志の通りいい役者になった。

淡路恵子は自己管理の人だった。自己管理をしっかりすることが大事だ。人に迷惑をかけないこと。舞台中は規則正しい生活を心がけること。出演中は声を使いすぎないよう酒を飲みに行かないこと。睡眠は8時間以上とること。役柄からはなかなか想像できないが、実はそういうことを自らに課していた。淡路恵子は仕事師であったのだ。

1月12日

深作欣二（ふかさく・きんじ）

いや、オレは過去を振り返るんではなく、若いヤツとやりたいんだ。

1930.7.3 〜 2003.1.12

日本の映画監督・脚本家。

千葉真一を使ったアクション映画や、菅原文太を使ったヤクザ映画などが中心ではあったが、時代劇、文芸、SF、ホラーにも取り組むなど、作品の幅が実に広い。深作監督はヒットを連発したが、特に1973年から始まった『仁義なき戦い』シリーズは日本映画史上に残るヒット作品となった。「トラ・トラ・トラ」、「復活の日」、「蒲田行進曲」、「火宅の人」、「バトル・ロワイアル」など記憶に残る作品も多い。

苗字をもじって「深夜作業組」と揶揄されたほどの徹底したリアリズムの追求。出演者を大事にした一体感の醸成。そして暴力を描くことで暴力を否定しようとする考えが根底にあった。

最後の作品「バトル・ロワイアルII　鎮魂歌」の企画発表会では「最後の映画としてガンに犯された体の満身創痍で臨む。今回は戦争がテーマ。戦争を撮ったことがないので、最後に撮りたい」と覚悟を淡々と語った。「たとえこの闘いで生涯を終えようとも、私には一片の悔いもない」と会場で配った「深作欣二、死後の闘い」というタイトルの文章の中で、このメッセージがつづられている。

「今まで一緒に映画をつくってきた大物俳優たちとやるべきだ」という息子の監督・健太に言ったのが冒頭の言葉である。過去の集大成の作品を作るのではなく、未来に向けて新しいテーマで作品を撮ろうという気迫あふれた言葉であり、感銘を受ける。

1月13日

坂田道太（さかた・みちた）

むしろ素人の方がよい。

1916.7.18 〜 2004.1.13

日本の政治家。

１９６０年代末の大学紛争の渦中に文部大臣となり、前代未聞の１９６９年の東大入試中止の決断を下した人物である。当時受験生でこの騒動に巻き込まれた私は、丸眼鏡で文学青年風のこの大臣の顔をよく覚えている。後に坂田はこれを「最大の痛恨事」と回想していた。

坂田は29歳で衆議院議員に初当選し、以降73歳で引退するまで17期議員をつとめている。岸内閣の厚生大臣、佐藤内閣の文部大臣、三木内閣の防衛庁長官、鈴木内閣の法務大臣、そして衆議院議長などの役職をつとめている。

もともとは文教族であり、まわってきた防衛庁長官は素人であったのだが、猛烈に勉強して、防衛庁長官在職日数は７４７日。これは最長在任記録だった。教育者的防衛庁長官であった。トップの役割の一つは教育である。その素人の坂田の作成した「防衛計画の大綱」は戦後日本の防衛政策史上の不朽の名作となった。三木おろしのときには「防衛庁長官は三自衛隊の長に殉じる」と中立の立場をとった。

「三角大中福」が総理を担うサイクルが一巡し、ニューリーダーの一角の竹下内閣がスキャンダルで崩壊した後、自民党は伊東正義と無派閥の坂田道太に総理を打診する。伊藤は拒否、そして坂田も要請を断っている。「国権の最高機関」である立法府の議長経験者が総理になるのは三権分立の原則上好ましくないという理由が一つだ。総理の後に議長になることはあってもその逆はあるべきでないという理由であった。また政界引退の決意をすでに表明していたという出処進退の決断があったことも理由だった。

政界引退後にＮＨＫ「日曜討論」で森首相から「亡くなられた坂田さん……」と物故者扱いにされ、妻から「あなた、死んだわよ」と言われ、坂田は「そうか」と笑って受け流したそうである。

あるときから以降は「人が先、自分は後」とよく揮毫している。

混乱した現場の立て直しのために、難しい役職、不案内な仕事をすることになったとき、大事なことは公平率直な目で、偏見を持たずに複雑骨折した問題にあたることである。それを坂田は「むしろ素人の方がよい」と表現したのであろう。専門家集団が苦しんでいるとき、細部からではなく、大づかみで実状を把握し、問題解決にあたっていくことも一つの道である。この坂田道太の考えに共感する。

1月14日

和田勉（わだ・べん）

同じ役者とはほとんど二度と仕事をしない主義。

1930.6.3 ～ 2011.1.14

日本の演出家・映画監督。

高校2年の時に、父が、本は好きなだけツケで買ってよいと言ってくれたため小説を読みふけった。新設の早稲田大学第一文学部演劇科に入り、卒論は「テレビドラマ」を選んでいる。そして就職は職員の公募が唯一だった「文化（テレビドラマ）」が作れるNHKに入社する。最初の勤務に大阪勤務を希望している。東京にない3つのものを学ぶためであった。漫才、文楽、宝塚、である。8年間の大阪時代が「僕をつくった」と言う。こうやって和田勉の人生行路を眺めると、和田勉という人はなかなかの戦略家であることがわかる。そして迷うことなく一直線の人生を送っている。

「映画は見るものであり、テレビは聞くものである」

「テレビはアップだ」

「ドラマというものは『男と女』の『ツーショット』から始まる」

「同じ役者とはほとんど二度と仕事をしない主義」

「分秒進歩の中を突き進んできたわれらの『テレビ』」

「てれびじょんトハツヅメテイエバわが身のことデアル」

テレビの勃興期を走った和田勉は「テレビが映画を打ち倒す」という気概で文化をつくるために邁進する。『竜馬がゆく』（司馬遼太郎）、『阿修羅のごとく』（向田邦子）、『鹿鳴館』（三島由紀夫）、『天城越え』『朱鷺の墓』（五木寛之）などの小説を演出しヒットした作品が多い。本人があげた代表作は、「日本の日蝕」（安部公房原作）と「ザ・商社」（松本清張原作）の二つである。

手がけた作品が芸術選奨文部大臣賞、放送文化基金賞本賞など軒並み賞を受賞している。〝芸術祭男〟の異名もある。妻は衣装デザイナーのワダエミ。

定年後に、タモリの『笑っていいとも！』にレギュラー出演し、「ガハハおじさん」と呼ばれた。日清、月桂冠、UCCなど企業のCM出演などでブレイクし、思いがけず茶の間でも人気がでた。その余録で信州松原湖にワダベン博物館を建てている。

和田勉はメモ魔であり、それが発想のもととなった。また高校・大学時代から亡くなるまでずっと日記をつけていた。『テレビ自叙伝』の最大の資料がその日記だった。ドラマのキャスティングでは一緒に仕事をするのは一回のみというルールを自分に課していた。そのため夏目雅子から抗議を受けている。狎れることを恐れたのではないか。一作一作、新鮮な気持ちで作品を創っていく真摯な態度がNHKだけでなく、テレビを代表する名演出家を形づくったのだろう。

1月15日

大島渚（おおしま・なぎさ）

情報もいいでしょう。でも、生の体験は強い。

1932.3.31〜2013.1.15

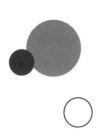

日本の映画監督、タレント、俳優。京大法学部時代には著名な政治学者猪木正道に師事した。京都府学連副委員長として活躍。京大助手試験で不合格となったとき、猪木正道からは「君に学者は向きませんよ」と諭された。卒業後は1954年に松竹に入社。篠田正浩や吉田喜重とともに松竹ヌーヴェルヴァーグの旗手として知られるようになった。1960年に日米安保条約反対の安保闘争を描いた「日本の夜と霧」が松竹によって上映を打ち切られたことに抗議して翌年退社し、「創造社」を設立。1975年には「大島渚プロダクション」を設立し、「愛のコリーダ」の制作に着手した。

大島渚は、因習打破の人、絶えざる革新者、戦闘的リベラリストなど、さまざまな言葉で語られる。大島監督の過激な発言とその姿はマスコミを通じてよくみたが、それは映画制作のための資金を稼ぐためだった。

作品は、「愛と希望の街」、「青春残酷物語」、「日本の夜と霧」、「白昼の通り魔」、「新宿泥棒日記」、「愛のコリーダ」、「戦場のメリークリスマス」……。

妻の女優・小山明子は、大島は世界を目指すという志を持っており、「世界に通用する監督になって、君をエリザベス女王の前に連れて行く」と言ってくれたと語っている。

1976年の「愛のコリーダ」でのあからさまな性表現で国際的な名声を博した。1936年の阿部定事件を題材に社会の底辺に住む男女の性愛を描いた作品だ。検閲を避けるため日仏合作として撮影済みのフィルムをフランスへ直送して現像と編集の作業を行ない、カンヌ国際映画祭で上映され話題になった。シカゴ国際映画祭審査員特別賞や英国映画協会サザーランド杯を受賞したが、日本では映倫によって大幅な修正を余儀なくされた。「『愛のコリーダ』でぼくは燃え尽きました」と大島は語っている。

　私は1978年から1979年にかけてロンドンにいたのだが、このとき確か出張先のドイツで「愛のコリーダ」の無修正版を日本語のままで見た記憶がある。字幕はドイツ語だった。日本人でこの作品をそのまま見た人は少ないだろう。幸運だった。

「人生というのは、どのくらい無我夢中の時間を過ごせるか、で決まると思う」

「きっぱりノーと言うことは、人生を楽にしてくれる方法なんです」

「今やれることを、今やらなかったら、一生やれないということなんだ」

　冒頭に掲げた「情報と体験」もそうだが、大島渚は意外に人生訓がいい。

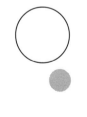

1月16日

秋山庄太郎（あきやま・しょうたろう）

職業は紛れもなく写真家。趣味もまた写真。道楽なんだから始末におえない。

1920.6.8〜2003.1.16

日本の写真家。日本広告写真家協会名誉会長、日本写真家協会名誉会長、全日本写真連盟副会長、日本写真協会副会長、日本写真芸術専門学校初代校長、日本デザイナー学院校長を歴任。二科会写真部会員。紫綬褒章、勲四等旭日小綬章受章。

秋山のライフワークは写真であったが、テーマは二つあった。女性と花である。『花・女』という作品集もある。

45歳ごろまでは主に「女性」のポートレイトを撮影していた。『秋山庄太郎美女100人』『女の素顔』『昭和の美女』『魅惑の女』などの写真集がある。八千草薫、吉永小百合、藤純子、山口百恵など時代を代表する美女がおさまっている。「そっくりに撮ると〝変な顔〟、倍くらい綺麗に撮って〝少し満足〟、ウソみたいに綺麗に撮るとやっと〝ニッコリ〟、なかなか感謝してもらえませんよ」と美女撮影の難しさを話していたという。45歳以降は自然や風景を撮影することが多くなり、特に「花」の写真は人生後半の大テーマとなった。カメラのキタムラは、今でも秋山庄太郎「花」写真コンテストを実施しており、グランプリ作品には秋山庄太郎賞を贈っている。

秋山は晩年、山形県米沢市にアトリエ「山粧亭」をかまえていた。「山粧というのは紅葉のことをいうのだが、字解きをしていくと、山形の米沢の庄太郎の家ということになる」と語っていた。この縁により、秋山庄太郎記念米沢市写真文化賞が米沢市により主催されている。

東京青山の自宅のアトリエを改装したミュージアムが秋山庄太郎写真芸術館である。秋山の作品展示のほか、写真団体や写真コンテストの展示を行なっている。

何かにはまる人にもランクがあると梅棹忠夫が言っている。最初は「通」、次は「好き者」、そして「道楽者」と順番に、はまり具合が深くなるという見立てである。写真にのめり込んだ秋山庄太郎は、自分でも「始末におえない」と言っており、「極道」という地点にまで行き着いたのではないか。

1月17日

小林繁（こばやし・しげる）

人生のバッターボックスに立ったら、見送りの三振だけはするな。

1952.11.14～2010.1.17

プロ野球選手（投手）、プロ野球コーチ。ノンプロを経て、1972年に巨人に入団。1976年、1977年に連続18勝をあげ最優秀投手となり長嶋巨人の優勝に貢献。昭和54年、江川卓との電撃トレードで阪神に移籍し、22勝で最多勝投手。1977年と1979年には沢村賞。11年間のプロ野球生活で、139勝95敗17セーブ。

巨人との契約時には、「プロである以上、実力は金銭でしか算定されない」との考えで、当時の制限最高額である1000万円の契約金を要求。900万の契約金と、1年目に1勝すれば100万円を加えるという条件を勝ち取った。以後、この精神で球界で生きていった。

巨人が「空白の一日」を使って江川卓を獲得するための犠牲になって、阪神にトレードされて大きな話題になった。野球協約では入団交渉はドラフト会議当日から翌年のドラフト会議の前々日となっていた。巨人はドラフト会議の前日に江川と入団契約を交わす。セ・リーグ会長は認めなかったが、巨人はドラフト会議をボイコット。ドラフト会議では阪神が江川との交渉権を獲得するが巨人は江川の地位保全を東京地裁に行ない、日本プロ野球機構を脱退し新リーグ設立に動く。機構の金子コミッショナーは「江川には一度阪神と入団契約を交わしてもらい、その後すぐに巨人にトレードさせる形での解決を望む」と強い要望を出し、期限を1979年1月31日とした。その1月31日に小林はトレードを通告される。この日が運命の一日となった。

球界の盟主、紳士たれがモットーの巨人が禁じ手を使ったのだ。「野球を捨てる覚悟」で対応した26歳の小林は、悪役・江川とは対照的に一夜にして悲劇のヒーローになった。この事件は毎日のようにマスコミに出て、国民的事件となった。

阪神の江本投手は「3本のハリガネを1本の束にしてより上げ、ハガネにし、さらにそのハリガネを束にしたような筋肉」と、著書『プロ野球を10倍楽しく見る方法』に書いている。小林は強靭な精神力で、気迫で投げる投手だった。事件の翌年から小林は巨人戦で８連勝をかざっている。三つ年下の江川の生涯成績は９年間で１３５勝72敗３セーブ。江川は後に「自分は小林を抜くことができなかった」とコメントしている。

引退後は野球解説者、ニュースキャスターなどを経て、いくつかの球団の投手コーチなどを歴任している。２００７年秋に黄桜のＣＭで互いに50代の中年になっていた２人が共演し「空白の一日」について語り合って話題になった。今回久しぶりにその映像をみて、この事件に翻弄された２人の人生を想った。

長い人生では勝負するときが何度かある。それはチャンスと危機が同時にみえるときだ。恐怖に負けて見送るか、乾坤一擲の勇気を出して飛び出すか。天に向かうか、谷底に落ちるかはわからない。それが運命の分かれ目になる。

小林繁から学ぶことは、好球を見送って三振を宣言されるようなことはしないで、「思い切りバットを振れ」である。

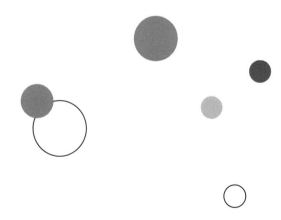

岩見隆夫（いわみ・たかお）

晩年は、毎春、サクラ前線に合わせて、主として徒歩で日本列島を北上、ついで夏祭りをたどりながら南下、各地の銘酒を訪ね歩いた。

1935.10.6 ～ 2014.1.18

日本のジャーナリスト、政治評論家。

２０００年発行の『私の死亡記事』（文藝春秋社）は、「ご自身の死亡記事を書いてください」という依頼に各界１０２人が応えた文章をまとめた企画である。当時64歳の岩見は「サクラ前線に死す」というタイトルで次のように人柄を髣髴とさせる文章を書いている。

【美瑛町で今年最後の桜を観賞中、突然倒れ、救急車で運ばれたが、まもなく死去した。運ばれる途中、「サクラ、サクラ……」とつぶやいたのが最後の言葉になった。……晩年は、毎春、サクラ前線に合わせて、主として徒歩で日本列島を北上、ついで夏祭りをたどりながら南下、各地の銘酒を訪ね歩いた。……「徒歩・桜・祭・酒の四拍子人生だ」が得意のセリフだった。テレビドラマ「水戸黄門」をもっとも好み、漫遊癖もその影響ではないか、と知人たちは語っている。】

その後、10数年を経て亡くなった岩見隆夫についての２０１４年１月18日の毎日新聞の訃報記事は以下のとおりであった。

【毎日新聞社特別顧問の岩見隆夫（いわみ・たかお）さんが18日、肺炎のため東京都新宿区の病院で死去した。78歳。葬儀は近親者のみで営む。後日、お別れの会を開く。自宅は静岡県熱海市網代５４９の19。喪主は妻雅子（まさこ）さん。旧満州生まれ。終戦で引き揚げ山口県に。１９５８年京都大法学部卒。同年毎日新聞社入社。政治部副部長、論説委員、サンデー毎日編集長、編集局次長、特別編集委員などを歴任した。89年９月から昨年12月まで、朝刊コラム「近聞遠見」を執筆。同コラムと昭和天皇の政治との関わりを浮き彫りにした連載「新編・戦後政治」の努力が評価され、92年に日本記者クラブ賞を受賞した。政治ジャーナリストとしてテレビなどでも活躍した。　昨年6月、「週刊サンデー毎日」のコラム「サンデー時評」で、肝臓がんであることを明らかにし、新宿区の病院で治療を続けていた。「サンデー時評」は死去の直前まで続けた。主な著書に『昭和の妖怪　岸信介』『総理の娘』『陛下の御質問』『角さんの鼻歌が聞こえる』など。】

　本人の希望とは違って実際の死亡記事は仕事中心となってしまった。

　テレビ「みのもんたのサタデーずばッと」では毎週出演して政治評論を行なう姿はよく見かけたのだが、サクラ前線を徒歩で追いかけながら、各地の銘酒を訪ね歩くという岩見隆夫の理想の旅は私の年来の希望と似ているので親しみを感じる。

「沖縄八重岳は1月18日に桜祭り。北海道・宗谷岬公園の桜は5月中旬が見頃。ソメイヨシノは九州から北海道まで4月1日から5月中旬過ぎの2カ月足らず。紅葉前線を追って北海道から南下する旅はどうか。私なら、温泉、人物記念館、知研、車、SNSとなるだろうか」と、私は2014年のブログで記していた。生前に「私の死亡記事」を書いておくのも悪くない。

1月19日

大鵬幸喜（たいほう・こうき）

横綱が物言いのつく相撲を取ったのが悪い。

1940.5.29～2013.1.19

北海道川上郡弟子屈町川湯温泉（出生地は樺太敷香郡敷香町）出身の大相撲力士。第48代横綱。

私は子ども時代の栃若時代では若乃花に熱中し、10代の柏鵬時代は大鵬のファンであった。大鵬は21歳で横綱になり、31歳で引退するまで10年以上横綱を張っていた。

双葉山、大鵬、北の湖、千代の富士……と続く大横綱の中でも、特別な存在であった大鵬。中国の古典『荘子』の「逍遥遊」に出てくる大きな魚は、ひとたび鳥に化すと9万里を飛ぶ「鵬」となるという。そこから古典に詳しい師匠がこの四股名をつけてくれた。この命名のとおり、この力士は大いなる鵬になった。

相手十分の相撲を取りながら勝つ相撲、自然体で応じてなお勝てる相撲が大鵬の相撲であるが、先輩から69連勝の「双葉山の強さは誰に対しても紙一重の強さだ」と聞いて興味深かったと言っている。タイプの近い双葉山という先達を目標に励んだのではないか。

「天才ではない」「努力型だ」「周囲のおだてに乗ってしまったらおしまい。死ぬまで勉強」「相手が研究してくれば、その上をいく研究と稽古に励む。毎日毎日同じことの繰り返し。コツコツ、一つのことを繰り返し続けることです」

相撲は自分との戦いであり、「経験、体験、体得」していく、それが「相撲道」であるという大鵬は、心の硬さを調整し、柔軟な心を養うために、精神を鍛えていく。優勝回数32回の大記録をつくるのだが、九州場所の宿舎・八大龍王寺の福山日種上人は32回の優勝を予言していた。いつの間にか、この予言が頭の中でこだましてそのとおりになったのだろう。

相撲取りは短命である。横綱を張った力士が長寿で還暦まで元気であることを祝って赤い綱を締めて土俵入りを行なう還暦土俵入りという行事がある。２０００年に大鵬はこの栄誉に浴している。この土俵入りは太刀持ちが北の湖、露払いが千代の富士という豪華版だった。

山形県鶴岡の横綱柏戸記念館には、「阪神、柏戸、目玉焼き」という言葉があったのに驚いて笑ったことがある。大鵬は、目標であり、ライバルであり、友人であった柏戸に出会えて本当に幸せだったと述懐している。大鵬柏戸戦は大鵬の21勝16敗だった。故郷・釧路の川湯温泉の「大鵬記念館」（川湯相撲記念館）も訪問したい。

　三番目の孫の幸之助はジャンボサイズで、娘婿の貴闘力と一緒に子どものころから相撲取りにさせようと考えていて、「大相撲三世の時代が来るかも知れない」と２００１年に大鵬が語っている。この幸之助が２０１７年12月に大嶽部屋に入門した納谷である。大鵬の予言が当たるだろうか。

　46連勝で物言いがついて戸田に負けたビデオをみると明らかに戸田の足が先に出ていて、当時は世紀の大誤審といわれた。しかし大鵬はあれでいいとし、「横綱が物言いのつく相撲を取ったのが悪い」とコメントしている。相撲道を信じて歩き、それを具現した横綱であった。相撲は豊作を願って神前で行なう祭祀であり、相撲社会の伝統は守らなければならない。現在の揺れる角界も大鵬の相撲道の精神を絶やさずに繁栄を続けられることを願う。

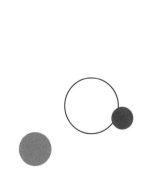

柴田トヨ（しばた・とよ）

人にやさしくする。そして、やさしくしてもらったら忘れない。これが百年の人生で学んだことです。

1911.6.26〜2013.1.20

日本の詩人。

裕福な米穀商の一人娘だったが、10代のころに家が傾き、料理屋などに奉公に出る。33歳で結婚し、翌年男児が誕生。90歳を過ぎてから詩作を始め、新聞に投稿を続ける。2010年に詩集『くじけないで』を上梓しベストセラーになる。韓国、台湾、オランダ、イタリア、スペインでも翻訳出版されている。

70歳を過ぎてから踊りを習う。何かを始めたら、人に教えられるくらいまでやる。「何かをつかんだら、一生懸命やる。それが私なんだ」。

人生の浮き沈みが激しいが、トヨの載った船はひっくり返らない。無事に過ごしてこれたのは「何でも一生懸命にやる質《たち》だったからかも知れません」と誠実に生きることが大事だと述懐している。

100歳で出した第二詩集『百歳』は、「詩とファンタジー」「産経新聞」「ＥＳＳＥ」「いきいき」「サライ」などに掲載された詩をまとめたもので、今回じっくりと読み込んでみた。トヨの詩は「しまいのところ」でひとくくりつけるようになっている。しなやかな心から吹く風はあたたかい。

「やさしさ」という詩では、「真実のやさしさ　手料理を　いただかせてください」、「流行」では「思いやりの症状が　まんえんすればいい」、「頁（ページ）」では「あと一頁と少しで百頁　鮮やかな色が　待ってるかしら」、「競馬」では「始めはビリでも　やれば一番になれる貴方だって　きっと出来るわ」、「思い出Ⅲ」では「あれから六十年　今は一人の生活　でも私には　思い出がある」、「倅にⅣ」では「さあ　笑顔を見せて」、「がまぐち」では「お金は貯まらなかったけれど　やさしさは　今でもたくさん入っている」、「百歳」では「百歳のゴールを　胸を張って駆け抜けよう」、「自分にⅡ」では「さぁ　顔をあげて　空を見ましょう」。

　埼玉県警に「振り込め詐欺防止ポスター」への言葉を頼まれている。「振り込め詐欺犯さんに」では「弱い人たちを　苦しめないで　その知恵を　良い事に使ってください」、「貴方に―振り込め詐欺事件、被害者の方に」では「貴方には　貴方を心配してくれる　家族が居るじゃ　ありませんか　ねえきっと　いい風が吹いてきますよ」。

　産経新聞と読売新聞には３・11の被災者に向けて詩を書いている。最後は「朝はかならずやってきます　くじけないで！」と「不幸の津波には　負けないで」だ。

　２０１３年11月に柴田トヨの半生を描いた映画『くじけないで』が公開された。トヨ役は、八千草薫、檀れい（若い頃）、芦田愛菜（幼少時）が演じている。

　90歳を過ぎてから詩作を始め、98歳で処女詩集が１５０万部を超える大ベストセラーとなり、引っ張りだこになり、２０１１年に１００歳で第二詩集『百歳』を刊行し、同年１０１歳で亡くなる。この人ほど遅咲きの人はいない。その人のやさしい言葉が困難を抱え苦しむ人たちの心に届いたのだ。

「あふれるような気持ちを詩にして、人生の終わりに花を咲かせることができました」。人生の最後に大きな花を咲かせた柴田トヨは、百年の人生で培ったやさしい心を、やさしい言葉で語り、多くの人を励ました。

1月21日

村木良彦（むらき・よしひこ）

仕事の面白さというのは、ジョブデザインだ。

1935.11.15～2008.1.21

日本のメディアプロデューサー。東京放送（ＴＢＳ）に入社し、ヒット作品を生むが、10年後に「ＴＢＳ闘争」で退社。この間の事情は１９６９年３月の『お前はただの現在にすぎない　テレビに何が可能か』（朝日文庫）に詳しい。同時に辞めた萩元晴彦・今野勉らとテレビマンユニオンを創立。

１９８６年に所属する「知的生産の技術」研究会で、『知的生産者の発想現場から』（ＴＢＳブリタニカ）を刊行した。私の発案で「知的実務家」をキーワードに取材した内容をまとめたものだ。取材対象は、ワコールの三田村和彦、西武百貨店の水野誠一、ブリジストンの大坪壇、ダイヤルサービスの今野由梨、スキーの西和彦、野村総研の森谷正規、長銀総研の北矢行男、三菱化成生命科学研究所の中村桂子、ＮＨＫの木村太郎、東京相互銀行の山田智彦、筑波研究コンソーシアムの河本哲三、そして村木良彦というメンバーだった。30年以上前の思い出深いプロジェクトである。「知的実務家」とは、組織の現場に属す実務のプロでありながら、一方真理の宝庫というべき自らの職場をとおして時代と語り、その教訓を一般化するという知的作業を行ない得る人々であり、こういう人々が大きな影響力を持つ時代にさしかかっていると、私は考えていた。

「しなやかに、したたかに」はテレビマンユニオンのモットーであったが、当時はこの精神に多くの人が共鳴していた。村木は芸能界に片足を突っ込みすぎたテレビの産業構造を変えるグランドデザインを描く仕事をしようとしていた。情報の根源は人間だから、人間関係の構築と維持と進化を目指していた。温顔で柔らかい声と穏やかな話しぶりであるが、仕事に対しての情熱と自信が伝わってきた。

村木良彦のインタビューで強く印象に残ったのは「ジョブデザイン」という言葉だった。ジョブデザインを自分でやれるか、仕事の面白さはジョブデザインにある、そしてTBSから独立して以降は、自分でジョブデザインをやれるから精神的に違うと語っていた。自分でデザインの権利を獲得していく。自分の仕事のデザイナーになる、そして自分の人生のデザイナーになる。私がそれを強く意識したのはそのころからだった。

1月22日

常盤新平（ときわ・しんぺい）

臆病になるな、他人の目や陰口にとらわれず、自分のやりたいことに忠実になろう。

日本の作家、翻訳家であり、アメリカ文化研究者である。

1931.3.1 ～ 2013.1.22

仙台二高、早大文学部英文科・大学院卒業後、早川書房に入社。海外の文学作品、スパイ小説、冒険小説などを紹介する「ハヤカワ・ノベルズ」を創刊し、人気シリーズとなる。早川書房のＳＦ以外のすべての編集長の立場となる。１９６９年に退社。翻訳家としてアメリカの雑誌や人物を紹介した。エッセイスト、作家としても知られるようになる。

１９８６年、『遠いアメリカ』で直木賞を受賞。アメリカのペーパーバックを読み漁り、翻訳の勉強に没頭する自身の大学生活を描いた自伝的作品である。

常盤新平の師匠は５歳年上の直木賞作家・山口瞳であった。サラリーマンの生態や心理をよく知った山口瞳の、31年１６１４回続いた「週刊新潮」の連載『男性自身』を、たまたま読んだのがきっかけで出入りするようになった。山口瞳の13回忌を迎えるころ書いた『国立の先生　山口瞳を読もう』には、国立に住む師匠の山口瞳への思いがつまっている。文庫本や全集に書いた解説をまとめたものである。

他人の目、他人の口、つまり世間を気にしすぎることをやめて、自分自身の為すべきことを為そう。

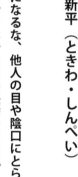

1月23日

戸板康二（といた・やすじ）

道にはトレーニングがつきもの。道とつく限り、鍛錬を抜きにしては考えられません。

1915.2.14～1993.1.23

日本の演劇・歌舞伎評論家、推理作家、随筆家。直木賞作家。

『あの人この人　昭和人物誌』（文春文庫）は「人物歳時記＋人物風土記」ともいうべき珠玉のエッセイ集だ。34人の昭和史を彩る各分野で傑出した人物たちの見せる、際だった個性を楽しみながら書いたものだ。

戸板は締めきりに遅れたことがないという。本を読んでいくと苦しみながら書くのではなく、楽しみながら書いている姿が浮かんでくる。昭和の雰囲気と、その時代を生きた文化人たちのほのぼのとした味わいを感じる名著だ。取り上げた各人物にまつわるエッセイのネーミングが実にうまい。「江戸川乱歩の好奇心」「徳川夢声の話術」「有吉佐和子の笑い声」「芥川比呂志の酒席」「三島由紀夫の哄笑」「川口松太郎の人情」「田辺茂一の大鞄」「花森安治のスカート」「寺山修司の国訛」「大谷竹次郎の劇場愛」「渋沢秀雄の童顔」「小泉信三のステッキ」「東山千栄子の挨拶」……。

○乱歩は若いころから自分に関する新聞雑誌の記事や読者からの書簡をファイルしスクラップブックに張り込むのが楽しみだった。それが『探偵小説40年』という大著の基本資料になった。

○徳川夢声は1時間のひまがあると時間にかかわりなく映画をみて、本屋で何か買うという習慣。新しい話題を持っていたが、スキャンダルと猥談はしなかった。禁酒ならぬ停酒。

○芥川比呂志は酒をいくらでも飲めた。芥川飲み介。渋谷の「とん平」、新宿の「五十鈴」、代々木の「なおひろ」、銀座の「はちまき岡田」、出雲橋の「はせ川」、七丁目の「よし田（そば）」……。

○獅子文六という筆名は、四四十六をもじったのではなく、文五（文豪）に一つ足したのだと笑っていた。

○田辺茂一。『夜の市長』。『わが町・新宿』には田辺のすべてが語られている。
○渋沢秀雄は訥々とした口調と童顔の人。父の栄一の遺伝か。
○玉川一郎。『シャレ紳士録』。秋深し水洗便所の音高く。

戸板康二『ちょっといい話』（文藝春秋）。有名人が起こすちょっと面白いエピソード集であるが、時間が経っているのでおかしさが分からないものも、ままある。共通のバックグラウンド、教養などがユーモアには欠かせないということだろう。「各界名士500人の珍談・奇談集。直木賞作家・劇作家・評論家の著者が半世紀書きためた交友録から最高傑作を公開するユーモア笑事典」。以下、「後記」から。「挿話に興味を惹かれる」「傑作は日記に要点だけ書きとめる」「最後は、落語のサゲのような一句」「幕末から明治大正」「二百字の原稿用紙に一話ずつ」。
○日夏「われらの国語を、路傍の石のごとく動かすのはやめろ」（山本有三へ）
○川端康成「じゃ払わなきゃ、いいではありませんか」（吉行淳之介が「銀座のバーが高くなった」と嘆いたのに対して）
○遠藤新「君は代議士、ぼくも大技師」（星島二郎へ）
○野上弥生子は読んでいた本にも赤鉛筆で文章を直していた。
○草野心平は「火の車」（税務署対策）と「学校」（家の人対策）という酒場を持っていた。
○瀬戸内寂聴「いいえ、私はアマです」（「プロって大変ですね」に対して）
○朝倉摂「いやだわ、元代々木だなんて」（元共産党員の朝倉摂が住んでいる町の名が改正）
○榎本武揚「まからねえか？」というと、イタリアのレストランでは「マカロニ」を持ってきた。
○島崎藤村「君、死ぬってどんな気持ちがする？」（田山花袋に聞いた）
○佐々木邦「なるほど、翻訳家の家だ」（戸川秋骨の家は門から玄関までが洋風、中に進むと和風）
○久保田万太郎「いいえ、あなたの俳句は、退歩しています」（渋沢秀雄「私の俳句は一向進歩しませんで」へ

の返答）
○小沢昭一「光源氏の役以外は、出演しません」（テレビやドラマの出演を断る口上）
○「切腹」（小林正樹監督）宣伝部「切腹もタケミツ、音楽もタケミツ」（刀は竹光、音楽は武満徹）
○菊池寛「文才のある文学青年ほど、困ったものはない」
○高浜虚子「選句は選者の創作です」
○武者小路実篤「雑誌にたのまれたら書く。ことわるより書く方が早い」
○山田耕筰「いい歌だなと思って聞いていたら、君ねえ、それは、ぼくの曲だったんだよ」

　自分の分野を歩く。それは必ず「道」になる。道には「鍛錬」が必要だ。一千日が鍛であり。一万日が錬であると武蔵が五輪書の中で語っている。鍛えるのに3年、練るのに30年かかる。戸板康二は77年の生涯の50年をかけて172冊の著書を刊行している。その分野は評論・評伝、エッセイ、小説、戯曲、句集、対談、テレビドラマの原作など、実に広い。文人だった。詳しかった歌舞伎、演劇に限らず、人物論にも鍛錬でつくられた道がみえる。

1月24日

吉野トヨ子（よしの・とよこ）

吉野選手には顔中にひげが生えている。

1720.2.12 〜 2015.1.24

日本の陸上競技選手。ヘルシンキオリンピック・メルボルンオリンピック陸上女子円盤投代表。元円盤投日本記録保持者、五種競技日本記録保持者。

戦前は五種競技で日本記録を樹立。戦後、円盤投げと砲丸投げに転向。31歳の吉野は戦後初めて日本が参加した16年ぶりの１９５２年のヘルシンキオリンピックの円盤投げで4位入賞という日本選手最高の成績を残し国内をラジオで沸かせた。最盛期であればメダルを取れただろう。１９５６年のメルボルンオリンピックにも出場。日本選手権では１００メートル、走り幅跳び、砲丸投げ、円盤投げ、五種競技、リレーを合わせて22回の優勝を果たしているマルチプレイヤーだった。

吉野は、山梨県庁に勤めており、現役引退後は山梨県立巨摩高等女学校で指導し、後に埼玉県教育委員会で定年まで勤務している。

山梨県立巨摩高等女学校の教諭であった吉野トヨ子から学んだ生徒が、「吉野選手には顔中にひげが生えている」と語っていたとの証言がある。そういう伝説が生まれるほどの英雄だったわけだ。後年、吉野はマスターズ陸上に参加している。１９８７年の67歳ではW65クラスの円盤投げで日本マスターズ新記録を樹立し、3年後の１９９０年の70歳ではW70クラスでも新記録を樹立した。昔取った杵柄ではないが、生涯を通じてスポーツの分野で記録を出し続けながら、後輩たちに勇気を与える生き方を貫いた姿は立派である。94歳で逝去。

1月25日

三木のり平（みき・のりへい）

演技の勉強は、いつもじっと観察すること。面白い発見がある。それを芸にする。裏の裏を見る。仕掛けはどうなっているんだろうって思わないヤツに進歩はない。

1924.4.11 ～ 1999.1.25

昭和期の俳優、演出家、コメディアン。

「パーッといきましょう」が流行語になった森繁久弥の「社長シリーズ」や多摩ニュータンの開発時のことがよくわかる「駅前シリーズ」などでの三枚目の役が有名で、これらの映画はよく観た記憶がある。しかし、三木のり平は「あんなの、実にくだらない映画ですからね」「作品なんてものじゃない」と言っている。代表作と言われるのは心外だったのは意外である。役者としての演技であって、日常は真面目な人だったのだ。

「師匠なし、弟子なし、友達なし」を自称する三木のり平は、「自分を甘やかさなかった」。そして「フリーの立場にいたからいろいろな仕事に出会えた。そこでまた勉強」した。「下積みが長い人ほどいい仕事をする」との観察にも納得する。

「スターは三船（敏郎）、役者は（三木）のり平」と言われた演技力で、森繁久弥、有島一郎と並ぶ喜劇役者となった。森光子の『放浪記』などの演出を担当し、菊田一夫賞、読売演劇大賞最優秀演出家賞を受賞している。役者としての抜きんでた実力は、演出家としての力量に十分に反映されたのだ。

三木のり平は日大専門部芸術学科卒のインテリで、雑学の大家であった。吉原、「ありんす」言葉、旬、おから、蛤、ハマナシ、竹輪、田楽、ヌタ、竜田揚げ、つくね、つみれ、お別火、八重洲、有楽町、品川、代々木、上野、浜松町などのネーミングの由来にも詳しい。この人は好奇心の強い勉強家である。

「男は女の過去を知りたがるが、女は男の未来を知りたがる」「男は女の最初の男になりたがり、女は男の最後の女になりたがる」「センスがないとナンセンスにはならないんだ」

三木のり平は多くの映画に出演したが、映画は監督のものであり、役者は部品だから、あまり好きでなかった。

「舞台はいいよ。やっぱり生だもの。芝居は生にかぎるよ」「芝居はせりふだけじゃない。いろいろなものを客席とキャッチボールする」と、舞台で芝居をする真剣勝負を好んだ。

「はならっきょ」が記憶に残る桃屋のアニメＣＭは１９５８年から１９９８年まで40年間放送されたから、三木のり平は茶の間の人気者だったが、本質は優れた役者だった。いろいろな場所でじっと人間を観察する。そこで得たヒントを芸にまで練り込んでいく。観察、発見、仕掛け、芸という一連の流れを生涯続けた人である。観察眼、探究心、表現力、こういう姿勢は例えば大実業家・渋沢栄一など進歩を重ねる一流の人物に共通している。仕事師たらんとする職業人は三木のり平に学べ、である。

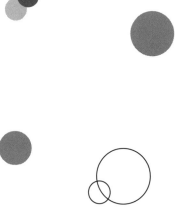

1月26日

野中広務（のなか・ひろむ）

「運・鈍・根」、つまり、運を得ることと、それを焦らず活かすための不断の努力、そして根性が、人間の進み方として一番必要じゃないかと思っています。

1925.10.20 〜 2018.1.26

日本の政治家。

野中は旧制中学卒業後、国鉄に入職。敗戦時、坂本龍馬像の前で自決をしようとして上官から「死ぬ勇気があるんなら、日本の再興のためにがんばれ」と諭され、思いとどまった。町議会議員、町長、京都府議会議員、副知事を経て、１９８３年の60歳近くで衆議院議員に初当選し、自治大臣・国家公安委員長、内閣官房長官、自民党幹事長を歴任。「叩き上げ」であったが、小渕・森政権では「影の総理」と呼ばれれるほどの実力者になった遅咲きの政治家だった。

「この国の歴史で被差別部落出身の事実を隠さずに政治活動を行い、権力の中枢までたどり着いた人間は野中しかいない」と魚住昭『差別と権力』の中に書かれている。

悪魔と呼んだ小沢一郎との確執と和解、小泉・安倍政権への批判など、政界引退後もその発言は注目された。

「戦前の私たちは知らないうちに教育され、戦争に突入した。私はこうした民族性に恐怖を感じる」と語っている野中は、虐げられた人々への配慮、沖縄問題への深い関心、中国・韓国・北朝鮮との間合いの取り方など、政治スタンスはハト派だった。軍隊生活の経験から、「一番まずかったのは集団的自衛権の行使を認める安保法制をつくり、戦争をできる国にしたこと。他国の人を傷つけ殺すことは、自分たちも殺されることになる」とも発言している。反差別と反戦の政治家だった。

「ケンカは必ず格上とやるべし」という野中に、「豪腕」「政界の狙撃手」など強面の武闘派のイメージを私は持っていたが、一方で社会的弱者への視線を絶えず持っていたことも後で知った。30代から無報酬で自ら設立した障害者施設「京都太陽の園」の理事長を長く務めていた。それは政治活動の休息の場となり、愛情と情熱を注いだ野中の人生最後のよりどころになっていたそうだ。

「運・鈍・根」という人生訓は、人との縁を大事にし、不断の努力を重ね、不屈の根性で生きぬけというアドバイスだろう。自分を厳しく叩き上げた野中広務の言だけに深く刺さるものがある。合掌。

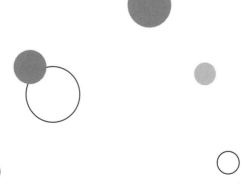

1月27日

大原富枝（おおはら・とみえ）

何が寂しいものですか。読みたい本も、考えることもたくさんある。年をとることって、楽しいですよお。

1912.9.28〜2000.1.27

日本の小説家。高知県生まれ。高知女子師範在学中に結核にかかり、療養中に文筆活動を始める。1938年に『祝出征』が芥川賞候補になる。29歳、戦後の混乱期に上京し創作活動を本格的に開始する。1956年、『ストマイつんぼ』で女流文学者賞を受賞。1960年『婉という女』を発表し、毎日出版文化賞、野間文芸賞を受賞。洲之内徹、岡倉天心とプリヤンバダ・デーヴィー、原阿佐緒、建礼門院右京大夫、津田治子、三ヶ島葭子、牧野富太郎などを描いた優れた評伝も多い。

1976年にはカトリック教会の洗礼を受けた。1990年、叙勲を機に故郷に大原富枝文学館が開館。後に東京の書斎が移築された。1992年には大原富枝賞が創設される。2000年の葬儀では天皇・皇后両陛下の弔意が伝達された。

「私が書く作品はあくまで『負の世界』に生きて徹するものばかりです。なぜ中途半端な幸福などを書く必要がありますか。人間は、そして女性は、最初から『負』を背負って生きてきて、『負』を埋めるために生きているものなのです」

「抗うことはあるときは生きることそのものであり、生命の燃えることだと思います。抗うには能力が必要です。抗うことでその人の能力がわかるのです」

10代後半から20代後半にかけて大病をした大原富枝は、「負の世界」で運命に抗う人間、女性を描いた作品で多くの人々の共感を得た。ソ連をはじめ世界各国で翻訳出版されている代表作『婉という女』では幼時から40年間の幽閉生活を強いられた婉の生涯をたどりながら絶対的な孤独を描き、悟りの境地に達した姿を描いた。幽閉生活を送った婉と同様に、長い療養生活で孤独の闇を知っている大原富枝は、運命に抗う生命力で楽しく、そして逞しく年を重ねたのだろう。大原富枝文学館を訪ずれることにしたい。

1月28日

山階芳麿（やましな・よしまろ）

保護の仕事をやる以上、滅ぼさないようにしなければならない。

1900.7.5 ～ 1989.1.28

日本の元皇族。山階鳥類研究所の創設者。第1級ゴールデンアーク勲章受勲。ジャン・デラクール賞受賞。

昭和天皇とは実母（範子妃）、香淳皇后とは継母（常子妃）を通じての従兄にあたる。昭和天皇の一つ年上で、子ども時代には一緒によく遊んでいる。

陸軍士官学校（33期）を経て陸軍少尉に任官。砲兵将校となる。１９２０年、勲一等旭日桐花大綬章受章。臣籍降下を願い出る。大正天皇から山階の家名と侯爵の爵位を与えられ陸軍砲兵中尉となる。動物学研究の望みを断ち難く、軍を退役する。東京帝国大学理学部動物学科選科修了。１９３２年、山階鳥類研究所の前身である山階家鳥類標本館を、私費を投じて設立。北海道大学から理学博士号を授与される。鳥類の染色体の研究に取り組み、１９４７年に鳥類の分類に染色体による分類法を導入。１９７７年、鳥学の世界のノーベル賞とも言われるジャン・デラクール賞を受賞。１９７８年、「世界の生物保護に功績があった」としてオランダ王室から第1級ゴールデンアーク勲章を受章した。

山階芳麿の人生は日本経済新聞「私の履歴書」を読むとよくわかる。6歳の誕生日には「どうしても鳥の標本が欲しい」と両親に願って、ガラス箱に入った剥製《はくせい》の一つがいのオシドリをプレゼントしてもらった。それ以後、誕生日には鳥の標本をもらう習慣となった。

私の履歴書に、「GHQにより夢かなう　定着した『バード・ウイーク』」の回では、バード・ウイーク（愛鳥週間）の設定や、青少年教育のための雑誌「私たちの自然」の発行のことを書いている。「トキ、絶滅への道防ぐ　幸いにも深まっていく理解」では、トキの保護の話題だった。最終回は「世界の仲間の贈り物　鳥のためにまだまだがんばる」と題して、世界の鳥類学者の中から、鳥の研究、保護、飼育のすべての面で世界的な成果をあげた人を選ぶ「鳥類学者のノーベル賞」といわれるデラクール賞、受賞の話題であった。

そして「保護の仕事をやる以上、滅ぼさないようにしなければならない。文化財保護法の現代的改正であり、私の余生はそのために尽くしたいと思っている」と78歳の芳麿は決意を述べ、その通りの月日を送った。「鳥」一筋の生涯であった。よく名前を聞く山階鳥類研究所の活躍や、我が国の鳥学研究の発展と鳥類の保護活動に寄与した個人・団体を顕彰する山階芳麿賞の存在で、山階芳麿の業績は長く記憶されることになった。

布川角左衛門（ぬのかわ・かくざえもん）

今日も亦、生涯の一日である。明日を考えて共に生きよう。そこにそれぞれの人生がある。ゆっくり急げ。

1901.10.13～1996.1.29

新潟県出身の編集者、教育家。普連土学園理事長。日本出版学会会長。家の屋号である角左衛門をつけられたこの人は、法政大で野上豊一郎、安部能成に師事。在学中に三木清の講義を聞き、三木が懇意にしていた岩波書店に入社し、岩波文庫、岩波全書の編集を担当。編集部長を経て55歳で定年退職。1961年から10年間、栗田出版販売社長、その後会長。三木清の獄死について、「私は見聞したことを詳しく手紙に書いた」と三木の恩師・波多野精一に伝えている。

1968年、労作『日本出版百年史年表』の大部分を執筆し、永年にわたり、著作権、出版権の擁護活動。また「日本出版百年史年表」編集委員長としての努力に対して菊池寛賞を授与された。また破産した筑摩書房管財人兼代表取締役として再建に尽力している。

布川が「出版資料館」を構想して収集した2万5100点の文献は国立国会図書館に寄贈され、2000年から特別コレクション「布川文庫」として一般公開されている。内容は、出版史、出版社史、出版人の伝記、出版事情や出版論、出版法制、編集・印刷・製本など出版関係を中心に、ジャーナリズム、書誌学、図書館関係まで広範囲にわたる。「出版資料館」と「出版資料・文献ネットワーク」の実現が待たれる。

出版界の内外で広汎な仕事を指導してきた出版会の賢人・布川角左衛門の業績と人柄を回想した追悼文集として『布川角左衛門事典』が刊行されているのは、この人の仕事が並大抵のものではないことを示している。また自らの属した出版業界を巡る記録を自身で残しているだけでなく、業界のあらゆる資料を収集した人である。布川角左衛門は出版業界の歴史を残すという大事な役割を意識し、強い意志で貫徹した人物だ。歴史を残そうとしなければ人々の営為は消えてなくなる運命にある。どの分野でも「記録と資料」が重要なのだ。

「それぞれの人生は作られるものである。同時に自ら作るものである。ゆっくり急げ」という処世訓は、晩年の筑摩書房再建時には進化して冒頭に掲げるものになった。そして「私にとって終生はあっても余生はない」と自分を励まし生涯現役を貫いた。

加藤寛（かとう・ひろし）

人生は修行の連続とよく言うが、世の中に無駄な仕事はない。どんな仕事もどんな経験でも必ずそこには自分に役立つ勉強が潜んでいる。だから、ただ働きを惜しんではいけない。

1926.4.3 〜 2013.1.30

日本の経済学者。政府税制調査会会長、内閣府規制改革担当顧問、嘉悦大学学長、千葉商科大学名誉学長、日本経済政策学会会長・日本計画行政学会会長・ソ連東欧学会代表理事・公共選択学会会長等を歴任。

第二次臨時行政調査会第四部会長としての国鉄分割民営化や、政府税制調査会会長として直間比率是正・間接税中心の税体系の導入等の日本の行財政改革を牽引した。また、小泉・竹中の郵政民営化や構造改革のブレーンとしても貢献している。

慶應の湘南藤沢キャンパス（ＳＦＣ）設立にあたっては中心的な役割を担い、総合政策学部学部長を務める。その後、千葉商科大学の学長を務めた。慶大教授時代の教え子は、橋本龍太郎、小泉純一郎、竹中平蔵など。教師としても偉大だった。

加藤寛は野田一夫先生の友人で、会話の中でよく登場していたし、政府委員として重要な政策のキーマンだったから、その姿はよく見かけている。

「ただ働きを惜しんではいけない」には賛成だ。苦手な仕事を含め、どんな仕事も自分を高める経験となる。そういう気概や心構えが後のミスター税調・加藤寛を形づくったことは容易に推察できる。

1月31日

芥川也寸志（あくたがわ・やすし）

父（芥川龍之介）が死んだ年齢である三十六歳を越えていく時は、もっとやり切れなかった。毎日のように、畜生！　畜生！　と心の中で叫んでいた。無論、自分が確立されていないおのれ自身への怒りであった。

1925.7.12 ～ 1989.1.31

日本の作曲家、指揮者。JASRAC理事長。代表作に「交響三章」、「交響管弦楽のための音楽」、「弦楽のための三楽章」。映画音楽・放送音楽の分野では「八甲田山」、「八つ墓村（野村芳太郎監督）」、「赤穂浪士のテーマ」など。童謡では「小鳥の歌」、「こおろぎ」など。

「芥川賞」に名前を残す芥川龍之介の三男。東京音楽学校予科作曲部に合格したが、校長から呼び出しを受け、「お前は最下位の成績で辛うじて受かったに過ぎない。大芸術家の倅として、恥ずかしく思え！」と叱責される。こういうことはその後も常にあって、「学校を卒業して社会に出た時には、ことある毎に〈文豪の三男〉などと紹介され、いい年をして、親父に手を引っぱられて歩いているような気恥ずかしさに、やり切れなかった」。そのやりきれなさや自身への怒りをバネにして父とは違う分野を自分の足で歩いて行く。

ソ連への密入国、アマチュアオーケストラの育成、うたごえ運動の指導者など多彩な活動をみせる。NHKの音楽番組「音楽の広場」に司会として黒柳徹子とともに出演し、ラジオの分野ではTBSラジオ「百万人の音楽」で野際陽子とパーソナリティを務めた。ダンディーな容貌と、ソフトだが明晰な話し方で人気は高かった。結婚は3度した。2度目の妻は女優の草笛光子である。

「私自身は物事をやや深刻に考え過ぎる欠点を持っているのに、私の音楽はその正反対で、重苦しい音をひっぱり回して深刻ぶるようなことは、およそ性に合わない」「古事記によるオラトリオ（聖譚曲）をライフワークにしたい」と常々語っていたのだが、時間切れで叶わなかった。ライフワークと寿命との関係を考えさせられる。

芥川也寸志は日本音楽著作権協会（ＪＡＳＲＡＣ）理事長として、音楽使用料規定の改定に尽力し、協会の財政基盤の確立に貢献した。「我々ＪＡＳＲＡＣは、作家を代表して権利を守らなければならない。これは当然のこと。だが一方で、ごくごく安い料金で、あらゆる人が音楽を楽しめる環境を作っていかなければならない」。作家の権利の尊重と少ない負担で、多くの人が音楽を楽しめることに力を注いだのである。それは若いころ父・龍之介の印税が途絶えたために非常に生活に苦しんだ経験が理由の一つでもあった。

芥川の音楽界での功績を記念して１９９０年4月、サントリー音楽財団により「芥川作曲賞」が創設された。父は「芥川賞」、息子は「芥川作曲賞」である。また埼玉県松伏町に、芥川の「エローラ交響曲」から名を取った田園ホール・エローラがある。芥川龍之介記念館はまだないから、父を超えたということもいえるかもしれない。芥川也寸志は才能と努力と明るい性格で、自己を見事に確立したのである。

2月

如月

2月1日

佐伯旭（さえき・あきら）

真理は平凡な中に在る。一朝一夕にことがなるものではない。一日一日が大事なのだ。

1917.3.8 〜 2010.2.1

実業家。シャープ二代目社長。中興の祖。

シャープペンシルの発明者でシャープの創業者・早川徳次は、関東大震災で2人の子どもを失い、天涯孤独の少年をわが子のように育てた。その佐伯旭は早川に仕え、町工場に過ぎなかった早川金属工業研究所を、日本を代表する総合エレクトロニクスメーカーに育てた。

液晶・半導体の研究者による全社横断の開発チームである回路研究室、半導体研究室を発足させた。国産初の電子レンジ、シリコン太陽電池の量産、世界初のトランジスタ式電卓開発、世界初の液晶実用化、CMOS型電卓開発、日本語ワードプロセッサーなどを生み出した。「100年の計」として半導体工場の建設、世界展開を見据えての「シャープ」への社名変更なども指導した。

創業者早川以上の企業家精神を発揮し、技術開発力、商品開発力、販売戦略、経営戦略などが奏功し大阪の家電メーカーから世界のシャープへと発展させていった。1986年、年商1兆円超えを花道に社長を退任し会長。佐伯は生涯を通じて財界活動に関わらなかった。

佐伯社長時代のシャープはイノベーションの連続だった。その秘密は日々の地味な技術開発の努力にあった。一日一日を尺取り虫のように、1ミリずつ進んでいったのだ。リーダーの持つ平凡な真理を信奉する姿勢が一介のアッセンブリー（組み立て）工場を世界的メーカーに押し上げたのである。

シャープはその後、曖昧なトップ人事に端を発する内紛に伴う経営戦略の失敗によって破綻し、台湾の鴻海（ホンハイ）傘下に入り、現在経営再建中である。企業を永続的にさせることは実に難しい。

2月2日

山内一弘（やまうち・かずひろ）

ボールには打つところが5カ所ある。内側、外側、上、下、真ん中だ。

愛知県一宮市出身のプロ野球選手（外野手、右投右打）・コーチ・監督、野球解説者・評論家。生涯打率2割9分5厘。4年連続3割。18年のうち半分の10年で3割。2271本安打。396ホームラン。1286打点。オールスター16回出場でホームラン8本、打率3割1分4厘で「オールスター男」「お祭り男」「賞金泥棒」と呼ばれた。

1932.5.1 〜 2009.2.2

ノンプロからテスト生として毎日オリオンズに入団。広岡、杉下、ヤンキースのディッキーコーチなど、山内はオープン戦、オールスターを含めあらゆる機会に質問をくり返し、勉強していく。そういう姿勢がシュート打ちの名人となり、最後は「打撃の職人」と呼ばれるようになっていく。移籍先の阪神、広島でも、この名選手は素振りを欠かさない。その姿勢が山本浩二、衣笠祥雄ら伸び盛りの若い選手のお手本になった。背番号8は山本浩二が受け継いだ。野村克也は山内の打席を穴があくほど観察し、山内が惜しくも逃した三冠王になった。

野球少年たちには、野球をするために必要なのは、「スピード、パワー、強い体、それにセンス」であるとし、強い体をつくり、次に技術に向かうことを提唱した。野球センスも7〜8割は自分で作れるものだと山内は考えていた。イスに坐って水平振り、壁当ての守備練習、生卵を扱うようにボールを殺してやさしく捕る、素手でキャッチボール、人差し指のつけ根を中心に捕球、……。

電車では看板の文字を瞬間的に読み取る訓練。階段はつま先で2〜3段ずつかけ上がる。膝を少し曲げて道を歩く。テレビで好投手のフォームを観察し、ガラス戸を前に素振りをする。

山内は徹底した体調管理・自己管理の人だった。酒を絶ち、マッサージ師を雇い、当時珍しいビデオ撮影での分析を行なう。足腰のために自転車通勤。そして庭にバッティング練習場をつくった。

指導者としては徹底的に教えるため、始めたら止まらないという意味で「かっぱえびせん」の異名をとる。おかしいのは趣味の欄には「コーチ」と書かれていたことだ。掛布雅之、高橋慶彦、田淵幸一、真弓明信、原辰徳といった選手達を指導し、その打撃理論で数々の名打者を育てた。

冒頭に掲げた「ボールには打つところが5カ所ある」は、広島の高橋慶彦にコーチしたときの言葉である。高橋はこんなことは初めて聞いたと驚いている。研究心が垣間見えるエピソードだ。一筋に取り組む職人的姿勢は山内自身をつくったのにとどまらず、同僚、後輩に多くの影響を与えた。それがプロ野球の交流に貢献を果たすことになった。どのような分野でも、こういう人は貴重である。

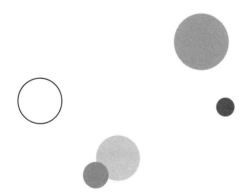

2月3日

三浦朱門（みうら・しゅもん）

失敗談を語れ。

1926.1.12 ～ 2017.2.3

日本の作家。日本大学芸術学部教授、文化庁長官（第7代）、社団法人日本文藝家協会理事長（第7代）、日本芸術院院長（第4代）などを歴任した。

「朱門」の名前はイタリア文学者だった父・三浦逸雄氏が十二使徒の一人、シモン・ペテロからつけた。

１９５０年に同人誌「新思潮」に参加、曽野綾子と出会い3年後に結婚した。夫婦共にカトリック信徒である。小島信夫、阿川弘之、遠藤周作らと共に「第三の新人」と呼ばれた。芥川龍之介を思わせる作風で、家族の崩壊を描いた『箱庭』や住んだ経験のある場所をテーマとした『武蔵野インディアン』など、戦後日本を描いた作品が代表作だ。

妻の曽野綾子の本から、朱門の日常を垣間見ることができるが、よく考えるとこの人のことはよく知らない。「ラジオ版学問ノススメ」という２０１１年の番組で、『老年の品格』という本を書いたばかりの朱門がインタビューされていた。初めて肉声を聞いたのだが、なかなか味わいの深い言葉が多かった。「ユーモアのある老人に」「固定観念を捨てて、自分で、何でもやってみよう」「おかしいことはおかしいと言おう」「病気になって迷惑をかけず、家族や社会に役に立とうという謙虚さ」「今の若い人は真面目すぎる。色々なルートがある」「民主主義、平和主義、自由などは現代の呪いであり、カッコ付きだ」「日本人は日本文明、日本文化の中で日本人になる」など、なかなか面白く聞いた。

また、17世紀の30年戦争の時代に、幾何と代数を数学として成立させたデカルトをはじめ、パスカル、カレリオ、ニュートンらがサイエンス（科学）を誕生させ、そして信仰と政治が分離し近代が生まれたことが繋がって自分なりに総合的に分かった、そしてこのときに大人になったと思ったと述懐している。

三浦朱門は過去の成功を語るな、威張るな、そして失敗談を語れと言う。自分を客観視してその滑稽さを笑う、そういう中から若い人が何か参考にしてもらえばいいと言う。そういえば、福沢諭吉は常に失敗したことしか語らなかった、偉い人だと感心したと後に山本権兵衛が言っていたエピソードを思い出した。なるほど、それなら山ほどある。失敗を語ろう。

2月4日

芦野宏（あしの・ひろし）

シャンソンは「こころの歌」とも言われていますが、歌い手の人柄や人生が、歌の中に現われてくるものだと思います。

1924.6.18 ～ 2012.2.4

日本のシャンソン歌手、声楽家。

日本に於ける１９５０年代後半から１９６０年代前半にかけてのシャンソン・ブームの立役者の一人で、「ＮＨＫ紅白歌合戦」には１９５５年から10年連続出場を果たしている。また、俳優としてもテレビドラマ「コメットさん」（１９６７年、ＴＢＳ・国際放映）や映画「天使の誘惑」（１９６８年、松竹）に出演している。テレビで歌う姿は私の記憶にある。

１９９５年に私財を投じて日本シャンソン館を第二の故郷・群馬県渋川市に開設し、自ら館長としてシャンソンに関する資料収集や展示、またミニライブなどのイベントを精魂込めて積極的に進めた。シャンソンの普及、研修、憩いの場である日本シャンソン館は、１階展示室、２階展示室、多目的ホール、シャンソンライブや教室としたシャンソニエなどがある本館と、保存庫、パリのカフェを再現したカフェ「ロゾー」、日本一の品揃えを誇るショップ、四季折々の草花の庭園がある本格的なものであり、現在も稼働している。志をこのような形で残すことは素晴らしい。

２０１０年７月には、石井好子の後を受けて第２代日本シャンソン協会会長に就任し、後進の育成と指導、そして現役歌手としての音楽活動も行なっていた。

「生涯、大好きな歌に生きて、皆様に愛され、惜しまれながら旅立つことが出来て幸福な人生だったと思われます」と夫人はお別れの会で礼状に記している。

芦野が歌った「幸せを売る男」の歌詞は「心にうたし投げかけ歩く　私は街の　幸せ売りよ　いかがですかそわかときくあ　いかがですか　ありがとうは　私どもの商売は　幸せ売る商売　夏も秋もいつの日も　歩きまわる仕事　あなた方が悩み深く　笑うことを忘れた時この私を思い出せば　悩みなどは消えて笑顔」である。

「歌い手の人柄や人生が、歌の中に現れてくる」。これはある歌い手に対して芦野が語った言葉だが、それは芦野自身についても言えることだろう。「幸せを売る男」の歌詞と歌う姿を思い出すと、シャンソン歌手としての芦野は、まさに幸せを売る男だったという感じがする。

2月5日

初代　高橋竹山（たかはし・ちくざん）

ヘタな三味線では、だれも戸を開けてくんねえ。

1910.6.18 ～ 1998.2.5

津軽三味線の名人。地方の芸であった津軽三味線を全国に広めた第一人者である。

３歳の時に麻疹《はしか》をこじらせて半失明する。その後ボサマ（盲目の門付芸人）であった戸田重次郎から三味線と唄を習い、17歳ごろから東北・北海道を門付けした。

イタコをしていたナヨと結婚。名人成田雲竹に師事して戦後に各地を行脚して腕をあげる。１９６３年、キングレコードより史上初の津軽三味線独奏ＬＰレコード「源流・高橋竹山の世界～津軽三味線」を発売し、竹山は津軽三味線奏者としての名声を得る。

１９７７年、新藤兼人脚本・監督により映画「竹山ひとり旅」が製作され、モスクワ国際映画祭に日本代表作品として出品される。また竹山は北島三郎の「風雪ながれ旅」のモデルでもある。

１９８６年のアメリカ公演では、ニューヨーク・タイムズが「まるで魂の探知器でもあるかのように、聴衆の心の共鳴音を手繰り寄せてしまう。名匠と呼ばずして何であろう」と最高の賛辞を贈っている。

あらためてTou Tubeで竹山の津軽三味線を聴いてみた。三味を弾く竹山の風雪に耐えた無心の表情と、憂愁を感じさせる「じょんから」の演奏に感銘を受けた。また１９９４年に大分県日田で行なわれた「高橋竹山大いに語る」では、85歳の竹山が古武士のような表情で、「もう10年やれれば」と津軽弁でユーモアを交えながら味わい深く語って観客をわかせている。

門口に立ち芸を披露して金品を受け取る形式の芸能を門付と呼ぶのだが、「ヘタな三味線では、だれも戸を開けてくんねえ」は竹山が若い自分の東北・北海道での門付の経験から出た言葉である。社会の底辺で生き延びるために、閉ざされた戸を開かせようと必死で三味線を弾いて腕を上げたのである。その「じょんがら」を弾く三味線捌きは、人々の魂を揺さぶった。

２月６日

渡辺和博（わたなべ・かずひろ）

主張と収入の和は一定である。

1950.2.26 〜 2007.2.6

日本の編集者、漫画家、イラストレーター、エッセイストである。１９６８年に広島から上京しカメラマンを目指し東京綜合写真専門学校に入学し中退。１９７２年、現代思潮社美学校に入り赤瀬川原平に師事。１９７５年、美学校の先輩・南伸坊の誘いで青林社に入社し、伝説的漫画誌「ガロ」の編集者となり、面白主義を打ち出し、編集長もつとめる。

１９８４年、著書『金塊巻（キンコンカン）』がベストセラーになる。「マル金」、「マルビ」で第１回流行語大賞にも輝いた、「現代の奇書」である。31の人気職業（コピーライター、イラストレーター、ミュージシャンなど〝横文字職業〟）を徹底的に観察し、楽しく調査研究し、ニッポンがバブルに浮かれ、ひたすら消費を拡大していったあの時代、市井のさまざまな職業の人々を「マル金、マルビ」として分析し、鮮やかに時代をきりとってみせた。渡辺和博はこの代表作で１９８０年代を代表し、記憶された。

２００３年、肝臓がんの闘病記録を『キン・コン・ガン！――ガンの告知を受けてぼくは初期化された』として刊行。医師、看護師、患者、そして自身の手術についても鋭い観察眼で描写し話題になった。

「自分の体の中にはフェラーリ1台が入っている」は、夫人の生体移植など高額な費用とともに家族の苦労があったことを示している。これは葬儀で赤瀬川原平が弔辞で述べた言葉だ。バイクマニア、車雑誌の連載者らしいたとえである。

生涯にわたって感性は若く、「おたく世代」の前触れのような人だった。「ユルい若者」などで使う「ユルい」は渡辺の造語らしい。

34歳で華々しく世に出て56歳で夭折した人なので、同世代の私もこの人には興味がある。

「主張と収入の和は一定である」は、コツコツ働いてある程度の高収入を得るか、言いたいことを言って低収入に甘んじるか、という選択を迫る言葉のように聞こえる。宮仕えの一面をえぐった言葉であり一理はあるが、グラデーションが濃くなるように自己主張をしだいに強めながら組織の階段をのぼっていく中間的なやり方もある。階段をのぼると制約が増すのではない。収入も増すが、それ以上に自由（主張）が拡大するのである。この妙味を渡辺は知っていたかどうか。

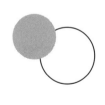

河上和雄（かわかみ・かずお）

はたして、この仕事だけで一生を終えていいのか？

1933.4.26 ～ 2015.2.7

日本の検察官・弁護士・法学者。東京地検特捜部長、法務省矯正局長などを歴任し、最高検公判部長を最後に退官し、弁護士となった。駿河台大学名誉教授。作家の三好徹は実兄。

人間は性悪であり、大多数は家庭・学校・環境という後天的な教育によって、かろうじて踏みとどまっている。また人間の精神生活は進歩していない、むしろ退化している。それが検事生活34年で得た、悪人と渡り合った仕事師の人間観だった。

河上はしないことを決めておく、判断基準を持っておくとすっきりと生きていけると言う。

○「こういうことはしない」とか「人に背中を見せない」とか「人をうらやむことはしない」と自分の縛りを作っていけばいいんですよ。そうやっていくうちに気がついたところには、自分なりの生き方っていうのが見えてきますから。

○「最初にきたから」と判断すれば、面倒臭くなくていいんですよ。「どっちがいいだろう」なんて、いちいち悩むよりはスッキリしていてわかりやすいから。

○陽の当たるところを歩いてきた。あとは検事総長になるか、最高裁の判事になるしかない。そういう未来が見えたとき、「はたして、この仕事だけで一生を終えていいのか？」という疑問が湧いた。そして「つまらないな」と考えた。

○「過去に何人ものトップを見てきたけど、本当に尊敬できる人っていうのはせいぜい2人ですよ。あとは、どうしようもないヤツばっかりで……。もちろん、形の上では仕事をちゃんとやってますよ。だけど、精神的にはなんの魅力もない、そんなつまらない人生は歩みたくないですから」と、58歳で退官する。

　自分なりの決め事、判断基準を持っていた河上は、意義のある仕事の限界をみて、先の見えない人生を歩むことを決断している。ひからびた精神状態で過ごすであろう高い地位を捨てたその後、監査役などで関与した企業は、ニチレイ、京都ホテル、キユーピー、リキッド・オーディオ・ジャパン、ルシアン、遊戯産業健全化推進機構、石油資源開発、ROKIなどだ。

　2007年には、74歳で「折鶴」「宗谷岬」などのヒット曲を持つ歌手の千葉紘子（63歳）と再婚している。

　そしてテレビの「真相報道　バンキシャ」の「ご意見バン！」として発言している古武士の風格ある姿はよく知られている。没するまでの20数年間は、退屈ではなかっただろう。

江副浩正（えぞえ・ひろまさ）

自ら機会を創りだし、機会によって自らを変えよ。

1936.6.12 〜 2013.2.8

日本の実業家。特例財団法人江副育英会理事長。株式会社リクルートの創業者。

江副浩正は東大教育学部卒業後の１９６０年3月、リクルート社の前身となる「大学新聞広告社」を創業した。就職情報誌を女性向け、技術者向け、アルバイト、と細分化した就職情報誌を発刊。また住宅、進学、人材派遣、中古車などの情報誌を作り続ける。事業は雑誌媒体にとどまらず、会社案内、入学案内、入社模擬試験、各種セミナー、海外ツアーから人材斡旋、スキー場開発、農場経営にまで及んだ。そして結婚など人生の節目需要をビジネスに結び付け、就職情報を中心とした巨大企業グループに成長させた。

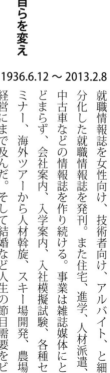

「自分が脅威を感じるほどの部下を持つマネージャーは幸せである」

「2位になることは我々にとっての死を意味する」

　そして「戦後を代表するベンチャー起業家」となった江副は戦後最大の疑獄事件を起こす。未公開で値上がり確実な不動産事業のリクルートコスモス社の株式を、政財官界の要人70人に譲渡し、「ぬれ手で粟」との強い非難を浴びて、政治家・官僚・経営者など12人が贈収賄で立件され有罪となった。竹下首相も「国民に政治不信を招いた」として内閣総辞職を表明。「東大が生んだ戦後最大の起業家」といわれた江副自身も贈賄罪で懲役3年、執行猶予5年の有罪判決を受けて、経営の第一線から退く。その3年後にはリクルート株を売却、完全にリクルートを離れた。

その江副浩正の冒頭の言葉はリクルートの精神となって、多くの人材を生んでいる。38歳定年制は、ＩＴ、不動産、教育などの経営トップの多くのリクルート出身者を生んだ。私もビジネスマン時代にはリクルート出身者に会う機会が多かった。この点、リクルートはソニーと同じく人材の宝庫という印象を受けた。『江副浩正』（馬場マコト・土屋洋）によれば、「江副浩正を信奉する人、薫陶を受けた人」として以下の人物があがっている。孫正義、大前研一、澤田秀雄、堀江貴文、藤田晋、井上高志、宇野康秀、江幡哲也、小笹芳央、鎌田和彦、坂本健、島田亨、島田雅文、杉本哲哉、須藤憲司、経沢香保子、廣岡哲也、藤原和博、船津康次、町田公志、村井満、安川秀俊、渡瀬ひろみなど。

「自ら機会を創り出し、機会によって自らを変えよ」という短い強烈なメッセージは、若者の野心を引き出し、飛躍し続ける多くの事業家を育てた。江副浩正のこの貢献は忘れてはならない。自分の最大の教育者は自分自身なのだ。

2月9日

高野悦子（たかの・えつこ）

興業という、文化から程遠いところで仕事をしていますが、志だけは高く持ってきました。

1929.5.29 ～ 2013.2.9

映画運動家、岩波ホール総支配人、映画プロデューサー、放送作家、テレビドラマ演出家。

高野悦子『岩波ホールと「映画の仲間」』（岩波書店）を読了。45年間の歩みを年ごとに記録したこの本は、日本映画と世界映画との優れた交流史になっている。

「受賞・受章歴」として1971年以来の賞と章の記録が載っているが、実に50に及ぶ賞と章を毎年のように受けていることがわかる。目を引くのはポルトガル、イタリア、フランス、ポーランド、キューバなど外国政府からの褒章が多いことだ。また、映画、評論、地域、女性、文化など、実に多彩な分野の賞と章の名前がみえるのは、映画を軸に幅の広い活動が多くの人に感銘と影響を与えたからに違いない。

1981年の第10回森田たまパイオニア賞の受賞理由は、「岩波ホール、そしてエキプ・ド・シネマという芸術的拠点を創立、世界に誇る文化センターとした」である。同じ年の第29回菊池寛賞の受賞理由は、「岩波ホールを拠点として世界の埋もれた名画を上映するエキプ・ド・シネマ運動の主宰者としての努力」であった。

高野悦子は1929年満州生まれ。満鉄社員の父と金沢師範で教師をしていた母の三女だ。

日本女子大に入学し、指導教授の南博から与えられた課題「映画の分析調査」を行なった縁で、東宝株式会社文芸部で仕事をする。撮影所に配置転換を願い出るが許可されない。1958年、28歳でパリの映画大学イデックに入学する。最優秀で卒業し、映画監督とプロデューサーの資格を取得する。帰国後、映画監督になりたかったが、当時の映画界では女性監督は無理で、脚本や演出の道を歩んでいく。

義兄の岩波雄二郎が岩波ホールをつくり、そのホールの総支配人をやらないかと声をかけてくれる。高野悦子38歳のときである。その後、1974年に、世界の埋もれた名画の発掘・上映運動（エキプ・ド・シネマ）を開始する。もう一人の日本映画界の女性の恩人・川喜多かしこと二人で立ち上げた運動である。「岩波ホールを根拠地に、世界の埋もれた名画を発掘・上映する運動」と定義された運動が、その後の豊かな実りをつくりあげていく。エキプというフランス語には、志を同じくする友だち、同志という意味が込められている。

この本のなかで登場する日本映画史上に残る名映画の名前、著名な監督や女性監督、大女優、そして映画界を支えた各界の有力者たちとの交流を時間順に述べてあり、日本映画界を中心に世界中の映画界の歩みも手に取るようにわかる。歴史のなかで果たす個人の役割の大きさを改めて感じる。エキプ・ド・シネマロードショー作品リストがこの本に載っているのだが、このリストを眺めるだけで、高野悦子の仕事ぶりがわかる内容になっているのが素晴らしい。「積み重ね」ということの凄みを感じる。

岩波ホールをつくり、支えてきた人たちの仕事ぶりや人柄などを示すエピソードが散りばめられており、納得すると同時に愛情をもってまわりの人と仕事をしていたことに感動をおぼえる。

「よいものはかならずわかってもらえる」「私の上映作品の選び方は、『心に響く映画』というのが常だった」「私にはひとつのテーマしかない。『映画の世界で働いている女性』ということである」「すべての女性運動は平和運動をもって帰結する」（座右の銘）

この日本映画史を創り上げていく過程で知り合った人々も、時間の経過とともに消え去っていくが、高野悦子は彼らの仕事を背負って、スピードをゆるめることなく、さらに歩をすすめていく。そしてまた本人が斃《たお》れる日がやってくる。これが人間の歴史だ。

「昔、映画監督を志した者として、映画興行は私の性に合わなかった。岩波ホールの仕事を始めてすぐに胃潰瘍になったのも、嫌なことをしているからだと思った。しかし、私は映画の生みの親ではないが育ての親になることができる。劇場が名画を育てる創造の場であることの発見は、私を大いに勇気づけた」。これは１９８５年、創業15周年の年の項に書かれている言葉である。天職を意識した瞬間である。

　高野悦子は２０１３年の2月9日に亡くなっているが、『岩波ホールと「映画の仲間」』（岩波書店）の発行日は2月27日である。そして「あとがき」は２０１３年1月である。大腸がんにおかされて余命わずかの日々に、この分厚い本を最後まで書き終えたのである。この本の幕があがった１９６８年の最初のページと、そして「あとがき」にもホール開きの日の野上弥生子の「小さなホール」という講演のなかの言葉が紹介されている。「この小さなホールを、可愛い小さいが、どこにもないような独特の花園に育てあげてもらいたい」。

　冒頭の「志だけは高く持ってきました」は、文化功労者の授賞式での高野の言葉である。女性のロールモデルはなかなかいない。この人には、師匠、友、仕事量、志、構想力、修養、日本など、私の考える偉人の条件がすべてあてはまる。高野悦子は高い志を、一生をかけて実現した偉大な聖人である。

2月10日

石牟礼道子（いしむれ・みちこ）

銭は一銭もいらん。そのかわり、会社のえらか衆の、上から順番に、水銀母液ば飲んでもらおう。……上から順々に四十二人死んでもらう。奥さんに飲んでもらう。胎児性の生まれるように。そのあと順々に六十九人、水俣病になってもらう。あと百人ぐらい潜在患者になってもらう。それでよか。

1927.3.11 ～ 2018.2.10

日本の作家。熊本県天草郡河浦町（現・天草市）出身。水俣実務学校卒業後、代用教員、主婦を経て１９５８年谷川雁の「サークル村」に参加し、詩歌を中心に文学活動を開始する。熊本に根をはりつつ、世界に開かれた詩人、作家、運動家だった。享年90。

冒頭に掲げたのは１９６８年から始まった水俣病患者互助会と新日本窒素水俣工場との補償交渉でチッソからゼロ回答があったときの、患者たちの吐いた言葉である。石牟礼道子『苦海浄土　わが水俣病』にある。石牟礼道子は、それは「もはやそれは、死霊あるいは生霊たちの言葉というべきである」と記している。

ちなみに鎮魂の文学『苦海浄土』は第1回大宅壮一ノンフィクション賞を与えられたが、石牟礼道子は水俣病患者を描いた作品で賞を受けるのに忍びないと受賞を辞退している。1969年の『苦界浄土』から始まって、『神々の村』『天の魚』の三部作シリーズが完成するのは2004年である。2002年には水俣病をテーマに現代文明を批判する新作能『不知火』を発表した。

何もなかった状況に戻って、失われた日常を取り戻すことが、患者や家族たちの本当の願いだ。それがかなわないから補償という次善の策になった。それでも償おうとしないことに当事者も、そして石牟礼も怒りを持つのだ。

石牟礼道子の誕生日の3月11日という日付は、奇しくも2011年の東日本大震災の起こった日である。原発の災禍に見舞われた人たちの姿がだぶって見える。原発事故に水俣と同じ構造をみていたのである。死去の翌日の2018年2月11日の朝刊を手にすると、日経新聞の「春秋」、東京新聞の「筆洗」、朝日新聞の「天声人語」、毎日新聞の「余録」も、石牟礼道子の死と『苦海浄土』を取り上げていた。石牟礼道子の仕事は尊い。

2月11日

玉置宏（たまおき・ひろし）

一週間のご無沙汰でした。

1934.1.5～2010.2.11

「ロッテ歌のアルバム」で軽妙な司会をつとめていた玉置宏は、毎週日曜日午後の「お口の恋人・ロッテ提供、ロッテ歌のアルバム」「一週間のご無沙汰でした。司会の玉置宏でございます」と必ず始めたから、今も耳に残っている。平凡でも同じフレーズを繰り返す事の凄みを思う。

歌謡スターがきらめいていた。『潮来笠』でデビューしたいなせな橋幸夫、白い八重歯の高校生・舟木一夫、クラウンレコードから『君だけを』でデビューし60万枚を売り上げたモダンボーイ西郷輝彦、それに割って入った吉田学校の三田明。御三家、四天王の時代である。玉置は、放送1000回となる1977年8月7日放送分をもって番組を勇退している。

天下一品だった玉置宏の曲紹介ナレーション。テレビで聞いたはずの七五調のナレーションをピックアップ。

○橋幸夫『雨の中の二人』。一人求める　幸せよりも二人で生きる　幸せが　こんなに素敵なものだとは……肩を寄せ合う『雨の中の二人』

○舟木一夫『高校三年生』。にきびも出ていた　けんかもした　勉強なまけて　遊んでばかり　けれども　夢があったじゃないか　未来の希望があったじゃないか

◯

日本のフリーアナウンサー、司会者。文化放送の入社試験では寄席通いで覚えたしゃべりのコツが役に立った。文楽や三木助などの古典落語はテンポ、間の取り方などアナウンサーの手本だと玉置は言う。

1958年から1979年にかけての人気歌謡番組

『高校三年生』
○三田明『美しい十代』。青春の扉を開き　青春の門を
通り過ぎたあの日　激励（はげまし）あった　君と僕
あれから　間もなく三十年　『美しい十代』

視聴者にとって聞きやすい速さについて、長年の経験から玉置宏は「一分間に３６０字」と結論づけている。自分の会話を録音して声の質、スピードを把握して練習するのがいいそうだ。

ＮＨＫラジオ第１「ラジオ名人寄席」で長年放送し番組席亭（番組進行、解説役）をつとめていたこともあり、２００２年開設の「横浜にぎわい座」の初代館長に就任する。２００７年の「第12回林家彦六賞」に於いて、「寄席関係に貢献、話芸の発展に尽力した」とのことで「彦六特別賞」が贈られた。玉置の話芸の原点は落語だった。

歌謡界、歌手、歌詞についての豊富な知識、「同じ曲紹介は絶対しません」と毎回ナレーションの内容を考える誠実さ、そしてしゃべり芸へのあくなき向上心。玉置宏の独特な存在感は昭和という時代の一つの象徴でもあった。

2月12日

石井慎二（いしい・しんじ）

自然に依拠し、移り変わる四季のなかで営まれている農の世界に身を寄りそわせること、そして、そこで自らの力によって創造していく、新しい自立自尊の生き方のいっさいをさして、田舎暮らしと呼ぶ。

1941.6.22 〜 2010.2.12

日本の雑誌編集者、洋泉社代表取締役社長。

九段高校で出版委員会、早稲田大学で新聞会に所属し活動する。Ｊｉｃｃ出版局（後の宝島社）の編集者となる。１９７６年『別冊宝島』を創刊。１９８７年雑誌『田舎暮らしの本』（季刊）を創刊し、田舎暮らしブームに火をつけた。編集長時代に茨城県で有機農業による米作に取り組む。Ｊｉｃｃ出版局取締役。１９９８年に洋泉社社長。編著多数。著書は『素晴らしき田舎暮らし　人間回復ブック』（光文社、１９８３年）。

　編著：別冊宝島『知的トレーニングの技術・決定版』『プロレスに捧げるバラード』『Ｆ１激走読本』『徳川家康の謎』『帝都東京』『格闘技読本』『格闘技死闘読本』『黒人

学入門』『ゲイの贈り物』『朝鮮・韓国を知る本』『マンガ論争!』『東京できごと史1945―1985』……。

『別冊宝島』は1976年から始まった。政治からサブカルチャーまで若者向けの編集で人気があった。自然科学、社会科学、語学、歴史、地理、文学、思想、宗教、社会問題、スポーツ、料理、音楽、芸能、アニメ、マンガ、風俗など、実に幅広い。時事的なテーマを深掘りするスタイルでる。

私もこのシリーズのファンであったが、特に1980年の『知的トレーニングの技術・決定版』(花村太郎著・石井慎二編)は熱心に読んだ。この年は私が「知的生産の技術研究会」に入会した年であり、大いに影響を受けた。あの本の編集者が石井慎二だったのだ。

その石井慎二の編著は多いが、著作は『すばらしき田舎暮らし――人間回復ガイドブック』一冊のみだ。田舎暮らしブームに点火した本である。石井らしくきめ細かいノウハウとその思想満載の本である。

冒頭の言葉は、石井慎二が行き着いた田舎暮らしをすすめる理由である。バブル頂点の時代の人々の、その後の生き方に大きな影響を与えた思想となった。

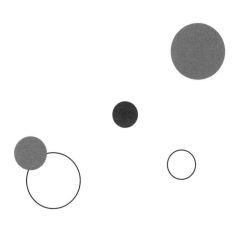

2月13日

鈴木清順（すずき・せいじゅん）

不得手なものからは奇蹟は生まれない。

1923.5.24 ～ 2017.2.13

日本の映画監督。俳優。

弘前高校在学中に学徒出陣。復員後、東大受験に失敗し、1948年松竹大船撮影所の助監督として採用される。1954年日活に移籍。「けんかエレージー」、「東京流れ者」などで評価されたが、堀久作社長から解雇される。鈴木清順問題共闘会議が結成された。このため、10年間のブランクを余儀なくされた。

1980年監督作品「ツゴイネルワイゼン」は、キネマ旬報で黒澤明監督「影武者」を抑えてトップとなり、日本アカデミー賞最優秀作品賞・監督賞を受賞。ベルリン国際映画祭では審査員特別賞を受賞した。翌年の「陽炎座」も話題になった。独特の作風は「清順美学」と呼ばれた。その後、6年間のブランクがあり、1991年「夢二」を発表し、大正浪漫三部作を完成させた。

白ヒゲ、白髪のひょうひょうとした風貌で、映画での葛飾北斎や老医師役や、テレビでの神様、住職、円谷英二、政界のドンなどの役で出演し、人気があった。この時代の清順の風貌と演技と人柄は私にも強い印象を与えた。自身は「自分の映画は見せ物である」と言い、自由奔放に映画をつくり続けた職人的な映画監督であった。

1997年74歳の時に47年間連れ添った妻が死去。7年後の81歳で48歳年下の女性と再婚。2017年に93歳で永眠。

テレビ番組でNHKの鈴木健二アナウンサーを「あれはうちの弟」と発言し、スタッフや観客が驚いた。有名な健二も清順も、兄弟であることをあえて言わなかったのである。私は健二の本をよく読んでおり、30代前半で『私の書斎活用術』という本を出したとき、推薦文をもらったこともある。この二人は名物兄弟だった。

鈴木清順の人生を眺めると、大きなブランクが2回ある。合わせて16年間という長さである。納得のいかない仕事はせずに、自分の撮りたい映画を好き勝手につくった。得意な技を磨きあげて、奇蹟を起こしたということだろう。

2月14日

中嶋嶺雄（なかじま・みねお）

日本だけで通用した東大を頂点とする身分属性の「学校歴」よりも、個人が国際社会で渡り合える知的経験、「学習歴」が大事です。

1936.5.11~2013.2.14

日本の政治学者、国際社会学者。社会学博士。専門は現代中国政治。東京外国語大学学長、国際教養大学学長・理事長を務めた。

東京外語大学中国科卒。60年安保の活動家で左翼系の研究所、現代思想研究会などで仕事をしていく中でマルクス主義に幻滅。東大大学院で国際関係論を専攻し教員の道へ。大学紛争に巻き込まれ左翼思想から完全に転向。保守派の論客として頭角をあらわす。

１９９５年東京外語大学長を経て、２００４年秋田の国際教養大学初代理事長・学長に就任しリベラルアーツ教育など、大学改革のモデルとなり話題になった。中嶋によれば、教養とは人の判断の根幹を支えるもので、行動哲学のことである。リーダーは歴史や先人から学ぶこと、そして常に動く社会情勢の中で、新たに創造され磨かれ更新され続けていくものだ。

文化大革命批判など中国を冷徹にみる論客であり、若いころから私も『現代中国論』などの著作を読んでいた。２００８年に大阪で開催された梅棹忠夫先生の米寿を祝う会での発言も印象に残っている。２０１２年の日経新聞社「大学トップマネジメント講演会」で、当時、飛ぶ鳥を落とす勢いの国際教養大学の中嶋嶺雄学長の講演を聴いた。「英語と教養」「英語で授業」「寮生活」「教員は国際公募」「教授会自治の解消」「図書館は３６５日24時間開館」「教員は3年任期」……。終了後、挨拶にうかがうと、「多摩大はユニークな大学」と励ましてもらった。

キャリアについては「職歴ではなく仕事歴。経歴ではなく経験歴。学歴ではなく学習歴」という考え方を私は持っているが、国内のみで通用する学校歴よりも、国際社会で渡り合える学習歴が大事だという中嶋嶺雄の思想に親近感を持つ。

2月15日

武田豊（たけだ・ゆたか）

皆からリーダーは見つめられている。

1914.1.6 〜 2004.2.15

日本の実業家。宮城県高清水町出身。新日本製鐵（新日鉄）代表取締役会長、経済団体連合会（経団連）副会長、日本鉄鋼連盟会長などを歴任した。

以上のようなオモテの経歴よりも、脳の研究を仕事や生活に生かすやり方の実践者や論客としてビジネス雑誌で見かけることが多かった。東大の碩学・時実利彦博士に脳について長く学んでいる。人事部長、社長などの肩書きで、前頭連合野、前頭葉と創造性の関係などを解明する「大脳生理学」を土台とするこの人のエッセイは、仕事をする上でヒントになった記憶がある。

大脳生理学研究者の武田は大脳のカラクリを実際の仕事に応用した。人事部長時代には課長以上2000人を越える人々の顔と名前と経歴を覚える努力をしていた。ZD運動もQC運動も大脳生理学から説明していた。「人生は一日一日が、勉強の連続だ」を信条とする武田の師匠はカラッとしたネアカな、戦後の財界のドンとなった上司の永野重雄である。若いころ「スクラップ掛りで日本一になれ！」と言われて感激し、「なります」と答えたというエピソードもある。

小学校2年から始めた弓道では、旧制山形高校時代に全国インターカレッジの個人で全国制覇。範士十段。全日本弓道連盟会長。雑念、邪心を持たない心になることが上達の極意であり、それは前頭連合野の意志力を鍛えることが有効だという。弓矢は一期一会なのだ。日本の武道は肉体だけでなく精神の鍛錬になるのだ。

大脳生理学からみてリーダーは6つのことを身につける修練が必要だそうだ。「活力」「意志力」「責任力」「包容力」「知識力」「説得力」。戦いのとき、リーダーは全員から見られている。いや、見つめられている。リーダーの弱気や逡巡や迷いは、すぐにフォロワーに伝染し、志気が衰える。武田豊のいう「皆からリーダーは見つめられている」は、そのような立場にあるときには常に心したい言葉である。

2月16日

船村徹（ふなむら・とおる）

俺は茨城弁で歌詞を書くから、お前は栃木弁で作曲しろ。

1932.6.12 ～ 2017.2.16

日本の作曲家・歌手。日本音楽著作権協会（JASRAC）会長、日本作曲家協会理事長。横綱審議委員会委員。「別れの一本杉」（春日八郎）、「王将（村田英雄）、「兄弟船」（鳥羽一郎）、「なみだ船」（北島三郎）、「女の港」（大月みやこ）、「東京だョおっかさん」（島倉千代子）、「みだれ髪」（美空ひばり）、「矢切の渡し」（細川たかし）など、今も歌い継がれる数々の名曲の作曲家である。手掛けた曲は5000曲以上にのぼる。歌謡曲の作曲家として2016年に初めての文化勲章を受章している。受章理由は「多年に渡り歌謡曲の作曲家として、個性的な数々の優れた作品を発表するとともに、関係団体の要職に長くあって、我が国音楽界の発展向上及び後進の育成に多大な貢献をしてきており、その功績は極めて顕著である」とされている。弟子は300人と多く「船村徹同門会」がある。

この人の社会活動もいい。演歌巡礼。刑務所訪問。作

家活動。横綱審議会委員。「山の日」提唱者（日本山岳会会員）。故郷の産廃施設反対運動を支持……。

２０１５年にオープンした「日本のこころのうたミュージアム・船村徹記念館」は3階建てで、道の駅日光街道ニコニコ本陣に併設されている。２０１７年3月に訪れたが、亡くなった直後でもあり、また場所も行きやすいこともあり、訪問者も多かった。船村が亡くなった2月16日は、戦死した兄の命日でもある。

船村徹の84年の人生を眺めると友人の存在が大きかったことがわかる。大学在学中に知り合い、26歳の若さで死んだ二つ上の親友、高野公男は船村のヒット作『別れの一本杉』を作詞している。高野が早逝した後、船村は「あいつの分まで生きる」、「高野の無念を思えば、私は彼の分まで生き、二人で誓い合った夢に向かって、歌を書き続けることが、自分の使命だと思っている」と決意した。高野の「俺は茨城弁で歌詞を書くから、お前は栃木弁で作曲しろ」という言葉が船村の指針となった。船村徹の歌には栃木弁のアクセントがあり、地方出身者の悲哀や希望を込めた叙情豊かなメロディーが大衆の心をつかんだのである。船村徹は二人分の人生を生きた。

2月17日

藤田まこと（ふじた・まこと）

役者は権威と箔がついたら終わり。平でいたい。

1933.4.13 ～ 2010.2.17

日本の俳優、歌手、コメディアン。

10代の終わりごろに歌手を目指して上京。大阪へ戻り歌手として地方巡業。俳優としてダイマル・ラケット劇団に入団。

１９６2年時代劇コメディ「てなもんや三度笠」の主役・あんかけの時次郎に抜擢され１９７1年まで続く。１９７3年時代劇「必殺仕置人」の主役・中村主水役、１９９2年3月まで続く。１９８８年刑事ドラマ「はぐれ刑事純情派」の主役・安浦吉之助役、４４４話で２００５年まで18年間続く。１９９８年時代劇「剣客商売」の主役・秋山小兵衛役を２０１０年まで演じた。

ＣＭ「俺がこんなに強いのも、当たり前田のクラッカー！」や、今も頭に残っている「耳の穴から指つっこんで奥歯ガタガタいわせたろうか」という台詞の『てなもんや三度笠』で毎週テレビを見ながら笑った記憶があるから、藤田まことはコメディアンだと思っていたが、次第に本格派の俳優として大物になっていくことに不思議な想いを抱いていた。

自伝本を読んだが、どうしてどうして、この人は人間として尊敬すべき人だった。

以下、藤田まことの言葉から。

「出世していく男・偉くなっていく男を演じるのは願い

下げである」

「テレビでチャラチャラしてる人は芸人じゃない。芸を売ってる人じゃない。…呼び名はタレントでええ」

「いずれ元のフィルムに戻そうという時代が来るのではないか」

「まわりに人をいっぱい置いておくのは嫌い」

「大きな絵を描いて、そこから余分なものを削っていって、無駄をそぎ落としていく」など……。

「芸人は夢を売る商売。派手に遊ばな」と言い、「キタの雄二か、ミナミのまこと、東西南北藤山寛美」といわれるほど遊んでいる。また、テレビのバラエティには出ないポリシーがあり、謎めいた姿を残した。

　長く俳優を続けられたのはなぜか。「周囲に恵まれたことはもちろんですが、逃げなかったこと、ひかなかったこと。そして『だらだらと芸の坂道』をあがってきたこと。平坦な道は歩いたことはないし、70歳を超えた今でも、坂道をあがり続けています」。

「後ろは振り返らない。前に進めなくなっちゃうから」と言う藤田まことは、権威と箔を嫌い、一から次の仕事に立ち向かい、役者として成長を遂げていったのだ。

2月18日

津島佑子（つしま・ゆうこ）

不運なことだけど、不運に溺れていると不幸になる。

1947.3.30 〜 2016.2.18

日本の小説家。本名は津島里子（つしま・さとこ）。作品は英語・フランス語・ドイツ語・イタリア語・オランダ語・アラビア語・中国語などに翻訳されており、国際的に評価が高い作家である。

津島祐子の作品の評価は以下の受賞歴でわかる。

1976年『葎の母』第16回田村俊子賞
1977年『草の臥所』第5回泉鏡花文学賞
1978年『寵児』第17回女流文学賞
1979年『光の領分』第1回野間文芸新人賞
1983年『黙市』第10回川端康成文学賞
1987年『夜の光に追われて』第38回読売文学賞
1988年『真昼へ』第17回平林たい子文学賞
1995年『風よ、空駆ける風よ』第6回伊藤整文学賞
1998年『火の山—山猿記』　第34回谷崎潤一郎賞、第51回野間文芸賞
2001年『笑いオオカミ』第28回大佛次郎賞
2005年『ナラ・レポート』平成16年度芸術選奨文部科学大臣賞、第15回紫式部文学賞

２０１２年『黄金の夢の歌』第53回毎日芸術賞

小説家太宰治と津島美知子の次女である。「父についても、どうか、だれにも聞かれないように、といつも願っていました。父はいませんと言えば、それはなぜ、とひとは聞きます。事故で死んだ、と答えれば、なんの事故、とさらに聞かれます。そうなると返事に困ってしまいます。『自殺』とはどうしても自分の口から言うことはできませんでした。今でも言いたくない言葉ですが。そのうえ、よその女のひとと一緒に死んだなどとは、どうしてもひとには知られたくないヒミツでした」。

父・治の名をもらって認知された同じく作家の太田治子（１９４７年生）は異母妹である。一度、この２人の対談を雑誌で目にしたことがある。２人とも太宰の娘という不運を呪っただろうが、その才能を受け継いで作家になった。津島祐子は父を超えたのではないか。

この「不運と不幸」は津島祐子が長男を亡くしたときに太宰治の妻だった母が語った言葉である。偶然に訪れる幸運に舞い上がることなく、そして不運に埋没せずに、自分の足でしっかり生きよと励まされたのであろう。この母も偉かった。

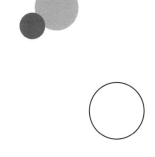

鄧小平（とう・しょうへい）

改革・開放には大きな肝っ玉が必要だ。正しいと思ったら大胆に試してみよ。

1904.8.22〜1997.2.19

中華人民共和国の政治家。毛沢東が主導した文化大革命によって疲弊した中華人民共和国の再建に取り組み、「改革・開放」政策を推進して社会主義経済の下に市場経済の導入を図り、中国現代化建設の礎を築いた人物である。「黒い猫でも白い猫でもネズミを取るのがよい猫だ」「先に豊かになれる者から豊かになれ。そして落伍した者を助けよ」（「先富論」）など、豊かになることを目標に大改革を実行した。

鄧小平の人生はまるでジェットコースターに乗っているようだ。1931年、農村ゲリラ戦を重視する毛沢東路線に従っているとされ失脚、1935年復帰。1968年、文化大革命で「劉少奇主席に次ぐ党内第二の走資派」とされ南昌で労働に従事、1973年復活。1976年、江青ら4人組によって反革命動乱の首謀者として失脚、1977年復活。3度の失脚からその都度復活を果たした「不倒翁」であった。

文化大革命のときには牛小屋に入れられたが、我慢していると文革の嵐は過ぎ去った。生涯を通じて楽観主義者であった。頭の回転が速く、眼光人を刺す如く鋭かった。毛沢東は鄧小平の人となりを「綿中に針を蔵す」と評している。

1992年に鄧小平は中国南部諸都市を訪れ、外資導入による経済建設を大胆に推進するよう力説（南巡講話）し、最後は反対する保守派に誤りを認めさせた。人民の生活を向上させるために、思い切った改革を行なう契機となった。それ以降四半世紀、中国は大発展し、2010年には日本を抜き世界第二の経済大国になり、2018年にはGDPは日本の3倍に迫る勢いであり、改革・開放を掲げた鄧小平路線の正しさが証明された。

身長150㎝と体は小柄ながら、大きな肝っ玉で、改革・開放路線を大胆に掲げ、大きな号令で推進し、中国を豊かにした功績は計り知れない。この人の粘り強さと大いなる手腕には感銘を受ける。

2月20日

金子兜太（かねこ・とうた）

1919.9.23 〜 2018.2.20

長年の間に亡くなった人で、自分にとって印象に残っている人たち、お世話になった人とかいろいろいろ、つまり私にとって大切な、特別な人たちですが、その名前をずうっと言っていくのです。今、二百人くらいになっているかな。

埼玉県出身の俳人。加藤楸邨に師事、「寒雷」所属を経て「海程」を創刊、主宰。戦後の社会性俳句運動、前衛俳句運動において理論・実作両面で中心的な役割を果たし、その後も後進を育てつつ第一線で活動。上武大学文学部教授、現代俳句協会会長などを歴任。現代俳句協会名誉会長、日本芸術院会員、文化功労者。小林一茶、種田山頭火の研究家としても知られる。

日銀で定年まで仕事をしながら俳句に打ち込み、55歳で定年を迎えてからが本当の人生となる。60歳で朝日カルチャーセンターの講師を、師の加藤楸邨から譲られ、俳句生活が本格的に始まる。64歳、現代俳句協会会長。68歳、朝日俳壇選者。69歳、紫綬褒章。89歳、文化功労者。91歳、毎日芸術賞特別賞、菊池寛賞。反戦の思い強く2015年には、いとうせいこうとともに「中日新聞」、「東京新聞」の「平和の俳句」選者をしている。

銀行員等朝より蛍光す烏賊のごとく
彎曲し火傷し爆心地のマラソン
酒止めようかどの本能と遊ぼうか

座右の銘は一茶の「荒凡夫」。自由で平凡な男を意味している。一茶の「天地大戯場」という言葉が好きだった。「定住漂泊」の系譜に自分はいる、定住して漂泊心を温めながら屹立していこうとしていた。

金子兜太は人間の幸せというのは、煩悩のまま、欲のまま、本能のままに生きていくことであり、それこそが最高の自由だという。金子兜太のテーマは、自由にある。そして人間の実存とは、流れること、流動、しかしその都度、立場を明確にしていくことだ。

そういう価値からは、孔子ではなく、老子。芭蕉ではなく一茶に惹かれる。近代では斉藤茂吉。そして種田山頭火、井上ひさし、小沢昭一、山田洋次などがその系譜に連なっている。

金子兜太『語る兜太――わが俳句人生』の中に、日航財団「地球歳時記」という項がでてくる。日航がネットワークを生かして世界中の子どものＨＡＩＫＵ（絵がついている）を2年毎の万博で披露する活動である。この中に、「アララギ」の歌人の柴生田稔の長子、柴生田俊一という「異才、異能」の人が地球歳時記というコンセプトをまとめたと紹介されている。このプロジェクトに貢献した詩人のジャック・スタム、作家の江国滋、早稲田大の佐藤和夫らが紹介されている。彼らには私は接触していたから、金子兜太にも夜の俳人たちの会合で会っている気もする。当時、金子は60代後半であっただろう。

この柴生田さんは広報課長で私は部下として仕えていた。「日航一の文化人」であった柴生田さんと私は気が合って実に楽しく仕事をした。私が後任となった後も、日航財団の主要プロジェクトとして続け成功した。一企業が日本文化をテーマとした活動を成功させたとして当時から評価が高かった。

金子兜太は50代半ばから日記をほぼ毎日書くようになった。日記はやめないというより、やめられない。癖になっている。「私にとって日記が唯一の財産」となる。冒頭の言葉は毎朝唱える「立禅」と自ら呼んだ方法である。坐禅ではなく立って行なう。縁のあった人々を思い出しながら生きていることに感謝する儀式だ。最後は、両親と妻の皆子さん、それに飼っていた犬猫で終わるとか。

金子兜太は「長寿への意志」をはっきりと持って生きていた。この快老人は95歳では確か「百五才を目指す」と宣言していたのだが、98歳で逝去。１００歳にわずかに届かなかった。

2月21日

石橋信夫（いしばし・のぶお）

私は経営を耳で学んだ。これこそ生きた経営学である。私は学問はないが「聞学《もんがく》」は習得した。これが何よりの武器なのである。

1921.9.9～2003.2.21

日本の実業家。大和ハウス工業の社長・会長をつとめた。

石橋信夫は日本列島を人間の体にたとえて、国鉄が血管、日は電灯だから電力、耳と口は電電、手は建設で、足は農林だ。そう考えて「建築の工業化」を企業理念とし１９５５年創業以来、常務・社長・会長を１９９２年までつとめた。鋼管構造で「建築」を進化させ、プレハブ住宅で「住宅」を身近なものとし、多角的な事業で「生活」を豊かにしていこうとした。

２０１７年3月期は、賃貸住宅、商業施設、事業施設の3事業が堅調に推移し、売上高3兆５１２９億円、営業利益３１００億円、純利益２０１７億円で過去最高を更新。２０１７年4月には、グループ企業１９６社、約６万２０００人からなる企業へと成長した。

日経ビジネスのインタビューでは、「信念の人」「一徹」「猛烈」という評判とともに、「頑固」「独善」「狭量」という言葉もある。石橋信夫は典型的な創業者タイプの人物だ。

１９５９年に川での鮎釣り中に子ども達が家に帰っても居場所がないということにヒントを得て、3時間で建つ11万円のお家「ミゼットハウス」を開発する。「昨日今日の思いつきで言っていると思うのか。ずっと見てきたうえでの決断だ」「人の通った道をあとからついていくほど屈辱的なことはないな。だから四六時中、仕事のことを考え続けた」と言うように、石橋はいかなるときも考え続けた。

この石橋の武器は耳学問だった。それを「聞学」と呼んで意識的に精進したのだ。人に会い最先端・最前線の人々からエキスの話を聞き、考え、そしてまたカンドコロを聞き、考え抜く。学歴はすぐにひからびる。生涯を通じての学習歴の積み重ねこそが重要であることを、石橋信夫の「聞学」は教えてくれる。

2月22日

隅谷三喜男（すみや・みきお）

きみたちが専門と定めたことを学ぶとともに、人間とは何であるか、人生とは何であるか、という問いについても考えてもらいたいと思う。

日本の経済学者。専門は労働経済学。一高で寮総代会議長。東京帝大で、治安維持違反容疑で3カ月間の拘留。社会の底辺で働きたいと満州の昭和製鋼所に入る。帰国後東京帝大助手から始まって教授。退官後は世界平和アピール七人委員会メンバー。扶桑社の教科書を批判。隅谷調査団団長として成田空港問題シンポジウムを主催。運動を批判し自宅に金属弾を打ち込まれる。こういう経歴を眺めると血の気の多い人であったようだ。

1916.8.26 ～ 2003.2.22

冒頭に掲げた言葉は１９８１年に刊行され、よく読まれた岩波ジュニア新書『大学で何を学ぶか』の最後のページの言葉である。それから30数年経って、その意味も変わってきた。「専門」は他領域からの侵入によってアッという間に溶解してしまう。「人間とは何か」は、脳科学の著しい進展、ＡＩの登場、２０４５年のシンギュラリティの到来予測などによって、人類にとって最大で最新のテーマとなっている。また「人生とは何か」は、人生１００年時代を迎えようとしている21世紀前半の時代では、生物学的な存在の意味を超えた広大な時間と空間が、その意味を切実に問いかけてくる。隅谷の言う「人間とは」「人生とは」は、普遍的な問いかけだったのである。

2月23日

片倉もとこ（かたくら・もとこ）

沙漠のままの文化を大切にしたい。

1937.10.17～2013.2.23

日本の民族学者・文化人類学者。民族学者・文化人類学者として、生涯にわたって中東の遊牧民とアラブ・ムスリムの研究に従事。日本ではほとんど知られていなかった中東文化について、多大な知識をもたらした。アラブ独特の価値観、アラブ女性の世界、アラビア海洋民（海の遊牧民、片倉による呼称）の存在、などを明らかにしたイスラム研究者である。

大学共同利用機関である京都の国際日本文化研究センター（日文研）の歴代所長は梅原猛、河合隼雄、山折哲雄と生え抜きが続いていたが、所外者で初めての女性の所長をつとめた。

片倉は「沙漠のままの文化を大切にしたい」との言葉を残して他界。遺言には、遺産を基金として沙漠文化の研究者や芸術家に役立ててほしいとあり、この遺言に基づき財団が設立された。一般財団法人片倉もとこ記念沙漠文化財団は、片倉もとこの志を受け継ぎ「沙漠文化を大切にし」「沙漠そのもののうつくしさをひきだす」ことにより、沙漠文化の「諒解」に寄与することを目的としている。沙漠文化に関する調査研究や芸術文化活動に取り組む人々を顕彰する「ゆとろぎ」賞がある。ゆとり、くつろぎからりくつを引いた言葉だ。アラブでは仕事、遊び、ラーハと時間を区切るのだが、そのラーハは日本語のくつろぎにあたる。

シルクロードには大きく3つの道がある。「草原の道」「沙漠の道」「海の道」。この沙漠を愛したのが片倉もとこだ。イスラム社会では人物が立派であるかをはかるイルムという言葉がある。理性と感性の両方を含む「情報」を持っている人だ。旅と交流によって得られる世界観だろう。片倉もとこは14世紀初めに30年間にわたりイスラム世界を旅行した偉大な探検家、イブン・バットゥータに因んで、アラビア人の学者から「あなたはまるでビント（バットゥータのビント＝娘）だ」と、光栄なあだ名をもらっている。

2月24日

前畑秀子（まえはた・ひでこ）

練習中、泳いでいながらプールの中で汗が流れるのがわかった。

1914.5.20 ～ 1995.2.24

和歌山県出身の水泳選手。ロサンゼルスオリンピックの女子200m平泳ぎで銀メダルを取った後に、4年後のオリンピックに出ることになったとき、「1年365日を一日も休まずに練習しながら、ベルリンオリンピックまでの4年間を過ごそう」と決心している。

ベルリンオリンピックでは、名アナウンサー河西が、「前畑ガンバレ！　前畑ガンバレ！　ガンバレ！　あと4m、3m、2m、あっ前畑リード、勝った！　勝った！　勝った！　勝った！　勝った！　前畑が勝った！　前畑が勝った！……」と熱戦を放送して日本中が手に汗を握って応援した。ゴール後、前畑は負けたと思って全身の力が抜けてプールの底に沈み、ようやく引き上げてもらった。勝ったことは後に放送で知った。

ベルリンオリンピックの表彰式では、近代オリンピックの生みの親・クーベルタン男爵から「オメデトウ。ヨク、ヤリマシタネ」と声をかけられながら、桐の箱に入った金メダルをもらった。

水泳ができない状態にぶつかる都度、前畑の進む道が開いていく。女学校では三度の食事にご飯を食べるようになった。それまでは茶がゆだった。貧しかったので尋常小学校を終えたら家業のとうふ屋を手伝うことになっていた。小学校の校長先生、女学校の校長先生が、環境を整えてくれたのである。「人間は、どんなに苦しくとも、何かに打ち込んで努力することが、どんなに大事であるか、ということを教えてくださったのが、お二人の先生であり、父や母でした」。

前畑は、自分は天才ではなく、普通の少女であり、練習に練習を重ね、自分を鍛えたと語っている。冷たい水の中で汗が流れるのを感じる。フジヤマのトビウオ古橋が、指の間に膜ができたと言っていたのを思い出す。水泳だけでなく、相撲でも野球でも名をなしたトップアスリートたちはみな「自分は天才ではない、努力型だ」というから、謙遜ではなく実際にそうなのだろう。

2月25日

飯田龍太（いいだ・りゅうた）

誰もが感じていながら、いままで、誰も言わなかったことを、ずばりと言い止めた俳句。それが名句の条件である。

1920.7.10～2007.2.25

山梨県出身の俳人。飯田蛇笏の四男で、蛇笏を継ぎ俳誌「雲母」を主宰。戦後の俳壇において森澄雄とともに伝統俳句の中心的存在として活躍した。国学院大学で折口信夫門下に入る。国文学者か小説家になろうとしたが、兄３人が死んだため、大庄屋飯田家を継ぎ、父の俳句結社「雲母」も継ぐことになった。

父・蛇笏は、熱いロマンチスト、傲岸不屈、古武士の風格があった。息子・龍太は、土着の目を意識した、そして冷え冷えとした醒めた人であった。金屏風であった父・蛇笏の高さから飛翔した龍太は父の期待に応え、１９７０年代は「龍太の時代」と一人の名で呼ばれるほど抜きんでた存在になった。１９９２年には『雲母』を９００号で終刊し、俳壇に衝撃を与える。

句作の秘訣について

「私は旅をすると、ここに季節を変えて来たらどうだろうと考えることにしているんです」

「射程を長くとりなさい」

「俳句は季語を持つことで大衆性を獲得している……日本人の知恵だね」

「これからの俳句に何か残されたものがもしあるとすれば、老境に至っての世界の新しい開眼ということになる」

俳論

「俳句は自得の文芸」

「俳句は相撲に似ている。4ｍ55だが、丸い土俵は窮屈ではない」

「俳句は炊きたてのご飯に似ている。あたたかい味噌汁とこころのこもったおいしいつけものがあれば十分」

「俳句は、名を求める文芸様式ではない。作品が愛唱されたら、作者は誰でもいい」

以下、私の好きな句をあげる。

手が見えて父が落葉の山歩く

遺されて母が雪踏む雪あかり

遺書父になし母になし冬日向

去るものは去りまた充ちて秋の空

父母の亡き裏口開いて枯木山

娼婦らも溶けゆく雪の中に棲み

どの子にも涼しく風の吹く日かな

冬近し手に乗る檎の夢を見て

山河はや冬かがやきて位につけり

冬ふかむ父情の深みゆくごとく

かたつむり甲斐も信濃も雨の中

大寒の赤子動かぬ家の中

千里より一里が遠き春の闇

雪の峰しづかに春ののぼりゆく

闇よりも山大いなる晩夏かな

重畳の芽吹きは山の怒濤かな

秋の蛇笏春の龍太と偲ぶべし

またもとのおれにもどり夕焼中（最後の句）

山梨に旅して文学館を訪れると飯田蛇笏と飯田龍太親子の本や句集が目に入る。龍太は親の七光りかと思って敬遠していたが、間違いだった。龍太は蛇笏と並ぶ、いやそれ以上の俳人だったのだ。「龍太の時代」と言われるほど、俳人だけでなく同時代の文学者たちに愛され、影響を与えている。龍太の指摘するこの名句の条件をめぐる言葉は、感じてはいたが表現できなかったことをずばりと断定してすがすがしい。

2月26日

宮脇俊三（みやわき・しゅんぞう）

彼ら（車窓風景）は見てくれと私に言う。しかし同時に、おれのことをお前、書けるのか、と言っているように思われる。

1926.12.9～2003.2.26

日本の編集者、紀行作家。宮脇は大学を卒業後、中央公論社に入社。編集者として、『日本の歴史』シリーズや『世界の歴史』シリーズ、北杜夫の『どくとるマンボウ』シリーズなど、数々のヒット作を世に送り出し、「中央公論」誌の編集長などを歴任する。51歳、常務取締役を最後に退職。

実は宮脇には、仕事以外に打ち込んでいたことがあった。それは、旅。それも鉄道旅行である。子どものころからの趣味である鉄道旅行をずっと続け、50歳では国鉄全線を完全に乗り切っている。

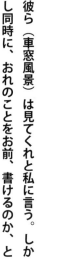

6月30日退職、そして7月10日『時刻表2万キロ』でデビュー。この作品で日本ノンフィクション賞を受賞。その後も、『最長片道切符の旅』『時刻表昭和史』『時刻表一人旅』『インド鉄道旅行』など、数多くの著作を著わし、紀行作家として不動の地位を築いた。

54歳では『時刻表昭和史』が交通図書賞を受賞、58歳、

『殺意の風景』で泉鏡花文学賞、65歳、『韓国・サハリン鉄道紀行』で第1回JTB紀行文学大賞、72歳では鉄道紀行を文芸のジャンルとして確立したとの理由で菊池寛賞を受賞している。76歳で亡くなったが、戒名は「鉄道院周遊俊妙居士」という、いかにもというものだった。

「国鉄全線完乗という愚かな行為」、「この阿保らしき時刻表極道の物語」と自らを笑う宮脇は、自らのことを「珍獣」と呼んでいた。自らを「時刻表極道」と呼んでいた。

奥さんは同行しないのか、というインタビューの質問に対する答えがふるっている。「ええ、私は汽車に乗るのが手段でなく目的だから、利害が対立して、能率半減になるんで」。

「旅はほんらい『線』であった。目的地があっても、そこに至る道程のなかに旅のよさがあった。『おくのほそ道』にしろ『東海道中膝栗毛』にしろ、そこに描かれたのは『点』よりもむしろ『線』である」

「注文が多く、東奔西走の日々」と本人が言っていたように、1981～1982年までのスケジュール表を世田谷文学館の企画展でみたが、ほとんど休みなく日本全国を駆け巡る宮脇の姿が思い浮かぶ過酷な日程表だ。

鉄道紀行は、移動自体が目的となっており、尋常ならざる体力と気力が要求される。旅行の携行品を記す。時刻表、地図1（25万分の1、車窓用）、地図2（2万5千分の1、歩いてみたいところ用）、歴史の本（文庫版の県別史）、ガイドブック、洗濯用ロープ（二日に一日はバス付きのホテルに泊まり下着を洗濯！）、針と糸、保健薬一式（ビタミンCや葉緑素）、痔の座薬（長いこと座っているので用心のため）、虫よけスプレー（史跡にはやぶ蚊が多い）、ウイスキーのポケット瓶（寝酒用）、スリッパ（車中用）、帽子、空気枕（車中の居眠り用）、小バッグ（丸めると手の中に入るくらいの薄地のもの）、メモ帳。カメラは原則として携行しない。旅の様子が目に見えるようだ。旅の達人の旅行道具には興味津津。

宮脇俊三はのめり込んだ対象（車窓風景）から、「おれのことをお前、書けるのか」と挑まれている。ある対象（例えば人物）に惚れて没頭してそれをまとめようとするとき、その擬人化された対象から「俺を書けるか?」と挑戦される心持ちがするときが私にもある。宮脇に倣って「人物記念館極道（?）」への道を歩むことにしようか。

2月27日

西田善夫（にしだ・よしお）

笑顔の優勝です。泣かない優勝です。

1936.2.8～2016.2.27

日本のスポーツ評論家。ＮＨＫアナウンサー。早稲田大学を出てＮＨＫに入局。１９６４年の東京オリンピックでは、バレーボールの実況を担当した。その後、プロ野球・アマ野球を中心とした各種スポーツ（バレー、アイスホッケー、野球、メジャーリーグなど）の実況を担当。「スポーツアワー」「サタデースポーツ」「サンデースポーツ」でキャスターとして活躍。１９９１年にはスポーツアナウンサーとして初めてＮＨＫ解説委員に就任している。

幅広いスポーツの知識とユーモアたっぷりの語り口で、スポーツ選手の真剣勝負が生み出すドラマを演出する西田のスポーツ実況の醍醐味を味わったことを思い出す。この人の顔と声はお茶の間ではよく知られていた。１９８９年の第61回選抜高校野球大会決勝は、延長10回の熱戦となり、東邦が延長10回裏に上宮（４番は元木大介。４人がプロ野球選手になった）に逆転さよなら勝ちした試合である。この試合で西田アナウンサーは「勝って泣き、負けて泣くセンバツの決勝！　サヨナラの幕切れでした」と実況。東邦の校歌終了後、数秒間の沈黙の後に「本当に野球には何が起こるかわかりませんね」と印象的なコメントを残している。

西田は１９７６年のモントリオールでは女子バレーの決勝戦を担当し、山田重雄率いる新・東洋の魔女の優勝時に、「笑顔の優勝です。泣かない優勝です」と実況した。それまでの優勝者は必ず泣いていたのだ。西田善夫の名実況は「泣く」がキーワードだった。

２０１８年の平昌オリンピックが終了したばかりだが、時代が変わり、泣く人もいれば笑う人もいる。アスリートたちが活躍する名場面と実況は多くの人に感動を与え長く記憶に残る。時代と人物と歴史的場面に立ち会うアナウンサー、特にスポーツアナウンサーという仕事の面白みはそこにある。

2月28日

山下俊彦（やました・としひこ）

一番気を付けなければならないのは報告ですね。それも、相談する形で報告するのが、一番大切です。

1919.7.18 ～ 2012.2.28

日本の実業家。松下電器産業株式会社（現・パナソニック株式会社）の三代目社長。工業高校卒の叩き上げで、創業者松下幸之助による異例の大抜擢を受けて取締役26名中序列25番目から1977年に58歳で社長に就任した。この大抜擢人事は、体操選手の山下治広が披露した跳馬の技にちなんで「山下跳び」と呼ばれ話題になった。取締役の末席にもかかわらず、ずけずけと意見を言っていたのを松下幸之助が見初めたのである。

以下、山下語録

「短所を直すにはすごいエネルギーが必要だけど、長所を伸ばすのは楽である」

「人間をつくるということは、仕事をまかせるということ」

「無難な人事では意味が無い。意外性のある思い切った人事こそ人と組織を生かす」

「決定するのがリーダーです。結論は間違ってもよい。そのときにとれる最上の決断であればいい」

「再建のポイントは、会社の経営状態の悪さを従業員に正確に知らせることだ」

「社会を取り巻く環境の変化と、自分の仕事との関係をいつでも基礎的、歴史的にみつめよ」

山下俊彦は若いころから「仕事は仕事、人生は人生」と割り切り、本を読み、山に登り、碁を打った。自分の時間を大事にした人だ。社長になってからも、「(創業者に) 気配りなんかしていたら、仕事にならんですよ」と思い切って仕事をした。

仕事に関する名言が多いが、特に「相談するという形で報告する」という知恵には同意する。そして山下俊彦は楽観的な精神で社長業をこなし、終わったら会長にはならずに、相談役に退いている。この人には何か人間としての健やかさを感じる。

2月29日

鏡里喜代治（かがみさと・きよじ）

10番勝てないときだ。

1923.4.30 ～ 2004.2.29

青森県三戸郡斗川村（現・青森県三戸郡三戸町）出身の元大相撲力士。第四十二代横綱。

太鼓腹を活かした寄りが得意で、右四つで左上手を引きつけて、相手を太鼓腹に乗せて浮きあがらせ、悠然と寄り切っていくという取り口だった。69連勝の双葉山を師匠として直伝の雲竜型の横綱土俵入りの見事なせり上がりは「動く錦絵」と称された。鏡里は生涯記録の幕内勝ち星のうち、実に40％は「寄り切り」だった。

横綱昇進後、不振が続いた鏡里は、場所前に「10勝できなければ引退する」と記者に語った。結果は9勝にとどまり、千秋楽をもって引退する。同じ場所に、三役時代からライバルだった筋肉質で八等身の吉葉山は9日目に引退している。吉葉山との取り組みは明治時代後期に「梅常陸時代」と呼ばれ、相撲黄金期を築いた梅ヶ谷藤太郎─常陸山谷右エ門の対決を彷彿とさせた。

食生活と過激な運動習慣の影響で、一般的には相撲取りの寿命は短い。そのような中で横綱が60歳の還暦を迎えることはめでたいとし、赤い綱を締めて土表入りをすることになっている。近年では大鵬の例を思い出す。鏡里はリハビリ専念中であったため還暦土俵入りはしなかった。80歳で没したが、これは横綱としては梅ヶ谷の83歳、若乃花の82歳に次ぐ長寿であった。

１９５８年1月場所で不振だった鏡里へ、マスコミが横綱の責任とは具体的には何かと問い、「10番勝てないとき」に責任を果たせたとは言えないと回答。10勝にわずか1勝届かなかったため、潔く引退。出処進退のきれいな有言実行の横綱だった。

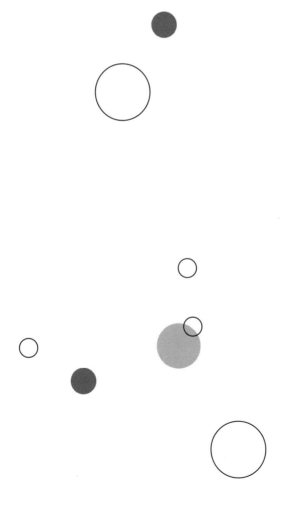

3月

弥生

3月1日

かまやつひろし

ジャンルは関係ない。自分が活性化する。思わず夢中になってしまう一瞬が持てる相手に出会いたいといつも思っている。

1939.1.12~2017.3.1

日本のミュージシャン。通称「ムッシュ」。「ザ・スパイダース」のメンバー。ミュージシャンとしては「ムッシュかまやつ」が正式な活動名。フォーク歌手の森山良子は従妹、シンガーソングライターの森山直太朗は従甥。

1964年に田辺昭知、堺正章、井上順らとザ・スパイダースを結成し、「フリフリ」「ノー・ノー・ボーイ」「バン　バン　バン」「夕陽が泣いている」「あの時君は若かった」がヒットし、「ブルー・シャトウ」等で人気のあった正統派のブルー・コメッツとともに「ブル・スパ時代」をつくった。中学から高校時代はテレビでよく見ていたから、主なメンバーはよく知っている。かまやつはその中心メンバーだった。あおい輝彦のジャニーズ、加瀬邦彦のザ・ワイルドワンズ、ザ・サベージ、沢田研二（ジュリー）のザ・タイガース、萩原健一（ショーケン）のザ・テンプターズなど、賑やかだった。GSブームも去って、1970年にザ・スパイダースは解散する。

その後も、メンバーは音楽や司会など様々の分野で活躍を続ける。かまやつはずっと音楽を続けている。「還暦を過ぎたら、もっと好き放題やりなさい」とユーミンに言われ、またザ・スパイダースとして活動し、かまやつは60歳でNHK紅白に初出場を果たす。

かまやつは、酔っ払いでも、生活破綻者でも、だれでも、いい音が出せればいいと考えて、誰とでもつき合った。いい音への嗅覚には自信があった。「わくわくするようなグルーヴ」を求めた生涯だった。守りに入らず、自分を常に活性化していこうとする生き方はいい。

3月2日

久世光彦（くぜ・てるひこ）

うまくやろうと思うな。その先に広い世界はない。

1935.4.19〜2006.3.2

日本の演出家、小説家、実業家、テレビプロデューサー。テレビ制作会社「株式会社カノックス」創業者。

2009年に世田谷文学館で開催された企画展「久世光彦　時を呼ぶ声」をみた。「この度、ボクの古い映画を上映して下さるとのこと、少し照れくさいが、わたしの仲間だった久世光彦さんの展覧会も開催されると伺い大変うれしく、世田谷文学館には感謝申し上げたい。……」と最晩年の名優・森繁久彌が挨拶文をパンフに書いている。

久世はTBSで「時間ですよ」「寺内貫太郎一家」「悪魔のようなあいつ」などの国民的テレビ番組をつくりあげた辣腕の人である。80年代以降、40代半ばから映像制作会社の社長となる。その仕事の量と質の高さは驚くばかりだ。テレビという新しいメディアを縦横に使って、ありあまる才気で自己を十分に表現した人だった。50代に入ると優れた小説やエッセイを書き、芸術選奨文部大臣賞、山本周五郎賞、泉鏡花文学賞などを受賞している。映像と文学の世界を自由自在に往復した人だ。

生涯の師と仰いでいたのは、俳優の森繁久彌だった。1964年の「七人の侍」のアシスタントディレクターのときからの付き合いとなる。一まわりほど若い久世が、晩年を迎えた森繁の回想を書き留めながらそれを自分の文章にしていく。それが傑作『大遺言書』という本に結実する。「一番美しいものは、いちばん凶凶《まがまが》しいものと背中合わせにいるものだ。きれいなものを見たかったら、怖い思いをしなくてはならない。私は十歳の夏の夜、それをはじめて知ったのだった」

私は久世光彦という人物をみて、「美しいもの」に対する執念を感じる。大学で美学を専攻したこともその現われだろう。映像と文章という手段を使って、上手に表現しようというのではなく、美しいものをとことん追求した人生だった。その久世は、師匠・森繁久彌よりも早くこの世を去ってしまう。

3月3日

村松増美（むらまつ・ますみ）

私も英語が話せなかった。

1930.7.31 〜 2013.3.3

同時通訳の草分け。名前から女性を連想させるが、男性である。同時通訳をこなす英語の達人として有名だ。1969年のアポロ11号の月面着陸のテレビ中継の同時通訳を行なうなど大活躍した。

早稲田大学を中退し、在日米軍の通訳になる。1956年には日本生産性本部の駐米通訳としてアメリカに滞在。1960年にワシントンの日米貿易協議会調査部長。滞米中にジョージ・ワシントン大学で国際経済学を学ぶ。1965年、（株）サイマル・インターナショナルを創設し、社長、会長。先進国サミットでは1975年の初回から9回まで通訳として参加している。2013年の訃報のニュースでは『ミスター同時通訳』村松増美氏が死去」と説明された。このニュースを聞いた人たちは、あの温顔を思い浮かべただろう。

この原稿を書くにあたって久しぶりに村松増美の英語のスピーチを聞いてみたが、クセのない、実にわかりやすい英語だった。

「アポロ月着陸の実況同時通訳をお聞きになっておられない世代の方がたも、テレビの同時通訳で、英語に改めて興味をもたれ、私の初めての本を読んでくださるのは、とても嬉しいです」。著書『私も英語が話せなかった』はベストセラーとなった。国際化時代の先駆者と称される村松増美も、英語がだめだったという逸話が満載の本である。珍訳、迷訳、失敗談のユーモアあふれる筆致が楽しめる。後に国際ユーモア学会の理事をつとめた著者のユーモア感覚で書かれたこの本は、英語を学ぼうとした人からよく読まれた。英語の達人が私はこうやって英語を克服したというタイトルではなく、「私も英語を話せなかった」という真逆のメッセージは、当時の日本人を大いに励ました。

3月4日

半村良（はんむら・りょう）

地図にカミソリで裂け目を入れて出来た楕円の空間に架空の土地を作れば、それがすごくリアルになるんだ。

1933.10.27 ～ 2002.3.4

日本の小説家。銀座もの、新宿もの、などの現代風俗小説と、季節感に彩られた「浅草案内」などの下町もので知られる。職業は「嘘屋」、と称した半村良は「伝奇ＳＦ小説」と呼ばれるジャンルを開拓した。

高校卒業後、紙問屋の店員、プラスチック成型工、バーテン、板前見習い、コック見習い、喫茶店やバーの経営者、クラブ支配人、連れ込みホテルの番頭、肉の仕入れ、ビリヤードの支配人など、水商売を中心に転身を繰りかえした。そしてラジオの構成作家、広告マン……なども経験する。

30歳、日本ＳＦ作家クラブを発足させ、事務局長。37歳、本格的な作家活動を開始。１９７５年42歳、ＳＦ作家としては初めて直木賞を受賞したが、授賞対象となったのは人情小説『雨やどり』であった。１９８８年55歳、『岬一郎の抵抗』で日本ＳＦ大賞を受賞。架空戦記の源流でもある『戦国自衛隊』は、１９７９年に映画化され、２００５年にも「戦国自衛隊１５４９」としてリメイクされた。半村良が描いた分野は広大で無辺だった。

「実はＳＦってすごい土着的なものだった」という半村良は、小説の構成や形にこだわった作家だった。マンション38世帯の住人を描いた『湯呑茶碗』、芝居の評価を意識して描いた『講談　碑夜十郎』、同じ場所に視点をおき庶民の年代記をつづった『葛飾物語』、雨の日ばかりのエピソードを重ねた『雨月物語』……。昭和40年代から平成へと壮大なロマンを完結させた『妖星伝』は、思想性において唯一『大菩薩峠』に匹敵する作品という評価もある。

締め切りを守った作家でもあった。注文があると先に原稿用紙にノンブルを打ってその枚数まで書いた。後に歴史に興味を持って楽しんだが、腹が立つ。「こんな面白いものを、よくもまああれほどつまらなく教えてくれたもんだ」。独学の人・半村良は、しかし独学だと友達ができない。だから大学に行くのがいいと語っている。その半村良は邪馬台国については宇佐説をとっていた。新宗教がどんどん入ってくる国東半島が大きな聖地だったという単純で明快な理由だった。実弟は自伝的小説『塀の中の懲りない面々』などを書いた作家の安部譲二である。

99%は徹底した真実を描く。その残りで嘘をつくという手法だった。土地の植生、その日の天気、など十分な仕込みをして、地図の切れ目に、独自の秘境をつくりだすのである。だから、その嘘に読者はさわやかにだまされる。

3月5日

納谷悟朗（なや・ごろう）

ただ声を当てればいいと考えている声優が多すぎる。目の前に客がいると思っていない。

1929.11.17 ～ 2013.3.5

日本の俳優、声優、ナレーター、舞台演出家。

本人は声優の前に俳優であると称していたが、声優としての活動が多くの人の記憶に残っている。以下の出演をならべてみると、この人の声にずいぶんと世話になっていると感じる。

「仮面ライダー」のショッカー首領のような悪役。「ウルトラマンA」のような正義のヒーロー。「宇宙戦艦ヤマト」ではヤマト艦長の沖田十三の声。声優ブームのきっかけになった。「クラッシャージョウ」では第三特別巡視隊司令、重巡洋艦コルドバの艦長であるコワルスキー連合宇宙軍大佐……。

洋画では、クラーク・ゲーブル、チャールトン・ヘストン、ジョン・ウェインなどの声を主に担当している。出演作は１００本以上にのぼった。

「ルパン三世」の銭形警部では42歳から81歳までの39年間演じた。納谷は「銭形はいつまでも歳を取らないけど、僕は年々歳を取っていくので、合わせるのが少し辛いですね」と語っている。声を聞くと年齢がわかると言われるように、声も年を取るのだ。それを技術で克服していたのだ。

今では「声優」と呼ばれているが、以前は画の声の吹き替えの「アテレコ」に起用され、「アテ師」と呼ばれていた。また、番組ナレーションにも需要があった。リズムを区切るように喋るように特色を出した。後年この喋り方が「納谷節」と称されるようになった。

私も声優という職業を持つ人に出会ったことがある。著書『偉人の命日３６６名言集』の言葉を読んでもらって録音することになったとき、5時間ほどつき合った。このとき、声の強弱、高低、息の出し方、スピードの緩急、などのテクニックの高さに感銘を受けた。また、台本を間違いなく読むには、高い教養が必要であることも感じた。この声優との交流を通じてやはりプロは違うと思った。

この声優という仕事を草分けとして世間に広めたのが、納谷悟朗という人である。「ただ声を当てればよい」と考える声優の存在を納谷は憂えているのだが、その後輩の一人に接してみて感じたことは、職人的にその仕事を深掘りしている仕事師の存在があり、その憂いが届いているということである。

先達の姿、声、残した言葉などを受け継いで、声優という職業が、一つのジャンルとして確立していると思った。

3月6日

多湖輝（たご・あきら）

動けば必ず何かが変わります。動けば必ず何かがわかります。動けば必ず何かが身につきます。動くことによってあなたは強くなってきます。

1926.2.25 ～ 2016.3.6

日本の心理学者。千葉大学助教授時代の1966年に出した『頭の体操』シリーズはベストセラーとなり、それ以来、この本はいまだに売れ続けている。その結果、「頭の体操」という言葉は、今では普通名詞のように使われている。

多湖輝は専門の心理学を応用した単著、共著、翻訳で、150冊以上を、40歳以降、間断なく上梓している。高度成長期以降の時代に心理学の面白さを啓蒙し、新しいことを考えようという流れをつくった人だ。私も若いビジネスマン時代によく読んだ。

著書の一冊を久しぶりにぱらぱらとめくってみると、いいキーワードが襲ってくる。「現場の分析」「話したり表現する」「環境を変える」「ギブ・アンド・テイク」「自分の言葉に言い換える」「ノーマンの意見を尊重」「アマの謙虚さ」「前例は善例にあらず」「論より直感」「体験のワナ」「形式と機能」「極端の状況」「タブーに挑戦」「アイデア世界は下克上」「アンチテーゼ」……。

多湖輝は、動けばいい考えが浮かび、考えることができるようになってくるという。確かに友人のアイデアマンたちは常に動き続けている。SNSでそういった姿を見ることができるようになり、その確信が深まっている。健脚が優れた発想を生むのだ。頭は足でできている。人間は考える葦ではなく、人間は考える足なのである。

黒岩重吾（くろいわ・じゅうご）

阿騎野の朝に志を立つ。

1924.2.25～2003.3.7

小説家。同志社在学中に学徒出陣で北満州に出征する。敗戦の逃避行で、朝鮮経由で内地に帰還。復学後、株で儲けて酒色に溺れるが、ある日全身麻痺に襲われて3年間の入院生活を送る。「書く以外に生きる方法はない」と決心する。

1961年に釜ヶ崎（あいりん地区）でのドヤ街を舞台にした『背徳のメス』で直木賞を受賞。その後、あらゆる注文を引き受け、月間700～800枚を書いた。1970年代後半の50代からは古代を舞台に歴史小説を書いた。1980年に『天の川の太陽』で吉川英治文学賞を受賞。1992年には一連の作品により菊池寛賞を受賞。『中大兄王子伝』『日の影の王子　聖徳太子』『白鳥の王子　ヤマトタケル』『紅蓮の女王』『茜に燃ゆ』などの作品がある。

文壇での地位が固まってからは、文学賞の選考委員をつとめている。直木賞選考委員として、1984年上半期から2002年下半期まで。吉川英治文学賞選考委員として、1990年から2003年まで。柴田錬三郎賞選考委員として、1988年から2002年まで。

2014年に神奈川近代文学館で開催された「黒岩重吾展」をみた。「私は、人間の生につながるセックス、金銭欲、権力欲、等の飽くなき欲望を、えぐりにえぐり、人生とは何？　を酷烈に自問自答させたい」と、小説を書く動機を語っている。また「生きることを苦しく思うとき、思い切り生きたい」とも言う。苦しいからこそ逆に生きぬこうというのだ。

　以下は、阪神淡路大震災に兵庫県西宮市の自宅で遭った70歳のときの言葉。

「古代ローマの昔から、人間は自分とは無関係な人間が血を流すことに昂奮して来た。これは、人間の内部にゴッド（神）と共に棲《す》むデーモン（悪魔）の欲求があるからである。必要なのは、何処までデーモンを抑え込むかであろう。それが不可能でも、最低限、デーモンを憎む気持ちだけは持たねばならない。現代人に必要な人間の証はそこにある」

「阿騎野の朝に志を立つ」は、柿本人麻呂が「東《ひむがし》の野に炎《かぎろひ》の　立つ見えて　かへり見すれば月傾《かたぶ》きぬ」と詠んだ阿騎野で、古代を舞台に歴史小説を書くことを決心した立志の言葉である。

　古代史の舞台となった場所で生まれ育ち、百舌鳥古墳群の近くで遊んでおり、中学では飛鳥を中心にして古墳を利用した軍事練習をしており、古代史の舞台には馴染みがあった。その地で黒岩重吾の志が立った。

3月8日

池田満寿夫（いけだ・ますお）

すべての創造は模倣から出発する。創造が真の意味の創造であるためには、その創造のための模倣が、創造的模倣でなければならない。

1934.2.23 〜 1997.3.8

従来の芸術の枠にとどまらず多彩に活躍した芸術家。

池田満寿夫は版画家、画家、彫刻家、陶芸家、作家、エッセイスト、浮世絵研究家、日本画家、映画監督などの多彩な仕事をしたマルチ・アーティストであったが、東京芸大には3度不合格となっている。本人は芸術には評価の基準がない、芸大の基準に合わなかっただけだと総括していた。１９７７年には、初めて書いた小説『エーゲ海に捧ぐ』で芥川賞を受賞し、世間を驚かせた。

就職したＪＡＬで広報の仕事をしていた１９８０年代後半のバブルの真っ最中に、世界中の腕のいいシェフを招いてのグルメ料理の会があった。私が座ったテーブルには、池田満寿夫と佐藤陽子夫妻、そして岡本太郎がいた。池田の隣に座った佐藤陽子が岡本太郎を「センセー、センセー」と呼んでいたのが今でも印象に残っている。

２００６年に仙台の芹沢銈介美術工芸館を訪問したとき、ビデオで、「私（池田満寿夫）と芹沢銈介」というＮＨＫの日曜美術館の番組が流れており、まだ40代の若い池田満寿夫が語る映像をみた。

２００７年に訪問した長野松代の池田満寿夫美術館訪問では、没後10年特別展「天才・池田満寿夫を見なおす」をやっていた。50歳ごろから「日本回帰」をしたのが印象深かった。

２００９年に日経新聞で熱海市の「池田満寿夫・佐藤陽子創作の家」から書類を盗んだ疑いで市職員が逮捕されたというニュース記事を読んでその家の存在を知り、２０１０年に訪問した。そのときの私のメモには「資料館を見学。隣接は満陽工房。『女は海、男は舟』。エロスの追求」とある。

1997年3月8日、静岡県熱海市の自宅にいたところ伊豆の群発地震に遭遇し、長年同居していたバイオリニストの佐藤陽子の目の前で、愛犬たちに飛びつかれて昏倒、心不全にて急逝。享年63。

池田満寿夫が晩年に出会った表現が「陶」の世界だった。版画では意識的に日本の伝統を排していたが、「陶芸の場合は何ら抵抗なく素直に伝統回帰、日本回帰できた」と語っている。59歳でつくった「満寿夫八方釜」あたりから作風が変化した。土と火が創造と破壊を繰り返す「陶」の世界に「輪廻転生」を感じ、「陶こそが般若心経にふさわしい」と制作に挑むようになった。池田は地蔵に永遠を感じ、仏塔に描く菩薩が仏教芸術の原型と考え、仏画を粘土板に描くようになったのである。

「創造的模倣」を強調する池田満寿夫はあらゆる表現のジャンルを渡り歩き、独創的な仕事をし続けた。模倣から始まって各分野の意味を先達以上に深く理解し、彼等を刺激するイノベーションを起こしていったのである。それは経営学のドラッカーの言う「創造的模倣戦略」そのものであった。

3月9日

石田晴久（いしだ・はるひさ）

インターネットのある生活。

1936.10.30 〜 2009.3.9

日本の計算機科学者。

石田晴久は日本におけるＵＮＩＸオペレーティングシステムおよびC言語の普及に大きく寄与し、インターネットの礎に多大な貢献があった。

１９７０年代の前半にはＮＨＫ教育テレビの「コンピュータ講座」の担当者の一人となった。また１９８１年にＮＨＫ教育テレビで「ジュニア文化シリーズ・サイエンスレーダー」の総合司会を担当している。岩波新書だけでも『パソコン入門』『コンピュータ・ネットワーク』『パソコン自由自在』『インターネット自由自在』などの著作があるなど、パソコン、インターネットの普及にも大きな貢献があった。

死去した２００９年には「日本のC言語とＵＮＩＸの父、そしてインターネットの祖父石田晴久氏が死去」と伝えられた。ちなみにインターネットの父は村井純である。

20年前の１９９８年3月に出した岩波新書『インターネット自由自在』では、未来社会のライフスタイルを提示している。「常時つながる」「誰でも使える」「コミュニケーションが活発になる」「買い物はオンライン」「調査や相談申請はオンライン」「ニュースは自動配信」「教育制度や学校の多様化進展」「在宅勤務・仮想会社」「金融業界が激変」「遊びの場」「国境の消滅」。

石田は「多くの人がインターネットを駆使して生活を豊かに楽しくしてほしいということです。この夢ははたしてかなえられるでしょうか？」と結んでいる。それから20年、この予言すべてが常識となった。石田晴久というパイオニア精神あふれる祖父のおかげで、我々は「インターネットのある生活」を享受できるようになったのである。

3月10日

山口昌男（やまぐち・まさお）

自分のやりたい研究に指導教官など、この世にいないものと思え。

1931.8.20 ～ 2013.3.10

日本の文化人類学者。

山口昌男は、アジア・アフリカ・南アメリカなど世界各地で単独行のフィールドワークを行なった文化人類学者である。１９８０年代の浅田彰、中沢新一らの脱マルキシズムの知のあり方を先導したニューアカデミズムブームの先駆者でもあった。私自身はこの人の本の愛読者ではなかったが、常に論壇で異彩を放ち、議論を先導する姿をメディアでよくみていた。

　山口は「中心と周縁」を遠近法によって把握し全体像をつかもうとする「知の遠近法」を武器とした。文化の中心から押しやられた少数者の「周縁」の文化を抹殺せず、それが存在することで文化が全体としてより深く了解できるという立場である。異端、異人、病人、狂人、精神病者、異邦人、道化、敗者、黒人、貧者、弱者など社会から疎外された存在の意味を探ることによって世界がよりみえてくる。スケープゴートと位置づけられているマイナスの存在を強く肯定する思想である。異物を明らかにすることで、自身のアイデンティティを創り出すのは生命の本質だ。免疫に似ていると思う。

マンガ「のらくろ」と、作者の田河水泡を高く評価する山口は「常民文化の最高到達点がマンガであるから、比較マンガ学は是非大学の中に市民権を持つべき……」だとも主張した。マンガもまた庶民という弱者からみた世界の投影だからだ。

東京大学駒場美術研究会で一緒に学んだ建築家の磯崎新は、海外出張中に電話で膨大な蔵書が山積みになっていた研究室の「何番目の山の何冊目の何ページを引用するから探せ」と指示を出したという話を披露している。あまりに博覧強記であるために、評者が著書の意味を追いかけるのが難しいともいわれた山口昌男の姿を彷彿とさせるエピソードだ。

山口昌男は、自分がやりたい研究を自分の力で成し遂げ、独自の理論を発表していった。梅棹忠夫は、文化人類学の唯一の方法は「比較」であると言っていたことを思い出した。誰にとっても未知の分野に進むには、確かに指導教官など不要である。凜々たる勇気と自前の武器で未知のフィールドを探検したいものだ。

3月11日

上村松篁（うえむら・しょうこう）

鳥の生活を理解しなければ、鳥は描けない。

1902.11.4～2001.3.11

日本画家。母は近代美人画の大家・上村松園。父は松園の師の日本画家鈴木松年ともされるが、未婚であった松園は多くを語らなかった。

松園は竹内栖鳳に師事した近代美人画の完成者で、女性初の文化勲章受章者だ。上村松篁は松園の嗣子で近代的な造形感覚を取り入れた花鳥画の最高峰で、松園の美人画を花鳥画に置き換えた画風で、母と同じく文化勲章を受章している。松篁の息子も文化功労者となっている。同じく日本画家の上村淳之である。

奈良の近鉄グループの総帥・佐伯勇の自宅は現在、上村松園ら三代の日本画家の松柏美術館になって解放されている。訪問し、三代にわたる上村家の画業を堪能したことがある。

母・上村松園「一途に、努力精進をしている人にのみ、天の啓示は降るのであります」と言い、その息子は「鳥の生活を理解しなければ、鳥は描けない」と言う。親の姿勢がそのまま子に伝わっている感じがする。

上村松篁は鳥の写生にこだわった。インド、オーストラリア、東南アジア等を旅行して鳥を観察している。また、アトリエの敷地にも大規模な禽舎（鳥小屋）を設け、1000羽を超える鳥を飼って生涯にわたって観察を続けていた。精進を重ねた母の影響、そして本人のあくなき探究心、それらがこの言葉を生んだことがわかり、その重みに粛然とする。

五代目　桂文枝（かつら・ぶんし）

無知であることは恥ずかしくない。無知に甘えることこそが恥ずかしいのだ。

1930.4.12 ～ 2005.3.12

上方噺家（上方の落語家）。

六代目笑福亭松鶴、三代目桂米朝、三代目桂春団治と並び、昭和の「上方落語の四天王」と言われ、吉本興業に所属し、衰退していた上方落語界の復興を支えた。この名跡は社団法人上方落語協会会長の桂三枝が六代桂文枝を継いだ。

ＴＢＳ系クイズ番組「東大王」（日曜夜7時）に出演した東大大学院修士課程1年の伊沢拓司は、落語家・桂文枝さん（五代目）の言葉を知り、座右の銘にしていると語っている。知らないことを知ったように取り繕うのではなく、知らないことなら知ろうという姿勢に感心したのだろう。

五代目桂文枝は無知を克服しようという心構えで、日々努力し噺家として大成したのだろう。無知に甘えることは恥ずかしい。自分を甘やかしてはいけない。人生は終わりなき学びの旅なのだ。

3月13日

川村勝巳（かわむら・かつみ）

会社の経営は、ある意味で不況の方がやりやすいこともある。

1905～1999.3.13

東京商大卒業後、三井物産に入社。その後、退社し化成品の会社をつくる。大日本インキ（現ＤＩＣ）社長。

１９０８年（明治41年）に父が創業した川村インキ製造所は、関東大震災、東京大空襲などで壊滅的な打撃を受け、あるいは石油ショックなどで苦境に立ったが、その都度立ち直った。

長男の勝巳は、三井物産に勤めたが、32歳、「トコトン自分を追いつめて自分の運命を試してみたい」と自営の路を歩み出す。52歳、父の死で大日本インキの社長に就任。「化学で彩りと快適を提案する」ＤＩＣは印刷インキ、有機顔料、ＰＰＳコンパウンドで世界トップシェアの化学メーカーとなっている。

現在では資本金９６６億円。従業員数は連結２万６２８名、単体３５０３名。売上げ高７８９４億円の大企業に育った。１９７８年に20年間つとめた社長を退任するときには年商は２５７０億円となっていた。

「なんとかオヤジとの約束は果たしたかなと思った」と語っている。

千葉県佐倉市の総合研究所敷地内にDIC川村記念美術館が1990年5月に開館した。川村が1970年代初頭からピカソ、ブラック、カンディンスキー、マレーヴィッチ、コーネルなど20世紀美術を中心に収集したコレクションが中心の美術館だ。76歳のときに書いた日本経済新聞の「私の履歴書」では、財団法人「川村理化学研究所」の佐倉への移転に情熱を燃やしていた。その敷地に立った美術館である。よく手入れされた庭園や緑豊かな自然の中を散策でき、寛げるレストランも併設されている。佐倉に住んでいた40代の前半に私も何度か訪問したことがある。

不況はチャンスであると川村は言う。好況時は実力以上に業績があがり、組織は膨張し、社員は興奮し勝手な行動をとるようになる。不況は広がり弛んだ組織を引き締めるよい機会になる。減量し付加価値を高め、来たるべき時期に備えることができるのである。個人においても同様で、不遇のときは実力を蓄える時期と考えるべきなのだ。

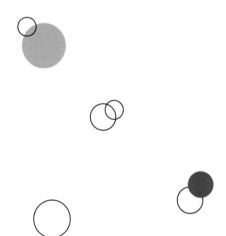

3月14日

円城寺次郎（えんじょうじ・じろう）

椎名君、日経は新聞も出している会社にしたいんだよ。

日本のジャーナリスト、日本経済新聞社社長。

1907.4.3 〜 1994.3.14

「現状の新聞経営はムダだらけ。魚に例えればおいしい真ん中の身しか食べていない。頭から尻尾まですべて食べるようにしなければ」と総合情報機関を目指した円城寺は、経済部長、政経部長、編集局長、主幹を歴任後、社長8年、会長4年と中枢で長く日経新聞社を牽引した中興の祖である。

日経流通新聞、日経産業新聞の創刊で経済の現場のミクロ情報の取材体制を確立した。日経BP社を設立し、1969年には『日経ビジネス』、1971年には『日経エレクトロニクス』、その後も専門誌を次々に創刊し、専門記者を多く育てた。マクロ経済は日経本紙が中心、ミクロ経済は専門誌という独特の体制を整備した。

1963年には社団法人日本経済研究センターを設立し、初代理事長をつとめている。経済を巡るシンポジウムなどを頻繁に開催し、多くの人材を世に出した。2006年からは創刊130周年記念でエコノミストを励ます円城寺次郎賞が設けられている。

また、円城寺は美術への造詣が深く、インド古代美術展、東山魁夷展などを成功させ、経済だけでなく芸術にも強みを持つ新聞としてのブランドを確立した。

２０１１年に福岡市美術館で開催中の「安宅コレクション　美の求道者・安宅英一の眼」をみたとき、円城寺が安宅英一の最大の理解者だったことを知った。東山魁夷の『唐招提寺への旅』を読んで唐招提寺御影堂障壁画も円城寺の仲介だったことを知った。

私はビジネスマンだったから、日経新聞を軸に、朝日・毎日・読売・産経・東京・琉球新報など1紙を回しながら自宅で読むというスタイルを長年とってきた。日経新聞で特に愛読しているのは、文化欄だ。毎日変人が登場する欄（私も２００８年に出た）、「私の履歴書」、美術情報、そして連載小説など、実に多彩でいい記事が多い。経済新聞なのに、優れた文化欄を維持しているのは、円城寺次郎の功績だろう。

円城寺次郎は経済審議会会長などの公職もつとめるなど、叙勲の対象だったのだが、「新聞記者は勲章を欲しがってはならない」と、叙勲を辞退しているのもすがすがしい。

その円城寺は「日経は新聞も出している会社にしたいんだよ」と言った。その相手は新聞のコンピュータ化のプロセスで親しくなった日本ＩＢＭの椎名武夫だった。

3月15日

清水一行（しみず・いっこう）

なぜ、ぼくに声をかけてくれないのか。雑巾がけでもなんでもするから、仲間に入れてくれ。

1931.1.12 〜 2010.3.15

日本の小説家。東京・向島生まれ。早稲田大学法学部を中退し労働運動に入る。熱心な共産主義者であったが、1952年の血のメーデー事件をきっかけに訣別し、物書きとして生きていく。

「東洋経済新報」や「週刊現代」の記者を経て、1966年、証券界の内幕を描いた『小説兜町（しま）』でデビュー。株を扱った『買占め』『東証第二部』などがヒットし、経済小説の草分けとして活躍。『動脈列島』で日本推理作家協会賞。『悪魔祓い』『頭取の権力』など企業小説と呼ばれる作品が多い。高杉良、城山三郎らと並ぶ経済小説のトップランナーとして知られている。

『小説　財界』を読んだ。1960年に大阪商工会議所会頭のポストをめぐる大商南北戦争と呼ばれた騒動を題材とした小説である。大阪商工会議所の次期会頭最有力候補の死によって風雲急を告げる会頭選。現会頭は、四期にわたる長期政権の間に会議所を私物化していく。五選を狙う現会頭と人事一新を画策する反対派の熾烈な選挙戦が繰り広げられる。権力闘争の実状を迫真の描写で描いた傑作だ。

清水は証券、銀行、自動車、鉄鋼、商社などの広範な企業社会を舞台に、地位、名誉、金銭、女などを巡る「業」に身を灼く人間ドラマを描いた。最盛期の1970年代は66冊、1980年代は54冊と厖大な作品を書き続けた。若いころに共産主義者だったことからわかるように、世の中に対する義憤、正義感が小説を書く動機となっていることをうかがわせる作品群だ。

森村誠一によれば、角川事件の発生に際して、作家仲間、俳壇、ファッション業界、棋会、法曹界、出版業界などに広く呼びかけ、「角川書店を守る会」を結成したとき、清水一行氏には呼びかけなかった。冒頭の言葉は、清水一行からの電話であり、森村は感激している。角川から多くの書物を刊行している清水は、この会では受付を担当したそうだ。

笠智衆（りゅう・ちしゅう）

地道な努力というものも、だれも気が付かないようでいて、結局は、次第に人の目にも立つようになるものらしい。

1904.5.13 〜 1993.3.16

日本の俳優。俳優としてなかなか芽が出なかったが、30代に入ったばかりのころに、「笠さん、老けをやったことがあるかい。いっぺん、やってみるか」と小津安二郎監督から声をかけられ、「一人息子」に出演する。それがきっかけとなって笠智衆は日本の父親像を演じることになった。

映画の最盛期は、俳優笠智衆の最盛期だった。32歳では14本、そして戦後は50歳でフリーになった。51歳は13本、56歳では13本に出演している。

山田洋二監督の名シリーズ・渥美清主演の「男はつらいよ」は1969年からで、笠智衆は実生活では熊本の浄土真宗の寺に生まれながら継がなかったのだが、第1作からずっと柴又帝釈天の住職「御前さま」として毎回出演していい味を出している。

60代からは、紫綬褒章、男優助演賞、旭日小授章、特別功労賞、放送文化賞、菊池寛賞、東京都文化賞などを、もらうようになった。

「映画俳優が映画の中で自分を語ればいい」というのが持論だったが、日本経済新聞の「私の履歴書」に1986年に登場して多くの読者を得た。それが『俳優になろうか』（朝日文庫）という文庫になっている。その本の「あとがき」では「いま振り返ってみると、私は俳優にしかなれなかったのではないか」とある。たまたま就いた仕事に没頭しているうちに、ある日これが天職だと思うときがある。天職はそういうものではないか。

笠智衆自身の自己診断は「下手、不器用、素質もなく、要領も悪い」である。その笠を五所平之助、木下恵介、岡本喜八、山田洋次、小津安二郎ら巨匠がよく使った。地道な努力の積み重ねが、次第に薄皮をまとうことになり、いつかその衣を人が気づいてくれるということなのであろう。笠智衆は日本最高の老け役となって私たちのまぶたに生き続けている。

3月17日

永井道雄（ながい・みちお）

教育の主役は、幼稚園から大学院までの教師だ。

1923.3.4 〜 2000.3.17

日本の教育社会学者。文部大臣（第九十五代）。京都大学助教授。東京工大教授。朝日新聞論説委員。八王子セミナーハウスなどで教育の実際的な改革に取り組む。1974年には三木内閣で文部大臣に就任し、中学校における主任制の導入、国連大学の誘致に尽力。その後、朝日に戻り、客員論説委員、国連大学学長特別顧問、六本木の国際文化会館理事長を歴任した。私も多くの著書やマスメディア、また文部大臣としての活躍を記憶している。

永井文教行政の報告でもある『永井道雄　教育の流れを変えよう』（朝日新聞社）では、大学入試改革、高等教育の格差是正と多様化、ゆとりある充実した小中高の教育、学歴偏重の打破という「四頭立ての馬車」政策を掲げた制度改革にどう立ち向かったかが記されている。この報告によると大学入試センター試験の実施、専修学校制度の導入などの高等教育の多様化は進んだとのことである。永井の「富士の峯より　八ケ岳」というスローガンは新鮮な気持ちで聞いた記憶がある。

高度成長期に学校教育体系は手段の色を濃くし、マンパワーの要請に走ったという。永井は人間回復をはかる道の幅を広げようとし、トータルな人間となる教育を志向したのである。2年余の文部大臣時代を振り返り、「こんなにできたというよりも、これしかできなかった、という感が強い」と語っている。

永井のメッセージは、制度改革は教育現場の教師を支援するものであり、主役たちが力一杯働ける姿を取り戻すためだった。幼稚園から大学院までの教師たるものの果たす役割は大きい。

3月18日

稲森俊介（いなもり・しゅんすけ）

一人ひとりの能力を最大限に発揮しよう。

1930.8.29～2011.3.18

日本の実業家。大学卒業後、味の素に勤め、代表取締役専務となる。１９９０年経営不振のカルピス再建のため出向し翌年社長。反対を押し切って大規模な設備投資と新製品カルピスウォーターのヒットで経営再建を果たす。１９９５年、古巣の味の素社長に就任。

初恋の味・カルピスは子どものころ愛飲した。その後、大人になってカルピスウォーターの登場でまたファンになった。それをヒットさせたのが稲森社長だったのだ。

味の素社長になったときには創業一族のトップに指揮系統の混乱をさせないため、今後、経営会議に出席しないように要請している。また創業一族の経営介入を断ち切るために会長や取締役名誉会長の退任と自身の社長退任・会長就任と差し違えた。初めての見合いで結婚を決めているなど、出処進退のすっきりした、筋を通す人物だったようである。

冒頭に掲げた言葉は、業績不振に陥ったカルピスを立て直すときの社員に対する明快なメッセージだ。経営の再建にあたって社員への激励という急所を抑えたマネジメント、トップとしての引き際の見事さなど、この人の人生観などはもっと深追いしたい。

3月19日

夏樹静子（なつき・しずこ）

この本を、私に心身の健康を取り戻して下さった平木英人先生に捧げます。

1938.12.21 ～ 2016.3.19

日本の小説家、推理作家。

大学3年時に江戸川乱歩賞への応募(最終候補)がきっかけとなって、NHKテレビで人気の「私だけが知っている」のレギュラー執筆者になる。

結婚して沈黙の後、1969年に『天使が消えていく』で江戸川乱歩賞の最終候補に残る。以後、ミステリーを量産していく。弁護士朝吹里矢子シリーズ、検事霞夕子シリーズ、長編小説、中・短編小説、アンソロジー、エッセイ、ノンフィクション、翻訳。また、作品は日本テレビ、TBS、フジテレビ、テレビ朝日、テレビ東京などでテレビドラマになっているから、この人の名前はよく知られている。ミステリーは300本ほど書いている。1984年の『妻たちの反乱』はベストセラーになった。趣味の囲碁ではドライアイを和らげるためにグリーン碁石を開発し普及した。これで日本棋院から大倉喜七郎賞を授与された。2007年、日本ミステリー文学大賞を受賞。

2冊目の単行本『見知らぬわが子』では、7編の短編が収められており私も読んだ。ここには夏樹ミステリーのルーツがある。家庭を媒介とする男女の葛藤のドラマであり、女性と母性の視点が特徴だ。

夏樹静子は福岡に住んでいた。夫君は石油の出光の関係者で新出光の会長であり、夏樹の本名は出光静子である。

1997年の『腰痛放浪記　椅子がこわい』は、日本での心療内科が広まるきっかけをつくったと言われている。54歳の夏樹静子は１９９3年からの約3年間腰痛に悩まされた。「遺書」「死」「真暗闇」などの言葉が踊る。その克服の記録である。多くの読者の共感を得て、今なお売れ続けている作品である。良い評判を聞くとすぐにかかり絶望するという遍歴と放浪を重ね、最後に行き着いたのは自身の心の問題であり、夏樹静子を捨てて本名に戻るというミステリー仕立てになっている。

この本の中で、私の知り合いが3人登場していて驚いた。彼女が2カ月入院した中津市の病院長川嶌真人先生は私の母の友人。ＪＡＬの塩田年生福岡支店長（夫の親友）は私の広報課長時代の広報部長。九大教養部心理学科の藤原勝紀教授は私の九大探検部時代の先輩。

内科と心療内科の医師である平木英人は「典型的な心身症」という診断を下した。自律訓練法、森田療法、絶食療法などで、自身の心では支えきれなくなったワーカホリック夏樹静子から別れ、出光静子への再生を図り、ようやく平穏な日々が訪れる。そしてまた本の執筆が始まる。冒頭の感謝の言葉には、万感の思いが凝縮されている。

3月20日

須賀敦子（すが・あつこ）

書くべき仕事が見つかった。いままでの仕事はゴミみたいなもんだから。

1929.1.19〜1998.3.20

日本の随筆家・イタリア文学者。

18歳で洗礼を受ける。24歳で渡欧、以後、日欧を往き来する。32歳ペッピーノと結婚。34歳、谷崎潤一郎『春琴抄』『蘆刈』のイタリア語訳を刊行し、以後、日本文学のイタリア語版を刊行していく。谷崎作品のほか、川端康成『山の音』、安部公房『砂の女』などをイタリア語翻訳刊行する。長く大学の非常勤講師を務めた後に、53歳、上智大学外国語学部助教授。60歳、比較文化学部教授。

須賀敦子の名は、ビジネスマン時代に同僚の女性から聞いてはいたが、本を読むまでには至らなかった。今回『須賀敦子を読む』を読んで、須賀自身のエッセイに興味が湧いた。

翻訳を長く仕事とし、生前はエッセイを書いた。翻訳は自分をさらけ出さないで、責任をとらずに文章を書く楽しみを味わえたから須賀は好きであり、いい仕事をし、イタリア共和国カヴァリエール功労賞を受章している。２０１４年には、イタリア語から日本語への優れた翻訳を表彰する須賀敦子翻訳賞が創設された。また、エッセイでは女流文学賞、講談社エッセイスト賞を受賞している。

少女時代から「書く人」になりたいと願った。書くということは「息をするのとおなじくらい大切なこと」という須賀は、『ミラノ　霧の風景』から始まる完成度の高いエッセイ群によって、たどってきた時間を生き直したと『須賀敦子を読む』の著者・湯川豊はいう。

信仰と文学の一体化を実現する小説の道を発見した須賀敦子が語った「書くべき仕事が見つかった。……」は、死の直前の１９９８年2月4日の言葉だ。「朝に道を聞かば夕べに死すとも可なり」（孔子）を彷彿とさせる。孔子の言う道は真理という意味であるが、須賀敦子の場合は自分の進むべき道であったろう。

3月21日

四代目　江戸家猫八（えどや・ねこはち）

仕事を全うしたい。

1949.11.30 ～ 2016.3.21

動物の声帯模写を得意とする、落語協会所属の物真似芸人。祖父は初代江戸家猫八。三代目江戸家猫八の父に弟子入り。三代目死去の際、出棺の挨拶で、声帯模写でウグイスの鳴き真似で父を送った。２００９年に江戸家小猫から江戸家猫八を襲名。２０１１年、長男が小猫を襲名。

　動物の声帯模写は、四代で１２０年続いている江戸家の家業である。声帯模写は春のウグイスが代表であるが、ホトトギス、コオロギ、スズムシ、ホオジロ、ニワトリ、ヒツジ、アルパカなどの声を模写した。動物園などの現場でじっくり観察するのである。三代目は馴染みがある。「動物はプロ、こちらはアマチュア」と高座で言いながら名人芸を披露していた姿を思い出す。

　２０１６年３月８日の「徹子の部屋」に、四代目猫八、二代目小猫で出演した。私も見た。このときの「親子競演動物モノマネ芸」をユーチューブで改めてみたが、ウグイスやカエルの鳴き声の競演は実に楽しかった。親の猫八はすでに胃がんに冒されていてやや痩せていた。その猫八は「仕事を全うしたい」と入院を拒否していたのである。これが最後の仕事となった。その心意気には感ずるものがある。

3月22日

胡桃沢耕史（くるみざわ・こうし）

稿料格安、締め切り遵守。

1925.4.26 ～ 1994.3.22

拓殖大学中国語学科に入学。3年間の満州放浪。特務機関で活動。シベリア抑留。シナリオライター。NHKプロデューサー。専業作家。寺内大吉の「近代説話」同人。性豪小説。バイクによる世界放浪。9年間の沈黙。『翔んでる警視』シリーズ。1983年、異郷での冒険小説。満州・中国大陸を舞台にした『天山を越えて』で日本推理作家協会賞。1984年、2回の候補を経てシベリア抑留を描いた『黒パン俘虜記』で直木賞。シルクロード踏破計画を実行。バイクツーリングが趣味。カメラと弦楽器のコレクター。「愛句」宗匠。直木三十五を崇拝。

『〆切本』という興味深い本がある。明治以降の数多くの原稿締め切りを守れない作家たちの〆切を巡るエピソードが満載の本だ。この中に胡桃沢耕史が載っている。ある記者の「作家名刺ホルダー」には取材した多くの作家の名刺を収められており、胡桃沢耕史の名刺の右肩には「稿料格安　締切厳守」というメモが書かれていたという。源氏鶏太の『精力絶倫物語』は胡桃沢がモデルというから魅力のある快男児だったのだろう。自由奔放な行動派作家というイメージだが、意外にも締め切りを守ることを信条としていたのである。

日本の作家。

1955年のデビュー作『壮士再び帰らず』で第7回オール讀物新人賞受賞から、1983年の『黒パン俘虜記』での直木賞、そして死去するまで本名清水正二郎名の作品（70以上。翻訳60以上）、胡桃沢耕史名の作品（85ほど）などその量は200以上と膨大だ。海外を舞台にした冒険小説や、ユーモア推理小説が中心である。

大橋鎭子（おおはし・しずこ）

私は「暮しの手帖」一冊全体を「戦争中の暮しの記録」だけで作りましょう、と提案しました。臨時増刊、特別号、単行本などにするよりも、定期の「暮しの手帖」に載せたほうが、よりたくさんの人に手に取ってもらえ、読んでもらえる。しかも、雑誌もよく売れ、営業的にプラスになると思ったからです。

1920.3.10 ～ 2013.3.23

日本の編集者、エッセイスト。暮しの手帖社社主・社長。雑誌「暮しの手帖」を創刊した。

日本興業銀行、日本読書新聞を経て、戦後の1948年に花森安治を編集長とした「暮しの手帖」を創刊。1954年から「商品テスト」をはじめた。広告をもらわない自立した雑誌であった。この企画で工業製品の品質改善のきっかけとなるほど影響力があった。「婦人家庭雑誌に新しき形式を生み出した努力」で菊池寛賞を受賞した。この雑誌は主婦の支持を集め100万部に迫るほど人気があった。

2016年度前期放送のNHK連続テレビ小説「とと姉ちゃん」は、大橋らをモデルとして「暮しの手帖」（劇中では「あなたの暮し」）の創業の軌跡を描くフィクション作品として制作され、大橋がモデルのヒロインを高畑充希が好演したことは記憶に新しい。「とと」は父という意味で、家族を養う「ねえちゃん」という意味だ。私も毎朝、この主人公の人生ドラマを共感しながらみた。

大橋鎮子は２００２年には東京都文化賞を受賞している。「暮しの手帖社を設立し、雑誌『暮しの手帖』を今日までつくり続けてきた努力」と「人々の出会いや、日々の暮しを美しい文体でつづったエッセイ『すてきなあなたに』は読者に静かな共感と深い感動を呼び起こした」がその理由である。

単行本『すてきなあなたに３』の「あとがき」には、エリザベス・サンダース・ホームで育ったアメリカ兵と日本人女性の間に生まれた孤児たちが養子縁組でアメリカに旅立っていくのを見送る設立者・沢田美喜が夜空に向かってハンカチを振る姿の描写が語られている。こういう心あたたまる日々の感動をエッセイで残したのだ。「三月の章」には、「雨と傘となくしたスカーフ」「姿勢が大切」「神戸散歩」「チョコレートの帽子」「フルーツスープ」「ズックの靴」などのエッセイが並んでいる。

冒頭の言葉は、大橋鎮子がヒットを生む企画力と時代をつかむ営業力を兼ね備えた経営者であったことをうかがわせる。

3月24日

田村喜子（たむら・よしこ）

「方」がつくのは偉いのよ。だって、「親方」と「奥方」には頭があがらないでしょ。

1932.10.25 〜 2012.3.24

日本のノンフィクション作家。

「琵琶湖疏水の完成は、明治期の日本土木界が世界に誇る大工事であり、燦然と輝く金字塔である。京都を近代都市として再生させるため、生命を賭して難事業に挑んだ若き土木技師田辺朔郎ら、男たちの熱い闘いと不屈の精神をノンフィクションタッチで綴る長篇」という『京都インクライン物語』で１９８２年に第１回土木学会著作賞（１９９１年から出版賞）を受賞した。

それ以降、田村は土木をテーマとしたノンフィクションを執筆していく。『疏水誕生』『物語　分水路　信濃川に挑んだ人々』『関門とんねる物語』『ザイールの虹・メコンの夢　国際協力の先駆者たち』『浪漫列島「道の駅」めぐり』『土木のこころ 夢追いびとたちの系譜』『野洲川物語　小樽運河ものがたり』、そして　２０１０年の『余部鉄橋物語』などである。

田村の描いた人々は、国鉄最後の土木屋藤井松太郎、東洋のパナマ運河ともいうべき世紀の大土木事業である越後平野の守り神である大河津分水路の建設に挑んだ宮本武之輔、世界初の海底隧道に挑んだ国鉄技術陣国鉄技術陣、ラオスのナムグム・ダム、ザイールのマタディ橋、を完成させた非凡な技術者群像、20世紀日本で活躍した土木技術者たち、国土の礎づくりを使命とし邁進した男たちの魅力的な人物像、、など日本の技術者魂の化身たちだ。

　土石・木材・鉄材などを使用して、道路・橋梁・鉄道・港湾・堤防・河川・上下水道などを造る建設工事を行なう地味な技術者は、「土方」と呼ばれることがある。冒頭の言葉は、その一人である苦瀬博仁（東京海洋大学教授）を田村喜子がユーモアを交えて励ました言葉である。「家」がつく偉い人よりも、現場に立ってものづくりを行なう技術者たちは励まされて土木学会の賞を贈られたのであろう。この賞は、その後、八田與一を書いた古川勝三、伊能忠敬を書いた井上ひさし、ローマ人の物語を書いた塩野七生などが受賞している。２０１０年に出張で台湾の八田ダムを訪問したときに、私が読んだ古川勝三の本がこの賞を受賞していたことを思い出した。その第一回受賞者が田村喜子だったのだ。

田村魚菜（たむら・ぎょさい）

料理或いは食べ物、というレンズのフィルターをつけて歩いてきた。

1914.11.23～1991.3.25

料理研究家。静岡県生まれ。小学校卒業後、東京の魚屋に奉公、京橋の割烹蔦屋で料理を学び、本山荻舟、四条流石井泰次郎に師事する。１９３８年に雑誌『魚菜園』を創刊、戦後の１９４９年に東京自由ヶ丘に料理塾を開き、１９５５年に魚菜学園を創立。１９７３年からテレビの料理番組で有名になる。この時代を私も覚えている。

田村魚菜の誕生日は11月23日で、今では勤労感謝の日だが、昔は新嘗祭と言って日本人の主食である稲の収穫を祝った。名字は田と村という農家出身であることがわかる。名前は魚と野菜という副食である。これが本名というから、料理の道に進むのは運命かもしれない。

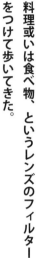

考えてみると、食事は1日3回として、1年１０９５回。そして80年人生では８７６００回という回数になる。１００年人生では1万回を超える計算だ。有限であり、おろそかにはできない。

魚菜は、学園経営、学校長、ジャーナリズムという仕事以外には、ゴルフ、油絵、狩猟、麻雀などを楽しんだ。料理はゴルフと同じく基本が大事だとも言っている。

「日本は美味しいものばかりである」と食材の豊かさを知る魚菜の観察によれば、日本は味にこだわる、ヨーロッパは食卓のムードを尊重する、アメリカは合理性だ。だから日本の家庭の食事に、ヨーロッパの演出、アメリカの合理性が加わったら最高という見立てになる。

『舌の味・人の味』という著書の中の「食べ上手」というエッセイでは、外出時には、主婦がいくら力んでも無理な料理を食べなさいという。それは、うなぎの蒲焼き、天ぷら、にぎりずしの3つだ。これを交互に食べるとよいとアドバイスをしている。

田村魚菜のいう、その人独特のレンズのフィルターとは専門性のことである。職業人とは、長い間に身につけた独特のフィルターで世の中を見る人である。損害保険のトップ企業の幹部の方と食事をしたとき、世の事象をすべてリスクという観点から見ていて敬服したことがある。学校歴という意味での学歴ではなく、生涯を通じての学習の歴史である学習歴が重要であることが田村魚菜の人生からもみえてくる。

山口誓子（やまぐち・せいし）

私はただ事に当たって全力を尽くしただけのことである。

1901.11.3 ～ 1994.3.26

京都府出身の俳人。

高浜虚子の名は、清《きよし》からでた。山口誓子は、本名の新比古《ちかひこ》を二分して「ちかひ」を誓、「こ」を子に当て、「ちかひこ」と名乗った。虚子が「せいし」君と呼んだので、そのままになった。

25歳から住友合資会社で働き、病気療養を経て41歳で退社している。47歳、「天狼」創刊。56歳、朝日歌壇の選者。誓子は病気療養中でも、一日も作句を怠ることはなかった。

誓子の俳句に連なる巨人たちの論評がいい。

芭蕉：「よく物を見る」は芭蕉に始まった。「句整はずんば、舌頭に千転せよ」。

子規：自得悟入型のひと。絵画の写生を俳句、短歌、文章に適用し、そのおのおのを新しくスタートせしめた。

虚子：子規の教えに従って、俳句を進展せしめたのは虚子。文章を進展せしめたのも虚子。写生文の流れは虚子、左千夫を経て漱石と長塚節を生んだ。

茂吉：素材拡大の精神を学んだ。近代と西洋。「実相観入」。現実に入って感動し、具象的表現を得て外へ引き返す。

短歌を進展せしめたのは茂吉。

誓子は、ケーベル先生の如く「余は常に多くのことを学びつつ老いる」ことを念願する者であると述べ、見たり、聞いたりした事物のメモをとっておき、そのメモを土台にして句をまとめていく。

以下、俳句論。

○俳句は日常的なものに深い意味を読みとる詩である。作者は日常的なものに深い意味を読みとる眼を養わなければならぬのである。

○即物具象。即物は観照の段階。具象は関係付けを得て出てくる表現の段階。

○物と物とが照らしあわしているという相互関係が必要なのだ。その物と物とがぶつかりあって、火花を散らさなければならぬのだ。そこが短歌とちがうところである。

○私の俳句方法は、「物」から入って、その内部の、眼に見えざる関係を捉え、引っ返すときに、又、「物」から出てくるのである。

○物は変化して一瞬もとどまることはない。しかし物は他の物と関係しながら変化する。俳句は、その物と物との関係をとらえて物を定着する詩である。この俳句信条を私は般若心経から学んだ。

以下、選者論。

○選者は俳句観が確立していなければならぬ。俳句がいかなる詩であるかという考えが確立していなければ、他人の句をさばくことができない。選者は自己の俳句観に照らして俳句のよしあしを決め、またこれは俳句なり、これは俳句に非ずと篩《ふる》い分けるのだ。

○選者は他人のよきところを伸ばさねばならぬ。それによって他人の進むべき道を示すのだ。選者はそのような指導者であり、教育者である。

凧の糸青天濃くて見えわかぬ

除夜零時過ぎこころの華やぐむ

日本がここに集る初詣

57歳では、なりたい職業はなかったが、「ただ事に当たって全力を尽く」すという態度を貫いた結果、俳句につながる現在の職業が、うってつけの職業になったと語っている。ここに天職への扉を開く秘密がある。

3月27日

朝倉摂（あさくら・せつ）

劇場空間は生き物なのです。それに応えるべく、劇場空間が喜んでくれるような仕事に挑みたいといつも思っています。

1922.7.16 ～ 2014.3.27

日本の舞台美術家・画家。父は彫刻家の朝倉文夫。妹は彫刻家の朝倉響子。

彫刻家の父・朝倉文夫の「他人の子を育てている自分が、自分の子供を育てられないことはあるまい」という考えから、学校へは一切通わず家庭教師より教育を受けた。朝倉文夫の作品に、2人の少女の有名な裸像があるが、それは娘2人をモデルにしたものである。まだまだ当時はモデルのなり手がなかったために朝倉文夫は娘を使ったのだ。

長女の摂は日本画の道に進み、1953年には上村松園賞を受賞するなど才能を開花するが、1960年代からは舞台美術に関心を持つようになる。歌舞伎、前衛演劇、オペラ、舞踊、映画など幅広い分野で活躍。大胆で新鮮な舞台で話題を提供した。JAL時代、1980年代に広報の仕事をしていたとき、舞台装置を海外に運ぶ案件で接触したことがある。当時、舞台美術の朝倉摂の名はよく知られていた。また小田急線の唐木田駅前で見かけた少女像は凛とした雰囲気があり、なかなかいい。誰の作品かとみたら、作者は妹の彫刻家・朝倉響子だった。

朝倉摂によれば、絵画や彫刻は時間と空間を平面や立体に閉じ込めて永遠の時間を描く芸術であり、演劇・映画・音楽は時間そのものを描こうとする。その空間を受け持つのが舞台美術だ。舞台美術家の仕事は、戯曲の持つ意味をビジュアルに観客に伝えるかを考えることである。だから舞台美術は「時間」に対して明確なコンセプトを持つ必要がある。

舞台美術のアイデアは、古典絵画、シュールレアリズムの絵、廃屋、などあらゆるものがヒントとなる。材質への徹底したこだわり。階段はタテに動くことができるので無限の広がりを示すことができる。こういうところに、朝倉の仕事への姿勢がみえる。

主な作品としては、蜷川幸雄演出秋元松代作「近松心中物語」、市川猿之助演出梅原猛作「ヤマトタケル」、蜷川幸雄演出唐十郎作「下町万年町物語」などがある。

絵画では、１９５０年：サロン・ド・プランタン賞。１９５３年：上村松園賞。１９７２年：講談社出版文化賞絵本賞。

舞台美術では、１９８０年：テアトロ演劇賞。１９８２年：日本アカデミー賞優秀美術賞（「悪霊島」）。１９８６年：芸術祭賞（「にごり江」）。１９８７年：紫綬褒章。１９８９年：朝日賞。日本アカデミー賞優秀美術賞（「つる—鶴—」）。東京都民文化事業賞。１９９１年：紀伊國屋演劇賞（「薔薇の花束の秘密」ほか）。１９９５年：読売演劇大賞優秀スタッフ大賞（「オレアナ」ほか）。２００６年には文化功労者となった。

若いころから一貫して、「芸術家の行為はレジスタンスです」、「すべてに闘わないとだめ」といった姿勢を貫いた朝倉摂は、常に若々しいエネルギーに満ちた前衛の人であった。草分けとなった舞台美術という分野を創り上げた朝倉摂は、生涯現役で、生き物である劇場を喜ばせる仕事を天職としたのである。

3月28日

氏家齊一郎（うじいえ・せいいちろう）
70年以上生きてきて、何もやってこなかった男の寂しさが分かるか。

1926.5.17 ～ 2011.3.28

日本の実業家。東大時代は共産党の活動家だったが、革命至上主義で主体性のない運動があるはずがないと失望し離党している。大学では後の歴史学者・網野善彦と読売新聞の渡辺恒雄が親友だった。卒業後は読売新聞に入社し、経済部長、広告局長、取締役、常務取締役。日本テレビに移籍し、副社長、社長、会長。

父から技術者になれと言われた氏家は零戦をつくった堀越二郎に憧れて戦闘機の設計、製造をやりたいと思ったが、敗戦でかなわなかった。学生のころから刹那主義だったという氏家は盟友の渡辺恒雄に誘われて新聞記者になった。記者は目先の競争の勝ち負けが大事で、猟犬のごとく仕事をし、特ダネ記者として有名だった。

新聞の役目は体制批判だと思っている人が多いが、新聞は反権力であってはいけない。悪いところは徹底的に叩くが、良いところは賞揚する。新聞の役目は反権力だけじゃなくて、非権力だ。以上が氏家の新聞観であり、現在も続く読売新聞の立ち位置だ。しかし、ジブリの鈴木敏夫の観察によれば、氏家は「反権力の思想を持ちつつ、権力の座に居座る」人である。

外見には立身出世を果たしてきたとみえる氏家は、「この世の中で大成した人で、人騙して上がってきたっていう人いないもの」と言う。そして意外にも「俺の人生、振り返ると何もやっていない」「死ぬ前に何かやりたい……」と語っている。刹那主義で目前の課題の解決や闘いに勝ち続けて来たが、しかし何も残せなかったと振り返る寂しい姿がみえる。氏家には自らの存在証明としてのライフワークがなかったのだ。

最後は、氏家は共産主義者の匂いの残る高畑勲監督の「かぐや姫」に日本テレビの20億円を注ぎ込み、製作＝氏家齊一郎と書き込んだ。それが残った。人は何を遺すかを考えなければならない。

3月29日

成毛滋（なるも・しげる）

日本のインチキギタリストは……。

1947.1.29 ～ 2007.3.29

日本のギタリスト、キーボーディスト。アマチュア時代から驚異的なテクニックで注目を浴び、1967年にプロ・デビューしたザ・フィンガーズのギタリスト。60年代後半から70年代を中心として国内のロックシーンで大活躍した。

ブリヂストン創業者である石橋正二郎の孫で、妹は漫画家の成毛厚子。祖父はブリジストン美術館をつくった人でもある。成功した実業家の三代目になると、実業ではなく芸術に関心が出てくるといわれるが、その見本のようだ。

同時代のギタリストを「インチキギタリスト」と厳しく批判するなど、人をけなす言い方は名物だったようだ。当時のギターの教則本を真っ向から否定していた挑戦的な人だった。成毛滋は誰も反論できないほどの膨大な知識とたゆまぬ努力の末に得た高度なテクニックを持つ伝説のギタリストだった。専門分野について、表現はともかくこういう言葉を吐ける自負を持ちたいものだ。

佐藤忠良（さとう・ちゅうりょう）

底光りするような個性というものは、競技者が一番でゴールに入るときの鍛錬にも似て、作家人生の終盤に出るのが本当ではないだろうか。

1912.7.4 ～ 2011.3.30

日本の彫刻家。１９４４年、32歳で出征する。33歳、ソ連の収容所に3年間抑留される。36歳、復員。ここから本格的な彫刻家人生がようやく始まる。40歳、「群馬の人」が国立近代美術館に収蔵される。48歳、高村光太郎賞。54歳、東京造形大主任教授。62歳、芸術選奨文部大臣賞。74歳、生誕地宮城県に全作品寄贈を表明。78歳、宮城県美術館に佐藤忠良記念館が開館。83歳、宮城県大和町に佐藤忠良ギャラリー。96歳、札幌に佐藤忠良記念子どもアトリエ。98歳、２００１年3月30日、老衰のためアトリエ敷地内の自室で没した。

生前、日本芸術院会員に推薦され、文化功労者や文化勲章の候補にも選ばれたが、本人は「職人に勲章はいらない」と語り、これら国家の賞を全て辞退した。

佐藤忠良はロダンや高村光太郎の後継を意識していた。それは人間を中心に据えた造形であった。毎年「今年の抱負は」と聞かれて、毎年「去年の続き」と答えてきたという。つまりはたゆまぬ継続が信条なのだろう。自身の自称は「彫刻の職人」である。

「シベリアの抑留生活は大変だったでしょう」と聞かれたとき、笑って「彫刻家になるための労苦をおもえばあんなものはなんでもありません」と言ってのけた。

２０１１年に世田谷美術館で開かれた「ある造形家――佐藤忠良」展も見た。そこで得た言葉。

「絶えず『目と心と技術』の訓練をすることです。彫刻家は一個の像の中に主題のための『空間』と『時間』をできうる限りつめこまねばならない宿命を持たされていて、それには高度な精神と技術が必要になってくるからです」

「デッサンは作者の目と心の硬化を防ぐ息の長い体操のようなものです」

「段取り半分」

「……死ぬまで低空飛行ができたら素晴らしいなと考えている。もう上昇はできないし、いつか減速して下降するのだろうが、この低空飛行の持続は、よほどの浮揚力の蓄積がないと失速墜落ということにもなるだろう」

「彫刻家と人が認めてくれたとき、五十歳を越えていた」

遅咲きの人・佐藤忠良は強い浮揚力で滑走路に足がつかないように低空飛行を長い期間続け、作家人生の終盤にようやく底光りする個性と品格を表現できたのだろう。

六代目　中村歌右衛門（なかむら・うたえもん）

謙虚さをなくしたら芸はダメ。

1917.1.20 ～ 2001.3.31

日本の歌舞伎役者。

中村歌右衛門という名跡は、もとは上方の役者だった。三代目が江戸に下った。四代目までは男を演じる立役として、五代目以降は女形として活躍する。その六代目である。昭和の戦後の歌舞伎は、まさに歌右衛門の時代だった。

六代目歌右衛門は映画やテレビには出ずに、生涯を通じて歌舞伎に専念し、歌舞伎界における戦後の女形の最高峰と言われた。娘形から高貴な身分の姫、御殿女優を演じる片外し、遊女を演じる傾城、世話女房に至るまで、あらゆる女形の領域をこなした。

１９６８年、人間国宝。72年、文化功労者。79年、六代目尾上菊五郎、初代吉右衛門に次いで歌舞伎界三人目の文化勲章。96年、芸能界初の勲一等瑞宝章。

歌右衛門は、同世代のライバルに恵まれていた。七代目尾上梅幸、二代目中村鴈治郎。梅光との競演で火花ちらす舞台は華があった。また、交友も広かった。「長谷川先生」「成駒屋さん」と呼び合っていた長谷川一夫。親交のあった市川歌右衛門。六代目をモデルにした短編『女方』を書いた三島由紀夫。

偉人たちは切磋する敵、琢磨する友によって偉大になっているのであるが、このような優れた好敵手、異業界のトップとの切磋琢磨によって、中村歌右衛門は磨かれたのだ。歌右衛門は「謙虚さ」を武器に、ライバルや友人から学び続け「芸」を磨き続けたのであろう。

4月

卯月

4月1日

大川ミサヲ（おおかわ・みさお）

まあまあ幸せ。

1898.3.5 ～ 2015.4.1

長寿の日本人女性。19世紀、20世紀、21世紀の足掛け3世紀を生きた人。102歳のときに盆踊りの際に転倒し足を骨折したが、それ以外に大病を患ったことはない。110歳まで、車椅子を使わずに歩くことができた。116歳になった時点で、子が三人で二人は90歳を越えて存命中、孫が四人、曾孫が六人。実家は呉服屋、ゴム製造会社を経営していた夫は1931年に亡くなっており、女手一つで三人の子を育てた。117歳で昇天。

2013年、114歳のときにギネス社に女性の世界最高齢として認定され、その後、115歳になり、男女を通じた世界最高齢となっていた。アメリカの学術団体「ジェロントロジー・リサーチ・グループ」によって世界最高齢であると認定された。人類史上の長寿20位入りを果たした。

大阪の施設での115歳の日常を取材したサイトがある。「6時20分起床。7時55分食堂で朝食。黒糖ロール、ジャーマンポテト、メロンゼリー、牛乳。11時50分昼食。焼きそば、シューマイのあんかけ、中華スープ、塩昆布入りおかゆ、オレンジ。14時30分職員の介助で入浴。15時おやつ。砂糖、ミルク入りコーヒー、栗まんじゅう。17時50分夕食。カレイの煮物とぬたあえ、ご飯、みそ汁。18時40分支援者に贈る色紙にサイン。19時インタビューに答える。21時半個室で就寝」。充実した食生活を楽しんでいる姿がみえる。

大川ミサヲは長寿の秘訣を聞かれて、「美味しいものを食べること」「ゆっくり暮らすこと」「よく寝ること」をあげている。大川の日常そのままだ。19世紀末の明治から始まり、大正、昭和、戦後、平成、そして21世紀初頭までという気の遠くなるような117年の人生には、並大抵でない苦労があっただろうと推察される。人生を振り返って「まあまあ幸せ」と総括していることに安堵を覚える。平成末になって言われるようになった、迫り来る人生100年時代にも、多くの人がこの言葉を吐けるようにしたいものだ。

4月2日

越後正一（えちご・まさかず）

成功は窮苦の間に芽生えており、失敗は得意満面の間に宿る。

1901.4.26 〜 1991.4.2

滋賀県出身の実業家。伊藤忠商事社長・会長。

二代目伊藤忠兵衛宅に書生として入り、八幡商業学校、神戸高等商業学校を卒業する。入社後は「繊維相場の神様」と呼ばれるほどの業績をあげた。1927年の綿糸布部長時代の大相場で大勝利し、ライバル丸紅を綿糸経営から撤退させた。1960年に59歳で社長就任。

そして越後社長は「総合化と国際化」を掲げ、鉄鋼・化学などの非繊維部門を拡充して海外進出を加速。脱繊維路線の推進によって、伊藤忠商事を旧財閥系商社とも互角以上に渡り合える総合商社へ発展させ「中興の祖」と呼ばれた。

瀬島龍三と思しき主人公壱岐正を描き、1970年後半に出版された山﨑豊子『不毛地帯』を20代のビジネスマン時代に読み、商社の航空機ビジネスを対象とした戦争に似た攻防に胸を躍らせたことがある。その中で、入社に当たっての越後をモデルにした社長とのやりとりはよく覚えている。

「名を成すは常に困窮のときにあり、事の破るるの多くは得意のときにあり」「逆境の時こそ、先見性と機動力を試すチャンスである」。冒頭の座右の銘もそうだが、窮苦、困窮、逆境をいかに乗り切るかの構えを述べている。

越後以後の歴代社長の語録を並べてみる。戸崎誠喜「不撓不屈」。米倉功「現状維持は、すなわち、これ脱落である」。室伏稔「Nothing is impossible」。丹羽宇一郎「清く、正しく、美しく」。小林栄「Challenje,Create,Commit」。以下、岡藤正広、鈴木善久と続くのだが、2016年3月決算では、伊藤忠は財閥系の三菱商事、三井物産を抜いてトップに立った。2017年3月には純利益3522億円の最高益をたたき出した。越後正一の「失敗は得意満面の間に宿る」という戒めに改めて心すべき時代になったということだろう。

菊村到（きくむら・いたる）

仕事をするということは自分を開発し発見していくことに他なりません。

1925.5.15 〜 1999.4.3

作家、小説家。本名は戸川雄次郎。

1948年、大学卒業と同時に読売新聞社へ入社。社会部の記者として活動する傍らで執筆活動を行なう。1957年の『硫黄島』での第37回芥川賞受賞を機として、10月に読売新聞社の文化部記者（当時）を退職し、文筆活動に入っていく。


芥川賞選考委員の佐藤春夫は「僕は菊村到一辺倒で、問題は『不法所持』か『硫黄島』かにのみあった」と表現していた。『不法所持』は違う筆名だったので両方とも候補になってしまったのである。このことだけでも菊村の尋常でない力量がわかる。

父親は小説家の戸川貞雄で、兄は政治評論家の戸川猪佐武である。二つ上の戸川 猪佐武は、日本の政治評論家で、元々は読売新聞の政治記者だった。『小説吉田学校』が代表作だ。この人の娘と私はＪＡＬの入社同期であり、仲間と一緒に平塚の自宅へ伺ったことがある。お父さんは動物文学で有名な戸川幸夫と聞いていたが、表札は戸川猪佐武だった。「お父さんは政治評論家ですか」と聞いたら「父をご存じ？」と答えがあって、しばらくして本人が現れ、懇談したことを思い出した。

平塚市長の父親が出版した市長時代の回顧録には、戸川猪佐武が巻末での寄せ書きで「息子はおやじのアンチテーゼ」と菊村到が語っていたと記している。父も二人の息子も物書きだったが、違う分野を選んだということなのだろうか。

文筆活動に専念し始めたころ、父親と親交のあった江戸川乱歩から推理小説への転向を進められており、後年は推理小説やサスペンス小説へと次第にシフトしていった。１９６０年代、１９７０年代、１９８０年代とも多作だった。

冒頭の「仕事をするということは自分を開発し発見していくことに他なりません」の前には、「仕事というものは男にとって自己表現、自己主張であり、生きることの証なんです」があり、後には「ですからどんな仕事にしろ受け身では仕事の中に生きがいを求めるのは無理、前向きの姿勢で意欲的に取り組んでいかなければ駄目です。仕事のための努力や苦労は、より大きな自分を育て上げるための自己投資です」が続いている。

仕事は全力を注がなければ成果はでないから、いい仕事をしている人は自分の中の資源を開発している人であり、日々新しい自分を発見し続けている人である。菊村到は小説を書き続ける中で、自身の関心や興味のありどころを発見し、能力を確認し、それを天命として受け入れていったのだ。自己発見とは、自己開発、自己創造していく道程の末にようやくみえてくるのものなのだ。そうして、やがて自分は本当の自分になる。

4月4日

佐々木高明（ささき・こうめい）

照葉樹林文化論

1929.11.17 〜 2013.4.4

日本の民族学者。国立民族学博物館館長。

中尾佐助とともに、照葉樹林文化論を構築し、提唱した。マツ、スギを中心とした針葉樹ではなく、シイ、カシ、ブナ、クスノキなど光沢の強い深緑色の葉を持つ樹木に覆われた表面の照りが強い樹木で構成された樹林である。

ヒマラヤから西日本に広がる照葉樹林帯では、森によって育まれた共通の文化が誕生した。モチ、ナットウを食べ、茶を飲み、カイコや漆を利用する。高床吊り壁の家に住み、歌垣、山の神信仰、そして山の中にあの世があると信じる。この文化のセンターは中国湖南省から雲南・北ビルマ・ブータンに至る「東亜半月弧」であるとする。「外国の引用文献などではなく、自分で調査した結果に基づいて語れ」という京都学派の風土の中で生まれた理論の一つが梅棹忠夫の「文明の生態史観」と中尾・佐々木の「照葉樹林文化論」だった。

日本の民族学では、明治以来、特に戦後は日本人のアイデンティティについての研究が盛んになり、この理論は学界だけでなく、広く受け入れられた。西欧文明は西アジアの半乾燥地帯の草原がルーツであり、東アジアの照葉樹林文化は、大和森の生み出した文化である、という理論だ。

佐々木は、この功績によって今和次郎賞、第13回NIRA政策研究・東畑記念賞、第14回南方熊楠賞(人文の部)などを受賞している。国立民族学博物館は創業者梅棹忠夫館長に続き、佐々木高明が継ぎ、石下直道が続いた。

この佐々木らの理論は「文明の生態史観」とともに、西洋を相対化するという視点で、戦後の日本人に自信を持たせたのである。「文明の生態史観」は西洋と日本は親せきであるとしたが、「照葉樹林文化論」はアジア世界の中に日本を位置づけた。

4月5日

升田幸三（ますだ・こうぞう）

天下をとれる人というのは、結局、最上のコンディションをその日にピタリと持ってゆくことの出来る人、ということです。

1918.3.21 ～ 1991.4.5

将棋棋士。実力制第四代名人。

13歳で「将棋を征服しよう」と決意し、「日本一の将棋指し」を目指して14歳で家出し、大阪の木見金治郎八段の門下生となる。阪田三吉から指導を受け、「あんたの将棋は大きな将棋や、木村義雄を倒せるのはあんただけや」と激励される。

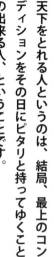

１９５７年7月11日、将棋の第十六期名人戦で大山康晴に勝利し、39歳で名人位に就いた。名人・王将・九段の独占三冠王である。そのときの感慨は「たどり来て、未だ山麓」。定跡にとらわれず「新手一生」を掲げ、常に序盤でのイノベーションを数多く起こした。升田式石田流、雀刺し、急戦矢倉、棒銀、ひねり飛車、対ひねり飛車タコ金、角換わり腰掛銀升田定跡、駅馬車定跡、居飛車穴熊など。将棋連盟は１９８８年に「実力制第四代名人」の称号を贈った。新手や新戦法を編み出した棋士を表彰する「升田幸三賞」がある。

升田幸三は、前半は木村義雄のライバルだった。後半は6歳下の弟子の大山康晴が終生のライバルとなって、高野山の決戦など逸話が多い。升田にはファンが多い。吉川英治、梅原龍三郎、志賀直哉などの文化人。西尾末広、春日一幸、中曽根康弘などの政治家……。大山と比べて圧倒的に升田は人気があった。少年時代の私は大山との勝負の報道を覚えているが、やはり世間は升田に好意を寄せていた。その影響からか私も升田ファンだった。

将棋のことを理解するには升田の解説がいい。

インドあたりから始まった将棋は中国を経て日本に伝わった。大昔には象将、麒麟、猛虎、獅子、鳳凰という駒があった。日本にいない動物などは外し、駒数を整理したかわりに相手から取った駒を使えるように改良した。これが今の日本の将棋である。だから勝負としては日本の将棋は複雑で面白い。

終戦直後、ＧＨＱは相手から奪った駒を味方として使うことができる将棋は、捕虜虐待の思想だ、として禁止しようとした。将棋連盟代表の升田は「将棋は人材を有効に活用する合理的なゲームである。チェスは取った駒を殺すが、これこそ捕虜の虐待ではないか。キングは危なくなるとクイーンを盾にしてまで逃げるが、これは貴殿の民主主義やレディーファーストの思想に反するではないか」と反論して事なきを得ている。将棋は改良主義の日本の面目躍如たるものがあり、日本精神そのものなのだ。

升田の将棋から見た人生論がいい。

「人生は将棋に似ている。どちらも『読み』の深い人が勝機をつかむ。駒づかいのうまい人ほど機縁を活かして大成する」

「駒の使い方にはある点で、人事に通じるものがある」

「歩はヒラ。香車は灯台守。桂馬は偏屈者。銀は課長。金は部長。角は常務。飛車は専務。王は八方ににらみがきく」

「勝負師とは、ゲタをはくまで勝負を投げない者をいう」

「人間は五十で実力が完成する」

「本職に自信のある者が政治家になるもんじゃない。あれは本職が半人前の人が出るんです」

スポーツもそうだが、勝負というものは本番の前に勝敗は決している。体調を整え、心の調子を整えて、心身を最高の状態に持って行き、磨き抜いた技を存分に発揮できるものが勝つのだ。どの分野でも「天下人」とはそういう人である。

4月6日

原田明夫（はらだ・あきお）

起こったことは仕方がないのだから、そのことを前提に最善を考えよう。

1939.11.3 〜 2017.4.6

日本の検事総長。

東京地方検察庁検事に任官。在アメリカ合衆国日本国大使館一等書記官時代にはロッキード事件で日本の法務・検察と米司法当局との橋渡し役を務め、前例のない嘱託証人尋問の実現に奔走した。法務省刑事局参事官、法務総合研究所教官、盛岡地方検察庁検事正、法務大臣官房長、東京高等検察庁検事長などを経て検事総長を異例の3年務めた。

以上が法務官僚としての輝かしい経歴であるが、ライフワークを持っていたことについて触れたい。盛岡地方検察庁勤務時に新渡戸稲造の思想にふれ感銘を受け、司法、検察の中枢に身をおきながら、新渡戸研究を続けた人である。

その過程で「対決と和解への条件―新渡戸博士に学ぶ」という論考も書いている。「国際連盟が『平和のための砦の前哨基地』に例えられているのは当時の連盟事務局で働く人々の心意気を示すものであろう。〜民族、言語、宗教、思想、……利害を超えて、『友』というだけで受容し、その存在を認めて、安全な帰還を願い、またいつでも歓迎するという……『願わくはわれ太平洋の橋とならん』と祈った博士にとって、この合い言葉の贈物はどんなにか慰めとなったであろう」と語っている。原田は退官後、いつかはこの〝杜と水の都〟に居住したいと知人にもらしていたという話もある。

　検事総長退任後に、新渡戸稲造が初代学長であった東京女子大学理事長になっているのも縁であろう。就任前には「多様性と共生への視点―世界で・社会で・家庭で―」というテーマで、法の専門家としての経験をもとに、争いのない社会を築くために何を拠りどころに考え、行動すればよいのか、新渡戸稲造の視点に触れながら、現代社会や教育などの諸問題について講演を行なっている。

　原田明夫は、検事として、取り返しのつかない人生を送りかねない人に向き合ううちに、「起こったことは仕方がないのだから、そのことを前提に最善を考えよう」という心境に至った。国際社会で活躍し尊敬を集めた新渡戸稲造という先達と対話し続け、どのような存在をも認めた上で争いのない社会にするために最善を考えようとしたのであろう。

4月7日

岸田衿子（きしだ・えりこ）

本の中のものと子どもが遊んでくれればいいといつも考えている。

1929.1.5 ～ 2011.4.7

日本の詩人・童話作家。

劇作家岸田国士の長女として東京府（現・東京都杉並区）に生まれる。年子の妹は女優の岸田今日子。立教女学院小学校、立教女学院女学校、東京芸術大学油絵科卒業。画家を志すも肺病を患い詩人になる。1954年10月4日、谷川俊太郎と結婚。1956年10月、谷川と離婚。1963年、田村隆一と結婚。1969年7月、田村と離婚。

劇作家の父・岸田国士は法政大学文学部長の野上豊一郎・弥生子夫妻から誘われ山荘を建てた。今は北軽井沢というが、北欧風の風車小屋を模した山荘である。父が友人の今井兼次（安曇野の碌山美術館を設計）に設計してもらった。その山小屋に衿子は長く住んだ。

岸田衿子は1954年の『樹　詩画集』、1955年の『忘れた秋』から始まる童話を載せた著作は、1960年代半ばからほぼ毎年1冊のペースで2001年まで続いている。また童話の翻訳も同じペースで着実に刊行している。そして、テレビアニメ「世界名作劇場」（フジテレビ）で放映された「アルプスの少女ハイジ」「フランダースの犬」「あらいぐまラスカル」「赤毛のアン」の4作品の主題歌の作詞を手掛けた。

空からの光ともちがう
だれかがともした灯りともちがう
花は　じぶんの内側にひかりを持っていて
外側の花びらで　包んでいる
遠くからきこえてくるのではない
近くで誰かが口ずさんでいるのではない
花からひとりでにこぼれるうたがある
ゆきをとかした　しずくのように
花の灯りと　花のうたは
いつのまにかふえて
谷間を　みたしている

『たいせつな一日』(岸田衿子詩集)より

衿子・今日子『ふたりの山小屋だより』(2001年発刊)には、木下恵介、三國連太郎、吉田健一、大岡昇平、福田恒存、三島由紀夫、中村光夫、大江健三郎、武満徹、そして結婚し離婚した谷川俊太郎などとの少女時代の交流が記されている。この本には「座談会　故郷の大学村」という項があり、幼なじみの谷川俊太郎、衿子、今日子が語り合っている。衿子は「俊ちゃん」と呼び、今日子は「それでお二人が結婚したのが二十九年ですね」とさりげなく言う。そして谷川俊太郎は「衿子さん」と呼んでいる。まるでおとぎ話や童話にでてくる登場人物たちのようだ。

岸田衿子の詩はリズム感のある優しい詩で大人のファンも多く、茨木のり子と並んで現代女性詩人の最高峰だった。そして子ども時代そのままの感性で、親子のコミュニケーションを通じて、子どもの情操や想像力を育てる童話を書き、子どもたちに語りかけた。ピアニストや画家を志した表現者の少女は、詩人・童話作家となった。

4月8日

清家清（せいけ・きよし）

家とは単なるハウスではなくホームであるべきだ。

1918.12.13 〜 2005.4.8

日本の建築家。

父は機械設計製図で知られる機械工学者・清家正、息子は経済学者で慶応義塾塾長をつとめた清家篤。

戦後、公的融資は面積15坪、およそ50平方メートルまでに制限されていたため、清家はワンルームという前代未聞の答えを出して建築面積50平米のワンルームの家をつくり、親子4人で暮らす。この家はトイレにも扉がないことで有名になる。長女は「多分父は家族の中で嘘をついたり、隠し事をするのはあまりいいことではないので、隠すようなものはないはずなのだからトイレにべつにドアがなくてもいいいじゃないかということでした」と述懐している。

1983年の清家清編著『男の城の設計図―書斎のある生活』（ダイヤモンド社）には、声楽家の立川清澄、作曲家のすぎやまこういち、日本経済研究センター理事長の金森久雄、などの書斎が取り上げられている。この本は「価値ある情報・別冊」の「書斎の復活」シリーズから編集したものだ。私たち「知的生産の技術」研究会が講談社から『私の書斎活用術』を出したのも1983

年だった。ビジネスマンに書斎願望が出てきた時代だった。清家清はこの本で「今、男らしくなる、ということは知的ポテンシャルを高めることである」と宣言している。『知的住居学』では、「シンプルな住まいこそ、もっとも知的な住居である」「シンプルライフ＆ハイ・シンキングの住まいづくりを」などを主張している。

「漢字には、住まいを指すのに二つの文字がある。すなわち『宅』と『家』である。この場合、『宅』はハードウェアとしてのハウス、『家』はソフトウェアとしてのホームにあたる」。だから清家は路上生活者のことを、ホームレスというが、厳密にはハウスレスというべきであろうと言っている。「よい家とは、お金をかけるだけではなく、本当に末永く愛着をもって住めるかどうかがキメ手なのである。ひとつひとつの部屋や場所にいるとき、この部屋で育ってきた、私はここを使って生活してきたのだ、と実感できるもの、そういうものがかもしだす生活のにおいが、われわれにやすらぎを与えてくれるのである」。容れ物としてのハウスを手にすること、そしてそれ以上に安らぎを与えてくれるホームをつくることにも力を注がねば幸せには届かない。

4月9日

村田邦彦（むらた・くにひこ）

泥船を木船に、木船が鉄船になるようにやってきました。

1941.7.10 ～ 2015.4.9

福岡県福岡市中央区天神に本社を置く日本の食品メーカーならびにファミリーレストラン株式会社ピエトロの創業者。

福岡に生まれ福岡大学を出ていくつか仕事をした後に、どうせ汗をかくなら自分の暖簾で汗をかこうと決心した39歳の村田邦彦は１９８０年、福岡市中央区にパスタ専門店「洋麺屋ピエトロ」を創業。サラダ用の手作りドレッシングが評判となり、１９８１年に商品化した。１９８５年には（株）ピエトロを設立し、社長に就任。ドレッシングの販売を、百貨店などを通じて全国に広げ、パスタなどのレストランも関東などに出店を拡大した。２０００年の創業20周年には、新社屋を竣工、1階に旗艦店を開店。２００２年株式上場（東証二部）で第二の創業。２００３年度売上げ１００億円。２０１１年新卒採用。２０１５年末でレストランは目の届く直営25店、親せきと考えているフランチャイズ21店、もう一つの柱であるドレッシングは年間２０００万本が販売された。２０１５年に東証一部指定。２０１８年3月期（連結）では売上高は96億１８００万円になっている。

ピエトロの代名詞になっているオリジナルの「ピエトロドレッシング和風しょうゆ」は、レストランで使っていたドレッシングのおすそ分けから始まった。私の自宅でも使っているが、村田も自伝『はじまりは一軒のレストラン—ピエトロ成功物語』の中で、ボトルは上下ではなく、左右によく振って油分と味液をよく混ぜることをすすめていた。妻や娘は今まで横に振っていたそうだ。

自伝の最後のページには、臨済宗を代表する名僧であり、九州博多の日本最古の禅寺聖福寺の住職だった仙厓和尚の円相図があり、「仕事も遊びも一生懸命」という賛が添えてある。円相図は「円満具足の境地を表す。完全円満の象徴。悟りの境地」となっているので、そういう境地にあるということだろう。遊びは陶芸を筆頭に、絵画、書、音楽ではサックス、ピアノ、ドラムなどを十分に楽しんでいる。「おいしい」は、味、雰囲気、サービスの総合点という村田は、人生も総合点で高い得点をとろうとしていたのではないだろうか。

村田邦彦は２０１７年4月9日に75歳で、肺がんで亡くなった。自伝でも「ピエトロの味や経営のすべてを預けられる後継者」はなかなかいないと語っているが、急遽登板したのが当時専務だった高橋泰行さんだ。この人は最近、「ＮＰＯ法人知的生産の技術研究会」の九州の代表になってもらった方だ。６００人以上のスタッフの舵とりする大任を任された。

創業から36年、いつ沈むかという不安の中を全力で疾走した村田邦彦は、泥で何とかつくった船をややしっかりした木の船に仕立て、その木の船を頑丈な鉄の船に仕上げていったのである。この感覚は創業者の実感だろうが、私が経験した沈滞した組織の改革に挑むときも、衰退した組織の再建に挑戦する場合も、泥、木、鉄というように精魂込めて船をつくるような同じ感覚があった。

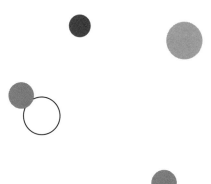

4月10日

菅洋志（すが・ひろし）

一番高いところ、一番前など、見晴らしの良い場所を確保し、シャッターを押す。

1945.7.9～2013.4.10

写真家。１９８７年に『バリ・超夢幻界』で土門拳賞。写真展「生きる―東日本大震災から一年」の実行委員長を務めた。日本写真家協会常務理事。

以下、『日本美術年鑑』平成26年版の紹介。

「福岡県福岡市に生れる。68年日本大学芸術学部写真学科卒業。大学の先輩にあたる木村恵一と熊切圭介の協同事務所Ｋ２で約1年間アシスタントを務める。69年より約1年半ネパールに滞在、同地で中国からのチベット族の難民を取材し、帰国後、初の個展『チベット難民』（銀座ニコンサロン、１９７０年）を開催した。以降もアジア各地での撮影を重ねるとともに、アジアの人と風土へのまなざしの原点として、自身の原体験でもある故郷福岡の博多祇園山笠の撮影にとりくんだ。83年、写真集『博多祇園山笠』（講談社）、『魔界　天界　不思議界　バリ』（講談社）を刊行。84年には一連のアジア取材の成果として雑誌に発表された『戦火くすぶるアンコールワット』他の作品により第15回講談社出版文化賞写真賞を受賞した。87年には写真集『バリ・超夢幻界』（旺文社、1987年）で第6回土門拳賞を受賞、1998（平成10）年には写真集『ミャンマー黄金』（東方出版、1997年）で第14回東川賞国内作家賞を受賞した。

日本国内およびアジア各地での取材対象は、背後にあるアジア共通のコスモロジーへの関心を基盤としつつ、土地ごとの自然や風土に根ざした人々の生活や信仰、祭礼など多岐に及び、カラーフィルムを駆使した独特の色彩の写真による作品世界を構築した。アジアをめぐる取材を重ねる一方で、児童福祉施設や盲学校などに取材した子供たちをめぐる仕事にも長年にわたってライフワークとしてとりくんだ」

写真集『アジア夢紀行』を発表したのは1987年で、菅は42歳あたりだ。「堂々と写真を撮り、そして納得のいくところで発表をしたい」と決意を述べている菅は、仕事と私事の双方を意識していた。私事には「ライフワーク」と振り仮名を振っている。このエッセイの最後は、「さあ、ドキュメンタリーが面白い時代になってきたぞ」と結んでいる。それから四半世紀、菅洋志は67歳で逝った。

4月11日

高橋圭三（たかはし・けいぞう）

管理職になってハンコなんか押せない。ハンコは誰でも押せるが、職人アナの代わりはいない。

1918.9.9～2002.4.11

日本のアナウンサー、参議院議員。１９５３年から「ＮＨＫ紅白歌合戦」の白組司会を９年連続で担当、これはＮＨＫの後輩アナウンサーの山川静夫に並び連続白組司会の最長記録となっている。

「どーも、どーも、高橋圭三です」の明るい名調子で、見事なアドリブを駆使し、国民的人気アナとなった。日本で初のフリーアナとなり、ＴＢＳ系の「輝く日本レコード大賞」の司会も長く務めた。レギュラーでの担当番組としては、「ジェスチャー」、「親子クイズ」を経て、１９５５年からスタートした「私の秘密」の初代司会を担当。藤原あき、藤浦洸などの著名人をレギュラー回答者に迎え、さまざまなゲストの持つ秘話などを探求し応える番組は国民的な人気を博し、１９６７年まで６０１回続いた。

「私の秘密」は、必ず「事実は小説よりも奇なりと申しまして…」という冒頭部のセリフで始まるのだが、少年時代のわが家の茶の間でこの言葉はよく聞いており、友人との会話などには今でも出てくるフレーズだ。

高橋は後輩の小川宏には「顕微鏡で調べて望遠鏡で放送しろ」（事前にその日の番組にかかわる事柄は事細かく調べ、本番のときには、その中から、放送の流れに沿って的確な一点の事柄に絞って話を進めるべきとの意味）、山川静夫には紅白初司会のときに「新品の靴ではなく、履きなれた靴を履いて司会に臨みたまえ」（新品の靴では妙に身構えてしまい、普段の実力を発揮できないままで終わってしまう、との意味）などの名アドバイスを数々与えていた。

１９６２年、ＮＨＫとの契約解除後、民放に転じたＮＨＫアナウンサーがフリーになった第一号となった。冒頭の「職人アナ」はそのときに語った言葉である。

日本では司会は場つなぎの仕事であったが、アメリカでは大切な職業として認知されており、日本における司会業の確立が高橋の夢であった。強い矜持を持っていた高橋圭三アナウンサーは職人アナウンサーのパイオニアとして、後輩たちの優れたモデルになった。

4月12日

ペギー葉山（ぺぎー・はやま）

すべてが、つながっているんですよ。……私の人生って、「歌の扉」があって、それを開けると、また次の「歌の扉」があって、という、そういう運命的な歌の神様に導かれたような気がするの。

1933.12.9 〜 2017.4.12

日本の女性歌手、タレント。

ペギー葉山のヒット曲には、「南国土佐を後にして」、「ドレミの歌」、「学生時代」、「ラ・ノビア」、「ふるさと」、「花は咲く」などがある。

ペギー葉山（本名・小鷹狩繁子）の家は音楽に囲まれた一家だった。都会的で上品で知性のある甘いフィーリングで歌う「ペギー葉山」の命名は、マーガレットの愛称であるペギーに、御用邸がありいいサウンドの葉山をくっつけたものである。

「南国土佐を後にして」は、中国戦線で戦った作者不詳の兵士の作で、土佐出身者で構成された鯨部隊の兵隊たちが中国の曠野で歌い継いだ「南国節」を、戦後、この詠み人知らずの戦場の望郷の歌を武政英が発掘・編詩し、補作編曲し、ジャズ歌手だったペギー葉山が高知テレビ開局記念番組で歌い、大ヒットした歌である。

「南国節」は「中支にきてから幾年ぞ」「月の露営で焚火を囲み」「俺も自慢の声張り上げて」「国の親父は室戸の沖で」「俺も負けずに手柄をたてて」という男の歌だった。その歌詞を「都へきてから幾年ぞ」「思い出します故郷の友が」「月の浜辺で焚火を囲み」「わたしも自慢の声張り上げて」「国の父さん室戸の沖で」「わたしも負けずに励んだあとで」と女歌に変えたのだ。

ペギー葉山はジャズ歌手であり、歌うことを渋ったが、ジャズのフィーリングで、アルトのペギー節で歌って欲しいというNHKの妻城良夫プロデューサーの申し出に乗ってしまった。その結果、この歌は戦後最大のヒット曲と言われるまで日本人の心に響いた。この歌を歌うペギー葉山の姿はテレビでよく見たし、その歌声もよく聞いたのだが、このような歴史やエピソードがあることは知らなかった。

　その後、当時35歳の三島由紀夫から、ロサンゼルスに行くならニューヨークのブロードウェイでミュージカルを見ることを勧められた26歳のペギーは、「サウンド・オブ・ミュージック」の「ドレミの歌」に感動する。ホテルでに日本語への翻訳を試みる。その結果、ドは「ドーナッツのド」、レは「レモンのレ」。ミは「みんなのミ」、ファは「ファイトのファ」、ソは「青い空」、ラは「ラッパのラ」、シは「しあわせよ」の歌詞ができあがった。この「ドレミの歌」は小学1年生の音楽の教科書に採用され、誰でも知っている歌になっていった。

　歌は慰みである。歌は励ましである。歌は教育である。この歌を歌うことを仕事にして多くの人の心に灯火をつけたペギー葉山は、「とても幸せな人生だったんだな」と述懐している。

　私たちの人生行路にはいくつもの大小の扉がある。その扉を思い切って開けると違う世界が目の前に広がる。その連続が人生ということになる。後から振り返ってペギー葉山が言うように「すべてが、つながっている」と思えるようなら、幸せな人生だったということだろうか。

4月13日

江頭匡一（えがしら・きょういち）

目標を作り、計画を立て、それを確実に実行するときは間違いなく目標に到達する。

1923.3.25 ～ 2005.4.13

日本の実業家。ファミリーレストランの草分け的存在である外食チェーン店・ロイヤルホストなどを展開する、福岡に本社を置くロイヤルホールディングス株式会社の創業者。

特別措置で明治大学を卒業できたのに「勉強していないのに大学卒の肩書きはない方がいい」と自らの意志で中退する。中途半端な性格ではないことがよくわかるエピソードだ。

江頭は金持ちになろうという野心（私欲）を捨てて志（大義）をうち立てようと誓い、23歳で起業する。その志とは飲食業を生涯の仕事とすることだった。飲食業という外食産業の実現である。産業化とはその地域の食文化に貢献することだ。食文化を大切にした質の高いレストランチェーンをつくろう。少年時代のパイロットへの夢が原点にあり、機内食と空港レストラン事業において日本ナンバーワンになった。私は航空会社にいたから、機内食の分野でよくロイヤルの話題に触れていたことを思い出す。

江頭社長の部下として定年まで勤め上げた梅谷羊次は著書『江頭匡一に叱られて』の中で、叱責されたときの江頭の言葉を紹介している。

「一日営業をしていても何も問題がないことはない。君が何も考えないで仕事をしているからだ」

「自分で手をあてないと改善できない。自分で行動しないと身につかない。自分が苦労した分だけ身につく。身についた経験は一生の財産になる、誰からも取られない」

「人は信用してもいいが、行動は信用してはいけない」

「能力が足りないのでなく、真剣さがたりないのだ」

「部下に厳しく接しないと育たないよ。それが愛情だ」

など。

彼の観察によれば、江頭は頑強な体と精神を持つ職人経営者であり、叱責には手加減がない人であり、プロと認める人の意見しか求めない人物だった。厳しい仕事ぶりが垣間見える。

１９８９年の66歳の誕生日に社長を退いて会長になり3年後には代表権も返上する。しかし１９９０年以降のバブル崩壊で業績の悪化したロイヤルを立て直すため会長兼営業本部長、そして70歳で会長・社長に復帰せざるを得なくなった。江頭は業績の悪化は経済環境のせいではなく、社内の緩みが原因だとして社業に再び邁進したのである。

冒頭の「目標、計画、実行」は、当たり前のようではあるが、相当の気概をもって事に当たらなければ達成はできるものではない。「実行」の前に「確実な」という言葉が入っているのは見逃せない。匡一という名前は論語の「天下を一匡す」から名付けられた。乱れた状態をあるべき正しい姿に戻すという意味である。その名のとおり、江頭匡一は一つひとつを疎かにせず、日々問題を解決し、正しい姿に戻していこうとする人生行路だったのであろう。

4月14日

三國連太郎（みくに・れんたろう）

自分の器量に過不足のない物選び、それができれば一人前。

1923.1.20 〜 2013.4.14

日本の俳優。紆余曲折を経て、上京して間もない27歳のとき、新橋を歩いていたらスカウトされ、「飯が食えるなら」と引き受けて俳優になる。1951年（昭和26年）、木下恵介の監督映画「善魔」に、松山善三の推薦により抜擢され28歳でデビューし、役名の「三國連太郎」を芸名にする。

主な映画は以下で本数は180本余に及んでいる。「にっぽん泥棒物語』（1965年）、「飢餓海峡」（1966年）、「神々の深き欲望」（1968年）、「八甲田山」（1977年）、「復讐するは我にあり」（1979年）、「利休」（1989年）、「息子」（1991年）。役者馬鹿であり、怪優・奇人とも称される。

結婚を4度経験。俳優の佐藤浩市は3番目の妻との間にできた息子だ。佐藤がひどい父親だと恨み節を語っている姿をテレビのインタビューで見たことがある。「人間の約束」で息子・佐藤とワンシーンのみの初共演を果たした後、「美味しんぼ」で本格的に親子の役を演じた。「笑っていいとも」に出演した際には「佐藤浩市くんの演技がよかったです」とコメントしている。

三國は小説家でもある。10年の歳月をかけて書いた『白い道　法然・親鸞とその時代（全3巻）』（毎日新聞社、1982年／講談社文庫、1986年）は話題になった。講演を依頼したことがあったが、なしのつぶてだったことを思い出した。映画化されたときには監督もつとめている。

「60年近い俳優人生を振り返ってみると、『僕ほど出会いに恵まれた人間はいない』とつくづく思います」

「自分という容器の中で、自分の体や感情の中にある役柄との共通点を取り出して、そこを原点に精一杯演じていく。その方法しかないと思っています」

「人々の生活の糧になるような映画に出たい」

「『こういう役』というのではなくて、『燃やすこと』のできる役ですね。自分の中で燃焼させる何かを感じる役。

燃焼し尽くしてはいけないのですけれども。そして、『人間として何かを訴える』ことができる役柄ですね。これが役者の使命じゃないかなと」

「自分が正しいと思う方向に向かって正々堂々と歩く。死ぬまで歩けるその人生さえ構築できれば、自分自身の中で精神的に敗北することはない」

「僕も不器用なんだよ、不器用な方がいいんだ」

　三國連太郎は、脚本を徹底的に読み込む役者だった。舞台の場合では５００回以上、映画でも最低１００回以上読むことにしていた。映画は手織物であり、関係する人間たちの情熱の糸が織りなすものだと信じている三國連太郎は惚れた映画の仕事に生涯を賭けた。納得のいく地点まで登ろうとした役者人生を満喫したのだ。

　世田谷・砧にある自宅の2階の書斎は10畳ほどの空間とそれに続くテラスがあった。そこには自身の眼で確かめた眼鏡、鞄、万年筆などの愛用品が並んでいた。自分の器量にふさわしい物選びをしていたのである。この趣味人が生前に大人のための上質な素材と細部までこだわった作りで定評のある「パパス」のモデルになったのを覚えている。それは優れた人選だったのだ。

4月15日

三重野康（みえの・やすし）

五十歩と百歩は違う。

1924.3.17 ～ 2012.4.15

　第26代日本銀行総裁。中学の最初の方は大分中学で学んでいる。同期に後の平松大分県知事がいた。一高の寮委員長を経験している。当時の校長は有名な安部能成であった。卒業後は、志が決まっていなかったのでたまたま受けた日本銀行に入行する。

　仕事は面白くなかった。しかし三重野は思い直した。「どんなつまらない仕事でも、それをマスターしなければ、より良い仕事は回ってこない。……よしそれならなんでもよい、早く担当分野のプロになろうと」決心し励むと面白くなり、物価と金融システム安定を使命とする日銀の重大な責務もわかってきた。

　三重野は日銀では早くから頭角を現し、総裁候補とみられていた。そしてまさに１９７８年４月には理事、１９８４年12月に副総裁、そして１９８９年12月に総裁に就任した。5年の任期を全うし１９９４年12月に退任。副総裁時代から総裁時代初期にかけては、日本経済絶頂のバブル期であり、中期から後期はバブル退治に明け暮れた。佐高信からつけられた渾名は「平成の鬼平」であった。庶民の味方としてバブル後遺症の調整を行い、長続きする成長路線への基盤を作り直そうとした。歴史的にみて、その評価は分かれている。

　仕事師・三重野が大事にした言葉。「窮して困《くるし》まず、憂いて意《こころ》衰えず」。困難に立ち向かうときに逃げるなど、唱える荀子の言葉だ。「組織のトップは、常に周りからみられている。……トップはどんな局面でも、物事に真正面から立ち向かう姿勢を、それもうわべだけでなく、しん底からそれを現さなければならない」。中身は顔にも、背中にもでる。苦難に立ち向かう姿勢を崩してはいけないのだ。

三重野は読書家である。読書日記をつけていた。年平均80冊の読書量という。私の２０１７年の読書日記は84冊であるから、同じようなペースか。三重野は伝記と古典を好んだ。また山本周五郎の時代小説を若いころから愛読していた。山本周五郎にはファンが多い。ノンフィクションの沢木耕太郎もそうで、最近『山本周五郎名品館』全4巻の傑作短編アンソロジーを編んでいる。

「五十歩、百歩」は、どちらも同じようなものだという意味で使われる。しかし三重野康は仕事の場面では、この2つは差があるという。退くときには、五十歩なら踏みとどまって橋頭堡《きょうとうほ》となり、それが次の踏み台になって前進できると考えている。長い目で前に進むことを考えながら、しぶとく仕事をしていた姿を彷彿とさせる言葉である。

4月16日

村田昭治（むらた・しょうじ）

経営力の差は、経営能力というよりも経営姿勢から生まれる。

1932.11.19～2015.4.16

日本のマーケティング論のリーダー。慶應義塾大学教授をつとめながら、（財）社会経済生産性本部理事、同本部マーケティングソフト研究所所長、（社）日本マーケティング協会常任理事、日本商業学会理事、日本広告学会理事など社会活動を活発に行なった。著作やテレビ出演なども多く、私のビジネスマン時代にはよく話題になった学者だ。

この村田昭治の仕事の名言を並べてみよう。

○人生は今が旬だと自分にいいきかせる。そのことが華のある一日を創るだろう。

○人生はテキストのない創作。だから、難しいが面白い。すてきな創作を楽しみたいものだ。

○人間は「今」がいつも終わりだ、「今」に生きるのだという意識が大切だ。「明日」があると思った瞬間から、心は滅びはじめる。

○人間力の充溢《じゅういつ》にとって必要なことは継続性であり、連続性である。燃えつづける力が非凡な人材をつくりだしていく。

○凡人はすべてのエネルギーをこめて仕事をするとき、そこに非凡さが生まれてくる。

○学ぶことを忘れるとき、人間は死んでいる。人間が死ぬのは学ぶこころを失ったときだ。

組織の緩みへの警告。

○これでいいな、いい方向にきたなと追求心が緩むとき、仕事は下り坂に転じてしまうことを肝に銘じ、初心を貫いてほしい。

○学ぶ気迫をなくしたら、まったく未来はない。よく勉強会をもち、意見を率直に述べ合い、こまめにモチベーションをお互いに高めていく組織の人たちは着々と成果をあげている。

○すべての職場が新しい課題に挑戦する戦闘のテーマを持っていなくてはならない。

以下、リーダー論。

○リーダーを目指す人は、日々を大切に生きる気迫がなければならない。夢をつねにもち、ロマンのある人物になりたいと思うこと。

○血流のいい組織づくりが一番大切。そのよどみのない血流は、明るくおおらかな人物力をもったリーダーによって導かれる。

○「いま自身の企業のまわりにある問題の優先順序を、複眼的な視野から考えぬいて判断してみること」がリーダーの責任。

○人間は使命感にあふれ、未来に挑戦する気概をもつとき、人間力の魅力で迫る熱気あるリーダーとなる。

○一丸となって組織の機動力を発揮するには、トップが深い勉強をしていなければ社員はついてこない。上の人間は下から実によく見られているものだ。

○リーダーは人間味、人物力で人を引っ張るのであって、権力や権限あるいは命令で人を引っ張るのではないのだ。

○「魚は頭から腐る」といわれるように、企業も崩壊していくとき、頭脳集団から腐り始める。とりわけ、トップマネジメントの発想が陳腐化すると、その企業は加速度を増しながら崩壊が進み、全組織を腐敗させてしまう。

○常にポジティブに生きるリーダーは美しいし、慕われてゆくのだ。

○社長になった人は、なるときは人が決めるが、降りるときは自分が決めなければいけないのである。

○経営者がすべきことは、会社のなかにうごめいている革新、発明、発見に注目して、その芽を育て、大きな成果に仕上げていくこと。

○器量の大きい人が先頭にたってゆかないと、企業は衰える。

冒頭の「経営力の差は、経営能力というよりも経営姿勢から生まれる」の「経営」という言葉をはずしてみよう。「力の差は、能力というよりも姿勢から生まれる」になる。前向きで、勢いのある姿を続けられれば、どの分野でもいずれ無敵のリーダーになる。

4月17日

山田智彦（やまだ・ともひこ）

先に何かがあるという思いは、単調な生活のはげみになる。

日本の小説家。神奈川県生まれ。1958年、早稲田大学文学部独文科卒業。同大学院文学研究科独文科修士課程修了。

1936.3.23 ～ 2001.4.17

東京相互銀行（のち東京相和銀行）に勤務しながら小説を書き、1967年、『犬の生活』で文学界新人賞に佳作入選しデビュー。以後4回芥川賞候補に挙がる。1971年、初の作品集『結婚生活』を上梓、1976年、長編『水中庭園』で毎日出版文化賞受賞。1976年の『重役候補』以来、企業小説を書き、ほかにビジネス書も執筆。1986年の『蒙古襲来』以来、歴史小説も書く。作家活動を続けながらも銀行員を続け、1999年に同行が破綻するまで監査役や顧問を歴任した。

山田智彦は私より14年歳年長である。「二足の草鞋」の先輩実践者として、知研のセミナーでお呼びしたことがある。その縁もあり、連絡があって私が仙台の宮城大に奉職してすぐに会いに来られ、丸一日色々と話をし、こちらも参考にさせていただいた。私は常に二本足でやってきたが、こういう先輩の経験談や人生観は参考になった。

山田は銀行に勤め始めて最初の日曜日に文学上の師である作家・小島信夫を訪問し次のように言われ、ショックを受ける。「一生懸命働け。人が十掴むところを十二掴め。人の二倍働け。そして仕事のウラのウラまで掴まなければ小説も書けない。……。」

銀行の仕事をやっているうちに小説を書こうという意欲をなくしそうになるが、芝居観賞と読書は続けていた。不思議なことに前に読んだ本を再読すると理解力が増していることに気づくようになり、銀行での顧客とのやり取りを通じた人間模様、それを深めていけば小説に使えると思うようになっていく。山田はできるだけ多くの仕事をし、銀行全体の流れをつかもうとする。20年間に多くの上司に仕えたが、優れた管理者は少なかった。また、人生にはチャンスはしばしば訪れるが、また落とし穴も多いとも感じている。このような気持ちで過ごすうちに仕事と小説が混じり合っていく。そして入行し15年経ってみるとエリートに追いつき、追い越していく自分を発見していたのである。

山田は、ゲーテは天才だが、その継承者であり銀行員のように時間管理をしながら名作を書いた作家といわれたトマス・マンも天才ではないかと思っていた。トマス・マンは「無名と貧困の歳月は長ければ、長いほどよい」と語っていたのだが、そこは納得できず、日々焦燥にかられながら進んでいく。

山田智彦のアフターファイブはどうなっていたか……。時間割をつくって机の前に体を縛りつけ、とにかく書き始める。平日は21時から23時半まで創作。24時まで読書。半ドンの土曜日は夕食まで2時間、20時から2時まで読書。日曜日は9時から12時まで創作。昼食後机に向かう。18時まで机に向かう。夜は20時から創作。二足の草鞋の生活では、赤ちょうちん、麻雀、ゴルフ、などとは無縁の生活を送らねばならない。犠牲を払わずには何も成し遂げられないと決意した生活だった。1999年に銀行勤めを辞めて、わずか2年の2001年に亡くなっているから、結果として二足の草鞋は生涯続いたということになる。

何かはわからないが、先に何かがあると思っていると、忍耐力と抑制力を養うことができる。ずっと先を見つめていると、目の前の問題は相対化される。職場でのマンネリ、人間関係の板挟みを乗り越えていくには、二足の草鞋生活は大いに役に立つのだ。先輩・山田智彦の人生の軌跡は、このことを教えてくれる。この何かとは「希望」ではないだろうか。

4月18日

栗栖継（くりす・けい）

重訳が必ずしも直接訳に劣らない。

1910.7.18～2009.4.18

翻訳家、チェコ文学者、共産主義者、エスペランティスト、日本エスペラント学会顧問、世界エスペラント協会名誉会員、日中友好文通の会会長。

父が自殺したため母子家庭で育つ。中学時代にエスペラント語を知り、雑誌「戦旗」に掲載された「プロレタリアとエスペラント語」という論文を読み、エスペラントにより革命運動に参加できると考え、エスペラントを学習する。

戦前は治安維持法により特別高等警察によって数回逮捕・投獄された。出獄した栗栖は小林多喜二『蟹工船』のエスペラント語訳に取り組み、作家の貴司山治の助けで、大量にあった伏せ字を全部復元した翻訳を完成させた。その時点では出版できなかったが、スロバキアのジャーナリストが、栗栖のエスペラント語訳からスロバキア語に翻訳し、1951年に発行された。戦前・戦後を通じて日本のプロレタリア文学などのエスペラント翻訳などを多数行なった。1949年、エスペラント運動に関する功績により「小坂賞」（日本エスペラント運動に対する小坂狷二の功績を記念した賞）を受賞した。

少年期からチェコ文学に興味があり、「本物のチェコ文学者」になろうと40歳を過ぎてから独学でチェコ語を学習する。1995年7月、ルイジ・ミナヤ賞（世界エスペラント協会主催文芸コンクールエッセイ部門第1位）受賞。2007年には、横浜みなとみらい21で開催された第92回世界エスペラント大会で、エスペラント語で開会式のあいさつを行なった。

宮沢賢治が世界語エスペラント語の使い手だった証拠は宮沢賢治記念館でも見かけた。また2011年に開催された「ウメサオタダオ展」でもエスペランティスト梅棹忠夫のエスペラント語のサインの入った本が展示されていた。訪問したいくつかの人物記念館でもエスペランティストは数人いた。宮沢賢治もその一人だ。この世界語への関心が高い時代があったのだ。

　小林多喜二の代表作『蟹工船』のスロバキア語訳の陰には、栗栖継という日本人によるエスペラント訳があったことが後にわかった。「スロバキア語とよく似たチェコ語訳の『蟹工船』は、伏せ字だらけの本が底本です。重訳が必ずしも直接訳に劣らない一つの例証です」と91歳の栗栖継は語っている。原作を超えるという評価のある翻訳では、森鷗外の『即興詩人』が有名だが、日本語からエスペラント語への翻訳、そのエスペラント語訳からスロバキア語への再翻訳という「重訳」が成ったわけだ。

　翻訳は原本の良さがだんだん薄れるだろうと思うのだが、語学の才能に加えて、志の高い翻訳者を得れば、直接翻訳を上回る出来になることもある。栗栖継の第一次翻訳が優れていて、スロバキア語への転訳もすばらしかった。小林多喜二から栗栖継、そしてスロバキアのジャーナリストというように松明が引き継がれたのである。奇蹟の物語がここにある。享年98。

4月19日

髙橋節郎（たかはし・せつろう）

絵心、詩心、遊び心が芸術家の三大要素である。

1914.9.14 〜 2007.4.19

日本の漆芸作家である。当初は画家志望だったのだが、父が画家になることに反対し、やむなく東京美術学校では工芸科漆工部に入学する。日々漆という素材と格闘するうちに、漆の魅力に惹かれ、「漆で絵を描こう」と方向を定めていく。

初期の多彩な色漆による表現から、深い黒をベースに金と朱に移行し、そしてさらに黒と金のみの表現へと進んでいった。都市の情景や詩的人物をへて、独特の幻想世界へと広がっていく。化石、古墳、星座などがモチーフとなっていく。日本独特の工芸美と欧米の近代美の融合がテーマとなった。

漆は色を出すには大変難しく、かつ時間がかかる。漆黒の黒と蒔絵の金は、漆の世界にしかない美しさである。そして幅の広い塗料でもあり、高橋によれば「漆の世界は、ペンダントから日光東照宮まで」扱えるのだそうだ。しかし素材に引きずられることを戒めていた。作家にとって一番大切なのは、感性であり、さらに哲学や思想であると考えていた。

１９７６年に母校の東京芸大の教授に就任。感性と想像力の教育に力を注いだ。学生たちには幅広い読書を勧めた。１９９０年には文化功労者に顕彰された。１９９９年には愛知県豊田市に豊田市美術館・高橋節郎館が開館。工芸家の個人美術館は珍しく、芹沢銈介、藤原啓、河井寛次郎などがあるが、漆芸作家は高橋節郎だけである。作家冥利に尽きると感謝し、自らの仕事を全部並べている。

絵心、詩心、に加えて、遊び心を芸術家に必要な要素とあげている。体や頭だけでなく、人間だけが持つ心を満足させる遊びをあげているのはさすがである。芸術という至高の分野は遊びと密接な関係がありそうだ。

4月20日

竹内均（たけうち・ひとし）

1920.7.2 〜 2004.4.20

前進あるのみ。

日本の地球物理学者。

竹内均はあこがれの寺田寅彦の孫弟子を自認していた。独特のふちの厚いメガネがトレードマークでテレビでもユーモアあふれる、わかりやすい語り口で親しまれた。東大退官後は科学雑誌『Newton』の初代編集長をつとめ科学知識の普及にも功績があった。

専門の地球物理学のみならず、一般科学から「修身」など人の生き方についてまで、生涯で４５０冊の著書を刊行している。量産の秘密は書くことの5倍のスピードになる口述筆記だった。通勤で新書1冊を読み、読書メモもテープレコーダを活用し内容を要約して保存する。1時間で新書一冊は10枚のまとめとなって蓄積していった。

毎月３００枚以上のノルマを自身に課していた。あるテーマに関して3〜4枚の断片を積み上げていく。それが１００集まれば著作となる。売れる売れないに関係なく、自分の勉強のために原稿の形でストックしていくのである。

○独創というのは、すべての要素や知識、情報を収集し、可能なかぎり組み合わせて、その中からベストなものだけを選び、誰も考えつかなかった考えやイメージをつくり出すこと。

○仕事を遊びにする一つの方法は、その仕事を遊びと感じられるまで、その仕事に打ち込んでみること。

私もビジネスマン時代には竹内均の書いた「修身」型の本の愛読者だった。それを読み返してみると、過去に読んだ本のエキスを縦横に用いていることが改めてわかった。

ひたすら前進し、ひたすら蓄積していく、そしてそれをさまざまなメディアを通じて発表し、世の中に影響を与え続けていった人である。「前進と蓄積」がこの人のライフスタイルであった。知的鍛錬を継続することによって人生を最高に生きることができることを教えてくれた。

4月21日

多田富雄（ただ・とみお）

君と一緒にこれから経験する世界は、二人にとって好奇心に満ちた冒険の世界なのだ。

1934.3.31 ～ 2010.4.21

日本の免疫学者、文筆家。千葉大教授、東大教授として、免疫学に貢献。野口英世記念医学賞、朝日賞を受賞。文化功労者。

１９９３年の『免疫の意味論』で大佛次郎賞、『独酌余滴』で日本エッセイストクラブ賞を受賞するなどして世に知られた。また「能」の作者としても優れた作品を残している。その縁で白洲正子とも親しかった。「『西国巡礼』（白洲正子）を読む喜びは、白洲さんとともに己を発見する「道行」を重ねることだと思う」。白洲正子の『西国巡礼』で同行した多田富雄が、巡礼とは自己発見の旅であると喝破しており、私は目からウロコの思いをしたことがある。

２００７年９月に多田富雄『寡黙なる巨人』を読んだ。そのときの私のブログにはこう書いている。「世界的な免疫学者による平成版『病状六尺』。脳梗塞による半身不随と失語症との戦いの中で、自らの再起ではなく、自らの中で生まれつつある巨人の再生を感じる著者。以前にまさる活発な著作活動と介護制度改悪に抗議する社会運動を行ないながら生き続ける意欲と姿に感動する。父が右半身不随と失語症に長い間悩まされたので、多田先生の記述によって父の感覚や絶望やリハビリの効果、生きる意欲などを垣間見ているような気になって読み進んだ」。

さて、このたび再度小林秀雄賞を受賞したこの名著を読んだ。２００1年5月2日に67歳で倒れ、それから6年間の生活をつづった作品である。謡の「飢えては鉄丸をのみ、渇しては銅汁を飲むとかや」という文句を思い出して嗚咽する。「はじめに」では半身不随で沈黙の世界にいる多田富雄は「昔より生きていることに実感を持って、確かな手ごたえをもって生きている」、「その中で私は生きる理由を見出そうとしている。もっとよく生きることを考えている」と心境を述べている。

脳梗塞になって生まれ変わったと確信した多田富雄は、リハビリによって歩ける日が来ることと、初めてのパソコン操作による文章を書いて社会に参加できるという「希望」を持った。その苦難の道行きは、新たな冒険と探検の世界だった。冒険を試み、未知の世界を感じ、調べ、報告する。再生した多田富雄は探検者として、その後数年を生き切り、健常者にも病者にも、大いなる勇気と優れた啓示を与えたのである。

4月22日

斎藤英四郎（さいとう・えいしろう）

明るさを求めて暗さを見ず。今日失敗しても明日に明るさを求める。人の欠点より長所を見る。その方が人生楽しいじゃないですか。

1911.11.22 ～ 2002.4.22

日本の実業家。新日本製鐵（新日鉄、現・新日鐵住金）社長。経済団体連合会（経団連）第6代会長。

主に営業を担当してきた斎藤英四郎は豪放磊落な明るい性格だったが、新日鉄社長時代の第一次石油ショック後、業界全体が構造不況に陥る中で合理化案を提示している。組合にも必死の思いで理解を求め、全社一丸となって再起に挑んだ心中を「『苦しい時の楽こそ本当の楽である』と観念し、これを求め続けることを心に誓った」と語っている。そして「いいときばかりは続かないよ。悪くなることを想定した対策を、良い時にしっかり考えておかねばならない」を経営の指針とした。

私は、ＪＡＬ広報部時代、『月刊currents』という航空界識者を読者対象とした雑誌を創刊し編集長をつとめたことがある。このとき、論客・日下公人らとともに、新日鉄の斎藤英四郎にも登場してもらったことがある。

２０２０年の東京オリンピックの組織委員会は元総理の森義朗会長であるが、代々財界の大物がつとめてきた。東京五輪は安川第五郎九州経済連合会会長、札幌五輪は植村甲午郎経団連会長、そして長野五輪は斎藤英四郎経団連会長だった。

山﨑豊子の小説『大地の子』のモデルとなった上海宝山鋼鉄誕生に際して新日鉄が支援した。当時の稲山嘉寛社長の理解で取材が行なわれた。その折に後を継いだ新日鉄の斎藤英四郎会長は、中国進出は「戦中の罪滅ぼし」と考えていたのだが、山﨑は斎藤の失礼な態度と、木で鼻をくくったような答えに激怒し、「私を、そこらの作家と一緒にしないでください！　もう結構です！」と憤然と席を立った。そのことを山﨑豊子が書いて、よく知られるようになってしまった。

斎藤英四郎は生来のネアカな性格に加えて、明るさを持ち続けようと意識して人格を創りあげたのである。仕事が人をつくり、地位が人をつくる。

4月23日

第二十二代　木村庄之助（きむら・しょうのすけ）

行司も力士も親方衆も、昔からの相撲の型、行司の型を後世に伝えるよう努力し、協会はそれができるような体制をつくるようがん張ってもらいたいものだ。

1890.3.1 ～ 1994.4.23

第二十二代木村庄之助は、大相撲の立行司。

1898年秋、尋常小学校を二年で中退して大坂相撲の竹縄部屋に入門し、1899年6月に木村金八の名で初土俵。1907年6月に木村信之助で幕下格、1909年5月十両格、木村錦太夫の名で1912年1月に幕内格となった。1922年5月に、大坂相撲に愛想をつかし1923年5月場所限りで廃業。その後、両國の出羽ノ海の誘いで1924年1月に東京大角力協会に移籍し出羽海部屋に所属した。初代木村林之助、初代木村容堂、十二代木村玉之助から十八代式守伊之助を経て、二十二代庄之助となった。

人格、識見、土俵態度、うちわさばきなど、すべてにおいて抜群で、松翁の名誉尊号を許された二十代木村庄之助に匹敵する名行司と称えられた。「髭の伊之助」と言われた十九代式守伊之助とともに、大相撲人気絶頂である栃若時代の土俵をさばいたが、1959年11月、65歳定年制が導入され伊之助と同時に退職した。退職後、1961年より4場所ほど日本テレビの解説、翌1962年から3年間、NHKテレビの解説を担当した。

1959年九州場所の千秋楽をもって引退した。結びの「栃錦（寄り切り）若乃花」が最後になった。満で69歳8カ月だった。子どもの時代の私は若乃花が贔屓だったから、今から思うと「同じ立行司でも伊之助から庄之助になるともうひとつ責任が重い」というこの名人のさばきで楽しんでいたのである。

行司界の「松翁」号は代々の木村庄之助中の抜群の名人にのみ許される尊称で、長い大相撲史上3人だけである。二十二代庄之助もこの尊称をもらう話があったのだが、最終的には流れてしまったのは惜しい。今後は、松翁は生まれないだろう。

立ち合いに「ハッキョイ！」というのは「お互いに力いっぱいやれよ」という意味であり、力士が攻め合ったとき「ノコッタノコッタ」というのは「よく残したな、まだ残っているぞ、しっかりやれ」という意味で、ともに励ましの言葉である。

90歳の庄之助は「昔の相撲取りは、迫力があったな。今はただ『勝て、勝て』だけど、昔は違う。引かば押せ、押さば忍べといってね、踏んばる姿こそ力士の本領だった。だから力士っていったんだ……それだから、みんな体がぴかぴか光っていたもんだよ……」「土俵へ上がった力士たちを見るとね、気力でわたしには、どっちが勝つかわかったもんですよ。勝負は、気力だったんだよ…行司っていうのは、気と気のぶつかり合いをいかに引き立てて見せるかという仕事なんですよ」と語っている。庄之助は１０４歳の長寿であった。

「行司は力士に相撲を取らせるのだという心意気、意気込み」を持っていた木村庄之助の目は厳しく、それぞれが「型」を伝えることを期待し、協会はそれを支援せよという。国際化し、問題山積みの現在の相撲界を庄之助はどう見るだろうか。

4月24日

小島勝平（こじま・かつへい）

鼻は低く、志は高く。

1936.1.28～2007.4.24

家電量販店コジマ創業者。栃木県生まれ、１９５４年栃木県立宇都宮商業高校卒業後、実家の雑貨店を手伝う。１９６３年小島電機（コジマ）設立。「安さに勝るサービスはない」という経営信条を貫く。

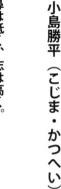

家電販売における第一次戦争の勝者はベスト電器だ。次に１９９４年夏から、北関東を舞台に「ＹＫＫ戦争」が勃発した。ヤマダ電機社長の山田昇は、群馬でディスカウンターを始めたころ、知人が「栃木にもすごい人がいるから訪ねてみるといい」と言われ、早速、店に伺っていろいろと勉強させてもらう。その「栃木のすごい人」が小島だった。

ヤマダ電機、コジマ、カトーデンキの激安価格での叩き合いは、３社の頭文字をとってＹＫＫ戦争と呼ばれた。ＹＫＫ戦争は、家電業界の流通地図を塗り替え、１９９７年コジマは売上げ日本一となった。コジマ、ヤマダの価格破壊は全国へ波及する。家電の第二次戦争である。小島勝平は会長に退き長男が社長に就任。トップ交代で業界再編に乗り遅れたコジマはヤマダに首位を譲る。２００２年からの第三次戦争の勝者はヤマダ電器である。経営の悪化したコジマは２０１２年にはビックカメラの子会社となる。そして第四次戦争は都心でのヤマダとヨドバシカメラで戦われている。

　家電量販店ではＩＴ機器などよく買い物をするが、私もコジマとヤマダの安値競争の恩恵に与っていた。今回、小島勝平の人生を追う中で、激しい津波のような時代潮流と、その中で顧客を巡ってライバルと厳しい戦争をする企業の栄枯盛衰と、指揮する大将である経営者たちの死に物狂いの激闘が繰り広げられていたことはよくは知らなかった。

「鼻は低く、志は高く」という人柄の滲み出たユーモアあふれる言葉をよく使っていたように、小島勝平は明るさと熱情をもって「安値日本一」という単純峻烈で強靭な経営理念で生涯を戦い抜き一代で売上げ「日本一」となったのだが、その後ライバルに敗退していく。カリスマ創業者が奮闘し急成長した企業のトップ交代の難しさと、創業経営者の悲哀を感じる人生のストーリーである。社長を退いた60代後半から亡くなるまでの心境はどのようなものだったのだろうか。

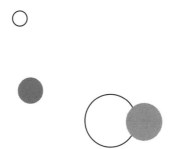

尾崎豊（おざき・ゆたか）

僕はお金のためにロックンロールをやっているんじゃない。僕は僕の歌を聴いてくれて希望を持ってもらえるために歌うんです。僕は傷ついた人たちのために歌いたい。

1965.11.29 〜 1992.4.25

日本の歌手、作詞家、作曲家、編曲家、詩人、実業家。

10代の三部作「17歳の地図」、「回帰線」、「壊れた扉から」はティーンエイジャーから絶賛された。

デビューアルバム「17歳の地図」の中の「15の夜」には「覚えたての煙草をふかし星空を見つめながら自由を求め続けた15の夜」という歌詞。最後の曲は「僕が僕であるために」だ。

「回帰線」の中の「卒業」では、「あと何度自分自身卒業すれば、本当の自分にたどりつけるだろう　仕組まれた自由に誰も気づかずにあがいた日々も終る　この支配からの卒業　闘いからの卒業」という歌詞が印象的だ。この歌は、当時の全国の中高生の間を稲妻のように駆け巡った。妻が尾崎を好きでアルバムを聞かされ続け、私も尾崎豊の歌の歌詞と熱情に打たれてしまった。

13歳年上の音楽プロデューサー須藤晃は『尾崎豊　覚え書き』（小学館文庫）の中で、今まで世の中に出ていた音楽、歌とは明らかに違った言葉の表現、リズム、メロディーが存在していて、すごい才能だ、不世出のアーティストだ、と記している。

わずか26年間の人生を疾走した尾崎豊の死因は覚醒剤中毒（メタンフェタミン中毒）による肺水腫である。雨の中の護国寺での告別式には4万人以上のファンが集まった。その規模は、戦後唯一の国葬の吉田茂、歌謡界の女王・美空ひばりの葬儀に匹敵する人数だった。

尾崎の死後、アルバムが急激に売れる現象が起こり、1992年5月25日付けのオリコンアルバムチャートでは、TOP10中6作を尾崎が占める現象が起こった。1位「放熱への証」、4位「回帰線」、5位「17歳の地図」、6位「LAST TEENAGE APPEARANCE」、7位「壊れた扉から」、9位「誕生」。

カリスマ的人気のある尾崎の思想や活動は、中学・高校などの教育現場で長らくタブー視されて来た。死後は評価も変わり、高校教科書に顔写真や「15の夜」の歌詞が掲載される（『高等学校 新倫―人間とは何か　思索の糧に―』清水書院、2002年）ようになっている。

○ロックンロールは人間と人間のきずなの意味を模索する一つの表現方法なんだ。

○自分の好きな言葉を、好きな詩を、好きな表現を時間をかけて創るためには、自分でやるしかないんだ。

○自分の中のアマチュアリズムが許せないんだ。もっともっとプロフェッショナルになっていかなければならない。

○体験させること、体験してもらうことが、ティーンエイジャーの成長にとって必要不可欠だと思うんです。

「どんな困難にも負けないで いつまでも夢を捨てないで　君たちへ僕からの精一杯の愛情をこめていつまでも歌い続けることを約束します」という尾崎豊の歌は、傷つきやすい若者へ向けての「夢と希望」を捨てるなという応援メッセージだった。

「自由っていったいなんだい　自由になりたくないかい　みんなは思う様にいきてるかい」……。この人の歌は時代を越えて若者たちに共感の小波を起こし、その心に深く響き続けるだろう。

4月26日

大山倍達（おおやま・ますたつ）

この地上において、自分より強い人間が存在することを絶対に許さない。

1923.7.27 ～ 1994.4.26

朝鮮半島出身の武道家（極真空手）。国際空手道連盟総裁・極真会館館長。段位は十段。

１９４７年、戦後初の全日本空手道選手権に出場して優勝。１９５０年11月、千葉・館山で猛牛と対決し47頭の牛を倒す。うち４頭は一撃で即死。１９６２年、日本に帰化。１９６４年国際空手道連盟極真会館を設立し、以後数々の名だたる弟子・名選手を輩出。国際空手道連盟極真会館の会長は佐藤栄作が就任している。

１９７０年代に週刊少年マガジンに連載された梶原一騎原作の劇画「空手バカ一代」で、主人公として取り上げられた。１９７５年には通称「カラテオリンピック」と呼ばれる第１回全世界空手道選手権大会を開催して、全世界に極真空手ブームを巻き起こす。１９８８年、すべての都道府県に極真会館組織が確立した。世界１２０カ国に公認道場を持ち、１２００万人の門弟がいたというから、事業家としての才能も並大抵ではなかったようだ。

私の大学生時代でも「空手バカ一代」の影響で、大山倍達の存在は大きかった。今でも出勤途中に「極真会」の看板を見かけることがあり、大山を思い出すことがある。

「切り花でなく根のある花であれ！」

「若いうちに一つ泉を掘っておけ！　そこから無数の興

味が湧いてくる」

「貯金した努力には実力の利息がつく。浪費した才能には挫折の債務がつく」

「頭は低く、目は高く、口慎んで、心広く、孝を原点として他を益する」

「出る杭は打たれるものさ。それが嫌なら何もしないことだ」

大山の座右の銘11カ条の中には「武の道において真の極意は体験にあり」がある。ここから極真会の名をつけたのだろう。また「武の道においては点を起とし、円を終とす　線はこれに付随するものなり」も面白い。また同じ武闘家として大山は宮本武蔵を尊敬していた。「武の道においては千日を初心とし　万日の稽古をもって極となす」は武蔵の『五輪書』の名言「千日の稽古をもって鍛となし、万日の稽古をもって錬となす」をなぞったものだ。

大山倍達は「格闘技の中では空手が一番強く、空手の中では極真が一番強い」と、極真最強論を公言していた。自分より強い人間の存在は許さないという気迫は鍛え抜かれたこの自信からきていることがわかる。

4月27日

大社義規（おおこそ・よしのり）

ツキが落ちても悲観するな。

1915.2.1 ～ 2005.4.27

日本の実業家。日本ハム創業社長。

１９６３年に日本ハムに商号を変更、ハム・ソーセージを中心とした食肉加工のトップメーカーに成長させた。２００２年の狂牛病対策による農林水産省の制度を悪用した牛肉偽装事件の影響で経営の第一線から身を引く。

大社は「不況は新しい種まきをする絶好の機会である」と言う。「新工場建設などの大型投資は、景気の悪い時にやるのが一番だ。景気の悪い時は、社員は心配して非常に堅実な計画をたてる。それが狙いだ。景気のいい時の計画は、どうしても大雑把になり、あとでとんだ後悔をすることになる」からだ。

業界紙「日本加工食品新聞」の小菅留治編集長と知り合い、その後長きに渡って交流する。小菅編集長は後に藤沢周平となった。大社は藤沢の小説は全て読破する熱烈なファンとなり、交流は晩年まで続いた。

１９７３年に先輩である三原脩の勧めにより日拓ホー

ムフライヤーズを買収し、「日本ハムファイターズ」としてプロ野球に参戦、オーナーに就任。１９８１年には大沢啓二監督の指揮で19年ぶり、日本ハムとしては初めてのパシフィック・リーグ優勝を果たす。日本ハムは２００６年に大社の夢であった日本シリーズを制覇する。このとき、大社の養子である大社啓二が、遺影を持ってグラウンドに現れ、遺影は選手によって胴上げされた。野球狂の大社は生前、「やろうと思えば何でもできる」、「できると思えば必ずできる」という言葉を選手たちに言い聞かせていたそうである。

三原監督、藤沢周平などとの交流の軌跡をみると、この人は「縁」を大事にした人だと感じる。この文章を書いているうちに、私の郷里・中津で食肉業を営んでいる友人が、この大社を尊敬していたことを思い出した。

ツキが落ちても悲観する必要はない。なぜなら、そうした局面で何をしたか、どう対応したかによって、その後の展開が大きく変わるからだ。「じっと辛抱して持ちこたえていれば、不思議と運は開けてくるものなんです」と大社義規は語っている。不況、不遇、不運は、次の展開へ向けての準備期間と考えよう。

粟津潔（あわづ・きよし）

与えられたテーマに自分なりの「見い出し方」を持ち込むことができたら、デザインはデザインを超えていく。

1929.2.19～2009.4.28

日本のグラフィックデザイナー。

　1955年、ポスター作品「海を返せ」で日本宣伝美術会賞受賞。戦後日本のグラフィックデザインを牽引し、さらに、デザイン、印刷技術によるイメージの複製と量産自体を表現として拡張していった。1960年、建築運動「メタボリズム」に参加、1977年、サンパウロビエンナーレに「グラフィズム三部作」を出品。

　1980年代以降は、象形文字やアメリカ先住民の文字調査を実施。イメージ、伝えること、ひいては、生きとし生けるものの総体のなかで人間の存在を問い続けた。その表現活動の先見性と総合性は、現在も大きな影響を与えている。

　粟津の受けた賞をあげてみよう。1955年日本宣伝美術会展、日宣美賞。1958年世界フィルムポスターコンペフランス最優秀賞。1966年毎日産業デザイン賞。1969年映画近松門左衛門の「心中天網島」の美術で伊藤喜朔賞。1970年ワルシャワ・国際ポスター・ビエンナーレ展銀賞及び特別賞。1975年「世界で最も美しい本の展覧会」グランプリ。1980年映画「夜叉ヶ池」日本映画アカデミー最優秀美術賞。1990年紫綬褒章受章など実に多く、かつ多彩である。

栗津潔の肩書きはグラフィックデザイナーだが、その表現の領域は、絵画やポスターから、マンガ、映画美術、さらにパフォーマンスや空間設計まで、一人の人間がここまでできるのかと思うほど多岐にわたり壮観だ。津山文化センター中庭、「サンパウロビエンナーレ」「大阪万博」「渋谷・天井桟敷館」、「メタボリズム」、出雲大社、高速道路の標識フォント、映画「心中天網島」の美術監督、日本デザイン会議のポスター、世界デザイン博のポスター……。

「私はすべての表現分野の境界を取り除いて、階級、分類、格差とかも全部取り除いてしまいたい」

栗津は越境する人だった。息子の栗津ケンは「巻き込み／巻き込まれ上手」だったと述懐している。好奇心旺盛な稀代のコミュニケーターだったのであろう。

栗津潔は法政大学専門部中退で、絵画・デザイン技法は独学で学んでいるのには驚く。「知識がないところからやる辛さと、それで失敗しまくりながらも世界を広げて」いったのである。

著書『造型思考ノート』では、フリーランスでどこにも所属せずにやっていく気持ちを「とにかく不安」と認めつつ、でも依頼仕事も相手のご機嫌伺いではなく、むしろ自分が今やりたい作品にしてしまおうとしていたと述べている。アーティスト（芸術家）ではなくアルチザン（職人）であった。それをデザイナー、現代ではグラフィックデザイナーと呼ぶのである。

自分の舞台を創るところから始める起業家は、いわばアーティストである。相手が用意したテーマを予算や時間の制約の中で解答を出すビジネスマンは、いわばデザイナーである。設計者である。デザインの過程で自分という個性を表現できるようになったら、デザインはデザインを超えていく。そして分野を自在に越境していけるようになる。栗津潔のようなデザイナーを志したいものである。

4月29日

牧伸二（まき・しんじ）

漫談芸は格闘技である。

1934.9.26 ～ 2013.4.29

日本のウクレレ漫談家。色モノ芸人の集まりである東京演芸協会の会長。

牧伸二は芸能界の「色モノ」と呼ばれる芸のひとつである、ウクレレ漫談の創始者だ。色モノとは非正統という意味である。泉ピン子は弟子にあたる。最初の芸名は漫談の先駆者・徳川夢声一門から出た師匠の牧野周一からつけてもらった「今何度」である。高校卒業後、温度計を製造している東亜計器に勤めていたからだ。

ウクレレをひきながら「あーあやんなっちゃった、おどろいた」で始まるやんなっちゃった節は一世を風靡した。今でも私の耳にも残っている。「フランク永井は低音の魅力　神戸一郎も低音の魅力　水原弘も低音の魅力　漫談の牧伸二　低能の魅力　ああやんなっちゃった　ああ　おどろいた」は、１３００番以上も続く歌詞の最初である。

１９６３年には日本教育テレビ（ＮＥＴ、現テレビ朝日）の演芸番組「大正テレビ寄席」の司会に起用され、５秒に１回笑わせるテレビ的な番組となった。この人気番組は１９７８年まで続き、15年にわたり司会をつとめた。牧伸二が偉いのはこのままではまとまった芸ができなくなり芸が枯れると考え、この間もキャバレーなどのステージを増やし、芸を磨き続けたことだ。

「つかみ」を盗み、「間」を盗み、達人たちのいい部分を盗み、自分のセンスに加え、長い年月をかけて熟成させる。そうしてやっとオリジナルの格闘スタイルを完成させていった。そして「長い休みを取らず芸をやり続ける」ことで芸をさび付かせず、最高のコンディションを維持していく。これが牧伸二の芸の磨き方だった。

牧伸二はビートたけしを「化け続ける芸人」と呼ぶ。タモリは「緊張感のないお笑いスタイル」で、テレビで遊んでいると批評する。ダウンタウンには師匠のいない芸人の欠点の修正法をアドバイスしている。永六輔と大橋巨泉はテレビが生んだ「不思議業」と規定する。これが芸の格闘家・牧伸二の確かな目である。

時事ネタを取り入れて漫談を行なうには時代の流れに敏感でなければウケない。また政治や宗教の風刺、下ネタ、その土地土地に存在するタブーなどはやらない。自分の足で街を歩き、見て、聞いて、感じた「いま」をネタにしなければ、お客さんが笑うような面白いものは出来上がらない。これが牧伸二のポリシーだった。

優れた芸人は「時代」を表現し、今を生きる人々の心に共感のさざ波を起こし、笑いをとる。牧伸は油断できない、隙を見せられない、真剣勝負の格闘技の世界を生き抜いた人だったのだ。

4月30日

竹内宏（たけうち・ひろし）

30歳代までは議論しなさい。40歳代には議論を聞いてあげなさい。50歳代になったら議論に負けてあげなさい。

1930.9.13 〜 2016.4.30

日本の経済学者（日本経済・中東アジア経済）、評論家、キャスター。

竹内宏は銀行調査部にあるデータと専門家へのヒヤリングと旺盛なフィールドワークによってファクトをつかみ、既知の経済理論では解けない経済現象を解き明かし、高度成長期以降の日本経済を優しい語り口で説明してくれた民間エコノミストである。

趣味のパチンコを題材にした『路地裏の経済学』（1979年）で世間に知られる。そしてスキー場で三浦雄一郎や岡本太郎と知り合ったという趣味のスキーをテーマとした『竹内宏のスキー経済学』（1986年）も出版している。実感と数字を組み合わせた独特の論調は人気があった。

例えば、スキーに関しては「熟年者スキーヤーが中心になる。親子スキー教室、託児所付きママさんスクール、温泉付き山岳ガイドツアー。経済成長が鈍化すると文化的欲求が深まっていく。若年人口の減少とレジャーの多様化で低迷する。神田はスキーの町。スキー宅配便は救いの女神。蔵王とサンモリッツなど海外スキー場との姉妹関係」など鋭い洞察や具体的な提言があふれており、ビジネスマンに人気があった。

長期信用銀行の調査部長で専務まで上り詰めた、20歳年長の知的実務家の先達としてこの人の本はよく読んだ。私自身は経済書より、『現代サラリーマン作法』（1983年）などの仕事論、生き方論に関心があった。例えば、「書棚は使いこなせるが、書庫をつくっても探さない。毎日3枚書いた。30代、40代は、読書らしい読書はできなった。風呂では古典、トイレではドイツ語という生活。予備知識を持たずに現地に行き後で本を読むと理解のスピードが速い」。こういう知的生産の技術は参考にしたものだ。

竹内宏は日銀、山一証券経済研究所で活躍した竹内より15歳年長の吉野俊彦のような生き方がしたいと憧れた。吉野は鷗外の研究家としても有名だった。定職を持っていながら同時に作家である二重生活の苦しみと喜びを味わいながら、人生を生きぬいた先達である。鷗外、吉野、竹内という二足の草鞋の流れが確かにある。私のキャリアもその流れの中にあると意識している。

長銀総研理事長退任後の１９９８年以降は、竹内経済工房主宰、価値総合研究所特別顧問、静岡県立大学グローバル地域センターセンター長、静岡県公立大学法人理事長など多くの仕事に関わっている。そして80代に入っても『午後6時の経済学』（朝日新聞出版）、『経済学の忘れもの』（日経プレミアシリーズ）を出版している姿には励まされる。

サラリーマンとしても高い地位に昇った竹内宏は、人事の機微にも通じていたように思う。年配になったら、役職についたら、「議論に負けてあげなさい」というアドバイスは時折、頭をかすめることがある。

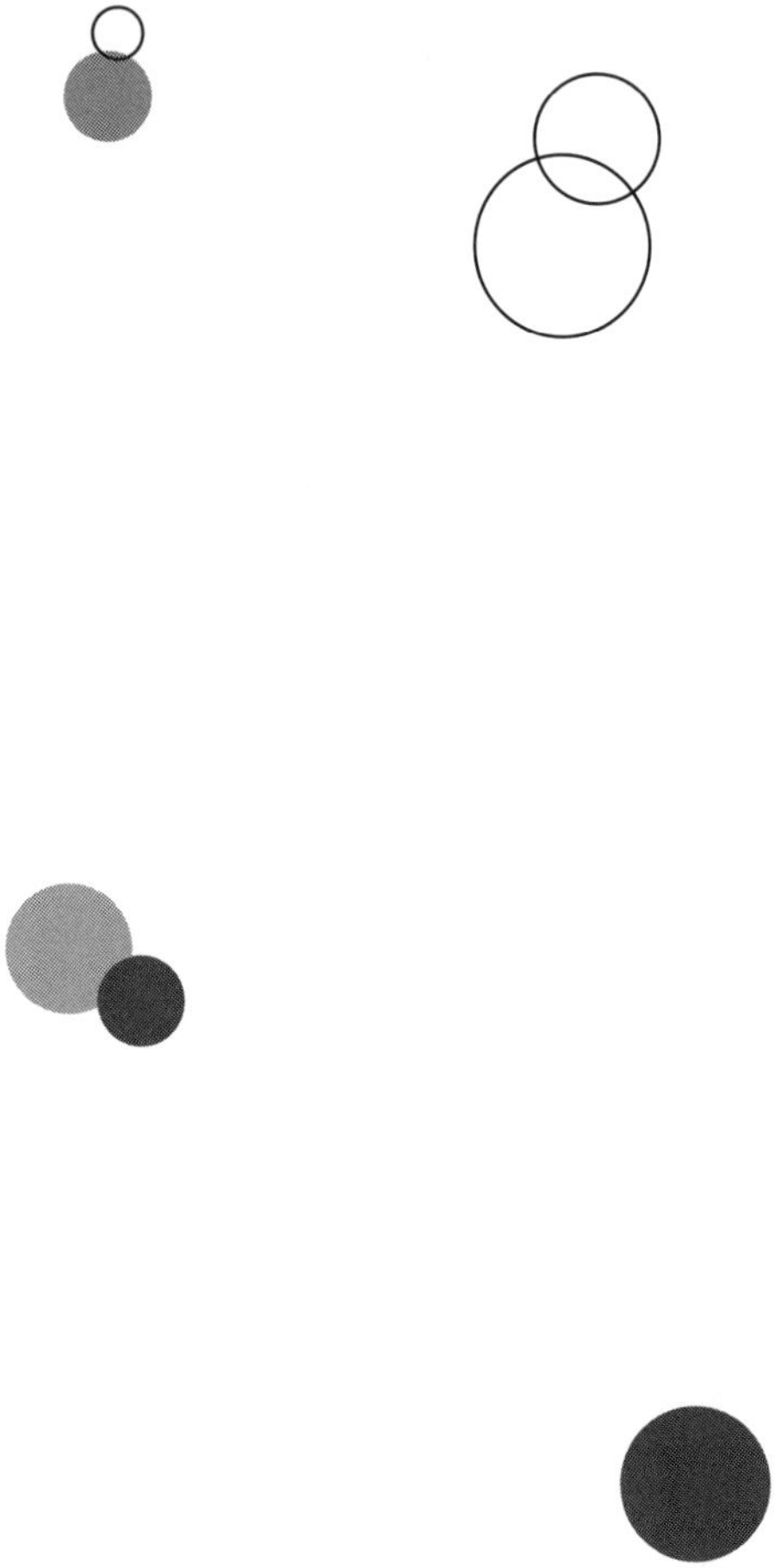

5月

皐月

5月1日

戸川幸夫（とがわ・ゆきお）

犬にも人間と同じように心があるんだよ。

1912.4.15 ～ 2004.5.1

日本の小説家、児童文学作家。旧制山形高校に進むが、中退する。東京日日新聞（いまの毎日新聞）社会部記者となり、サン写真新聞取材部長、東京日日新聞社会部長、毎日新聞社会部副部長、毎日グラフ編集次長となる。この間、長谷川伸に師事して文学を学び、42歳で『高安犬物語』にて直木賞を受賞。43歳で作家生活に入り、動物に関する深い観察と広範な知識を元にして「動物文学」というジャンルを確立し、国民の支持を得た。

年譜を繰ってみると、晩年に到るまでの間断のない膨大な仕事に圧倒される。53歳、西表島を二度訪問し新種を発見し、イリオモテヤマネコと命名される。54歳の時の新聞・雑誌等への寄稿などを並べてみよう。「野生への旅V」、「ゴリラ記」、「乃木と東郷」、「謀議」、「三里番屋」、「象」。

日本テレビ「すばらしい世界旅」の原作執筆のため東アフリカ取材旅行、写真展『動物のアフリカ』開催など。

著書は200冊に迫る量があり、『戸川幸夫動物文学全集』も冬樹社、主婦と生活社、講談社の3つのシリーズがあり、動物文学のニーズが高いことがわかる。

「『見る、見られる』ことに敏感であること。ことに、人に、『見られている』ことを常に意識することです。そういう動物的な緊張を忘れなければ、人間はボケないし、輝きを失わないものなんです」

日本犬復活運動を展開した斎藤弘吉日本動物愛護協会初代理事長は、渋谷の秋田犬ハチ公に惚れ込み資料を収集し、朝日の記者が「主人の帰りを待つ老犬ものがたり」として報道した。一番びっくりしたのが渋谷駅の駅長以下駅員だった。このハチ公と戸川は交流があったと戸川の自伝的小説『猛犬　忠犬　ただの犬』にある。この本を読みながら、中野孝次『ハラスのいた日々』という愛犬との日々を書いた傑作を思い出した。犬にも感情、意志、知識、思いやり、情など精神作用としての「心」は確かにある。私も少年時代、そして最近までチョコラという名の犬を飼っていたから、動物文学というカテゴリーがあることに納得する。誰もなし得なかった新世界を切り拓いたのが戸川幸夫だった。

5月2日

槇有恒（まき・ゆうこう）

頂点に立つ人々の光栄は大きいが、その光栄はすべての仲間のものである。

1894.2.5 〜 1989.5.2

宮城県仙台市出身の日本の登山家。文化功労者、仙台市名誉市民。

父は福沢諭吉門下のジャーナリストであり、槇有恒は慶應義塾大学に入学し、慶応義塾山岳会を創設した。第一次世界大戦末期にアメリカ、英国を経てスイスに滞在。アイガー東山稜初登の快挙を成し遂げる。帰国後は塩水港精糖や南洋拓殖の役員を歴任しながら、冬季登山の開拓、後進の指導を行ない、１９４４年には日本山岳会会長に就任した。１９５１年から１９５５年まで再び会長に就く。１９５６年には日本山岳会マナスル第三次遠征隊長として日本人初の８０００m峰登頂を成功させる。この快挙は、日本人の精神力と体力が世界各国に比肩するものであることを示し、自信を与えるニュースとして喧伝された。この人の名と快挙は新聞やラジオなどで大きく報道されて、日本中が沸き立った。その記憶は少年時代の私にもある。

２０１７年に世田谷文学館で開催された「山へ！ to the mountains」展をみた。展示構成は、山と何かを掛け合わせるという方法をとっている。文学（深田久弥）から始まり、植物（田辺和雄）、建築（吉坂隆正）、日常（田部井淳子）、漫画（坂本真一）、先駆者（小鳥烏水）。

そして日本山岳会の歩みもあった。この年表に槇有恒会長の名前があり、懐かしい気持ちになった。深田久弥が「感動的な素晴らしい景色は、易々と手の届く様な所には置かれていない。最も輝かしいものは、最も困苦を要する所にある。それは人生によく似ている」と語っていたのが印象に残っている。この年表の中に、２００７年12月、松本征夫「カンリガルポ山群の調査と研究」という項目を発見した。松本先生は九大探検部の顧問で可愛がってもらった人である。

槇有恒の著書『山行』は志賀重昂『日本風景論』、ウォルター・ウェストン『極東の遊歩場』に並ぶ地理・地形の名著とされている。キスリングというリュックサック、ピッケルは、槇有恒が持ち帰ったものが起源となっている。

「山を愛し山を尊び山と共に生く」が生涯を貫く信条であった。

門司の風師山頂には、「この頂きに立つ　幸福の輝きは　これをとらふる　術を知りし　山人たちの　力によるものなり」との槇有恒の言葉が刻まれた石碑がある。

「山は黙して語らず、されど内に深き想い有り」という山の「深き想い」とは、山の頂きに立つ幸福の輝きを味あわせてくれるところにあるのだろう。近代アルピズムの開拓者であった槇有恒は生涯のテーマである「山」に人生を見ていたのであろう。

岩波新書『私の山旅』には「頂点に立つ人々の光栄は大きいが、その光栄はすべての仲間のものである」という言葉がある。マナスルという巨峰の征服という大プロジェクトは隊員12名、シェルパ20名、ポーター４００名などで構成するチームが大きなピラミッドを築き上げるようなものであり、最終的に誰が頂上に立ったかは大きな問題ではないということだ。山行のリーダーの至言であるのだが、大小にかかわらず、プロジェクトとはそういうものである。

5月3日

長田弘（おさだ・ひろし）

自分たちの目の前にあるもの　平凡なものが一番　本当は奇跡じゃないかと思われてならないですね。

1939.11.10～2015.5.3

日本の詩人、児童文学作家、文芸評論家、翻訳家、随筆家。早大在学中同人誌「鳥」を創刊、「地球」「現代詩」などに加わる。1965年に詩集『われら新鮮な旅人』、詩論集『抒情の変革』を発表。1982年に『私の二十世紀書店』で毎日出版文化賞、詩集『心の中にもっている問題』で1990年富田砕花賞、1991年に路傍の石文学賞。2009年『幸いなるかな本を読む人』で詩歌文学館賞。2010年に詩集『世界はうつくしいと』で三好達治賞。2014年に『奇跡―ミラクル―』で毎日芸術賞。

「じぶんを呼びとめる小さな声が、どこからか聴こえて、しばらくその声に耳を澄ますということが、いつのころからか頻繁に生じるようになった―」、「みえてはいるが誰れもみていないものをみえるようにするのが、詩だ」という長田は亡くなるまで、樹や森・移ろう季節など日常の何気ない風景から人間の心を解き明かした詩やエッセーを著し続けた。

2011年の東日本大震災、福島第一原発事故。故郷福島に大きな災害をもたらした現代のあり方に強い疑問を持つ。「いろいろな言葉を使って考えるよりも、人の気持ちや自然のありようを感じる力が必要。現代は、その感じる力が損なわれているのではないか」。震災直後、自身も九死に一生を得る大病を経験し、「当たり前のものごと、平凡なものごとが如何に奇跡か」と感じ取る力の重要性を痛感する。東日本大震災や自身の大病を経て書かれた詩集『奇跡―ミラクル―』で2014年毎日芸術賞を受賞する。長田によれば、人はそれぞれ海、山、川という風景を背負いながら前進するが、いつしかその風景を忘れてしまう。しかし、自然と共生している眼の前の日常こそ奇跡なのだ。長田弘という詩人は、「後の人々の目印になるものを」を書こうと志した。それが人々の心を打つ詩として残った。

5月4日

長洲一二（ながす・かずじ）

できるだけ、本物に接しておきたい。

1919.7.28 ～ 1999.5.4

日本の政治家、経済学者。

安田商業学校卒業後、日本銀行入社。退職し、横浜高等商業学校卒業、東京商科大学卒業、三菱重工入社。海軍経理学校卒業、東京商科大学特別研究生、ＧＨＱ翻訳部、極東軍事裁判断言語部。

　母校の横浜経済専門学校（横浜高等商業学校。現、横浜国立大学）の教官となったのが28歳、44歳で教授、経済学部長は3度つとめた、55歳依願退職。56歳神奈川県知事に当選し5期20年つとめた。「地方の時代」は長洲の造語である。

「連日、朝から夜まで、さまざまな人に逢い、書類に目を通し、車で走っていくつもの集会で挨拶し、部屋に戻り報告を受けて指示を出し、またあわてて部屋を出る。どんな人、どんな問題との接触も、たいていは分刻み、多彩なテーマが、次々に私に判断を迫る」。これが知事の生活である。この激務の中で深夜の読書の感想を記したエッセイ集『ただ人は情あれ』（草思社）を読んだが、この人は本物を求めた人だったという感慨を持った。仏教、岡本かの子、マザー・テレサ、遠藤周作、唐詩選、山本周五郎……。

　長洲は「釈尊・マルクス・周五郎」を尊敬するとユーモアも混ぜながら、山本周五郎を語ることもあった。山本周五郎は偉そうな口をきく人間を心底嫌っていた。ご都合主義の「革新」イデオロギーよりも、人間の真実への「保守」を尊んだと長洲は書いている。革新知事だった長洲知事は次第に保守に傾いていく。

最近、沢木耕太郎が「文芸春秋」で「山本周五郎との三度の出会い」という一文を書き、『山本周五郎名品館』四冊を編んでいることを知った。沢木耕太郎が長洲ゼミの卒業生だったのだ。武者陵司、杉田亮毅、内田弘、栗田健元、神代和欣など長洲ゼミには人物が多く出ている。西洋思想は原因から結果が生まれるとするが、仏教ではその間を「縁」で繋いでいる。縁を媒介にして因果を結ぶのである。長洲も縁を大事にしたようである。

私も大学時代には長洲の本を読み、知事になってからの動きも知っている。また長洲知事に師事していた多摩大の韓国人同僚教授からも時折、この人のことを聞く機会もある。

忙中の小閑を得たら大切な本質的なものごとに触れておきたいという気持ちが起こる。宗教に惹かれる長洲一二は「考える知事」を目指し、本物、本質を追ったからこそ、20年という長い歳月を走り得たのであろう。

5月5日

古川薫（ふるかわ・かおる）

樹液の環流を聴く樵《きこり》のようでありたい。

1925.6.5 〜 2018.5.5

日本の小説家。山口県下関市生まれ。

軍国少年として育ち、航空機のエンジニアになるため宇部工業学校（現山口県立宇部工業高等学校）機械科を卒業。航空機会社に勤務した。1945年に召集され、沖縄戦に向かう予定だったが、その前に敗戦を迎えた。

1952年に山口大学教育学部を卒業。教員を経て山口新聞（みなと山口合同新聞社）に入社。編集局長を経て、1965年から作家活動を始め、同年『走狗』で直木賞候補になる。以後、候補になること最多の10回に及ぶ。1990年藤原義江の伝記小説『漂泊者のアリア』で第104回直木賞を受賞した。1991年には山口県芸術文化振興奨励特別賞を受賞した。

主題は長州藩・山口県とその出身・関連人物で、幕末期の長州藩とその出身・関連人物を取りあげた歴史小説・随筆などが作品の大多数を占める。また山口県出身の人物を扱う作品も多い。

下関市立近代先人顕彰館・田中絹代ぶんか館の名誉館長として書き続けていたブログ「名誉館長のつぶや記」の3月20日の第279回「樹液の環流を聴く」が最終回となった。「わしら樵は、クヌギの樹液が環流する音を聴きながら、シイタケを栽培しとるんじゃ」、「毎朝、クヌギの樹液の環流する音を聴いているうち、その音がピタリと止むことがある。その日のうちに伐採したのを並べて枯らしたのを榾にして菌糸を打ちこむ。これが上等の椎茸を作る秘訣じゃ」という話に感激して色紙に書くようになったという逸話である。

初めて直木賞候補となった40歳から、候補は数年おきに10回に及び、25年越しの65歳でようやく宿願を果たし、その後も作品を書き続けた。「樹液の環流を聴く樵のようでありたい」は絶筆の中にある郷土作家・古川薫の「志」である。長州・山口という大木の中の樹液のごとき人々と、その環流である歴史を樵のように耳を澄まして聴き続け、上等の椎茸のような作品を上梓し続けたこの遅咲きの継続の人に学ぶべきことは多い。

5月6日

松下圭一（まつした・けいいち）

歴史の変化のなかに現実の構造変化をみ、また現実の構造変化を推し進めて歴史の変化をつくりだす。

日本の政治学者。マルクス主義全盛の時代潮流において大衆社会論を引っさげて論壇に登場し、地方自治のイデオローグとして活躍した。

「新しい時代は新しい言葉を必要とする」との考えからの松下の造語は「自治体改革」「政策法務」「情報公開」「市民参加」「シビル・ミニマム」……など多く、かつキレがいい。そしてその多くは今では普通に使われている。

1929.8.19 ～ 2015.5.6

シビル・ミニマム（生活権）は私の大学生時代に話題になって、一時「都市問題研究会」（都市研）をつくろうとしたことを思い出した。もしつくって活動していたら、その後の私の歩みも変わっていたかもしれない。

日本政治学会会長、日本公共政策学会初代会長をつとめたこの学究による現代批判は聞くに値する。そういえば、２０１０年に自治体議会政策学会で講演をしたことがある。対象は地方自治体の議員、つまり超党派の県議会議員、市町村議会議員で１８０名だった。会長の竹下譲先生によると、10年前に立ち上げたのは松下圭一だった。

○市民保護に不可欠の、原発についての地域防災計画などの策定にも充分に対応できていない。基幹道路が一本しかない原発すらある。自治体は無責任、国は見識なし。

○2世、3世がふえて幼稚化しがちな政治家、官僚、経営者、同調する学者、記者といった「政官業学＋マスコミ」には、市民良識で対抗させたい。

○未来に向けての予測・企画という、マクロの問題解決能力の欠如もいちじるしい。

　絶筆となった85歳の自身の手になる『私の仕事』が、簡潔で明快に生涯の軌跡を記している。小学生時代の町内会費集め、旧制高校時代の市民文庫通い、大学での学生新聞編集長、丸山眞男ゼミでの活動などから始まる生涯の歩みは亡くなるまで同じ道であった。

　松下圭一の方法は「歴史の変化のなかに現実の構造変化をみ、また現実の構造変化を推し進めて歴史の変化をつくりだす」であり、「市民起点の自治体改革から始まる市民型構造改革」が立ち位置である。そのためには、価値合意を求めるための「構想力」の訓練が必要であるとする。

　思想―構想―現場―改革―思想という思考循環は、「現場」を熟知した理論形成であり、深い説得力と広い影響力があり、自治体職員など実務家にもファンが多かった。

　その松下は、最晩年には日本沈没を予感し、市民社会構築への課題を提起して逝った。現今の社会を眺めると、その課題は的確であると改めて感じ、身が引き締まる思いがする。

5月7日

安宅英一（あたか・えいいち）

人でも、ものでも、結局のところは品ですね。品格が大切です。

1901.1.1 〜 1994.5.7

かつての総合商社安宅産業の会長で、同時に芸術のパトロン。安宅英一は神戸高商を出て、父の安宅弥吉の安宅商会に入る。

弥吉は禅の研究家・鈴木大拙の援助者としても有名で、「君は学問の道を貫き給え、私は商売に専念して一生、君を支える」と言い、生涯にわたって大拙に資金援助を行なった。

英一は30代半ばから陶磁器や音楽に関する活動を始めている。35歳で双葉山の後援者になった英一は、50歳のとき、安宅産業の事業の一環として美術品購入が認められると本格的な蒐集を開始する。戦後のシャウプ税制によって美術品の大量流出が起こり、速水御舟の作品を一括買い上げたところから、コレクションが始まる。そして速水御舟の作品に加えて韓国陶磁、中国陶磁という三つのジャンルからなる安宅コレクションが完成していく。

54歳で会長になった英一は、58歳で中村紘子に会い、

60歳では日本音楽コンクールに安宅賞を設けている。64歳で相談役、67歳、最大の理解者となった日経新聞の後の社長・円城寺次郎と出会う。74歳のときに起こった巨大な債権の焦げ付きでコレクション購入を停止。79歳、コレクションを大阪市に寄贈。93歳、死去。

福岡市美術館で開催された「安宅コレクション　美の求道者・安宅英一の眼」を観た。総合商社安宅産業は経営危機から1977年に伊藤忠商事に救済合併されたが、残っているのは会長だった安宅英一がつくりあげた東洋磁器の1000点に及ぶ安宅コレクションだけである。曲折あって今は安宅コレクション1000点を擁する大阪市立東洋磁器美術館になっている。

音楽の安宅賞は、年間12〜16名で500万円の規模の賞である。英一は若い音楽家に対しても海外留学や滞在の支援をしている。声楽家の中山悌一、バイオリニストの辻久子、声楽家の大橋国一、声楽家の五十嵐喜芳、ピアニストの田中希代子、柳川守、中村紘子、チェリストの堤剛、ピアニストの野島稔などが安宅英一の援助で巣立った人たちだ。

安宅英一に美術品購入で仕えた伊藤郁太郎によると、大きな戦略を立てる、決して急がない、入念な戦術、考えられる限りの手を打つ、というコレクターとしての執念の塊だった。金があればコレクションができるわけではないのだ。

伊藤の『美の猟犬　安宅コレクション余聞』を読みながら、コレクターという人生を全うした安宅英一のことを思った。企画展が「安宅英一の眼」となっているのは、その眼が選んだものを展示するという意味で、ものの背後にある安宅英一の眼を感じてもらいたいということだろう。コレクターという人種にも興味が湧く。

もの自身をして語らしむことを念じていた安宅英一は文章をほとんど残さなかったが、言葉は残っている。「ものは、三顧の礼をもって迎えるべし」。「人にお辞儀しているわけではなく、その後ろにものが見えるのですよ。ものに向かってはいくらお辞儀してもし過ぎることはありません」。冒頭に掲げた「人でも、ものでも、結局のところは品ですね。品格が大切です」という名言は、手触りの肌合いが心地よい品のある質感と、格の高いひびきの調子が大事なのだという考えだろう。ものは人である。

5月8日

テレサ・テン

わたしはチャイニーズです。世界のどこで生活していてもわたしはチャイニーズです。

1953.1.29 〜 1995.5.8

台湾出身の歌手。１９７０年代から１９９０年代にかけて、中華文化圏全域、日本、タイ、マレーシアなども含めたアジアにおいて広く人気を博した歌手であり、生前から、そして没後も「アジアの歌姫」と呼ばれている。作品の累計売上は、控えめに見積もっても1億枚を超えるという。

テレサはクリスチャンネーム。テンは本名の姓「鄧」の中国語音をウェード式表記し、英語読みしたものである。鄧麗君とも書く。テレサ・テンは北京語に加えて台湾語、広東語、日本語、英語に堪能で、山東語、マレー語、フランス語などの言葉も話せた人だった。

日本での「つぐない」、「愛人」はそれぞれ１５０万枚、「時の流れに身をまかせ」は２００万枚の大ヒットになった。

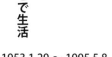

たまたまみていたＮＨＫ『うたコン』は昭和の歌姫を対象とした番組で、冒頭はテレサ・テン特集であり、久しぶりにその歌声を聴き、姿をみた。日本でも今なおファンが多い。フィギュアスケートの浅田真央は休養発表後に「時の流れに身をまかせ」が心の支えになり、「何がしたいのか思い浮かばなかったが、言葉を聞いて、自然のまま任せればいいんだと気持ちが楽になった」と語っている。この人の歌は影響力があった。

ニックネームが多い。いわく、アジアの歌姫、台湾の美空ひばり、「軍人の恋人」（台湾）、香港一番のアーティストなど。１９８６年には、米タイム誌によって世界七大女性歌手の一人に選ばれている。タイのチェンマイで1995年5月8日、42歳で逝去したときには、ニューヨーク・タイムズも惜しんだし、中国でも「中国青年報」が大きく報じている。

遺体は火葬されず、遺体防腐処理などを施されて土葬され、没後50年は生前の姿であり続ける。なお、台湾でこのような形で眠っているのは、蒋介石、その息子の蒋経国、そしてテレサ・テンの三人というから、台湾での存在の重みがわかる。

天安門事件がテレサ・テンの運命を変えた。天安門事件は胡耀邦総書記が「百花斉放・百家争鳴」を再提唱して言論の自由化を推進し「開明の指導者」として支持を集めたが、保守派に敗れて失脚。後任は同じく開明派の趙紫陽となった。1989年6月4日（日曜日）に、胡耀邦の死をきっかけとして、天安門広場に民主化を求めて集結していた学生を中心とした一般市民のデモ隊に対し、中国人民解放軍が武力で鎮圧、多数の死傷者を出した歴史的大事件である。趙紫陽失脚後には、保守派の江沢民が総書記になった。

テレサ・テンの歌は「昼は老鄧が支配し、夜は小鄧が支配する」と言われたほど、中国の民衆に深く浸透していた。老鄧は鄧小平であり、小鄧はテレサ・テンである。天安門事件の影響で、1990年に予定されており、テレサ・テンの夢であった両親の生まれた中国本土での初のコンサートも中止になった。この事件以降、「わたしのこれからの人生のテーマは中国と闘うことです」とテレサ・テンは政治的発言をするようになる。

中国本土以外の国に住んでいる中国籍も持つ華僑や、移民である華人たちは、中国人（チャイニーズ）としての誇りを強く持っており、政治体制の違う自身の経済活動を営む国に貢献しながら中国本土の動向を見守っている。そういう複雑な彼らの心理と意識がテレサ・テンの冒頭の発言によく現れている。「私は自由でいたい。そして、全ての人たちも自由であるべきだと思っています」と言うテレサ・テンは作家の三浦しをんが言うように「才能と知性と感受性にあふれた」女性であった。

2000年には中国のGDPは日本の4分の1だった。没後、20数年経った今、日本の3倍の経済力を持つようになりつつある中国の躍進と政治体制をテレサ・テンはどのように見るだろうか。

5月9日

安藤太郎（あんどう・たろう）

経営の一番のキーポイントは情報処理。情報が不的確だと明確な企業ポリシーはできてこない。

1910.1.3 ～ 2010.5.9

宮城県出身の実業家。安藤太郎は住友銀行常務時代に「都銀懇話会」で活躍した。当時の都市銀行の経営ビジョンは、富士銀行の松沢卓治常務（後の会長）、三菱銀行の黒川久専務（後の副頭取）と安藤の三羽烏だった。

安藤は1974年に副頭取から住友不動産社長に就任し、石油ショックで経営難に陥った同社を多角経営で立て直した。「三井や三菱の上になるには、新たにカネをつくる方法を考えなくてはいけないんだよ」という考えだった。「浮利を追わず」という住友グループの方針から他の企業からの批判もあったが、物件ごとに市場から金を集めるというシステムを考案し、東京の都心の千代田、中央、港区の土地を買いまくる積極経営で、三井不動産、三菱地所と肩を並べるまでに押し上げた。この時代の財界・経営関係の雑誌では安藤はよく登場していた記憶がある。誕生日は私と同じなので気になる存在ではあった。

2002年に完成した住友不動産の象徴ともいえる泉ガーデンタワーには泉屋博古館分館があり、2010年に訪問した。住友家の旧蔵品を蒐集した京都の（財）泉屋博古館が、広く鑑賞の機会をつくったのだ。住友コレクションとして世界的に有名な中国古代青銅器、そして明末清初の作品を中心とする中国絵画のコレクションは、住友家第十五代の住友吉左右衛門友純（春翠）が30年に亘って集めた蒐集品が根幹でそれらを堪能した。

安藤の積極経営の資源は「情報」だった。確度の高い情報を入手し、吟味し、明確なポリシーをつくりあげて、組織と集団に方向感を与えて戦いに勝利する。それは都銀懇話会でライバル銀行の俊秀との切磋琢磨で磨き上げ身につけたやり方だったのであろう。安藤太郎は、98歳で健康を害する2008年まで住友不動産の相談役として過ごしている。自宅で、老衰で亡くなったのは、100歳だった。

5月10日

難波康子（なんば・やすこ）

やはりエヴェレストは大変である。登った人はどんな形にせよ尊敬する。

日本の登山家。１９７５年の田部井淳子に続き、21年後の日本人女性２人目のエベレスト登頂者である。47歳での登頂は女性最高齢登頂記録である。

１９８０年—モンブラン（４８１０ｍ）登頂。

1949.2.7 ～ 1996.5.10

１９８２年１月１日—キリマンジャロ（５８９５ｍ）登頂。１９８４年１月１日—アコンカグア（６９６０ｍ）登頂。１９８５年７月１日—マッキンリー（６１６８ｍ）登頂。１９９２年８月１日—エルブルス５６４２ｍ）登頂。１９９３年１２月29日—ヴィンソン・マシフ（４８９２ｍ）登頂。１９９４年11月12日—カルステンツ・ピラミッド（４８８４ｍ）登頂。その集大成として１９９６年５月10日にエベレスト（８８４８ｍ）登頂に成功した。それで七大陸最高峰登頂が完成した。女性セブンサミッターとなった。

事前に難波は「６つ登ったから７つ目を登る」と淡々と述べていた。この快挙は日本でも大きく報道されたが、その直後に下山途中の悲報が伝えられた。

多くの著名登山家はスポンサーを獲得することで膨大な資金を調達し、登頂後にメディアへの露出を高めて、さらなるスポンサーを獲得し、次の大きな挑戦に繋げてきた。それに対し難波康子は費用のすべてを自分の収入から支払った。スポンサーをつけなかった難波康子はメディアへの露出が無く、他の登山家と比較するとまったくの無名の登山家であった。

遠征で長期休暇を取得する前には、同僚に負担をかけないように土日まで働いていた。

トレーニングのために高層ビルの階段を駆け登ったり、自宅から2時間ほどで行ける丹沢の大山を走って登ったり、ときには朝早く家を出て八ヶ岳を登り、その日のうちに帰ってくるなどということもやっていた。キャリアを中断させることなく、自身の収入と休暇だけで七大陸最高峰登頂を成し遂げたという面では、新しいタイプの登山家であった。

難波は国際宅配のフェデラル・エクスプレスの人事部に所属するＯＬだったから苦労も多かった。遺品となったノートに女性がヒマラヤに挑戦する困難さを次のように記している。

「働いていなければ資金が難しい。働いているとバケーションの問題。周りの理解。男性隊にまじった場合には登らせてやるという感じ。結婚・出産・子供の問題……」

冒頭の言葉のように難題をクリアーした女性登山家を尊敬したのだ。女性登山家の抱える難題の山はエベレストよりも高かったかもしれないことを想像させる。

5月11日

亀倉雄策（かめくら・ゆうさく）

人生のなかだるみの第一波は40代後半。問題の第二波は50代半ばにくる

1915.4.6～1997.5.11

日本のグラフィックデザイナー。

膨大な仕事をこなした亀倉雄策の代表作はフジテレビジョンの旧シンボルマーク（8マーク）や日本電信電話（NTT）のマーク（ダイナミックループ）、1964年東京オリンピックのポスター、サンケイアトムズ、ニコンFおよびヤクルトスワローズのユニフォームなどである。

デザイナーは芸術家であると同時にビジネスマンでもあるから、今現在の時点で認められなければ意味がない仕事である。亀倉は「デザインというのは不思議なもんでねぇ、毎日毎日やっていないとダメなんです」とデザインの世界を渡っていく。

「賞というものは、その時代のひとつの鏡だ」と述べているとおり、1960年から1990年にかけて、つまり45歳から75歳までの30年間に内外の数々の賞を受賞している。紫綬褒章、朝日賞、毎日芸術賞、勲三等瑞宝章、日本文化デザイン大賞、ワルシャワ国際ポスター・ビエンナーレ金賞・銀賞、ブルノ・グラフィック・ビエンナーレ銀賞・銅賞、ラハチ・ポスタービエンナーレグランプリ……など時代とともに疾走したことがわかる。

そして没後に亀倉の業績を讃えるとともにグラフィックデザインのさらなる発展をめざして亀倉雄策賞が遺族の寄付により設けられている。第1回受賞は15歳年下の第二世代の田中一光である。

亀倉雄策の名は宮城大時代に野田一夫学長が学内の長い渡り廊下の一角に「亀倉雄策コーナー」をつくったときに初めて知った。1964年の東京オリンピックの100m競争の選手達が一斉にスタートを切る場面を描いたポスターの作者が亀倉だった。

デザイナーがわくわくと胸をおどらせる瞬間は、作品の校正刷りをみるときだ。興奮と戦慄、自信と不安……。上出来の場合は「やった！　ざまーみろ！」と叫びたくなる。そして「デザイナーでよかった」と心が明るくなる。これは亀倉雄策の叫びである。私にも著書を刊行するときにも同じような感覚に襲われることがある。やはり作品の誕生は心躍るのである。

人生は人と人とのつながりで成り立っている、これが亀倉の人生観だ。若いときにつながった人がひとかどの人物になっていく。草野心平、三浦朱門、滝口修造……。　人生の幸福は人との出会いとつながりにある、これが亀倉の幸福感だ。

文化功労者に選ばれた時期に書いた著書『直言飛行』では、人生を考えるようになる「中だるみ」の第一波は40代の後半にやってくるという専門の医者の説を紹介している。問題の第二波は50代半ばにくるという。この説に当てはめると、40代後半で私は大学への転身で中だるみの第一波を乗り切ったということになる。また50代半ばから新しいテーマである「人物記念館の旅」に熱中していったのも説明できそうだ。70代半ばに書いた亀倉雄策のこの説には納得する。

5月12日

蜷川幸雄（にながわ・ゆきお）

大きい物語を書くことを恐れるな。

1935.10.15 ～ 2016.5.12

日本の演出家、映画監督、俳優。

若いころから自意識過剰であった蜷川幸雄は、自伝『演劇の力』で自己との絶えざる格闘を行なった傷だらけの人生であったと述懐している。

東京芸大の受験失敗で、生々しい感情を吐き出せるのは演劇だろうと劇団員になる。売れない俳優人生であったが、32歳ごろから演出を手がける。50歳のころに演出の仕事でようやく食べられるようになるのだが、50代は肉体の故障と精神の憂鬱から長いトンネルの時代だった。

神経過敏にならなくても演出できるようになったのは60歳のころ。演劇世界での孤立感をバネに演出の仕事に没頭し、60代は仕事の場が広がった。２００６年に55歳以上を集めた劇団高齢者劇団ゴールド・シアターもつくっていて、テレビで高齢者集団の演劇の稽古を指導する姿をみたが、迫力があった。

「ゴールド・シアターの劇団員を見ていると、『高齢者』とひとくくりにするのは本当に危険だとわかるよ。60歳より80歳がふけているかというとそうじゃない。個々でまったく違うからね」。

命を刻みながら書いているオリジナルの才能の劇作家が歳をとって、小さな物語に収斂するのをみると、裏切られた気持になり、違和感を感じた蜷川は、70代にさしかかると「パンクじじいになる」と宣言し時代を疾走する。世界的にみても50歳を過ぎて優れた演出を続けた演出家はいないから、遅咲きの蜷川幸雄は特異な存在である。

仏壇を模した舞台で行なわれる『NINAGAWAマクベス』は1987年にロンドンで上演し絶賛される。この作品は自身でも傑作だと思っていたようだ。巨大な仏壇の中で魔女が語り、マクベスが苦悩し、殺人を冒す。私はこの演劇を観たのだが、日本人と共有できる記憶の磁場として巨大な仏壇を配置するアイデアには驚いた。

「記憶と、現在起きている出来事が、どれだけ観てる人の心の中に残っていくかの勝負だ」と蜷川が言うように、今でも美しい映像として強い印象で残っている。

「若い人はデジタルの中にアナログの感覚を持ち込んで欲しい。身体的な触覚や生理感覚。表現や人との関係もきっと広げられるよ」

受賞歴は以下。菊田一夫演劇賞、文化庁芸術祭演劇部門大賞、テアトロ演劇賞、芸術選奨文部大臣賞、読売演劇大賞（第20回に大賞と最優秀演出家賞）、松尾芸能賞、毎日芸術賞、朝日賞、朝日舞台芸術賞（グランプリ、特別大賞）、紀伊國屋演劇賞個人賞など、多数の受賞がある。2001年に紫綬褒章、2004年秋に文化功労者、2010年秋に文化勲章（75歳）を受章。海外では、2002年に英国名誉大英勲章第3位。2005年にWalpoleメダル、2010年に米国ケネディ・センター国際委員会芸術部門ゴールド・メダルを受章。

「昨日と今日のおまえは違うだろ。昨日からの一日で経験した何かを足さなければ、その演技は過去のもの。常に新しいものを提示する意識を持て！」

「自己模倣するようになったらみっともない。人ってハードルを越えていくことで成長するものでしょ」

「人と違うことをやることで、なんとか自分の存在証明をしたかったんでしょうね。人と違う、すごいものを作りたいっていう思いだけはありました」

というように、蜷川の姿勢は生涯変わらない。それが魅力だ。

小さなつぶやきで成り立つ演劇は、現在の社会の姿と同じだからインパクトはない。演劇の場所は大きな物語を語ろうとするところにあるのだ。こういう蜷川幸雄の時代に対する強烈なメッセージは、私には小さな物語ではなく大いなる物語を描こう、矮小な計画ではなく遠大な構想を持て、そして閉塞的な状況を突破せよ、と聞こえる。

5月13日

瀬戸雄三（せと・ゆうぞう）

リーダーは不満や行動ができない理由などを引き出して負担を取り除かねばならない。

1930.2.25〜2013.5.13

日本の実業家。

絶頂期に入社した時から、30年続く転落で「夕日ビール」と揶揄されたアサヒビールの社長としてスーパードライを無敵の商品に育て上げた人である。

１９９２年に社長になって「キレとコク」のスーパードライに「鮮度」を加える。社内の軋轢を乗り越えて製造後20日以内の出荷を10日と宣言し、その後も手を緩めることなく5日にするという目標を達成している。製造から物流にまで徹底的に改革したのだ。97年にはスーパードライはついにナンバーワンになった。現在では3日以内となっているそうだ。

日経新聞「私の履歴書」が元となった自伝『月給取りになったらアカン』（日経）を読んで、たたき上げの営業マンのファイトあふれる、足が地に着いたリーダー論に共感した。

○よい人材をいかにやる気にさせるかがリーダーの役目である。

○リーダーは演出家である。

○社長業は駅伝と同じだ。必死で走り、順位を上げて、バトンを渡す。

○リーダーは、目標を達成するために組織の先頭に立って一番つらい仕事をする。

○リーダーは情報の坩堝《るつぼ》でないといけない。

○経営者は、明快な方針をわかりやすい言葉で組織に示し、組織をダイナミックに動かしていくことが重要だ。

波瀾万丈な企業人生を送り、「変化と挑戦」を続けた瀬戸雄三のリーダー論の中で、私は不満や理由を取り除き現場の負担を解消するという考えに共鳴する。現場の本音の「生」の情報に接して、情報の坩堝となって問題のありかをとらえるべきだ。スーパードライと同様に問題の「鮮度」に敏感に反応し、明快な解決策を講じ、すぐさま実行していく。そのサイクルをまわす役目が目指すべきリーダー像であろう。

5月14日

鈴木俊一（すずき・しゅんいち）

節目節目に古井（喜実）さんという人がいろいろな形で登場するんです。

1910.11.6～2010.5.14

日本の政治家、内務・自治官僚。第9～12代東京都知事。1933年（昭和8年）の内務省入省以来、国家公務員26年、東京都公務員24年、準公務員12年、計62年を地方行政に関係する仕事に一貫して従事し、東京都知事を4期16年つとめた。生涯現役で「官」の世界を生き抜いてきた人物である。

大学入学時から、内務省に入り知事になるか、外務省で外交官になるかを考えた末に3番で内務省に入る。強大な権限を持っていた総合行政官庁である内務省はGHQによって解体されるのだが、鈴木は最後の人事課長だった。

1979年に都知事に就任したときには、一般会計2000億円、公営企業1500億円、計3500億円の赤字を背負っていた。処方箋をつくり、実現し、財政再建を果たしていく。内部改革では、職員定数のカット、退職手当の削減、管理職ポストの削減、特殊勤務手当を削除、シルバーパスの制限、敬老金の改定、機構改革……。

私立高校への助成。環状線の建設。地下鉄12号線。多摩都市モノレール。都庁。都立大。国際フォーラム。東京武道館。葛西臨海水族館。江戸博。多摩中央卸売市場。

姉妹都市。新宿副都心。東京オリンピック。地震対策。都民住宅。ゴミのリサイクル。架橋。圏央道。臨海副都心。首都高。営団地下鉄。メトロポリタンテレビ（MXテレビ）。羽田空港沖合展開。大阪万博……。圧倒的な仕事量に感銘を受ける。

都知事引退は1995年であるから、1959年から1967年まで8年間の副知事時代を含め24年にわたって首都東京の内外の整備に邁進している。出身が今の北多摩の昭島市であり、三多摩格差の解消にも力を入れていた。まさに地方行政の生き字引だった。

鈴木はまっとうな官僚であり、大向こうをうならせるような言葉は吐かないが、粕谷一希が企画し御厨貴のオーラルインタビューで仕上がった475ページの大著『官を生きる　鈴木俊一回顧録（都市出版）』では、いくつか面白いことを言っている。

「終戦といってごまかしているけど、とにかく戦争で負けたことははっきりしている」と笑いながら語っている。敗戦ではなく終戦という言葉はやはりごまかしだったようだ。

「小選挙区制というのは政党構成が二大政党あるいは数個の大政党になっているという現実がないとなれない」。1955年の五十五年体制がそれであった。野党の分裂という現在の政治状況は小選挙区制にはふさわしくないということだろう。

「大蔵省は金、内務省は人」。内務省は地方行政の核となるゼネラリストを育てる風土があった。護民官という言葉があるように、地方は人が行政をやるところなのだ。

防災については、他のところで「市民が自分たちの安全を自分で守るのも当然のことである。公的機関が登場するのは、個人の守備範囲を超えたときのみで、災害当初、市民は『公は何もしてくれない』と思うぐらいの覚悟が必要だ」との見解を示している。

都知事4選の選挙では真向法で柔らかい体を見せて驚かされたことが記憶にある。

「地方自治の巨星」鈴木俊一は2010年に99歳で死去。わずかに数カ月100歳に届かなかった。この人の立派な経歴の中でも古井喜実という若いときの上司がたびたび登場する。これほどの人でも大きな転機には必ずこの先輩に相談している。やはり、人には仰ぎ見る「師匠」が必要のようである。

5月15日

高坂正堯（こうさか・まさたか）

古典を読んでわからなければ自分をアホだと思いなさい。新著を読んでわからなければ、著者をアホだと思いなさい。

1934.5.8 ～ 1996.5.15

日本の国際政治学者。「近代の超克」を唱えた哲学者・高坂正顕の次男。師事した猪木正道は高坂の没後に、「高坂は僕が教えた中では、ピカイチの天才だった」と回想している。

高坂の弟子には中西輝政、出口治明などがおり、多くの研究者を育成した。「阪神戦の為に休講」にするほど熱烈な阪神ファンだった。また囲碁も強かった。升田幸三を二番続けて破ったほどの囲碁の打ち手でもあった。

論壇にデビューした当時は坂本義和らの「非武装中立論」が注目を集めていたが、高坂はその道義的な価値を認めつつ実現可能性の難しさを指摘、軍事力の裏付けのある外交政策の必要性を主張し、堂々と論争した。後に論敵・坂本の書の書評では「私は敬意と共に異論を称えたい」という言葉で結ぶなど最後まで先輩に対する礼を失わなかった、という高坂を見い出した粕谷一希の証言がある。

　歴史を基礎的教養とし、その上に政治的事件の連続としての政治史を構築していった高坂の視点は、進歩史観ではなく、現実の社会や歴史は成熟してゆくが、やがて変質し崩壊してゆくものであるという古典的なペシミズム、保守主義に貫かれていた。英国史を趣味としていた高坂にとって大事なことは歴史への考察であり、構想であった。

　高坂の『現実主義者の平和論』『古典外交の成熟と崩壊』『文明が衰亡するとき』『宰相吉田茂』『海洋国家日本の構想』などから、今日の日本にも当てはまる言葉を、以下に拾う。
○善玉・悪玉的な考え方は、われわれ人間が行動力には勤勉でも、知的には怠惰な存在であることに原因している。
○第二党とは明日にでも実現できることを語る政党であり、異端とは、いつ実現できるか判らない理想を語る人々である。ともにその独自の使命を持っているが、その機能は全然異なるものである。
○今後ナショナリズムに精神的な価値を与えないことこそ、われわれのもっとも必要とすることなのである。いったんナショナリズムを崇高化すれば、それは絶対のものとなり、それ自身が目的となり、したがって妥協不可能なものとなってしまう。
○日本の外交は、たんに安全保障の獲得を目指すだけでなく、日本の価値を実現するような方法で、安全保障を獲得しなければならないのである。
　コメンテーターとしてテレビ朝日系の「サンデープロジェクト」にも出演したり、「朝まで生テレビ」の初期にもパネリストとして出演している。「世界まるごとHOWマッチ」のゲスト回答者でもあった。私は高坂のひょうひょうとした風貌と京都弁の柔らかい言動は主としてテレビを通じてしか知らなかった。今となっては恥ずかしい思いがする。

　29歳、『現実主義者の平和論』でデビューした高坂正堯は「私は下賀茂に住まう京都人として死にたい」とつぶやき、若くして惜しまれながら世を去った。

　この文章を書きながら、もはや古典となった感のある高坂正堯の書を含め、やはり古典に親しむべきであるとの想いを強くした。

5月16日

邱永漢（きゅう・えいかん）

人生とは、「お金」という煉瓦を「時間」というセメントで積み上げていく作業工程。

日本および台湾の実業家、作家、経済評論家、経営コンサルタント。日本統治下の台湾生まれ。父は台湾人、母は日本人。李鄧輝は台北高校の同級生。東京帝大経済学部卒。１９５５年『香港』で直木賞を受賞。食通・美食家としても有名。

1924.3.28 ～ 2012.5.16

お金儲けの神様と呼ばれた。日本ではドライクリーニング業、砂利採取業、ビル経営、毛生え薬の販売。ビジネスホテル経営の元祖でもある。台湾などではコーヒー栽培事業のほか、建設機械販売、高級アパートメント経営、パン製造販売、レストラン経営、漢方化粧品・漢方サプリメント販売、人材派遣業などの事業を営んだ。

膨大な著書から、人生のアドバイスの部分をピックアップしてみよう。

職住接近のすすめ、寝食を忘れる仕事に就く、お金と時間のバランス、多忙な人は忙しいとは言わない、時間の使い方は必要に迫られて覚える、自分に実行できないことは話さない、講演があると途中で執筆ができる、仕事を覚えるなら大企業には勤めるな、新しい成長産業に賭けよ、隠退時期をまず決めよ、安楽死の時代がくる、芝居と人生は退屈しないうちに終わらせるに限る、69歳で２５０冊の著書、年２００回の講演、お金の悩みは万人、根っこから引き抜いてマンネリの人生から抜けだす、名所旧跡より市場、時間は足りないぐらいがちょうどよい、死ぬまでにお金をきれい使ってしまう、志半ばで倒れるのが理想、年寄りとはつき合わない、鏡の中の自分を信じない、中金持ちで十分、お金は使って完成、お金を貯めようと思うなら天職を見つける方が先、貯蓄十両・儲け百両・見切り千両・無欲万両。

　最近では中国広州に出張したときに、『食は広州にあり』を読み、広州美人を娶り、白亜の洋館に在り、自ら包丁を手にする邱永漢の美食に関する蘊蓄を堪能した。「解説」では丸谷才一が食べ物に関する傑作を4冊あげている。その中の一冊だ。他は、木下謙次郎『美味求真』。吉田健一『舌鼓ところどころ』『私の食物誌』。檀一雄『檀流クッキング』。

　お金や株に関する著書が多く、文壇からは異端視されたが、人気は高かった。私も若いころには読んで参考にしていた。邱永漢は文筆業に志があったのだが、人から相談を受けて事業や資金運用についてアドバイスをしているうちに、自分で実験した方が早いと考え、好奇心と冒険心を発揮してさまざまな事業に手を染めた。お金の悩みはあらゆる職業、あらゆる年齢の人にまたがっている。悩みは秘密と重なっているから自然に天下の情勢に通ずるようになったという。充実した人生の鍵は、お金と時間の相関にある。

5月17日

古岡秀人（ふるおか・ひでと）

戦後の復興は教育をおいてほかにない。

1908.12.15 ～ 1994.5.17

編集者、出版事業家。筑豊炭田の監督の息子として生まれ、5歳のときに坑内事故で父を失い、母子家庭で苦労して育つ。1928年、小倉師範学校(現福岡教育大学)を卒業し、小学校で教師を務める。1935年に小学館へ入社し、相賀武夫のもとで働き、「小学三年生」編集部で頭角をあらわす。

1946年1月1日、学習研究社を創業。小学館の学習雑誌の成功を見習って「五年・六年の学習」を創刊し成功を収める。1982年二部上場。1984年一部に指定変更。社員数が2000名を突破してからも、合計80誌に及ぶ雑誌やあらゆる単行本の企画に関わり続け、大プロデューサーと呼ばれた。

一方で古岡秀人は、父を亡くした自らの苦労に鑑み、1980年に私財10億円に基づいた財団法人古岡奨学会を設立し、父を亡くした子どもに援助の手をさしのべている。

古岡秀人は、戦後の復興の中心テーマは「教育」だと考えて教育事業に邁進し成功する。私の中学・高校時代は、学研の学年毎の「コース」(例：高三コース)と旺文社の「時代」(例：高三時代)がライバルであった。私は学研派であり、毎月の配本を楽しみにしていたから、古岡のおかげで勉強に興味を持ったともいえる。

古岡は社員には早くから「高齢化時代に社会貢献できることを用意しておきなさい」と語っていた。現在の学研ホールディングスは、「教育」を基軸に出版事業、塾事業、教材・教具の制作・販売、保育園の運営に加え、創業者の言葉どおりに高齢者住宅、介護サービス等、医療福祉分野にも事業を展開している大企業となっている。

今日の学研の隆盛は古岡秀人の時代を見る「目」が冴えていたことを証明している。時代をどう見るかが事業の成否を決める。

5月18日

伊藤ユミ（いとう・ゆみ）

追いかけて追いかけて　すがりつきたいの　あの人が消えてゆく　雨の曲がり角。

1941.4.1 〜 2016.5.18

日本の歌手で、ザ・ピーナッツのメンバーである。ザ・ピーナッツの伊藤エミは双子の姉。

ほくろのある方が姉の伊藤エミで、ない方が妹の伊藤ユミだ。沢田研二と結婚し、後に離婚した姉エミは2012年6月、がんのため71歳で亡くなっている。

10歳のころ、NHK名古屋放送局の唱歌隊に姉のエミと共に所属し、ペアで歌うようになる。その後、名古屋市内のレストランで伊藤シスターズとして歌っていたところを渡辺プロダクションの社長、渡邊晋にスカウトされ、1959年2月11日、ザ・ピーナッツとして歌手デビューする。ヒット曲を連発させ、国民的人気を博して昭和の歌謡史に大きな足跡を残した。

テレビ創生期だった1961年、日本テレビ系の音楽バラエティ番組「シャボン玉ホリデー」の司会に起用された。またフジテレビ系の歌謡番組「ザ・ヒットパレード」のレギュラーに抜擢された。この二つの番組はよく見た記憶がある。発売したシングル、LPの累計売上は1000万枚以上。ユミは、引退後はファッションデザイナーになった。

冒頭に掲げた「追いかけて追いかけて　すがりつきたいの　あの人が消えてゆく　雨の曲がり角」で始まる「恋のフーガ」（作詞：なかにし礼。作曲：すぎやまこういち）、そして「哀しいことも　ないのになぜか　涙がにじむ」で始まる「ウナ・セラ・ディ東京」（作詞：岩谷時子。作曲：宮川泰）、「京都　大原　三千院　恋に破れた女がひとり」で始まる「女ひとり」（作詞・永六輔。作曲：いずみたく）など、今でもかわいらしい姿と高い歌唱力と魅力的なハーモニーが甦ってくる。歌は人びとの人生に影響を与える。亡くなって気づくことが多いのだが、歌手という存在は偉大である。

七代目　中埜又左ヱ門（なかの・またざえもん）

〝衛〟には守るという意味があり後ろ向きであるが、〝ヱ〟は工夫の〝エ〟にも通ずる。

1922.11.28 ～ 2002.5.19

七代目　中埜又左ヱ門。日本の経営者。半田市名誉市民。尾張国半田（現在の愛知県半田市）の醸造家で、ミツカングループの創業家・経営者である中野又左衛門家（初代当時）の当主が受け継ぐ名である。初代は１８０４年（文化元年）中野又左衛門家を興した。

１９５２年、六代又左衛門の後を継ぎ長男の政一が中埜酢店の社長に就任する。30歳の政一が社長になってまっ先に手がけたのは、酢の全面びん詰めである。そのための高額な機械の購入など資金が必要だった。戦後の農地解放などで、資産の大半を失っていた中埜酢店や中埜家には余裕はなく、融資を受けるために複数の銀行を奔走した。

１９５４年にはオートメーションによるびん詰めがスタート。さらに１９５６年には卓上酢びんを開発する。徹底した生産の合理化を推し進めるとともに、東京工場、福岡工場、大阪工場、栃木工場を次々と新設していった。

高度成長期には「１００％醸造はミツカンだけ」、「この子には、まじりけのないものを与えたい！」のキャッチフレーズで純正食品キャンペーンを展開し、確かな品質と安全性を訴えた。さらに、食生活の変化をいち早く捉えて、味ぽんやドレッシング、中華調味料、おむすび山などの新製品を開発し、次々に世に送り出してヒットさせ、ミツカングループを今日の総合食品メーカーへと押し上げた。

　１９７１年にはサンキストグロワース社との提携をスタート。１９７７年には「ナカノＵＳＡ」を設立。米国の食酢有力企業ＡＩＣを買収して本格的なアメリカ進出をはたし、東部や中西部でも買収を進め、全米有数の食酢企業となった。七代目は１９８３年の年頭挨拶で「売り上げ１千億円達成」を唱え、その目標も１９９３年ごろには達成している。創業から２００年を超えた現在のミツカンは売上高２４８６億円（２０１６年度）、従業員２９００名の大企業となっている。

　１９６０年の七代目の襲名にあたり又左衛門を又左ヱ門に改めると発表した。「〝衛〟には守るという意味があり後ろ向きであるが、〝ヱ〟は工夫の〝工〟にも通ずる」という理由だった。

　歴史的な名前をそのまま受け継ぐのではなく「新しいミツカンを作り上げていく」という決意の表れだった。七代目は自らの名前を書くとき、見るときには、この決意を思い出していたであろう。初心を忘れないように自らを励ます仕掛けだったのだ。その心意気が七代目を「中興の祖」に押し上げたのである。

5月20日

牧野剛（まきの・つよし）

曲がったキュウリ。

1945.9.24 ～ 2016.5.20

日本の評論家、市民運動家。河合塾講師。

名古屋大学文学部国史科では社会主義学生同盟マルクス主義戦線派として活動。職を得た河合塾では、成績の低い学生のためのベーシックコースや大検コースである「コスモ」などの創設を提案し実現させたアイデアマンであった。１９８４年の大学共通一次試験国語現代文問題と同じ出典の文章を直前の河合塾全統模試で出題、「問題を的中させた」として一躍大学受験界の寵児となっている。

参議院愛知県選挙区再選挙、愛知県知事選挙、名古屋市長選挙などに立候補する際は、立候補者に議論を持ちかけることが目的であると語っていてそのとおり落選。１９８８年に予定されていた名古屋オリンピックへの招致反対運動にも参加するなど、政治の誤りを正す運動や政治を行なう者への直接的な議論を求めるなど、政治的な活動をすることで知られていた。

河合文化教育研究所に作家の小田実、精神医学の木村敏、哲学の廣松渉、フランス18世紀研究の中川久定、東洋史の谷川道雄の４人の学者を同時に主任研究員として招いている。

１９９６年には、「日・中・韓の大学入試統一試験を社会的・文化的に比較分析する」という東アジア三国の入試を考えるプロジェクトを発案し、三国にわたる衛星シンポジウムを実現させた。広い視野で教育問題や入試問題を考えていた。

80年代に「予備校文化」というものが、それまでの公教育や大学の既成の制度の間隙を縫って世の中にクローズアップされてきたとき、先がけて河合塾で率先して創り上げ、広く予備校文化を文化たらしめようとした。

やりたいことをやり、全力疾走した充実の人生だった。最後の著書は『原点としての恵那の子ども時代』（あるむ、２０１６年）だった。

河合塾の名物講師であった牧野剛の「曲がったキュウリ」を合い言葉に、弱者の視点に立って権力の腐敗を衝く姿勢は、多くの学生の共感を呼んだ。現在の立憲民主党の辻元清美は教え子である。

「曲がったキュウリ」は八百屋などで選別されてしまい、お店に並ばずに処分されてしまうことが多いが、まっすぐなキュウリと比べても味は変わらず、むしろ強いという意味である。それは弱者に向けての励ましの言葉である。牧野剛は曲がったキュウリに未来を託そうとしたのだ。

5月21日

藤山寛美（ふじやま・かんび）

順番を待っているだけの人間には永久に順番が来ない。

1929.6.15 ～ 1990.5.21

日本の喜劇役者。

新派の二枚目役者だった父・藤山秋美よりも役者としても人間としても寛大になれという意味で、寛美という芸名がついた。「あんまり下手やと、草葉の陰でお父さんが泣きはるで」と母が言いつのるのに対して、「お母はん。どの辺の草むらで泣きはるの」と訊いたという逸話も寛美らしい。

「遊ばん芸人は花が無うなる」というお茶屋を経営していた母親キミの教えを守り、金に糸目をつけず豪遊した。「北の雄二（南都雄二）かミナミのまこと（藤田まこと）、東西南北藤山寛美」と言われ、戦後の上方を代表する遊び人として多くの逸話を残した。銀座のクラブのドアマンに車をチップとしてプレゼントするなど湯水のように金を使いまくった。その結果は現在の価値で10億前後の負債となり破産し、松竹をクビになる。

　松竹新喜劇は寛美がいなくなると火が消えたようになり、寛美を呼び戻す。それから20年、２４４カ月連続無休公演という世界記録を樹立した。大阪、京都、名古屋、東京、地方巡業で、１カ月のうち25日は、昼３本、夜３本の公演、その他の日は稽古という猛烈な日々であった。公演の回数としては３万回を越えるという途方もない記録である。

１９５９年から寛美のアホ役の集大成ともいえる舞台「親バカ子バカ」のテレビ放送が始まり全国にファンをつくった。私はこの番組で家族と一緒に大いに笑ったものだ。

ただ、家族との関係は悪く、寛美は自宅でダジャレをいうと、「何が面白いのん?」「しょうもない事言うてんとはよ食べ!」と冷たくあしらわれていたそうだ。

寛美の楽屋には「芸」の一文字が掛けられていた。辞世の言葉は「いい脚本はないか　いい芝居がしたい」だった。

「わしはいいぞ。せやけどな、お金を払って見に来てくれるお客さんに、そんな芸でええんか!」

１９５１年の「桂春団治」では、寛美に与えられたのは主役の渋谷天外に「ツケを払うとくなはれ!」というセリフだけだったのだが、アドリブで延々とアホ役を続け、人気が沸騰した。

やはり、寛美はただ順番を待つ人ではなかった。与えられたチャンスで出番をもぎ取る。その姿勢を生涯貫き、ついに喜劇王となったのだ。順番を待つだけの人には永久に順番は来ない。至言である。

5月22日

平岩外四（ひらいわ・がいし）

タフでなければ生きていけない。やさしくなければ生きている資格がない。

愛知県常滑市出身の財界人、経営者。東京電力会長、第七代日本経済団体連合会（経団連）会長。

1914.8.31～2007.5.22

平岩は「Cool Head,Warm Heart」が好きな言葉だった東京電力「中興の祖」木川田一隆社長の「地獄のしごき」で徹底的に鍛えられた。「アレはどうなった」「うん、コレだ」という二人のアレコレ問答は今では東電の神話になっている。

社長就任時には師事していた安岡正篤から王陽明の「冷に耐え、苦に耐え、煩に耐え、閑に耐え、激せず、躁がず、競わず、随わず、もって大事をなすべし」という言葉を書きつけた書をもらった。平岩は自宅に掲げて、毎朝この言葉に励まされながら出勤した。老電と揶揄されるほど高齢化していた役員人事も焦らず納得ずくで若返りを成し遂げている。このときの考え方は「大国を治むるは小鮮を煮るが若くす」という老子の言葉だった。

勝海舟の「事いまだ成らず小心翼々。事まさに成らんとす大胆不敵。事すでに成る油断大敵」という言葉も常に心にあった。

意外な感じもするのだが、遊べば遊ぶほど人間の幅が広がるという平岩は、野球・乗馬・テニス・麻雀・パチンコ・映画・古書店巡りなどを愛好していた。

関西電力の小林庄一郎が「地位が上がるにつれて資質

に磨きがかかって大きくなった人」と語ったように日々成長を続けた人であった。

平岩外四自身の言葉をみてみよう。

「問題意識があるところに常に進歩がある」「経営は常に逆境との闘いです」「経営者は今こそ〝志〟を持ち、企業は理想を追求していかねばならない」「辞める時には相談してはいけません。自分で決めないとだめです」「地球・市場・人間という三つのキーワードを基本にして問題を解決する際には〝共生〟という考え方が大切だ」。

1976年の東京電力社長就任に記者会見で座右の銘を尋ねられて答えた「タフでなければ……」はアメリカのハードボイルド作家・レイモンド・チャンドラーの小説の中で私立探偵フィリップ・マーロウが吐いた言葉である。ビッグビジネスのトップの言葉としての意外性から話題になった。殺人的スケジュールをこなすタフさとお客様へのやさしい経営を志したのだ。平岩は組織運営について言ったのだが、人びとは個人の生き方についての言葉として共感の波が広がった。私もその一人だった。蔵書は3万冊に迫る財界随一の読書家であった平岩だからこそ選んだ名言である。

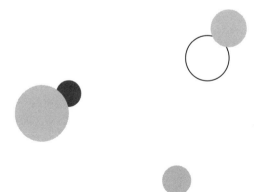

5月23日

熊井啓（くまい・けい）

未覺池塘春草夢（いまださめずちとうしゅんそうのゆめ）

1930.6.1 〜 2007.5.23

日本の映画監督。多くの監督作が「キネマ旬報」ベスト・テンに選出され、ベルリン国際映画祭やヴェネツィア国際映画祭の各賞を受賞した。日本を代表する社会派映画の巨匠である。

1964年「『帝銀事件・死刑囚」で映画監督デビューしてからは、「日本列島」（1965年）、「サンダカン八番娼館　望郷」（1974年）、「日本の熱い日々　謀殺・下山事件」（1981年）、「日本の黒い夏　冤罪」（2001年）といった日本の近現代の社会問題や社会事件を主題とした作品をつくった。

職業的生命を賭けた「黒部の太陽」（1958年）は、空前のヒットとなった。高校生時代に石原裕次郎主演のこの映画をみたが、それは熊井啓の作品だったのだ。山崎豊子は「じかに日本人の魂に訴えて来る巨大な感動感」と言い、荻昌弘は「この映画がみつめようとしたのは……我々『人間』が、何かものを『作る』ことの意味――それであった」と熊井の真意を理解した発言をして、勇気をもらっている。

「忍ぶ川」（1972年）、「天平の甍」（1980年）、「海と毒薬」（1986年）、「千利休　本覚坊遺文」（1989年）、「深い河」（1995年）、「愛する」（1997年）といった作品は、日本の文芸作品を原作とし、人間の生と死を見つめた作品である。

「家庭にトラブルがある人は良い仕事が出来ません」、「本はいくらでも買え、勉強のための出費は惜しむな」と後に作家となった妻・明子に語っていたという。

2008年に「安曇野市豊科交流学習センター　きぼう」の中に、妻が寄贈した1600点以上の貴重な資料をもとに、その業績を顕彰するため、熊井啓記念館ができた。

熊井啓監督を「知的生産の技術研究会」でお呼びして「映画作法」の話をしてもらったことがある。私が入会する以前だったので、又聞きになるが、緻密で真面目なとても人柄の良い人物だったそうだ。奥様も協力してくれた由。

朱子がつくったと言われている「偶成」という漢詩がよく知られている。「少年老い易く　学成り難し　一寸の光陰　軽んず可からず　未だ覚めず池塘　春草の夢　階前の梧葉　已に秋声」。若者はアッという間に年をとり、しかし学問はなかなか完成しない。少しの時間でも軽々しく過ごしてはならない。池の堤の若草の上でまどろんだ春の日の夢がまだ覚めないうちに、階段の前の青桐の葉には、もう秋風の音が聞かれる。

妻からは偽悪的で韜晦的でもあったとも評された熊井啓は、色紙を求められると「未覺池塘春草夢」と書いた。その夢とは映画をつくることであり、強じんな精神力をもって意気軒昂な姿でその夢を生涯持ち続けた。熊井啓は少年の志を持ち続け、実現した人である。こういう気概がものを生み出すのだ。

5月24日

西丸震哉（にしまる・しんや）

やりたいことを、やれる時にやってしまえ。

1923.9.5 ～ 2012.5.24

日本人の食生態学者、エッセイスト、探検家、登山家。

珍しい「震哉」という名前は、関東大震災の直後に生まれたための命名である。農水省の異色官僚であった西丸は、57歳で自主退官し、「食生態学」を提唱する。現役時代には、映画『ノストラダムスの大予言』に関わる。この映画には、西丸の思想の相当な影響があった。

１９９０年に出した著作『41歳寿命説』は衝撃的で大きな話題になった。その主張は、１９５９年以降に生まれた日本人の半数は41歳で死滅する。そしてその前後10数年の間で、同世代の8割が死んでしまうということだった。食と環境という生存条件の悪化は、ナチスのガス室と同じになるからという理由だった。環境問題が騒がれていたこともあり、この衝撃的なメッセージは世間を驚かせた。当時、この本を私も読んだ。しかし、この予言は結果的には当たらなかった。

一方で、輸入量が半分以下になったとき、不足分を自給可能なものの大増産で補えるよう態勢を整えよという食糧危機を想定した警鐘は、現在の日本の食糧自給率38％が、先進国では圧倒的に低い状況になっている危ない状態を先取りした主張であった。

西丸の１９８０年の退官以来の足跡は以下。台湾山脈、パプアニューギニア、アマゾン熱帯雨林、アラスカ、南北両極圏など世界の秘境を踏破。科学、医学、天文など幅広い分野に精通。作詞・作曲、絵画。日本旅行作家協会常任理事、日本山岳会役員、日本熱帯医学協会顧問。なだいなだが提唱した老人党に賛同。上田哲、立川談志とともに老人党東京の代表の一人。

２００８年には長野県大町に西丸震哉記念館が開館している。活躍の軌跡を伝えるコレクションや、関連資料を展示する記念館だ。パプアニューギニアの部族に関するコレクション、珍しい蝶の標本、探検登山時代の写真やスケッチ、絵画なども展示されている。41歳寿命説を提唱した本人は90歳近くまで、やりたいことをやれるときにやって、名前の通り、世間を震わせたのである。

5月25日

米原万里（よねはら・まり）

よく聞きなさい、私は美人作家じゃなくて美人なのよ。

日本のロシア語同時通訳、エッセイスト、ノンフィクション作家、小説家である。

1950.4.29 ～ 2006.5.25

日本共産党の幹部党員だった父の仕事の関係で、在プラハ・ソビエト学校で学ぶ。東京外語大学ロシア語学科卒。東大大学院露語露文学専攻修士課程修了。共産党に入党したが、後に除名された。33歳ごろから第一級のロシア語会議通訳として活躍。ペレストロイカ以降のイベントの通訳を担当し、エリツィン来日時の通訳をつとめた。１９８０年ロシア語通訳協会初代事務局長、後に会長。

語学の才能のある美人であり、そのことが原因となる独特の経験と、ものの見方がユニークでファンが多く、名エッセイストとしても名を馳せた。44歳の『不実な美女か貞淑な醜女（ブス）か』は読売文学賞、46歳の『魔女の1ダース』は講談社エッセイ賞、51歳の『嘘つきアーニャの真っ赤な真実』は大宅壮一ノンフィクション賞、52歳の『オリガ・モリゾウナの反語法』はBunkamuraドゥマゴ文学賞を受賞していることからみても相当な腕前だったことがわかる。

「高等数学の記号を扱うような細密さで言葉をあつかい、しかも笑顔のような見えない言葉も見逃さない」と、言葉の魔術師・糸井重里が、この魔女の魅力を語っている。

　通訳という仕事は翻訳とは違って、生身の人間が相手だから、観察力のある人にとって、ネタの宝庫である。そしてその言語はロシア語であったため、独特で得がたい現場を持っていたことになる。そこはエッセイスト米原万里にとって人間観察の泉となっていた。米原万里の義弟にあたる井上ひさしは、「エッセイとは自慢話のことである」という名言を吐いたが、シモネタと駄洒落をこよなく愛した米原万里の自慢話は、知的で優雅で不敵であった。

　米原はよく「美人作家」と呼ばれていたが、その尊号を拒否する。作家の中での美人というのはおかしい。作家は美しいかどうかは関係がない。だから自分は「美人」だとのたまった。同じロシア語に堪能で言葉に厳しい作家の佐藤優が、「米原さんは美人作家ですから」と言ったら、このように怒られたという。

　米原万里の名は、さまざまの作家のエッセイに愛すべき、尊敬すべき人として登場するのを見ていたのだが、今となっては56歳で夭折した同世代のこの人の肉声を聞けなかったのを残念に思う。

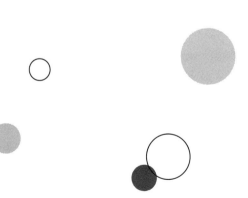

5月26日

山村聰（やまむら・そう）

どうしても出演したい。

1910.2.24 〜 2000.5.26

日本の俳優・映画監督。神戸一中、一高、東京帝大文学部というコースをたどったインテリであった山村は、研究劇団「太陽座」を経て映画俳優となった。生涯で195本の映画に出演している。

山村聰は日本映画界において最も風格のある名優であった。さて、風格とは何か。風格の前につく言葉を拾ってみよう。「堂々たる」、「一種の」、「独自の」、「大人の」、「長者の」、「サムライの」、「清澄な」……。そして風格の後に続く言葉は、「が増す」、「がある建物」、「ある人物」、「のある顔」、「のある相撲取り」、「の漂う」などがある。

『仮名論語』を発刊した伊與田覚は、「自己自身を修めるにはあまり効果を期待せず、静々と人知れずやられるといい。それを三十年、四十年とずっと続けていくと、風格というものができる」と語っている。また木内昇は『櫛挽道守』の中で、「なんともいえねえ味があるで、風格、いうたらええじゃろうか。一朝一夕では出ねえ味だ」という説明を職人にさせている。

山村聰は、映画では、島村抱月、高村光太郎、米内光政、山本五十六、松前重義などを演じた。テレビドラマでは、大石内蔵助、徳川家康、柳生宗矩、保科正之、平賀源内、新井白石、水野忠邦などの役を演じた。トヨタクラウンのCMにも出ている。私も映画やテレビで山村聰の重厚な演技を堪能してきた。山村聰はまさに風格のある俳優だった。

日米合作の「トラ・トラ・トラ」は、黒澤明監督の降板事件があり、後任監督の人選は難航したが、「ハリウッドの映画制作に興味がある」という深作欣二が舛田利雄とともに共同監督として登板した。その主役の山本五十六は山村聰が演じている。山村はオファーを受け「どうしても出演したい」と東映側と相談し、ドラマ「あゝ忠臣蔵」と同時並行で撮影に臨んだ。風格俳優・山村聰の俳優魂を感じる逸話である。

山地進（やまじ・すすむ）

教育は大切だからね。

1925.5.12 〜 2005.5.27

総務事務次官を経て日本航空社長、会長。

東京大学工学部造船工学科を卒業。更に法学部政治学科へと進む。運輸省に入省。１９８１年から総理府に転じ、１９８４年に新設された総務事務次官に就任。１９８５年に辞任し日本航空常勤顧問。同年８月、日航ジャンボ機墜落事故が発生し、12月に代表取締役社長に就任。１９８７年には完全民営化を実現させた。副会長を経て１９９１年６月に会長となる。１９９８年に相談役を経て２００４年に名誉顧問。

話題となった山﨑豊子『沈まぬ太陽』では、１９８５年の御巣鷹山墜落事件処理のために時の中曽根首相（利根川）が１９８６年に鐘紡代表取締役会長の伊藤淳二（国見正之）を会長にすえ、天下り官僚の山地進（海野昇）を社長にしたという想定になっている。

私のビジネスマン時代の30代半ば以降は、山地社長、利光社長の近くで仕事をし、辞めるときは近藤社長から激励されたことを思い出した。山地社長時代は広報課長であり、毎週のようにブリーフィングを行なった。社長室での報告や決済、そして雑談と思い出は尽きない。「君たち、社長になんてなるもんじゃないよ」と言われたことがある。案件はすべて決まってからくるし、選択できるのは昼飯の「蕎麦かうどんか」だけだと、ユーモアを交えながらの説明に、部長以下、笑ったこともあった。

山地さんは、日本酒の大吟醸を日航のファーストクラスに載せるプロジェクトを実施したときの社長で、この件で何回か接触した記憶がある。シンセサイザーの富田勲先生とタッグを組んでのプロジェクトだったが、10年間搭載が続き評判もよかった。発端は山地社長だった。

後日、関係者と神田和泉屋で酒宴を持ったときにお招きしたが、体調が悪くお目にかかれなかった。しかし、電話でお話することができた。私には「相変わらず絵を描いているか？」「教育に頑張っているか？」「体調が戻ったらまた大吟醸を飲みたいな」という言葉をかけてもらった。

1997年の私の宮城大への転出にあたって山地会長に挨拶に伺うと、「君は個性派だったからね。会社にとっては明らかに損失だが、本人にとっては、その方がいいだろう。教育は大切だからね」と励ましていただいた。「教育は大切だ」という言葉が耳にこだましながら仕事をし続けてもう20年を越えた。

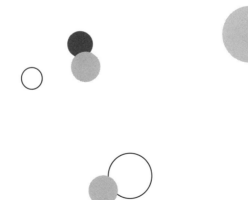

5月28日

藤村富美男（ふじむら・ふみお）

私の終生のライバルは、鶴岡（一人）さんただ一人です。

1916.8.14 ～ 1992.5.28

広島県呉市出身のプロ野球選手・監督・解説者。

呉港中学の投手として夏の甲子園大会で優勝。決勝で当たった熊本工業の川上哲治から3連続三振を奪っている。凱旋時の呉市民の熱狂ぶりは、連合艦隊入港以上のものだったという。

職業野球のタイガースではピッチャーをやりながら、二塁、一塁、三塁を守った。そして37インチの物干し竿と呼ばれた長いバットを振り回した強打者でもあった。川上の赤バット、大下の青バットに対抗し、「色を塗るだけなら誰でもできる、自分は他人の真似のできないバットを使おうと考え」、藤村はゴルフのドライバーをヒントに運動具店に長尺バットを作らせたのだ。２０１８年現在、アメリカのメジャーリーグで活躍する大谷翔平の「二刀流」の先輩なのである。

戦時中の１９４３年には敵性語の追放があった。野球連盟は新用語を通達し、ストライクは正球、ボールは悪球、ヒットは正打、そしてストライクは1本、２本を数え。三振はそれまで、アウトは「ひけ」と呼んだ。

戦後の１９４６年には選手兼監督という二刀流で、投手としては13勝２敗、防御率２・27。打者としては打率３割２分３厘という堂々たる成績を挙げた。１９４７年以降は不動の４番打者として、史上最強といわれた「ダイナマイト打線」を象徴する存在となった。１９５０年に打者として３割６分２厘で首位打者となって翌年も３割２分を打ってからは打者に専念した。

生涯記録をみよう。投手としては10年で34勝11敗（最多は13勝）、防御率は２・34。打者としては19年間でホームラン２２４本、打点１１２６、打率３割（最高は３割６分２厘）。年間１９１安打は１９９４年にイチローに破られるまで44年間日本プロ野球記録であった。１９４９年の46ホームランは、１９４８年青田昇、川上哲治の記録25本を一気に21本更新。「阿修羅の藤村」「猛打、猛守、猛走」と評したジャーナリストもいた。日本で最初のサイクル安打を記録し、これを2度達成している。藤村富美男はプロ野球創成期を代表するスター選手であった。

1956年の広島戦で9回裏二死満塁から三塁ベースコーチに立っていた選手兼任監督・藤村は「ワシが代打や」と球審に告げて打席に入ると、左翼に豪快な代打・逆転・サヨナラ・満塁本塁打を叩き込み試合を決めた。これが最後のホームランとなった。

藤村は初代ミスター・タイガースと呼ばれた。ミスタージャイアンツ・長嶋茂雄は、「藤村に憧れて三塁手になった」と公言している。また世界のホームラン王・王貞治の一本足打法は、川上監督が藤村のフォームを参考にしたものである。

少年時代の沢村投手、現役時代の川上、別当など、気になる存在はいたが、藤村にとって南海ホークスで活躍した同じ呉出身の同年生まれの初代「ミスターホークス」で、プロ野球史上最多勝監督・鶴岡一人が終生のライバルであった。リーグは違ったが、その活躍を横目に見ながら、自分を鍛え、磨いていった野球人生であった。終生のライバルの存在は大きい。

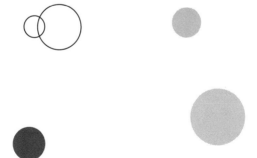

5月29日

新藤兼人（しんどう・かねと）

私は仕事をして生きてきた。その仕事の中に私自身が含まれていると私は思います。仕事とは、私であり続けること、私とは何かを考え続けることなんです。

1912.4.22 〜 2012.5.29

日本の映画監督、脚本家。1997年に文化功労者、2002年に文化勲章。

1933年、徴兵検査が終わったころ、「すごい映画に出合った。尾道の〝玉栄館〟という映画館で見た。山中貞雄監督の『盤嶽の一生』で、人の生き方を考えさせる、知恵の働いた映画だった。『これだっ』と思った、突然ね、映画をやろうと思った」。

33歳、1945年秋に書いた「待帆荘」がマキノ正博によって「待ちぼうけの女」（1946年）として映画化され1947年のキネマ旬報ベストテン4位となり初めて脚本家として実力が認められた。その後、シナリオライターとして活躍。

1949年に独立プロダクションの先駆けとなる近代映画協会を設立した。1951年、「愛妻物語」（乙羽信子主演）で39歳にして宿願の監督デビューを果たす。遅咲きの監督だ。1952年、原子爆弾を取り上げた映画「原爆の子」を発表。チェコ国際映画祭平和賞、英国フィルムアカデミー国連賞、ポーランドジャーナリスト協会名誉賞など多くの賞を受けた。このころ、主演の乙羽信子と愛人関係となる。

以降は自作のシナリオを自らの資金繰りで監督する独立映画作家となり、劇団民藝の協力やカンパなどを得て数多くの作品を発表。1960年「裸の島」を制作し、1961年モスクワ国際映画祭でグランプリを獲る。

出生した「広島」と「性と人間」をテーマとし、手がけた脚本は370本にもおよび、多くの賞を受賞した。監督に加え、脚本家、プロデューサー、経営者、教育者、著述者など多彩な活動を行なった。１９７８年に乙羽信子と再婚。

近代映画協会は１９６０年代に１００近くあった独立プロのうち唯一成功し、現在も存続し、映画作品を送り出している。日本のインディペンデント映画の先駆者であり、多くの門下生を育てた新藤監督の業績を讃えた新人監督のための「新藤兼人賞」がある。

１００歳を迎え、東京都内で誕生会が開かれ、集まった映画人を前に「これが最後の言葉です。どうもありがとう。さようなら」と挨拶した。２０１２年5月29日、老衰のため東京都港区の自宅で亡くなった。満１００歳であった。

「自分は世界で唯一の貴重な存在なんだと考えることが大切なんです」と言う新藤は、「私の財産は、挫折なんです」と言うほど挫折が多かったが、それを財産として成長を遂げた。新藤は、映画人という天職に70年以上の期間を費やした。それは自己発見と自分づくりの１００年におよぶ仕事人生であったのだ。「人は死んでしまうが、死なない人もいるのだ」。残した作品には永遠の命があり、新藤兼人は死んではいない。

粕谷一希（かすや・かずき）

金は遣えば無くなるが、頭は使えば使うほど良くなる。

1930.2.4 ～ 2014.5.30

東京府出身の日本の評論家、編集者、出版事業家。

「名刺一つで総理にも乞食にも会える仕事はほかにはない仕事であり、苦労も多いが自由を満喫できるのが編集者である」と考え、粕谷一希は生涯一編集者として過ごした。「編集とは筆者とテーマの選択的構成である」と定義した粕谷は、イデオロギーを嫌った、保守感覚と現実主義の潮流を築いた名編集者だった。

大学を卒業して大正時代に花開いた中央公論社に入社。「中央公論」、「婦人公論」、「思想の科学」を経て、「中央公論」のデスク6年、そして１９６７年より編集長（３年）と、23年間を中央公論社で過ごした。この間、永井陽之助、高坂正堯、萩原延寿、山崎正和、塩野七生、庄司薫、高橋英夫、白川静などを世に送り出した。塩野七生も最初に『ルネサンスの女たち』を「中央公論」に書かされたし、寺島実郎も粕谷が目をつけて「中央公論」にデビューさせている。編集者は著者より偉い人が多いのだ。大編集者・粕谷一希は名伯楽だった。

１９７８年退社後も、１９８６年「東京人」編集長、「外交フォーラム」。１９８７年、都市出版社を設立するなど編集の道を歩む。

雑誌連載が単行本になった中で面白かったのは、松本重治『上海時代』と石光真人『ある明治人の記録――会津人柴五郎の遺書』であったと粕谷は回想している。私は粕谷の編集とは知らなかったが、いずれも熱中して読んだ名著である。

「戦後論壇は、京都人の梅棹忠夫と大阪人の司馬遼太郎が制覇した」という粕谷は、その流れをつくった人でもある。２００８年に大阪で開催された「梅棹忠夫先生の米寿を祝う会」で、粕谷は私の席の前に座っていた。この人があの粕谷一希かとある種の感慨を覚えたことがある。

「偉大なことをするのは、素人が多い」

「どのような栄耀栄華を得ようが、若き日の旧友の眼に耐えられない人生は空しい」

　筆者や作家の粕谷像は「賢者の風格。叡智の言葉。良き書生。編集者が死ぬと時代が変わる」などである。名編集者・粕谷一希の人物が匂うようだ。

「頭は使えば使うほど良くなる」は、夫人が観察した粕谷の口癖である。「日本が知的になるには、本を大事にするということから始めなければならない」、そのことが日本人を知的にすると信じていた。粕谷一希は、編集という天職を全うする中で、優れた人物との交流を続けながら、自らの生きた「時代」と格闘したのである。

5月31日

佐橋滋（さはし・しげる）

古今東西のそれぞれの分野で偉かったという人の教えを受けてみる。それが本を読むということである。

1913.4.5 ～ 1993.5.31

日本の官僚。通商産業事務次官。

城山三郎『官僚たちの夏』の主人公・風越信吾のモデルとされている。退官後は天下りをせずに、6年後に新設された、高度成長後の国民の余暇の充実をテーマとした余暇開発センター理事長に就任。「余暇開」は毎年「レジャー白書」を発表し、航空会社にいた私も参考にしていた。

強いリーダーシップと明晰な行動、大胆さ、面倒見のよさ、潔い出処進退……。過去の官僚像と異なる爽快なイメージは、各界において広く評価されファンも多かった。城山三郎は佐橋に高い評価を与え、佐橋のイメージ形成に大きく寄与した。『官僚たちの夏』は心躍りながら読んだものだ。

佐橋の佐藤総理批判は有名だ。

「総理大臣のポストが居心地がよいようでは困ったものである。……権力ポストには職務と責任が付随する。これを職責という。……利口と聡明とは違う。利口とは読んで字のごとく口先がうまいということである」

「えらい人と、えらい地位とは、必ずしも合致するものではない。……ほんとうにえらい人は、自らえらいと思わない人である」

佐藤を利口、あるいは利口ぶった人だと言ったのである。

佐橋は、現役時代は「ミスター通産省」と呼ばれた傑物であり、次官時代も歯に衣着せぬ言動で三木武夫通産省時代には、「佐橋大臣、三木次官」とマスコミが揶揄していたことも記憶にある。「実務家の発想は、今の時点で何をすべきか。将来に備えて今、何を準備し、何に着手しておいたらいいのか、から出発しなければならない」と考えていたから、その発言と政策は説得力があったのだろう。

現役のとき、酔えば必ず歌った「通産佐橋節」がある。「男なら」という歌に節を改作したものだ。「未練残すな浮世のことは　花は散り際　男は度胸　どうせ　一度は散るものを」から始まる。国士官僚の心意気がうかがえる。

「公務員のモラルは一国の道徳水準のバロメーターといわれる」

「由来、大蔵省は、決して自らまちがっていたということを言わない役所である」

「権威は、謙虚さと、英知と勇気があって初めて、権威にふさわしい正しさを持つものである」

「愚民の上に苛き政府有り」

と語る佐橋滋は、隠蔽・改ざん・嘘にまみれた感のある後輩たちをみたらどう思うだろうか。

佐橋は読書家で、『毛沢東語録』の大事な教えとして「愚公山を移す」を挙げ、それを生活態度にまで高めようと言う。愚公が90歳で家の前の山を他へ移そうと思い、箕で土を運んだ寓話である。知巧を用いず、勉めてやまぬときは、ついに大事業を成し遂げるというたとえだが、日本と中国国民党から中国共産党が政権を奪うという意志を示したこの説話は有名になった。『毛沢東語録』を熟読していることに、精神の柔軟性をみる想いがする。

知恵がある賢い人という意味で、人間は自分自身をホモ・サピエンスと呼んでいる。つまり「考える人」という意味であり、それは疑うことでもある。人間は、現場を持ちながら読書で昔の偉い人の教えを受けていなければ動物に成り下がってしまう。佐橋滋は現場と読書を往復しながら、疑う精神を持ち続けた人だった。

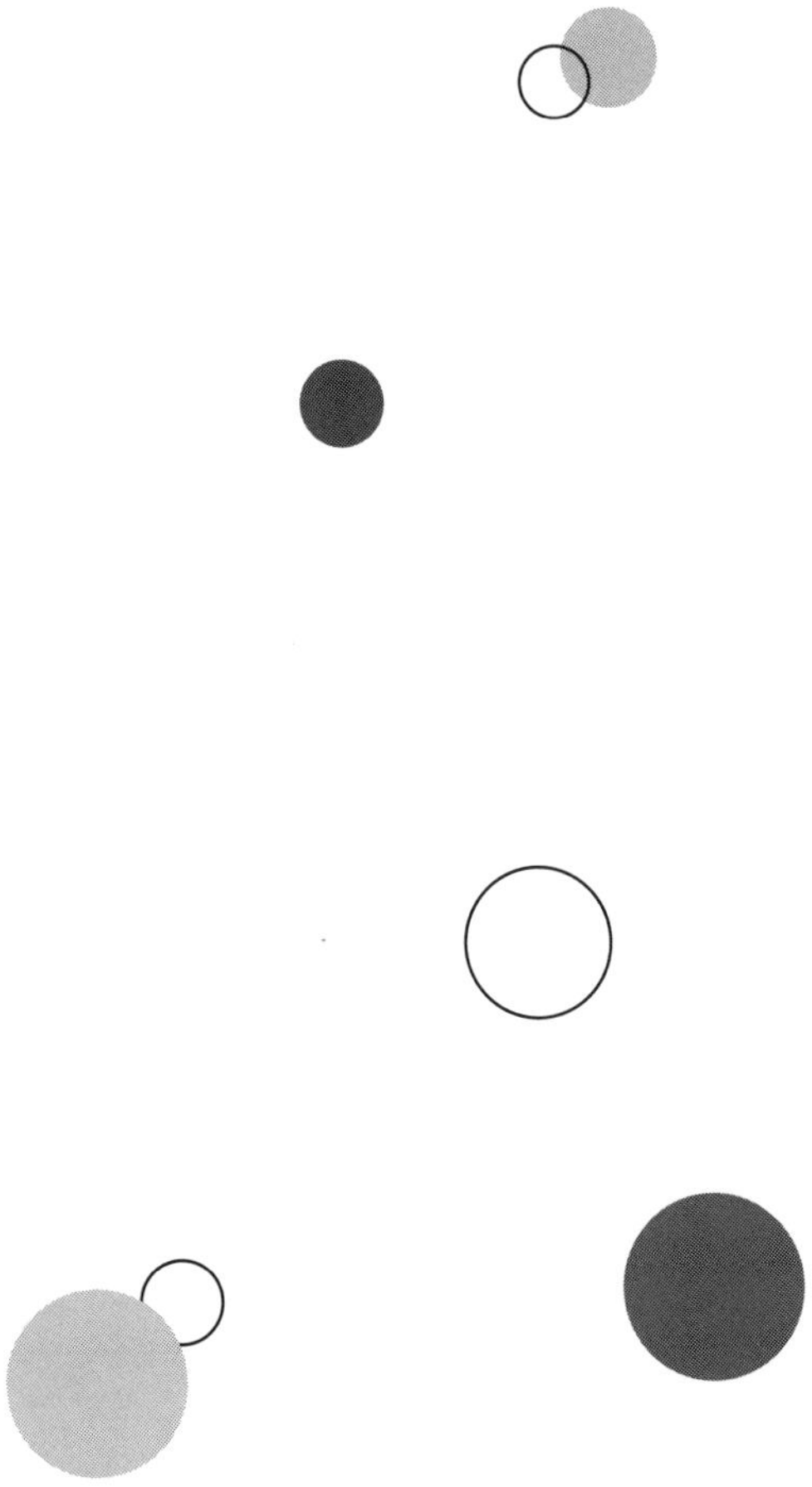

6月

水無月

松田道雄（まつだ・みちお）

いい小児科医は歴史家でなければならない。

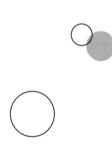

日本の医師・育児評論家・歴史家。

戦後、小児科の医師として診療する傍ら、平和問題談話会に参加。末川博、恒藤恭、田中美知太郎、桑原武夫らの知遇を得る。１９６０年に京都大学人文科学研究所の共同研究「革命の比較研究」などに参加する。１９７８年には武谷三男、野間宏、水上勉らとともに安楽死法制化を阻止する会声明発起人となった。

１９６７年に小児科の診療を辞め、執筆・評論活動に専念。代表作でベストセラーの『育児の百科』(岩波書店)をはじめ、数多くの著作がある。ロシア語史料に基づくロシア革命史研究の開拓者としても知られ、その分野の著書も多数ある。

１９４９年に『赤ん坊の科学』で毎日出版文化賞、１９６３年に『君たちの天分をいかそう』で児童福祉文化賞をそれぞれ受賞。死後、個人蔵書は「松田道雄文庫」として熊本学園大学に収められた。この大学には縁があるので、機会をみて訪ねたい。

この人の名は岩波新書『私は赤ちゃん』で知っていた。手元の本によると１９６０年第一刷りで、１９８９年時点で第44刷りのロングセラーだ。著者自身が赤ちゃんの目で周囲を観察した誕生から一歳半までの成長の過程を描いた不思議な作品だ。しかし読んでいてまったく違和感がなかった。授乳のしかた、衣服の調節、夜泣き、離

1908.10.26 〜 1998.6.1

乳、下痢、発熱、ひきつけ、予防接種など、、両親の不安を消そうという試みがよく書かれていて感心した。文章がやさしく、かつ実にうまい。名著である。

「あまり自信のある親は、よい親ではない。子どもといっしょに人生を探求し、いっしょにそだってくれる親がいい」

「一年間の育児で母親としておおくのことをまなばれたと思う。赤ちゃんも成長したけれども、両親も人間として成長されたことを信じる」

「赤ちゃんとともに生きる母親が、その全生命をつねに新鮮に、つねに楽しく生きることが、赤ちゃんのまわりをつねに明るくする」

　親がいらいらして子どもに対して平常心をもてないために子どもが緊張し、それが症状に出る。小児科医は診察を通じてその親子の格闘と成長を見つめ、励ましながら伴走する役割を持っている。主治医とは患者の歴史の目撃者であり、教訓の抽出者である。特に小児科医には子どもだけでなく親も含めた親子の歴史についての観察力が必要なのだろう。いい小児科医が歴史家であるとは虚をつかれる思いがするが、慧眼という外はない。

6月2日

羽田健太郎（はねだ・けんたろう）

来年は今年よりちょっとだけいい音楽を弾けるようになりたい。それだけを思って走っています。

日本の作曲家、編曲家、ピアニスト。
音楽活動はクラシック、ポップス、フュージョンなど多岐にわたり、劇伴音楽においても「西部警察PARTⅡ」、「渡る世間は鬼ばかり」のテーマ曲などが広く知られる。

1949.1.12 ～ 2007.6.2

桐朋音楽大学卒業後にスタジオミュージシャンとしての活躍を開始。人材が当時は乏しかったことから非常に重宝された。スタジオ録音全盛期の時代と、羽田の活躍の時期が重なったのである。羽田はクラシックとポップスの橋渡し的役目を果たし、タレント、司会者としても活動した。２０００年4月から２００７年5月までテレビ朝日系列の音楽番組「題名のない音楽会21」の司会を務めた。私もこの番組で顔を知った。

「音楽っていうのは喜びを10倍にしてくれる。そして悲しみを2分の1にしてくれる親友」

小学校では後の歌手小川知子と同級生であり、高学年になってからは毎学年1学期の学級委員は優等生の羽田と小川だった。小川知子は自伝で「私の初恋の人は羽田健太郎君」と語っている。

冒頭の言葉のように、少しずつ上手くなろうという意志は持っていたが、飲酒癖があり、50代に入ると体調を崩すことが多くなった。多彩な才能が過労を招き、それを乗り越えるために飲酒で紛らわそうとしたのであろう。健康管理の大事さを58歳で亡くなったハネケンの早い死は教えてくれる。

6月3日

モハメド・アリ

肯定の繰り返しが信念につながる。その信念が深い確信になると、物事が実現し始める。

1942.1.17 ～ 2016.6.3

アメリカ合衆国のプロボクサー。ＷＢＡ・ＷＢＣ統一世界ヘビー級チャンピオン。

１９６０年ローマオリンピックボクシングライトヘビー級で金メダルを獲得後にプロに転向。１９６４年にはソニー・リストンを倒して世界ヘビー級王座を獲得した。ジョージ・フォアマンとザイールで対戦し、一発大逆転を演じたタイトルマッチ（キンシャサの奇跡）や、ジョー・フレージャーとの死闘など、ボクシング史上に残る数々の名勝負を戦っている。通算３度のチャンピオン奪取成功と19度の防衛に輝いた。

１９６４年リストンを破り世界チャンピオンになったころから引退するまで、私もアリの大ファンだった。１９９６年7月19日、アトランタオリンピックの開会式で聖火を聖火台に点火した。病のため震える手で点火用のトーチに火を点けた姿は記憶に新しい。

アリはリングの中での戦いも素晴らしいが、リング外の戦いも見事だった。マルコム・Ｘと出会い、その思想に共鳴し、イスラム教に改宗。ベトナム戦争への徴兵を拒否したことにより米国政府と長期にわたって争い無罪を勝ち取った。ＷＢＡ世界ヘビー級王座、ＷＢＣ世界ヘビー級王座を剥奪され、3年7カ月のブランクがあった。

その発言は時代に大きな影響を与えた。以下、アリの名言を並べてみると、偉大さがわかる。

○カシアス・クレイは奴隷の名前だ。俺はそんなものを選ばないし、そんな名前はいらない。俺の名前はモハメド・アリという、自由な名前だ。俺に話しかけたり、俺のことについて話すときには、この名前を使うよう求める。
○チャンピオンはジムで作られるものじゃない。彼らの奥深くにある「何か」で作られるんだ。
○私は蝶のように舞い、蜂のように刺す。奴には私の姿は見えない。見えない相手を打てるわけが無いだろう。
○不可能とは、自らの力で世界を切り開くことを放棄した臆病者の言葉だ。不可能とは、現状に甘んじるための言い訳にすぎない。不可能とは、事実ですらなく、単なる先入観だ。不可能とは、誰かに決めつけられることではない。不可能とは、可能性だ。不可能とは、通過点だ。不可能なんて、ありえない。
○私が心から恐れるのは神の法だけだ。人が作った法はどうでもいいと言うつもりはないが、私は神の法に従う。何の罪も恨みもないベトコンに、銃を向ける理由は私にはない。
○私は神話を作り、神話の中で生きる。
○人間が困難に立ち向かうときに恐怖を抱くのは、信頼が欠如しているからだ。私は自分を信じる。
○想像力のない奴に、翼は持てない。
○日数を数えるな。日々を有意義なものにせよ。
○他者に貢献することは、この地球でのあなたの居場所に払う家賃である。
○人は世界一のゴミ収集人になれる。世界一のモデルにだってなれる。たとえ何をやろうと、それが世界一なら何も問題はない。
○俺は自分が誰よりも偉大だと思っている。自分で意識する前から、そう言っていた。何度も言っていたら、他の人たちも、俺が本当に偉大だと信じるようになったんだ。

モハメド・アリはリング内とリング外の戦いも素晴らしいが、そういったキャリアと人生から形づくられた思想と叡智のこもったメッセージも偉大だ。肯定が信念を生み、信念が確信を誕生させ、確信が実現と成功をもたらす。そのくり返しの軌跡が、奇跡の人を生み出したのだ。

アリは更に言う。「私ほど偉大になると、謙虚になることは難しい」。そうだろう。

6月4日

林隆三（はやし・りゅうぞう）

感情を込めないと、我々役者は。

1943.9.29 ～ 2014.6.4

日本の俳優及びナレーター。四谷で生まれ、物心ついたときは新潟・柏崎。小学校は仙台で過ごす。両親が山形出身であり、微妙に異なる方言の中で育つ。終生、人間の生の声としての方言にこだわり、渋みのある演技でドラマ、舞台などで活躍した。

１９７０年に木下恵介・人間の歌シリーズ「俄」（TBS）に初主演。その後、平賀源内の青春時代を描いた「天下御免」（NHK）に出演し、人気を博する。１９７４年には映画「妹」（藤田敏八監督）で秋吉久美子と共演し注目を集める。１９７７年、津軽三味線の名手高橋竹山の若き日を描いた「竹山ひとり旅」に、新藤兼人監督に請われて主演。津軽弁を駆使した鬼気迫る演技で一躍スターと認められ、第１回日本アカデミー賞の主演男優賞を受賞。

その後、テレビドラマは「森村誠一シリーズ」、「噂の刑事トミーとマツ」、「夢千代日記」、「ザ・ハングマン」、「誘惑」、映画は「時雨の記」、「郡上一揆」などに出演した。ドラマ「たけしくん、ハイ！」の頑固おやじから大河ドラマ「徳川慶喜」の重厚な松平春嶽役まで幅広い役柄を演じた。

ツアーでは３歳から習い始めたというプロ級のピアノを披露しており、「愛の讃歌」をよく弾き語りしていた。ライブでも「ボン・ヴォワヤージュ」を弾き語りして会場を沸かせていた。ヤマハのクラビノーバのCMでは「音楽をもっている人はひとつ幸せです」と語りながら、野外劇場で弾く姿を見せていた。

ボランティア活動にも積極的で、重度障がい者の施設に招かれたときには、「ふるさとの空のもとで」などを弾き語った。東北育ちであったことから宮沢賢治をライフワークとしており、短編童話集『虔十公園林（けんじゅうこうえんりん）』を太く、ソフトで、艶がある声で朗読した。

2011年の東日本大震災後は復興支援活動にも積極的に参加。前年に宮城・石巻市でロケを行ない、撮影では現地のエキストラの協力の下、完成させた映画「エクレール・お菓子放浪記」の公開にあたって、ギャラを全額、同市復興のために寄付した。

「『夢千代日記』の山根刑事は忘れることができません。素晴らしかったです」と共演した吉永小百合が語ったように、「感情を込める」ことができる名優だった。この人の渋い演技は私も好きだった。70歳で亡くなったが、もっと俳優の道を進んでいたら、さらに記憶に残る名演技を楽しめたのだろう。人には寿命がある。

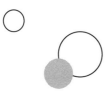

6月5日

佐藤棟良（さとう・むねよし）

大地に足跡を残せ。

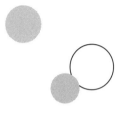

宮崎のフェニックスリゾート創業者。

佐藤棟良は年商１３００億円規模の紙の専門商社・旭洋を一代で築いた。故郷の宮崎にフェニックス観光を設立。バブル期に日本中が不動産投資で沸き立っていたころ、宮崎交通社長の岩切章太郎社長と、松形宮崎県知事と三人で宮崎を一大観光都市へ生まれ変わらせる構想を練った。その構想は総合保養地域整備法（リゾート法）の第1号指定である「宮崎・日南海岸リゾート構想」の中核施設「宮崎シーガイア」として実現する。官民一体の巨大プロジェクトである。

1919.1.1 〜 2015.6.5

　１９８８年、宮崎市内で第三セクターとして設立された企業の社長に就任。１９９３年に大型リゾート施設「シーガイア」を開業した。バブル期に策定された計画は総事業費６８０億円。世界規模の国際会議場、地上42階・地下3階のホテル、プロゴルファーのトム・ワトソン設計のゴルフ場、そして巨大な開閉式屋根を持つ室内プール「オーシャンドーム」があった。「オーシャンドーム」はギネスブックにも登録されるほどの規模だった。計画はどんどん過大になり、結局着工時は２０００億円を超えるものとなった。

　シーガイアにはＪＡＬ時代に訪問したことがある。確か社内の大きな会議がここで開催されたときだったと思うが、そのときに話題の大型ホテル、オーシャンドームなどを視察した。九州沖縄サミットの会場となるかもしれないとのことで、その施設も見学した。

　佐藤は「シーガイアは必ず世界遺産になる」と豪語していたが、開業時にはバブル崩壊の影響で客足が伸び悩み、累積赤字が拡大した。初年度入場目標数は２５０万人であったが、半数を下回る集客が続く。最大の年間入場者数は１９９５年の約１２４万人であった。２０００年の九州沖縄サミットでは外相会談が行なわれている。２００１年には遂に３２６１億円の負債を抱え、会社更生法を申請。アメリカの投資会社リップルウッド・ホールディング社が投資額の１割にも満たない１６２億円で経営権を取得し、県民の財産であったはずの施設は外資の手に渡ってしまった。２０１２年にはフェニックスリゾートの全株式をセガサミーホールディングスが取得し、完全子会社化している。

　佐藤棟良は、裸一貫で事業を興し、82歳にしてまた裸一貫にもどった。しかシーガイアは残った。「大地に足跡を残せ」という哲学は、皮肉なことに壮大な失敗の軌跡として実現したのである。

６月６日

なだいなだ

人間、とりあえず主義。

1929.6.8 〜 2013.6.6

精神科医・作家・評論家。

１９５５年、慶応病院医学部神経科に入局、精神科医として勤務するかたわら、文筆活動を行なう。医局には麻布中学の２年先輩の北杜夫がいた。

小説家としては６回芥川賞の候補に上るがとうとう受賞はならなかった。これは最多落選記録である。しかし『娘の学校』は１９６９年に婦人公論読者賞受賞、１９７５年に『お医者さん』で毎日出版文化賞受賞、１９９１年にベストメン賞（日本有職婦人クラブ）を受賞している。

精神科医師としてはアルコール依存症をメインテーマとし、７年間つとめた国立療養所久里浜病院ではアルコール依存症の治療方法を確立し、それは、「久里浜方式」と呼ばれた。

「今の日本の老人の不幸は、大学病院の老人専門の医者が、老人ではないことではないか」と言うなだいなだは、２００３年に『老人党宣言』という著書を出し、インターネット上のヴァーチャル政党「老人党」を提唱し、上田哲・立川談志・西丸震哉が賛同、老人党東京を旗揚げし話題になった。

「日本は強い国ではなく『賢い国』になれ」

「重要なのは意志じゃなくて意地なんです」

「取り締まる教育でなく見守る教育を」

「大人になると質問をしなくなる」

初老期では、今から取り組んでも中途半端に終わるのではないかと想い、大きなテーマに取り組む気持ちが萎えてきて鬱病になる。それでいいではないかと思えるようになったら鬱病はなおっていくと、この精神科医は言う。「とりあえず主義者」になればいいのだ。これがスペイン語の「nada y nada（何もなくて、何もない）」に由来するペンネームを持つなだいなだの主張である。完全でなければ、完遂しなければ、花開かなければ意味が無い、という強迫観念から脱し、とりあえず前に進もう。

6月7日

日高六郎（ひだか・ろくろう）

自由からの逃走

1917.1.11 〜 2018.6.7

日本の社会学者。

１９４１年東京帝国大文学部卒業。戦後、東大新聞研究所助教授を経て同教授。１９６９年、東大紛争の機動隊導入に抗議し、教授を辞職した。

市民運動家として「人間の解放とは何か」を問い続け、ベトナム反戦、水俣病、日米安保条約問題など現実の問題に積極的にかかわった。宿泊客らを人質に旅館に立てこもり注目を集めた１９６８年の金嬉老事件の際は、背景にある在日コリアン差別を指摘し、金氏を擁護した。

戦後民主主義と憲法擁護の立場から60年安保改定の問題点を論じたほか、ベトナム反戦の国民行動を呼びかけ、革新市民運動をリードした。戦争加担を拒否して脱走した米兵を援助する活動も、作家の小田実《まこと》や評論家の鶴見俊輔らと進めた。その後も、雑誌「市民」を創刊するなど、平和や教育、社会問題について発言し続け、市民運動の拠点として創立された「国民文化会議」の代表も務めた。

１９８０年代後半からはパリに住み、「九条の会」などの招きでたびたび帰国、講演やシンポジウムに出席した。

恩師の尾高邦雄教授は「日高君は思いつきと構想力の

天才である。それなのに、まだ自分の仕事らしい仕事を発表していない」と不満を語っていた。鋭いジャーナリスティックな感覚があり過ぎて、社会学から離れて現実の市民運動に深入りし過ぎたという思いであろう。

　日高六郎という名前は戦後のいわゆる進歩的文化人の一人であり、マスメディアで発言する勇姿はよく見かけたものだが、本日までその後もずっと生きて101歳の長寿を全うしたセンテナリアン（百寿者）である。

　ドイツの社会心理学者エーリッヒ・フロムの『自由からの逃走』を訳したことでも知られる。「人間の解放」を問い続けた日高は、自由を見つめていたのだろう。前近代社会の制度からの解放は「――からの自由」にとどまり、次の段階としての個人の諸能力の表現という「――への自由」にまでは届かなかった。「――からの自由」は得たが、孤独や責任という新しい恐怖に直面することになり、自由を手放したくなる。それがヒトラーを生んだのだ。日高六郎は高い次元の「――への自由」の存在する社会を夢見た。それは自我の確立した市民が自由に表現できる社会であり、それを実現する運動に生涯を賭けたのであろう。

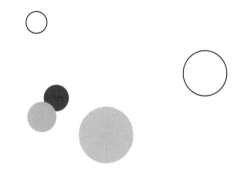

6月8日

青木定雄（あおき・さだお）

常識的なことをしっかりやることが、これが革命なんです。

1928.6.23 ～ 2017.6.8

青木定雄（通名）は、日本の実業家。在日韓国人一世。ＭＫタクシー創業者。

15歳で韓国から渡日。23歳、立命館大学中退。32歳、ミナミタクシー創業。41歳、ＭＫシステム（コストカットで浮いた利潤の83％を乗務員に還元。銀行支店長並の給与を目指す）を採用。49歳、桂タクシーを吸収しＭＫタクシーを設立。66歳、代表取締役会長を退任。73歳、経営破綻した三つの信用組合の事業を引き継いだ韓国系近畿産業信用組合の代表理事会長に就任。青木定雄は交通と金融の革命児となった。

１９７２年、急病・急用・出産対応の深夜ステーション。１９７５年、学士ドライバー採用。１９７８年、救急タクシー（赤十字の救急員資格）。１９８３年、身体障害者割引制度。１９９２年、全車両禁煙。１９９５年、阪神・淡路大震災に救援無償タクシー派遣。2割が英語で観光案内。ライセンスがあればサービス料として10万の追加収入、ライセンス獲得者のうち年間5人をイギリス留学、20万円の追加収入。動く情報デパート、待合室。運賃値下げで運輸省を提訴し勝訴……。

「教育がすべてなんです」という青木定雄は、月に9回の社員向けセミナーを実施。大学教授やお寺の管長が講義するなど、自身の講義も含め教育に全精力を傾けた。

ＭＫ精神とは奉仕と親切の精神であり、人本主義を標榜する世直し企業を一代で創業した。結果的に、日本のタクシー業界を一段階グレードアップした。京都のタクシーではトップ。全国で9番。「エレガント・カンパニー」のいい商品、いいサービスで9位。日経流通新聞の「商品ブランド」では、3位……というように、社会的評価も高かった。ＭＫタクシーの斬新な経営改革は、メディアで大きな話題になった。東京への進出時には街で見かけて、私も試したことがある。

　消費者からみて当たり前の常識を、自らの企業で徹底して工夫を重ね、実現していったという印象が深い。それが社内の意識を改革し、さらに業界と地域を越えて波及していき、世直しが実現しているという思いが青木定雄にはあった。経営手法や評価には、嫉妬も含めて賛否両論、そして毀誉褒貶があるのは当然だが、「経営は一つの総合芸術である」と考えた交通の革命児、風雲児であったことは間違いない。

6月9日

塚本邦雄（つかもと・くにお）

突風に生卵割れ、かつてかく撃ちぬかれたる兵士の眼。

日本の歌人、詩人、評論家、小説家。
学校卒業後、商社に勤務。転勤した松江で鳥取在住の杉原一司と「日本歌人」を通じて知り合い、1949年に同人誌「メトード」を創刊。1951年、杉原一司へ

1920.8.7 〜 2005.6.9

の追悼として書かれた第一歌集『水葬物語』は中井英夫や三島由紀夫に絶賛された。

1960年代の前衛短歌運動の先頭にたって、寺山修司、岡井隆とともに「前衛短歌の三雄」と称された。また近畿大学教授としても後進の育成に励んだ。

歌集を80冊を残した。また俳句、詩、小説、評論なども多く発表している。死後には蔵書・直筆原稿・愛用品や書簡など様々な遺品が日本現代詩歌文学館へ寄贈されている。

絢爛たる語彙と強烈なイメージを駆使した短歌を残し、後進に影響を与えた。塚本の歌は難解であるが、以下、比較的わかりやすいものをいくつかピックアップしてみよう。

革命歌作詞家に凭りかかられてすこしずつ液化してゆくピアノ

馬を洗はば馬のたましひ冱ゆるまで人戀はば人あやむるこころ

百年後のわれはそよかぜ地球儀の南極に風邪の息吹きかけて

五月祭の汗の青年、病むわれは火の如き孤獨もちてへだたる

青年の群に少女らまじりゆき烈風のなかの撓める硝子

少年発熱して去りしかば初夏の地に昏れてゆく砂絵の麒麟

日本脱出したし、皇帝ペンギンも皇帝ペンギン飼育係りも

人生いかに生くべからざるかを憶ひ朱欒《ザボン》を眺めゐたる二時間

あぢさゐに腐臭ただよひ、日本はかならず日本人がほろばす

急速に日本かたぶく予感あり石榴をひだり手に持ちなほす

ほととぎす啼け　わたくしは詩歌てふ死に至らざる病を生きむ

乳房その他に溺れてわれら存る夜をすなはち立ちてねむれり馬は

父となり革《あらたま》る莫《な》しぬかるみに石油の虹のみだるるを喩《こ》ゆ

台風は冴え冴えと野を過ぎたれば再《ま》た綴るわが片々のこころ

逝きしもの逝きたる逝ける逝かむもの疾風《はやて》ののちの暗き葉ざくら

二十世紀と言ひしはきのふゆく秋の卓上に梨が腐りつつある

人に告げるざることもおほかた虚構にて鱗《いろこ》きらきら生鰯雲

日清日露日支日独日日に久米の子らはじかみをくひあきつ

秋の河ひとすぢの緋の奔れるを見たりき死後こそはわが余生

塚本邦雄の名前と業績については、恥ずかしながら全く知らなかった。今回作品に接してみて、跳躍する驚くべき発想、絢爛たる豊かな語彙、冷え冷えとした眼差しなどに深く感銘を受けた。「人間の愚かさ。『人間の』は、よけいだ。愚かなのは、人間以外にない」と塚本邦雄は言う。

冒頭の歌「突風に生卵割れ、かつてかく撃ちぬかれたる兵士の眼」は、戦争の悲惨さと人間の愚かさをわずか31文字であますところなく伝える衝撃の作品だ。

6月10日

水野晴郎（みずの・はるお）

いやぁ、映画って本当にいいもんですね～。

1931.7.19～2008.6.10

日本の映画評論家、映画監督、タレント。戦後、アメリカ映画を観て、「民主主義というのはこういう面白い映画をみんなが自由に撮れて、みんなが自由に観ることのできる社会なんだ！」と感激する。東京に出て淀川長治の「映画の友」友の会に参加。淀川からは「水やっこ」と呼ばれて目をかけられた。

フォックス映画を経て、日本ユナイト映画では宣伝総支配人として仕事をする。１９６０年代には本名の水野和夫名義で、また独立後は水野晴郎名義で、「スクリーン」、「キネマ旬報」、「映画評論」などの映画雑誌に映画評などを多数執筆した。「映画評論」では、「娯楽映画」として批評の対象外だった監督たち、加藤泰や沢島忠、深作欣二らをその活動初期から高く評価した。「スクリーン」には２０００年代前半ごろまで「水野晴郎対談」や「アカデミー賞受賞作に見るアメリカ映画の楽しさ」など多数の連載を持っていた。

独立後は１９７２年から日本テレビ系の映画番組「水曜ロードショー」の解説を担当。「いやぁ、映画って本当にいいもんですね～」や、「面白いもんですね～」、「素晴らしいもんですね～」、「楽しいもんですね～」というセリフは定着し、お茶の間の人気を集めた。１９８３年6月から降板していたが、１９８５年4月に復帰。担当番組が「金曜ロードショー」に変わった後も１９９７年3月までのべ24年半に渡って解説を続けた。「金曜ロードショー」の解説を降りたあとも、日本テレビの深夜の映画番組「麹町名画座」で解説を5年間続けている。長年テレビに出ていたことで淀川長治と並んで映画解説では知名度が高い。好きが高じて俳優・映画監督に挑戦したこともあった。

　私もテレビの映画番組の最後には水野の「映画って本当に……」をいつも聞いていた。千葉県に住んでいたころ、水野が近くに住んでいるといううわさがあったが、残念ながらお目にかかることはなかった。

　映画が好きでたまらないという映画人生がにじみ出る水野晴郎の解説と冒頭の短い言葉は今でも記憶に新しい。水野の場合は解説や評論であるが、対象は何でも、徹底した人生、一途の人には人々の尊敬の笑みがついてくるようだ。

6月11日

原田利勝（はらだ・としかず）

掃き溜めに一輪の花のような存在だった。

1938.2.10 〜 2007.6.11

明和地所創業者。北海道砂川市の出身。東洋大学に進学。特待生として柔道を続ける。主将を務め、東京オリンピック強化選手としても名前があがる。

大学を卒業後は、博報堂を経て大京（当時、大京観光）に入社。オイルショック後、徹底した地域密着型の経営を行ない、厳しかった同社の経営を立て直し、大京の黄金時代の立役者となった。次期社長が確実視されていたが、原田専務は1996年、矢を持て追われるように退社する。「一生、大京のために尽くす」と考えていた原田氏は、やむなく大京時代の元横浜支店のメンバー数人とともに「明和地所」を設立。1996年に東証二部に株式上場、1998年に東京証券取引所市場第一部に指定するなど業績をあげた。

通夜には2500人が会葬し盛大だった。「推進役となって東洋大柔道部の隆盛期をつくりあげた」「心の大きな方だった。」「人間の生き方、男の生き方を、仕事の基本を学んだ」……。原田が大京観光に入社した当時を知る人は、「何しろ那須の別荘を売っていた時代、有象無象の集団だった。原田さんは、そんな中で〃掃き溜めに一輪の花〃のような存在だった」と語っている。

思い出すのは、私がＪＡＬ広報時代にオーストラリアのケアンズ・ブリスベン線開設時に、デベロッパーとしてブリスベンのリゾート開発にあたっていた大京の方々と接触したことだ。バブルの時期でもあり、景気のいい歓談だったが、当時は原田利勝にも勢いのあった時期だったのだろう。

明和地所設立から数年後、東京都国立市の「大学通り」沿いに明和地所が建設した高層マンションが景観権を侵害するとして、周辺住民らからマンションの部分撤去と損害賠償を求められた訴訟が「国立マンション訴訟」として有名になった。東京地裁は高さ20mを超える部分の撤去を命じたが、東京高裁は明和地所逆転勝訴の判決を言い渡し、２００６年3月に最高裁で確定した。建物の高さ制限を20mとする国立市の条例は、マンション建設を妨害する目的で違法だとして市に損害賠償などを求めた訴訟でも、２００８年3月に最高裁で勝訴が確定した。

明和地所は勝訴で得た損害賠償金と遅延損害金計約３１２０万円を全額国立市に寄付するという粋なことをやった。「訴訟は市の違法性を確認したかっただけ。賠償金は市民の血税から払われており、受け取れない。学校内の楽器や福祉センターの充実に充ててほしい」とのコメントを出した。

このような事実をみると、この企業には一論の花といわれた創業者・原田利勝という人物の創業の精神が生きている感じがする。

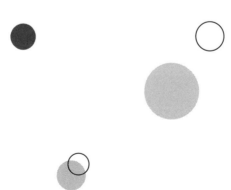

6月12日

木村次郎右衛門（きむら・じろうえもん）

責任の重さみたいなのを痛感している。一日でも長く元気でありたい。

1897.4.19～2013.6.12

京都府京丹後市に在住していた長寿の男性。２０１２年12月17日より２０１３年6月12日の死去する日まで存命人物のうち世界最高齢であった。また、同年12月28日にはクリスチャン・モーテンセンの１１５歳２５２日の記録を抜いて、死去した人物も含めた年齢が検証済みの歴代最高齢記録の男性となった。１１６歳。

20歳から65歳までの45年間、郵便局に勤めた。90歳ごろまでは農業に従事していた。晩年は孫の妻との２人暮らしで、毎日午前5時半に起床し、午後8時に就寝する生活を送った。朝はヨーグルトやサツマイモ、梅干しを食し、夜は牛乳を飲むことを習慣としていた。好き嫌いはなく、食べる量も自分で決めていた。

２０１３年6月の時点で七人の子（五人が存命）、さらに孫が十四人、ひ孫二十五人、玄孫が十五人いた。新聞は天眼鏡を使いながら1～2時間、長いときには3時間かけて読む。愛読紙2紙は、朝日新聞と赤旗だった。テレビは「時代についていけないようではいけない」と国会中継や大相撲を欠かさず視聴した。

２０１２年10月16日には、ギネス・ワールド・レコーズの編集長クレイグ・グレンディが京丹後市の自宅を訪れ、ギネス世界記録の認定証を手渡している。

「食べ物に好き嫌いはない。食細くして命長かれ」

「苦にするな嵐のあとに日和あり」

「楽しみは、毎日が楽しみです。ありがたい世の中に生を受けまして、本当に感無量の至りでございます」

「てんとうさまのお恵みのたまもの。毎日、空を仰いでいますから、サンキュー」

以上を総合すると、この人の長生きの秘訣は、体を使う農業、規則正しい生活、旺盛な好奇心、細い食の習慣、感謝の精神などか。

この人の肩書きに「長寿者」とついているのにはびっくりした。生まれたのは十九世紀の明治、15歳で明治が終わり、大正、昭和、そして終戦が48歳。それから戦後、平成、二十一世紀と生きぬく。

存命人物のうち日本最高齢の男性になったとき、冒頭に掲げた言葉を語っている。記録保持をしている長寿者には長生きせねばならないという責任が生ずるのであろう。

6月13日

村田英雄（むらたひでお）

足がなくても歌は歌える。

1929.1.17 〜 2002.6.13

日本の演歌歌手、俳優。４歳で初舞台、13歳で浪曲師・酒井雲坊の名でデビューし、天才少年浪曲師と呼ばれた。「日本一の浪曲師」を夢見て、妻子を九州に置いて上京し、25歳で村田英雄に改名する。１９５８年、古賀政男に見出され、「無法松の一生」で歌手デビュー。１９６１年11月に発売した西條八十作詞・船村徹作曲の「王将」が戦後初のミリオンセラーとなり、翌１９６２年に第４回日本レコード大賞特別賞を受賞。以後、数多くのヒット曲を飛ばし、国民的歌手となっていく。

１９８１年ごろ、ビートたけしが自らの番組で取り上げたことから、若年層のファンが急増し、三橋美智也のミッチーに対抗し、「ムッチーブーム」と言われるようになる。

１９８８年、同年代で同時期に活躍し、歌謡界をリードしてきた三橋美智也、春日八郎と「三人の会」を結成、ジョイント・コンサートなどで活動した。

村田英雄の歌で私の耳に残っているのは、王将、皆の衆、姿三四郎、夫婦春秋、祝い節、男の一生、人生劇場、無法松の一生、夫婦酒、空手一代などだ。野茂英雄は、実父が村田英雄のファンだったことから、英雄と付けられたという。

没後の２００４年に故郷の佐賀県唐津市に「村田英雄記念館」がオープンした。年に一回の「村田英雄音楽祭」、「生誕祭」（1月17日）が行なわれている。

ＮＨＫ紅白歌合戦には１９６１年に初出場、１９８９年までに通算27回の出場を果たした。村田は野菜嫌いで肉食であったこともあり、その人生は「糖尿病との闘い」でもあった。35歳で糖尿病を発症。１９９６年には右膝下12㎝で切断。２０００年1月には左足も同様に切断し、車椅子生活となる。

「足がなくても歌は歌える」は自ら鼓舞をした言葉である。生涯現役のまま、村田英雄の豪快な「人生劇場」は73年の幕を下ろした。

6月14日

谷岡ヤスジ（たにおか・やすじ）

「鼻血ブー」「アサー！」「オラオラオラオラ」

1942.8.29 ～ 1999.6.14

日本の漫画家。

１９７０年、「週刊少年マガジン」に連載した「ヤスジのメッタメタガキ道講座」で大ブレイク。

作品の中の「アサー！」、「鼻血ブー」は流行語となった。この作品は大学生時代によくみかけた。「全国的にアサー」、「全国的にツギノアサー」、「ユーガター」、「ショーガツー」、「ヒルに近いアサー」、「ポカポカー」などで場面やその展開が一発でわかる。

父と母との本音のコミュニケーションをとるガキ、普通の家族の日常風景、勉強を巡る父母とのイザコザ、先生の偽善を暴露する生徒……。

ナンセンスギャグで人気が出た谷岡は、文芸春秋漫画賞をもらい、活躍が期待されたのだが、１９９９年に56歳で夭折する。

登場キャラクターは殺されてもすぐに復活するし、作風はエログロナンセンスであっても、谷岡の作品の底流に流れているのは、どうしようもない人間という存在に対する深い愛情のように思える。

6月15日

十四代　酒井田柿右衛門（さかいだ・かきえもん）

職人は不器用な人がいい。

1934.8.26 〜 2013.6.15

有田焼を代表する陶芸家で、〝酒井田柿右衛門〟の十四代襲名者。

多摩美大で日本画を学ぶ。卒業後、父の十三代柿右衛門に弟子入り。１９８２年、父の死を受け十四代目を襲名。このとき48歳か49歳。

父と祖父が甦らせた「濁手《にごして》」の技法を学んだ。この白は柿右衛門の特徴である「赤絵」がいちばん引き立つ生地であり柔らかい白みだ。十四代は海外での展覧会で高い評価を得た。２００１年に重要無形文化財「色絵磁器」の保持者（人間国宝）に認定された。

ＪＲ九州のクルーズトレイン「ななつ星in九州」の洗面所に使用されている洗面鉢が遺作となった。これは鉄道デザイナーの美戸岡悦史と一緒に実現したもので「十四代酒井田柿右衛門とＪＲ九州の豪華列車」というテレビ番組で紹介され見たので親しみがある。

柿右衛門については、根津美術館「肥前磁器の華　伊万里　柿右衛門　鍋島」展で、そして渋谷の財団法人戸栗美術館で私も堪能した。

「綺麗ではありますが美しくはない」

「ヨーロッパの方々というのは美しいと綺麗の区分が分からん」

「美を生み出す技術というのは手にある」

「やきものは底と口縁部がいちばん大事。器の品格は口縁の反りと高台の厚みにでる」

柿右衛門様式の世界は膨大な深さと広さがある。それを継承させ、それが継承者の個性につながるのがいちばんいいと十四代は言う。様式のなかで個性を出すということだ。色をながく保ち続けることには大変な苦労があるのだ。

よく一緒に遊び回っていた親友の中島宏（人間国宝）は、十四代を襲名したら人が変わったように真面目になったと回想している。最初にやきものの原点である食器展を開催。窯の中を改革。きれいに整理して立て直し、仕事をしやすいように立派な工房にした。

　海外で数多くの展覧会を開催。「十四代は柿右衛門を現代に甦らせ、柿右衛門様式をインターナショナルにした中興の祖」である。17世紀初めに、秀吉の朝鮮出兵で陶工を佐賀有田に連れ帰ったのが始まりで、１６００年代前半から４００年余もバトンを繋ぎ続けてきた柿右衛門というアイデンティティを取り戻した。後輩をたくさん育てた。そしてやきものの啓蒙運動を続けた人だ。

　小さな湯呑み茶碗でも数十人の職人が要る。技術の連鎖、職人の連鎖が連なって小さな湯呑み茶碗を完成させる。一人前の職人になるには20歳からはじめて50歳になるくらいまで努力が必要であり、ロクロが一人前にひけるには少なくとも20～30年はかかるのだ。作家は自分自身の世界を築くことが目的であり、職人の修行とは違う。職人は不器用な人がいい。

「作家先生になるのか、窯のオヤジになるのか」は名窯に生まれた者への宿命の問いだ。

　器用な人はなかなか根気が続かない。不器用な人は修行という態度で一心に時間と労力を注ぐ。落語など伝統芸能の世界でも同じ言葉を聞く。不器用は一種の才能だ。

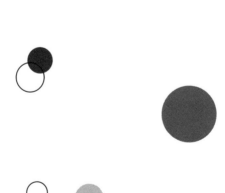

6月16日

住井すゑ（すみい・すえ）

1902.1.7 ～ 1997.6.16

生きるとは創造すること。

奈良県出身の小説家。享年95。

講談社の婦人記者を経て文筆活動に入り、小説、児童文学などを執筆する。小学館児童文化賞第1回受賞者。農民作家犬田卯との結婚後は、ともに農民文学運動を展開した。被差別部落の問題を描いた、未完の長編『橋のない川』が代表作である。

1944年の秋、住井すゑは「戦争には負ける」「降伏は遅くとも来年の初夏あたりだ」「天皇はラジオ放送で降伏を国民に告げる」「その後間もなく農地解放が行なわれる」と予言し、頭の固まっている男達は反論したが、その予言通りに歴史が進行した。

○教育の要諦は「嘘を教えない、嘘をつかせないこと」

○ものを書くのは40歳からだ。人間は一年増しに賢くなる。知恵は自分から生まれ出るものだ。

○定年制は資本主義の落とし子であり、それを認めるから老後になってしまう。人間の天職は人間であることであり、人間ひとすじに生きている場合は、人間という思想を持っているから、生涯、現役なのだ。

○自分の一生は一番よかったと、自分で思えるように、毎日を人間らしく精一杯生きていきたい。

○芸能の中で最高のものが落語。能や歌舞伎は権力の側についている太鼓持ち的な芸。

6歳、小学2年生のときに『古事記』を読んで、「いつか新古事記をかいてやる」と決意する。それから50年間、材料をあたため、55歳で夫が亡くなった後、56歳から書き出す。それが『橋のない川』になったのだ。70歳過ぎまでの15～16年間で5000枚の原稿になっている。

『橋のない川』は1部から7部まで刊行されたが、第8部は表題のみを残し作者のすゑが死去している。全編を通じて部落差別の理不尽さ並びに陰湿さが書かれており、水平社宣言をもって締めとしている。

１９６９～１９７０年と１９９２年の二度にわたって映画化された。野坂昭如は「日本書紀も古事記もウソだということが、わかった。『橋のない川』が本当だ」と評価している。

天皇制批判であるから、書いているうちに殺されることも自覚していた住井すゑ本人は、２０００年時点で５００万部売れていた『橋のない川』は長い未来にわたって千万冊は売れると予言している。現在既に８００万部を超えている。住井すゑは歴史を知る上で日本人には読む責任があると語っている。この予言もあたりそうだ。これは読まねばならない。

56歳からライフワークに本格的に取り組んだ住井すゑは、書くのが面白くて朝は寝ていられずに書きまくった。その時間が青春のときであった。長い準備期間を過ごした後に、創造の喜びを手にし、古事記にかかわる歴史を完成させたのだ。その勇気と気概に敬服する。

6月17日

宿沢広朗（しゅくざわ・ひろあき）

銀行が必要ないと言えば、ラグビーに賭ける覚悟はある。ただ、両方やっていないと、価値がないんじゃないかと思う。

1950.9.1 ～ 2006.6.17

埼玉県出身の元ラグビー選手、ラグビー日本代表監督。埼玉県立熊谷高等学校でラグビーを始める。東大紛争により入試が中止されたため、早稲田大学政治経済学部へ進学した。

早稲田時代は、160㎝と小兵ながら、卓越したゲームコントロール、機敏なプレー、果敢なタックルで2年連続日本一になるなど黄金時代を牽引した。

卒業後は1973年に住友銀行（現・三井住友銀行）に入行し、1977年末より7年半ロンドン支店に駐在。帰国後は主に為替ディーリング畑で過ごし、取締役専務執行役員コーポレートアドバイザリー本部長を務め、本業においても優れた実績を残した。

この間、1994年に早稲田大学ラグビー部の監督に就任し、支店長職と兼任した。毎週水曜日だけは定時に退社してグランドに駆けつけ、後は土日祝日を利用していた。

1989年から1991年まで日本代表監督となった。ラグビーの用事は、基本的に土日祝日・有給休暇しか使わないという方針を貫いていた。1989年5月28日、秩父宮ラグビー場でJRB（国際ラグビーボード）所属のスコットランドに、平尾誠一主将のチームで、28―24で勝利した。そして第2回ラグビーワールドカップ（1991年）では、監督として日本代表の初勝利を得ている。「本当に必要なことは絶対に勝てということより『どうやって』勝つのかを考えて指導することであり、具体的にかつ理論的に頑張るのか指導すること」、これが宿沢監督の方針だった。

座右の銘は「努力は運を支配する」「勝つ事のみ善である」。講演会などで「戦略は大胆に、戦術は緻密に」「リーダーは選ぶものではなく、育てるもの」と自身の信条をよく述べていた。

宿沢の言葉は、ラグビー指導者にとどまらず、組織人としての教訓にも満ちている。

○いつも背伸びして、手を目いっぱい挙げ、その指先が届くかどうかのレベルにチャレンジする事だ。辛いけど、そうすれば自身が磨かれる、成長できる。

○会社員にとって「自分がやりたい事」と「人事や周囲の人たちがやらせたい事」は往々にして違う。仮に違っても、それはそれでチャンスだと思う。

○サラリーマンの醍醐味は「組織の長として自分の思うように組織を動かせる」事に尽きる。それを経験せずにサラリーマンを論ずることはできない。

日本の代表的銀行で出世を果たしながら、ラグビー監督としても大活躍するという二足の草鞋、いや現代流にいえば正真正銘の「二刀流」を見事に成功させた。宿沢は両方をギリギリまでやることに価値があると考えたのだ。この心構えとそれをやり遂げたのは見事だ。

スポーツ関係者の不祥事が続く中、登山中に心筋梗塞を発症し55歳で急逝した宿沢がそのまま突き進んでいたら、どのような生涯を送っただろうかと同世代の英雄の姿を想像する。

6月18日

山本直純（やまもと・なおずみ）

直純死すとも音楽死せず！

1932.12.16 〜 2002.6.18

日本の作曲家、指揮者。山本直純は東京芸大の作曲科から指揮科に転じた。後輩の小澤征爾は後に「音楽のピラミッドがあるとしたら、オレはその底辺を広げる仕事をするから、お前はヨーロッパへ行って頂点を目指せ」と言われたと述懐している。大衆の中に音楽を通じて飛び込んでいく仕事をライフワークとしたが、それは大学指揮科在学中に眼を患い、視力の著しい低下から次々に新しいスコアを読み込み暗譜してコンサートに乗せることに不安を覚えるようになったからである。少年時代に読みふけった太田黒元雄『歌劇大観』の影響もある。

博学の山本の蘊蓄を聞いてみよう。「ギリシャ悲劇の出演者と観客の間に応援団がいる穴をオーケストラと言った。歌舞伎で効果音を出す下座である。その後、王侯貴族の使用人となった親衛隊がステージの上にのぼるようになった」「指揮者はオーケストラの目玉であり、第一ヴァイオリンがなるコンサートマスターが臍である」「オーケストラを聴くのにいいのは、天井桟敷、左の真ん中、二階の前の左側」「比較的寿命の長い楽器は、ヴァイオリン、ピアノ、そしてオペラ歌手で、オペラ歌手は40、50を超えてから完成することも可能（遅咲き）」「音楽ほどすばらしいものはない。その音楽を趣味にもった人間は幸福である。が、ひとたびそれを職業としたとき、それは音が苦となるからだ」「呼吸法の訓練にもなるフルートは結核などの病気にいいし、舌がよくまわるようになり、フルートの半分の長さのピッコロは牛若丸の横笛のようなものだ」。

私がいつか楽器を始めるなら、ピッコロからにしようか。

大学在学中からテレビや映画の分野に積極的に進出し、ポピュラーからクラシックまで幅広く作曲活動を行なうようになる。同時に、テレビなどを通したクラシック音楽の普及・大衆化に力を注いだ。山本直純を有名にしたのはテレビ番組「オーケストラがやって来た」である。1973年から10年間の人気番組で、音楽を全国の茶の間に届けた。私もこの番組で愉快なヒゲのオジサンの姿を見、声をよく聞いたものだ。1982年から1998年までサントリーの佐治敬三社長の後押しで行なわれた大阪城ホールの「1万人の第九」を成功させるなど、クラシックの大衆化に力を注いでいる。

指揮者としての座右の銘は「名馬ムチいらず」。オーケストラが動きたいようにうまく乗ることが大事だという意味だ。先生の斎藤秀雄が言った指揮法として優れたアドバイスだ。斎藤秀雄は小澤征爾、岩城宏之、尾高忠明らを育てた人だ。指揮についてのシステムを確立し、指揮法を後進に伝えた唯一の日本人だ。斎藤の父は斎藤秀三郎といい、日本の英和辞書を初めて編纂した人である。

「直純死すとも音楽死せず！」と叫んで指揮台からステンコロリと落ちて死にたいと願った山本直純は、そうはならずに急性心不全のため69歳で死去した。

鹿児島県南種子町郷土館内に1998年に「山本直純音楽記念室」が開設された。墓石には上田敏の訳詩集タイトルの「海潮音」の文字が彫られている。

山本直純はクラシック音楽の大衆化による人々の民度をあげ、幸福度をあげる仕事をライフワークにして、その道を迷うことなく歩んだようだ。確かに「直純死すとも音楽死せず」だ。山本直純は大衆の中に生きている。大衆に音楽に親しむきっかけを与えた影響力の大きい偉い人である。

6月19日

美川英二（みかわ・えいじ）

交際費をたくさん使って一流の人達と一流の場所でたくさん会いなさい。そうすれば人を見極める力が養えるはずだ。

1933.8.17 ～ 1999.6.19

日本のラグビー選手、実業家。横河電機社長。

慶應のラガーマンだった美川は、入社した横河電機でコストダウンによる利益捻出作戦＝「新幹線発想法」などを打ち出す。この考え方は米国GEのウェルチ会長の目に留まり、GEグループのコストダウン活動の基本的考え方として採用され幹部学校のテキストにまで載っている。59歳で社長になるが、破綻した山一証券の中年層を20名採用している。ウェルチと親交があり、入院した際には、ウェルチは自筆の見舞状をファクスで送って、いたわっている。家族主義の温情的な会社であった横河電機に年俸制や実力本位の人事を導入した。雇用は守る、給与なども最高クラスを出しているが、厳しい社内改革も必要という考えだ。

冒頭に掲げた言葉は美川が社長だった当時、社内ベンチャーとして起業したキューアンドエー社（地域密着型のパソコン販売店）の金川裕一が、「そこまで言うのなら、やってみろ」とゴーサインを出したとき、社長の心得として言われて、後に身にしみた言葉である。

美川英二のこの言葉を眺めて思い出すのは、企業に勤務していた30代のころ、「会社の金と自分の時間を使っていい仕事をしろ」と語ってくれた人事労務担当の上司と、「金の使い方が足らん」と叱責された広報課長の上司の言葉だ。社内の現場の人たちの本音をくみ取る。社外の異業種の先頭を走る人々と会い世の中の動きを察知する。もう一つ、社外のビジネスマン勉強会にも参加し活動し、先輩の指導を受けて時代の最先端を切り拓いている講師陣からも刺激を受けた。そういう社内外の案内人の指導を得て、なんとか組織人としての仕事をこなすことができた。

美川の言うように、組織のトップになると一流の人との接触による鮮度の高い情報入手と人物の見極め、そしてトップのあり方への示唆が、直接・間接に業績に直結するようになる。美川英二の葬儀時に奥様は「英二は戦士の如く働いたと思います。最後だけは私の我侭をお願いして家族だけで過ごすことが許されました」とお礼の言葉を述べた。何か切ない気もする。

6月20日

早坂茂三（はやさか・しげぞう）

世間に媚びを売らず、背伸びせず、自分を深く耕して一芸を身につけ、淡々とわが道を進む。

1930.6.25～2004.6.20

早稲田大学政経学部卒。東京タイムズの記者を経て、取材で知り合った大蔵大臣田中角栄の政務秘書となり、早坂は33歳から23年間疾走する。「オレは十年後に天下を盗る。お互い一生は一回だ。……どうだ。天下を盗ろうじゃないか」が大蔵大臣だった田中角栄の口説き文句だった。

12歳年下の早坂は、田中角栄という傑物と日本の政治のど真ん中で一緒に戦ってきた。その体験から生まれた深い人間観察眼は、角栄の死後もメディアを通じて角栄の実像の残像を示してくれた。不世出の英雄・田中角栄の語り部であった。角栄は人を惹きつけてやまない磁力を持ち、早坂は人に惚れ続ける熱いエネルギーを持っていた。

角栄はゴルフでは一日最低2ラウンドまわる。４ラウンドの記録もある。角栄が歩く速さは１００ｍ20秒！

という猛スピードだった。私もゴルファーの一人だから、その体力が尋常ならざるレベルだとわかる。

以下、角栄語録。

「(役人)は法匪だ。……だから俺が鳥になって、空から道を示してやるのさ」

「ウソをつくな。すぐばれる。気の利いたことを言うな。後が続かない。他人の悪口を言うな。嫌われる」

自民党幹事長時代に母・フメは「おら家のアニは東京で何か悪いことをしているんじゃござんせんか」と語り、英国人ジャーナリストを感動させている。そういえば、私の叔父の一人が東京で活躍していたとき、その母親(隠居のおばさんと呼んでいた)は私に「週刊誌に出るようなことはするなよ、と伝えてくれ」といつも言っていた。洋の東西を問わず、母親は常に心配性なのだ。

写真屋、カメラマン、山本君、山ちゃんと、だんだん呼び方が昇格していった山本皓一が撮った写真集『田中角栄全記録』の一枚が角栄の「遺影」となっていて、「カメラマンの本懐だ」と山本は言ったそうだ。遺影に使われたのはカメラマン冥利に尽きることだろう。よく知られている車椅子の角栄の写真を空から偶然に撮ったのも山本だ。この人とは私はＪＡＬ時代に一緒に旅をしたことがある。

以下、早坂語録。

「危機に直面したとき、トップがどんな決断をするか、見事にはらを据えられるか、それが組織の運命を決定する」

「自らを信じ、他人に頼らず、甘ったれず、痛手に耐えてやり過ごし、目的の実現を計る情熱と意志の持続である。そして実行だ」

早坂の68歳のときの著書『男たちの履歴書』は、角栄自身と彼を巡る男たちの物語であるが、同時に早坂茂三の履歴書になっている。角栄の刎頸の友、入内島金一と細井宗一を始め、梅棹忠夫も登場している。早坂の勧めるラ・ロシュフコー『箴言集』(角川文庫)も読むことにしよう。

早坂茂三の人生の軌跡を眺めると、「背伸びせず、自分を深く耕して一芸を身につけ」ることに邁進した人だったと思う。それは、自分をよく知り、わきまえて、自分をよく知る人とともに歩んだ早坂という男の人生観と処世術である。深い共感を覚える。

6月21日

増田通二（ますだ・つうじ）

本だけじゃダメだ。本物を見なければいけない。

1926.4.27 〜 2007.6.21

日本の経営者。パルコ社長、会長。

父は日本画家。都立十中（現・東京都立西高等学校）に進み、堤清二と同級となる。東大で再び堤と出会う。卒業後、国立市の都立五商定時制の教師を8年つとめた後、1961年、36歳で西武百貨店に入社。1964年、系列で不振であった丸物デパートの雇われ社長となり、池袋パルコを開業。1973年、渋谷パルコをオープンする。1984年（株）パルコ社長。1988年会長。1989年退任。

パルコは、イタリア語で「公園」であり、人々が集い、時間と空間を共有し、楽しんだり、くつろいだりする場という意味である。パルコの基本理念は「本人も周囲も面白がること」であった。日本の絶頂期の時代を席巻したパルコは常に新しい話題を提供した。一緒に仕事をした人材は、「増田学校」と呼ばれるほど、その後も活躍した人が多い。「パルコの広告コピーは、芭蕉ではなく蕪村だ」と言われたと述懐する人もいる。上野千鶴子は、増田を称して「時代と才能の機会との幸運な出会い」と分析した。
「演劇こそ、すべてのアートの根源であり、人生のエネルギーの出発点である」が信条であった増田本人が語る行動パターンは、「うつむくくらいなら、顔を上げて空を見上げよう」「考え込むより、まず行動」「泣く暇があるなら、笑っちゃう」であった。

　引退後は那須のニキ美術館が、妻・増田静江が手がけたことが発端となって、1994年にフランスの造形作家の美術館を最後の道楽として財産をはたいて建てる。日本におけるドラマチックな彫刻美術館である。

　増田通二は渋谷パルコのオープンの前年にスペインのバルセロナでガウディのサグラダ・ファミリア聖堂に出会い、頭を「ガーン」と殴りつけられる。47歳だった。建築という「定職」に導かれたという思いだった。自分もガウディのように自分の夢を見ようと考え、全国にパルコを建てていき、パルコがないのは新宿と横浜だけだというまでになる。増田のソフトとハードを動的に捉える力量は希有のものであった。本物との出会いが心に火をつけ、人生を変える。

滝沢修（たきざわ・おさむ）

俳優の仕事とは、結局は自分がどんなに豊かであるかに尽きる。

1906.11.13 ～ 2000.6.22

日本の俳優、演出家。

1924年築地小劇場に第1期研究生として入る。左翼劇場、中央劇場を経て、1934年新協劇団の結成に参加。久保栄の薫陶を受けて「夜明け前」の青山半蔵、「火山灰地」の雨宮聡などですぐれた演技を示した。人物表現の綿密さ、長台詞の味わいの深さ、重厚な演技で、劇団の中心的俳優となる。

戦後は東京芸術劇場、民衆芸術劇場の結成を経て、1950年宇野重吉らと劇団民藝を創設して代表を務め、日本の新劇を代表する俳優となった。民藝の二本柱は滝沢と宇野であり、「剛の滝沢、柔の宇野」と称された。1951年の三好十郎作「炎の人――ヴァン・ゴッホ小伝」ではリアリズム演劇の最高峰といわれる好演で芸術祭賞、毎日演劇賞を受賞する。この役は生涯の当たり役となり、公演は83歳まで続けている。鬼気迫る役作りと重厚な演技で「新劇の神様」と呼ばれた。

映画では新藤兼人監督の「原爆の子」で、息子夫婦を原爆で失い幼い孫と貧しい生活を送る盲目の老人を力演し、第1回国際平和映画祭最優秀男優賞を受賞する。息子の滝沢荘一著『名優・滝沢修と激動昭和』（新風舎文庫）は、2005年に日本エッセイスト・クラブ賞を受賞している。

滝沢修は戦前に治安維持法で捕らえられた1年4カ月の獄中生活の中で、小学校時から好きだったゴッホの伝記を読み、舞台化の夢を描き実現させる。「炎の人」は滝沢の当たり役となり、369回の公演回数を数えた。滝沢のストイックな演技は、自分を磨きあげたその豊かさから出ているのだ。ゴッホは自分の目が本当に見たものを描く。いらないものは捨ててしまう。大事なものだけ強調して描く。その画法は滝沢自身の演技法と通じるものがあると回想している。滝沢はゴッホに自分自身を見ていたのだ。自分以上の演技はできない。

6月23日

吉永祐介（よしなが・ゆうすけ）

巨悪は眠らせない。

1932.2.14 ～ 2013.6.23

岡山市生まれの検察官（第十八代検事総長）。

第六高等学校が学制改革で岡山大学に包括され岡山大法文を卒業。在学中に司法試験に合格し、１９５５年検事任官。東京地検検事正。１９９１年広島高検検事長。１９９２年宮澤喜一内閣の改造で法務大臣が後藤田正晴となった。このときの就任第一声が「吉永君はどこにいるのか」だった。大阪高検検事長から東京高検検事長を経て、後藤田の評価と現場の「吉永コール」に応え、１９９３年検事総長に就任。

東京地検特捜部在任中の13年8カ月の間には日通事件、協和製糖事件、副部長時代の１９７６年に田中角栄元首相を逮捕、起訴。特捜部長時代にはグラマン事件捜査を指揮。リクルート事件でも捜査を主導。検事総長時代にはゼネコン汚職、オウム真理教事件の捜査を指揮した。「首相の犯罪」捜査では、ロッキード社の幹部コーチャン証言のときには、「米国人は聖書に手を置いて証言するから嘘は言わない」と語っている。

原田國男『裁判の非情と人情』（岩波新書）という２０１７年度の日本エッセイスト・クラブ賞を受賞した元東京高裁判事のエッセイを読んだことがあるが、この本の中に吉永祐介検事総長は尊敬する先輩として名前が出てくる。仕事と趣味を含めたトータルの「人間の器」が大きな人と出会う喜びを原田は記している。裁判官は文芸作品や小説を読むべきだ、なぜなら裁判官に欠けている、情と人情を勉強できるからだ、という原田は、池波正太郎『鬼平犯科帳』と映画の山田洋次「男はつらいよ」シリーズをすすめている。

吉永は特捜部の絶頂期を形づくり、「巨悪は眠らせない」という名言を吐くなど大事件を手がけた「ミスター検察」と呼ばれた仕事師だった。「われわれは汚れたところをきれいにするどぶさらい」だと言い、同じく池波正太郎『鬼平犯科帳』の主役である長谷川平蔵を好んだという。検事も裁判官も、その理想は「長谷川平蔵」だったのだ。現代の司法はその伝統を継いでいるだろうか？

6月24日

別所毅彦（べっしょ・たけひこ）

やろう、やれる、やるぞ。

1922.10.1 〜 1999.6.24

兵庫県淡路市出身のプロ野球選手（投手）・コーチ・監督、解説者・評論家。

17年間の生涯記録は、310勝178敗。防御率2・18。最多勝利33勝。シーズン最多完投47。2回の最優秀選手。沢村賞2回。スタルヒンを抜いた310勝は史上5位である。

1955年にスタルヒンが300勝を達成した。二人がベースボール・マガジンで対談したとき、「別所、これから300勝を達成するとしたら、あとはお前しかいないんだよ」と言われ、当時271勝の別所は達成の約束をする。しかし300勝の壁があった。あと1勝がなかなかできない別所は、東西の哲学書、宗教書を読むようになった。

現役引退後は、巨人、大洋のヘッドコーチを経て、サンケイの監督を引き受けている。別所毅彦は監督のための10のポイントを示している。「大勝負に勝つ」「愛の中の厳しさ」「機を見るに敏なれ」「大事なことだけ聞け」「コーチ教育をしっかり」「邪心を持つな」「信じ合い助け合う」「部下の心をつかめ」「名誉や地位にしっぽを振るな」「チームのために真《まこと》を尽くす」。このようなテーマで松下電器、松下電工などで、1989年現在で240回の講演をしている。私もテレビで温和で微笑を絶やさぬ別所の野球解説を楽しんだ。

別所毅彦は「やろう、やれる、やるぞ」の単純な反復で、目標を一つ一つ乗り越えてきた。管理者の立場では、部下を伸ばすために「壁」を設定してやることが仕事だと知る。目標という大きな壁を設定し、苦労で自信をつけさせ、その自負で高い目標に挑戦させるのである。野球の世界で得た哲学は、経済、経営、そして職業、人生でも同じである。一芸を極めるとはこういうことだろう。

6月25日

二代目　尾上松緑（おのえ・しょうろく）

舞台が好きになるか、ならないか。

日本の歌舞伎役者。屋号は音羽屋。重要無形文化財保持者（人間国宝）。日本芸術院会員。文化勲章。

1913.3.28～1989.6.25

歌舞伎界の有名な「芸談」には、六代目尾上菊五郎『芸』と、五代目中村歌右衛門『歌舞伎の型』という名著がある。尾上松緑『松緑芸話』は叔父の六代目尾上菊五郎、父・七世松本幸四郎、上の兄・十一世市川団十郎、中の兄・初代松本白鴎などとの交流を交えながら、「義経千本桜」、「菅原伝授手習鑑」、「仮名手本忠臣蔵」などの名作に関する芸談である。

松緑は意外であるが、三度軍隊に招集され、幸運にも生き延びた。悪い兵隊としてブラックリストに載っていたらしい。

１９７２年15歳のとき、父から六代目に預けられ歌舞伎修行をする。六代目菊五郎の芸風の良き継承者となり、その薫陶を受け、恰幅のいい体つきで時代もの・世話ものを問わず立役として大いに活躍し、昭和を代表する歌舞伎役者となった。

松緑が若いころ、横山大観を招いた席で大観から「君たち、今後この人（六代目）を真似しちゃ駄目だよ。真似をしたらこの人より上へ行けっこないんだから、絶対に真似しちゃ駄目だよ」と言われ、六代目も「そりゃそうだ」と相づちを打った。松緑はこのやり取りに強い印象を持った。

松緑はテレビや映画の出演、歌舞伎以外の商業演劇でも積極的に新劇俳優と共演するなど芸域は広かった。私はＮＨＫ大河ドラマでは１９６３年の第一作の「花の生涯」での井伊直弼役が強く記憶に残っている。井伊直弼は安政の大獄を断行したことで人気がないが、この松緑主演の大河ドラマを見たことで、私自身は悪い印象を持っていない。ちなみに「一期一会」は、井伊直弼が広めた言葉である。

器用な人はいい歌舞伎役者になることができるが、不器用な人も徹底してそうならそれはそれで味が出てくる、それが芸事の難しいところだと松緑は述べている。

父は自分が不器用だと知っていた。上の兄・十一世団十郎は不器用さと役者っぷりのよさを合致させ成功した。そして松緑には不器用な自分の芸を移すことをせずに、六代目へ修行に出したのだ。

偉大なる凡人の父は、後のことをよく考えていたのである。松緑は舞台は苦しいが、器用・不器用に関係なく、その「舞台が好きになるか、ならないか」が勝負であり、好きなればどこまでも行けるという。何事もそうだろう。

６月26日

辰巳渚（たつみ・なぎさ）

「捨てる！」技術

1965.11.27〜2018.6.26

文筆家、考現学者。東京都立立川高等学校、お茶の水女子大学文教育学部地理学科を卒業後、パルコに入社。マーケティング雑誌『月刊アクロス』の編集者および記者となる、その後、筑摩書房の編集者を経て１９９３年にフリーとなる。

２０００年に発表した『「捨てる！」技術』（宝島社新書）は、ベストセラーとなった。２００９年から、「家事（暮らしかた）は生きること」という考えのもと生まれた「家事塾」を主宰。生活哲学学会の代表理事も務めた。他の著書に『「暮らす！」技術』、『子どもを伸ばすお片づけ』など。

２０１７年10月27日の「LIFESTYLE おとなスタイル」では、「10坪一戸建て賃貸の家。辰巳渚さんの小さな暮らしの工夫拝見！」というタイトルで、特集されている。そのインタビューの最後には、「二輪の免許を取り、リビングにはバイクが仲間入り。目下の懸案は、息子が独立してあいた2階の部屋の活用法だそう。辰巳さんの小さな家からは、あふれるほどのアイデアが日々生まれ続けています」とある。

その後わずか1年足らずで、軽井沢で夫とのツーリング中に交通事故で死亡。享年52。

新装・増補版『捨てる！技術』を読んだ。以下、参考になったところ。

捨てようという目／本と洋服／とりあえずは禁句／ここに置いていいの？／3年使わないものはいらないもの／あなたが死ねばみんなゴミ／使わないものは持たない／モノは収納スペースいっぱいまで増える／秩序は不要／目についた時が捨て時／捨てて困るものはほとんどない／一定量・一定期間・新品と置き換え

辰巳は「捨てる」ことにも技術が必要だということを教えた。技術とは、誰もが一定の訓練をすることで一定のレベルに達するものをいう。「捨てる」と「技術」という無関係のようにみえるものを組み合わせたところが非凡な発想だった。半年で100万部を突破するベストセラーとなった『「捨てる！」技術』は、その後、この路線の延長線上に「断捨離」などのブームを起こし、世の中を変えた。

6月27日

アルビン・トフラー

将来の文盲とは、読み書きのできない人ではなく、学ぶことも、学んだことを捨てることも、また学び直すこともできない人のことである。

1928.10.4 〜 2016.6.27

アメリカの評論家、作家、未来学者。

トフラーは大学卒業後、工場の従業員として約5年間を過ごし、工業化された大量生産の現場で機械修理工兼溶接工になり実地で勉強した。組合系の新聞の記者となり、ワシントン支局に異動。ペンシルベニアの日刊新聞の特派員として3年間にわたり議会とホワイトハウスを担当した。

その後、フォーチュン誌に招かれてニューヨークで労働問題担当のコラムニストになり、後にビジネスや経営についても担当するようになる。IBMからはコンピュータが社会や組織に与える影響について調査する仕事を請け負った。ゼロックスの招きで同社研究所について文章を書く。AT&Tではコンサルタントとしての戦略的助言を行なった。本格的なビジネス誌「フォーチュン」を創刊したアメリカのメディア王ヘンリー・ルースはドラッカー、トフラー、ベル、ガルブレイスなどを育てるという功績もあったのである。

トフラーの著書は多くあるが、代表作は1980年出版の『第三の波』である。第一の波は人類が農耕を始めた新石器時代の農業革命。第二の波は産業革命。そして今から襲ってくる第三の波は脱産業社会である、という趣旨である。1962年にダニエル・ベルが提唱した「脱工業化社会」が、それまでの伝統社会と産業社会の二分法ではなく、新しく脱工業化社会の概念を作った。産業界に詳しく未来学者という肩書きを持つトフラーの、ベルの延長線上の提唱は、日本でも大きな話題になり、私も夢中で読んだ。

不思議なのは「脱」と言い、「第三」という言い方は、中身を言い当てていないことである。トフラーの著書より20年も前に、日本の梅棹忠夫は、人類の産業の歴史を「農業の時代」、「工業の時代」、これからは「情報産業の時代」になると予言した。人類を人間が完成する過程にたとえ、農業時代は受精卵から消化器官をつくる内胚葉の時代、工業時代は血液や筋肉をつくる中胚葉の時代、そして情報産業の時代は脳神経をつくる外胚葉の時代となり、人類は最高の段階に達するという理論だ。梅棹説の方が、説得力があるように思える。

トフラーは「学び、学んだことを捨て、学び直す」人でなければ、新しい時代を生きぬくことはできないという。情報産業の時代には、生命科学を含めてあらゆる分野の知識がものすごい速度で変化し、視界が大きく変わっていく。昨日学んだことを、今日は捨て去る。そして明日は新しい知識を学び直す。こういうサイクルに参加する気概がなければ、企業も個人も時代に置いていかれる。私たちは、自己革新の連続で生きていかなければならない。

6月28日

宮澤喜一（みやざわ・きいち）

一億一心の対極、それがリベラル。

1919.10.8～2007.6.28

日本の大蔵官僚、政治家。

宮澤喜一の年譜を眺めると、大蔵大臣秘書官時代を含め26歳あたりから84歳での衆議院議員引退まで60年近く、保守本流として自民党と政権の中枢で長く仕事をしたことに驚きを覚える。『宮澤喜一回顧録』を読むと、戦前から戦後、そしてイラク戦争あたりまでの歴史がみえてくる。

宮澤は父の関係者であった保証人・池田勇人との縁で大蔵省に入り、30歳前後で池田大蔵大臣秘書官をつとめたところから人生の方向が決まっていく。池田勇人が総理になったとき、師匠の吉田茂は反対したが、「寛容と忍耐」というフレーズで登場した。大平正芳が「忍耐」を提案し、宮澤が「寛容」を提案した。

経済企画庁長官、通商産業大臣、外務大臣、内閣官房長官、副総理、大蔵大臣、郵政大臣、農林水産大臣、財務大臣（初代）、内閣総理大臣などを歴任した。政治家生活50年のうち、閣僚であったのは実に18年であった。「戦後政治の生き字引」と言われた。

安倍晋太郎・竹下登らと共に「ニュー・リーダー」の一角を占め、この三人は「安竹宮」と呼ばれている。総理総裁は推されてなるものと考えていた宮澤は１９９１年に72歳で総理に就任している。

政界きってのインテリであった宮澤は、酒豪、酒乱でもあり、温厚な外見に似ず毒舌家でもあった。新聞記者であった私の友人は宮澤をイヤな奴だと嫌っていた。どうも人格者とは言い難いようだ。京都に行くと必ず司馬遼太郎と梅棹忠夫と酒を飲んだとのエピソードがある。

「司馬遼太郎は日本を描いた、宮澤喜一は世界を見た、梅棹忠夫は人類を考えた」

これは、２０１１年にウメサオタダオ展で見かけた言葉である。この三人の酒席での会話を聞いてみたいものだと思ったことがある。

「政界随一」と謳われた宮澤の英語力は有名だが、宮澤自身は東洋的な思想を好むと述べ、しばしば好んで漢詩を引用した。総理退陣のときの心境として、王昌齢の「一片の氷心玉壷にあり」を挙げている。

「政治家というのが、そういう特殊な人間であってはいかん、と思うのです。むかしのギリシャみたいに、市民みんなが、当番でもって代議士になり、大臣になったりする、そういう性質のものとして考えるようになるべきだ」

宮澤の考えはこうだ。日本が核兵器を持った一流の軍事大国になることは日本のためによくない。日米関係の下に日本の安全保障があることはやむを得ない。そして21世紀の日本には、軍事大国にならないことと、経済援助を大事にし経済援助大国になることを提唱している。

現在では影の薄くなった保守本流、ハト派の宏池会の流れの中にあった宮澤喜一は、リベラルとは「一億一心の対極」にあると述べている。一億火の玉、一億総保守など時代の空気に同調しない。主義主張を声高に論じるのではなく、全体の制約から距離を置いて、独立した個人とした自由な生き方、自分で考えることを放棄しない、自立自尊、それがリベラルであるということだろう。心に留めておきたい言葉である。

6月29日

地井武男（ちい・たけお）

ただ、スターは無理でも、味のある脇役ならなれると思ってたんです。

1942.5.5 〜 2012.6.29

日本の俳優。1963年に俳優座養成所へ第15期生として入所。同期には原田芳雄、林隆三、太地喜和子、前田吟、高橋長英、栗原小巻、小野武彦、村井国夫、など錚々たるメンバーがいた。ライバルとして切磋し、友として琢磨していった個性的な仲間から生命力を学んできたから、なんとか持ちこたえたと述懐している。地井は主演から脇役、悪役からマイホームパパまで、幅広い役柄を演じることのできる演技派俳優として活躍を続けた。

「庭先や街路樹として植えられている木の名前はだいたいわかるんだけど、たまにどうしてもわからないのが出てきてね。そういうのを調べるのがおもしろいね」

地井は日本の四季、自然、植物を愛することでも知られている。2006年4月3日より、「ちい散歩」（テレビ朝日）が放送を開始し、2012年に病に倒れて終了するまで、放送1518回、訪問地833カ所、総歩数322万7000歩、総距離数2581・6㎞を記録した。約6年続く人気番組となったこの番組は現在まで続く散歩ブームの火付け役となった。趣味の絵画では美術展に出展するレベルであり、この番組では絵手紙を描いていた。ゴルフ、空手、絵画、蕎麦、ブランコ、植樹活動、と地井は好奇心が強い人であった。

高校のころには「俳優になろう」と決めていたのだが、そのころからスターにはなれないと悟っていた。スターではなく、最初から脇役を目指したのだ。「アメーバみたいに、食べるものによって色が変わっていくような俳優になりたいんです」とも語っていた。

昨日眺めた女優沢村貞子『わたしの脇役人生』（ちくま文庫）では、沢村も「脇役」を語っていたが、男優・地井武男とも通じるところがある。二人とも日々の生活の楽しみを知っており、味のある人物だ。その地井武男はテレビの「ちい散歩」に巡り会い、自分を総合するライフワークを残したのである。この幸運を引き寄せたのも実力だろう。

6月30日

高宮行男（たかみや・ゆきお）

予備校教師は5者を兼ねなければならない。学者、医者、役者、芸者、そして易者だ。

1917.1.26 ～ 2009.6.30

北海道出身の実業家で予備校経営者。学校法人高宮学園代々木ゼミナール理事長を務めた。

代々木ゼミナールは「生徒の駿台・机の河合・講師の代ゼミ」と言われるほど、「講師第一主義」の方針を貫いた。現在のタレント講師のはしりだ。

高宮の言う5者とは、学問を教える立場の「学者」。鬱屈した浪人生の心を支え、癒す「医者」。教室を舞台に見立て、教師役を演じる「役者」。艶やかな衣装や芸で魅せ、生徒の羨望の的となる「芸者」。そして志望校に導くアドバイスや〝読み〟ができる「易者」である。

教育者に求められる理想の資質を見事に言い当てている。

7月

文月

7月1日

橋本龍太郎（はしもと・りゅうたろう）

たとえ火だるまになっても行政改革を断行する。

1937.7.29 ～ 2006.7.1

日本の政治家。衆議院議員（十四期）、厚生大臣（第五十七代）、運輸大臣（第五十八代）、大蔵大臣（第九十三・九十四・一〇三代）、通商産業大臣（第五十九代）、副総理（村山改造内閣）、内閣総理大臣（第八十二・八十三代）、沖縄開発庁長官（第四十二代）、行政改革担当大臣（初代）、沖縄及び北方対策担当大臣（初代）、規制改革担当大臣（初代）、自由民主党幹事長（第二十九代）、自由民主党政務調査会長、自由民主党総裁（第十七代）などを歴任した。

政治家の父の後継は異母兄弟で次男の大二郎（後の高知県知事）と決まっており、「お前は経済人の道を歩め」と言われていた龍太郎は慶應義塾大学を出て呉羽紡績に勤務するが、父の急逝で、まだ幼い大二郎や母に代わって、１９６３年25歳で、衆議院最年少で議員になる。同い年の小渕恵三とは同期当選であった。

１９９６年「自社さ政権」の村山首相が退陣したとき、宮沢内閣退陣以来、自民党は2年半ぶりの政権復帰に際し、副総理だった橋本は総理に就任する。慶応出身の初の総理である。１９９７年4月1日の消費税５％を断行し、これが長期不況の始まりとなった。その後の参院選で負け、首相を退陣し、小渕が首相となる。２００１年に森首相退陣後の自民党総裁選に出馬するが、小泉純一郎に破れた。

橋本龍太郎は、多趣味の人であった。剣道は錬士6段、写真はプロ級、エベレスト登山隊の総指揮をとるなど登山家としても活動した。このことも橋龍という人物の広さや深さを教えてくる気がする。

「見識はあるが、人望はない」などと揶揄されることもあったが、座右の銘の「誠」と「初心忘るべからず」を胸に秘めて政治活動を行なった。橋本行革と呼ばれた省庁再編では、22省庁を1府12省庁とし、この体制は現在まで続いている。「火だるま宰相」と異名をとった行革には命をかけていたことがわかる言葉である。

7月2日

桂歌丸（かつら・うたまる）

落語を残すのは落語家の責任。落語のお客様を残すのも落語家の責任。

1936.8.14 ～ 2018.7.2

日本の落語家。1968年の「笑点」のテレビ放送開始から大喜利の回答者であったが、五代目三遊亭円楽の後を受けて10年間、半世紀以上の長寿の人気番組「笑点」の第五代司会者として歌丸は茶の間の人気者であった。81歳で逝去。私もこの人の味のある、品のある笑いを長い間楽しんだ。歌丸は「笑点」引退後には、終身名誉司会の肩書きをもらっている。

死去の翌日の朝日新聞では、一面には逝去の記事と「天声人語」での紹介、そして社会面には評伝が載っていた。また、黒柳徹子の「徹子の部屋」は緊急追悼番組で、1982年の46歳時の放送から、49歳、56歳、66歳、69歳、76歳、78歳、そして2016年の80歳までの7回の映像を流していた。

「大喜利の歌丸で終わりたくない。落語家になりたい」と志した桂歌丸はある時期から古典落語に身を投じ、江戸・明治期に活躍した名人である、落語中興の祖・三遊亭円朝作の長尺の怪談、人情噺を現代に蘇らせた。その結果、「笑点の歌丸」から、「円朝物の歌丸」になった。「慌てず、急がず、自分のペースで」、自分の道を歩いた勉強家である。長編落語には体力が要るが、最後は36kgまで体重が落ちていたことを最後の映像で語っていた。大変だったろう。

この映像の中で、噺家歌丸で終わりたいと語って生涯現役を貫いた歌丸は「落語を残すのは落語家の責任。落語のお客様を残すのも落語家の責任」と言う。この言葉には納得させられた。

大きく成功しても、それに甘んじることなく、自分は何を為すべきかを自分に問い、落語家として大いに意義のあるライフワークに邁進した後半生だった。落語家の目標は落語家になることだったのだ。桂歌丸は「中年の危機」を、使命感を推力として見事に乗り切った人だ。

7月3日

加藤楸邨（かとう・しゅうそん）

選はめぐり会いである。

1905.5.26 ～ 1993.7.3

日本の俳人、国文学者。水原秋桜子に師事、はじめ「馬酔木」に拠ったが、後に中村草田男、石田波郷、加藤楸邨は「人間探究派」と呼ばれる。26歳で俳句を始め、34歳での第一句集『寒雷』に始まり、戦後の『火の記憶』『野哭』、そして『吹越』『雪起し』にいたる60年以上に及び第一線で活躍した。また、60代の頃から書と句をひとつにした独自の作句法をとり、その作品は書句集『雪起こし』に結実した。

「日常的なものの深層にあるものを探りあてたい」

「日常生活の裏には、一度真実を求めて揺りたてると、思ひがけない深淵が口を開いていることを感ずる」

１９４０年、共に道を求めようとしてくれる人々との錬磨不退転の道場があればよいと主宰俳句雑誌『寒雷』を創刊。この句誌で、伝統俳句系の森澄雄、社会性俳句から前衛俳句に進んだ金子兜太という対照的な二人をはじめとして多様な俳人を育てた。門人を「仲間」と呼んで対等に議論し合える関係を望んだこともあり、多くの俳人が門に入った。これらは「楸邨山脈」と呼ばれるほどの偉容であった。

１９４１年ごろより始めた芭蕉研究は楸邨のライフワークとなる。39歳、俳人代表として大本営報道部嘱託の身分で中国大陸俳句紀行を行なう。歌人代表は土屋文明だった。１９５４年、49歳で青山学院女子短期大学国文科教授に就任、１９７４年まで務めた。１９７０年、65歳で朝日俳壇選者。齢67歳でシルクロードの旅に出発。69歳、第2回シルクロードの旅。74歳、岩手県花巻に高村光太郎山荘を訪問。80歳、日本芸術院会員。84歳、第1回現代俳句大賞。87歳、朝日賞。北杜市小淵沢町に加藤楸邨記念館が開館。

句集は以下。寒雷（１９３９年）、穂高（１９４０年）、雪後の天（１９４３年）、火の記憶（１９４８年）、野哭（１９４８年）、起伏（１９４９年）、山脈（１９５０年）、

まぼろしの鹿（１９６７年）、吹越（１９７６年）、怒濤（１９８６年）、雪起し（１９８７年）、望岳（１９９６年）。以下、印象に残った句をあげてみる。

十二月八日の霜の屋根幾万（開戦）
これぞ茂吉黒外套のうしろ肩（斎藤茂吉訪問）
壱岐やいま木の芽をかこむ怒濤かな（壱岐神社に建つ句碑）
バイロンに生きて糞ころがしは押す
ついに戦死一匹の蟻ゆけどゆけど
いなびかり女体に声が充満す
野の起伏ただ春寒き四十代

楸邨は選をしていると、辛いが思いがけない句、自分にはできそうもない句に出会う。それが選者の喜びだという。一日に、数千、数万の膨大な句から選ぶのはくたびれるだろうが、そういう句にめぐり会うと疲れがふっとぶのだ。そういえば寒雷の仲間の一人であった金子兜太も選には熱心だった。選者の喜びとは、句と人とのめぐり会いの喜びであろう。

7月4日

飯田深雪（いいだ・みゆき）

毎日を創造的に過ごす生活に飽きはこない。

新潟県生まれの料理研究家であり、アートフラワーの創始者。２００７年7月4日に１０３歳で死去。

戦後の１９４８年から西洋料理および造花を教え始め、その花を「アートフラワー」と命名する。１９６４年、（株）深雪スタジオを設立し、アートフラワー師範制度を確立。以降、内外の百貨店、ホテルなどで数多くの展覧会を開催する。

イベントでは英国のエリザベス女王、カナダのトルドー首相、モナコのグレース王妃、シラク・パリ市長などとの接触もある。１９８２年には著書は１００冊となった。１９９２年、フランス芸術文化勲章オフィシェ章を受章。２００３年、レジオンドヌール勲章シュヴァリエを受章。ＮＨＫテレビの「きょうの料理」に初期から講師として出演し、西洋料理の普及にも尽力した。著書は１２９冊、随筆６冊。

1903.10.9 ～ 2007.7.4

「アートフラワーと料理」に共通するのは、「創造」である。

「自分は今、何を果たすべきかを第一に考え実行するとき、不思議に心に充実感と幸福がみなぎります」

どうすれば心の満足を得られるのかを考えるのではないのだ。飯田深雪は「生涯勉強、勉強くらい人生を明るくし、人間らしい充実感で充たしてくれるものはない」と言い、１０３歳というセンテナリアン人生を創造的に生き、充実感と幸福感を手に入れた。日々を創造的に生きているか、を自分に問いかけよう。

7月5日

土居健郎（どい・たけお）

被害者意識は現代の時代精神である。

1920.3.17〜2009.7.5

日本の精神科医、精神分析家。

著書『「甘え」の構造』は日本人の精神構造を解き明かした代表的な日本人論として有名であり、海外でも、英語、ドイツ語、フランス語、イタリア語、中国語、韓国語、インドネシア語、タイ語で翻訳が出版されている。1971年に刊行され100万部を超えるベストセラーとなった名著『「甘え」の構造』では、「甘えの世界」で日本社会には甘えという一本の糸が貫いていること、「甘えの論理」では甘えの心理構造と日本の精神文化との関係、「甘えの病理」では甘えの病的な変容、「甘えと現代社会」では種々の問題を甘えの観点から論評した。

土居は他者への依存である「甘え」をキーワードとして日本人の特性を分析した。依存を拒否されるとすねる、ひがむなどの屈折した態度をとる日本人の精神構造の基底には甘えがあると指摘した。この概念は社会学や文化人類学にも影響を与え、今では「甘え」は学術用語になっている。

大学生時代には評判になったこの書を紐解いたことがある。1967年刊の「日本社会は親分・子分のタテの関係を持つ場が重要だ」とする中根千枝『タテ社会の人間関係』、1970年刊の「日本人は水と安全はただだと考えている」とするイザヤ・ベンダサン『日本人とユダヤ人』などの日本人論と並んでこの本を読んだ。外国には「甘え」に相当する言葉はないという記述に驚いたことがある。

土居が『甘えの構造』の30数年後に書いた『甘え今昔』では、家庭をめぐる犯罪の急増は、家庭が不安定になったことが原因であるとし、いじめによる子どもの自殺が増えているのは、家庭が逃げ場ではなくなってきたからだとしている。

内側は遠慮がない身内の世界、中間体は遠慮が働く人間関係、外側は遠慮を働かす必要のない世界。面白いことに内側と外側は無遠慮で共通している。甘えが濃厚な場合でも、必要がない場合でも日本人は無遠慮となるのである。

アメリカ留学中の体験、ルース・ベネディクト『菊と刀』、大佛次郎『帰郷』、さまざまな現場観察、森田学説の「とらわれ」論、中村元の日本人の思惟方法、天皇制と家族制度のしめつけからの解放、フロイトの人間中心主義、丸山眞男の被害者意識論、全学連運動と全共闘運動の観察……。

自分自身の眼と耳で日本人の日本人たる所以を明らかにしたい、患者の話を医者が使うドイツ語でなく日本語で記載し日本語で考えよう、このような決心をもって体験し観察していく。土居は、甘えの概念は患者心理の理解に有用であること、それは非常に豊富な鉱脈であることを確信するにいたるのである。その長い仮説の検証で得た結論が『「甘え」の構造』に結実したのだ。そしてその後も、さまざまの分野からの批判に真摯に応えいく中で、「甘え」理論は鍛えられていく。独自の視点と独自の現場、自分の眼と耳による独自の長い観察が、独自の理論を導くことを土居健郎のこの書は教えてくれる。

7月6日

森瑤子（もり・ようこ）

積極的に、肯定的に生きている人は、やっぱり、毎日が華やぎ、いいことが起こっていく。

1940.11.4 〜 1993.7.6

1980年代に活躍した日本の小説家。

東京藝術大学卒業後、広告会社に3年ほど勤務し、英国人コピーライターと結婚。1977年、夫がいて子どもがいて、生活は豊かで幸福だったが、池田満寿夫『エーゲ海に捧ぐ』の芥川賞の受賞を知り、刺激され『情事』を書く。38歳『情事』で第2回すばる文学賞受賞。37歳でデビューしてから52歳で没するまでの短い活動期間に、小説、エッセイ、翻訳など100冊を超える著作を生んだ。作品は20回以上テレビドラマ化されている。

都会に生きる成熟した男女の性愛や恋愛の機微を、洒脱な乾いた文体で描き出す筆力。貿易商を営むイギリス人の夫と3人の娘と共に六本木に住み、休日には軽井沢や伊豆の別荘で過ごす生活スタイル。華やかなファッション。こういったバックグラウンドで、女性たちのカリスマ的存在になる。女性の生き方、お酒やファッションなど繊細で独特の美意識に裏打ちされたエッセイは人気が高い。しかし実物は大柄でゴルフとテニスで年中日焼けしている健康な人だったのが、意外である。

そういったエッセイのひとつ『人生の贈り物』を今回読んだ。「毎年のように、去年より今年の私の方がずっといいと思いながら」生きてきた森瑤子が50歳を迎えたばかりのころに書いた愛用品をめぐるエッセイである。不思議な石、ベネチアン・グラス、モロッコの酒入れ、色ガラスの帽子、オランダの人形、インディアン・ドレスなどが出てくる。エッセイという形式は、書いた人の本音がストレートに出てくるので、私はよく読むことにしている。

「人の人生というのは、場所との出逢い、物との出逢い、人との出逢いから成り立つものだ」

「ようやく時間の余裕もでき、それと同時にお金の余裕もできると、見えてくるものというものがあるのだ」

「外国の街を歩く時、観光客の歩く速度ではなく、その街で働いているそこの人たちと同じ速度で歩くことにしている。これは街に溶け込み目立たず、安全な方法なのだ」

「贈り物のもうひとつのパターンがあるのを忘れていた。自分のために手に入れて、大事にしているコレクションを、ふと思いついて『これをあの方に差し上げよう』という贈り方だ」

『森瑤子が残した　愛の美学』という本では、「結局、女にとって男とは、寝てみたいか、そうでないかの、二通りしかないのではないだろうか」と語っている。作家の宇野千代が、男を「寝た、寝ていない」と二分して人を驚かせたという逸話があるが、森瑤子の愛の美学を実践したのが宇野千代ということになるのだろうか。

　行動を起こす人には、必ず事件が起こる。それはほとんどの場合、その人にふさわしい、その人らしい事件になる。いいこともわるいことも起こるが、起伏のある、華やぎのある人生になる。この考えには賛成だ。

7月7日

奥むめお（おく・むめお）

台所の声を政治に反映させる。

日本の婦人運動家、政治家。女性。享年101。

1895.10.24 ～ 1997.7.7

本を読むことによって「かえって大事なものからどんどん遠ざかってゆくようないらだち」にとらわれるようになり、真理は実践のなかにあり、本を読みすぎたと考え、姓名を偽り女工として紡績工場に入り、一女工として潜入取材したレポートが反響を呼んだ。

息子をおんぶしながら婦人参政権運動に取り組み、ねんねこ姿の婦人活動家として評判をよび、1947年の第1回参議院議員選挙で当選。「わたしは国会議員になったその日から、日本中のおしゃもじの心を心として働こう」と決心する。

1948年に「不良マッチ退治主婦大会」が開催され、主婦たちは配給された不良マッチへの不満をぶつけ、マッチの配給制度を廃止に追い込んだ。奥むめおはエプロンとしゃもじを旗印に「台所の声を政治へ」結びつけるべく、全国の主婦たちの力を結集させ、主婦連合会をつくり、台所と政治の直結を訴えた。「平々凡々な女の日常生活のなかに政治を見出し、その道を光あり、幸ある明るいものにすること」を信念として女性や毎日の暮らしのための運動に尽くしたのだ。主婦連合会の創立当時の合言葉は「くらしのつらさは政治の悪さからくる、私たちの自覚の足りなさからもくる」。

主婦会館初代館長をつとめた主婦会館のサイトには「人間　奥むめおの軌跡」という写真集が掲載されている。奥むめおは、90歳を超えても主婦連の会長を務めており、92歳で自伝を発刊。そして１００歳では、主婦会館建設の挨拶で次のようなメッセージを発している。

「私の百歳の年に再び会館建設のご挨拶を申し上げる慶びを感謝いたします。叩けば門は必ず開くことを信じ、この世に生きる限り、世の中に役立つ人間として励みたいと思います。どうぞ皆さまのお力ぞえをお願いいたします。　主婦会館　名誉館長　奥むめお」

　これが公に残した最後の言葉となり、翌１９９７年９年7月、新しい会館を見ることなく死去した。国立女性教育会館に奥むめおコレクションがある。

「平々凡々な女の日常生活のなかに政治を見出し、その道を光あり、幸ある明るいものにすること」を信念として女性や毎日の暮らしのための運動に尽くした人である。台所の声を政治に反映させるためには、「行動しなければダメ」が口癖だった。奥むめおは生涯現役で女性解放運動に取り組んだ。この人は１００年人生の生き方のモデルだ。

7月8日

串田孫一（くしだ・まごいち）

若いうちは何かになりたいという夢を持つのもいい。しかし、もっと大切なのは、いかに生きるかである。日々の行いを選び積み重ねることが人生の行方を定める。

1915.11.12 〜 2005.7.8

日本の詩人、哲学者、随筆家。

中学時代から登山を始める。1938年、処女短編集『白椿』を刊行、戦前は上智大学で教える。戦後、1946年に『永遠の沈黙　パスカル小論』を上梓、詩の文芸誌「歴程」同人となる。旧制東京高等学校で教え、1955年、最初の山の本『若き日の山』を上梓、1958年、尾崎喜八らと山の文芸誌「アルプ」を創刊、1983年に終刊するまで責任編集者を務めた。また文芸誌「同時代」にも同人として参加。東京外国語大学教授を務めて、1965年に退官。同年から1994年までFMラジオ番組「音楽の絵本」でパーソナリティを務めた。

　著作は山岳文学、画集、小説、人生論、哲学書、翻訳など多岐にわたり、実に500冊以上刊行されている。串田孫一の名は、『山のパンセ』など「山」と関係して記憶しているが、それは一面であって、もっと幅広い活動をした人だ。サインを求められたとき本名の音をもじって「九四〇五一」と書くことがあったそうだ。

２０１５年には１９５８年から亡くなるまでの47年間を過ごした小金井市立はけの森美術館で「生誕１００周年　串田孫一」展が開かれた。「自然を愛し小金井に居を構えた哲学者、詩人、エッセイストの串田孫一」と紹介されている。登山の際に風景をスケッチしたり、自著の挿絵や装丁を数多く手掛けたりと、画人としての一面も持っており、串田と美術の関係を取り上げた企画展だ。地元にも愛された文化人だった。

深田久弥、草野心平らも寄稿した山の文芸誌「アルプ」の美術館である「北のアルプ美術館」でも「串田孫一の仕事部屋　書斎・居間復元」という企画展が開催されている。数年かけて復元作業を行なったのだが、「到底その大きさと広さと深さは表現できない」そうだ。

旧制高校や大学での教鞭、文芸誌の編集、ラジオのパーソナリティ、幅広い分野を横断する著作群、風景画や挿絵・装丁を手がける画人。串田孫一という巨人も、若いころから毎日「いかに生きるか」を自らに問い、誠実に日々の行ないを積み重ね、その延長線上に大いなる人生を築きあげたことを知った。

7月9日

山田五十鈴（やまだ・いすず）

緻密な観察力と、たくましい創造力。

1917.2.5 〜 2012.7.9

日本の女優。女優初の文化勲章受賞者。享年95。

戦前から戦後にかけて活躍した、昭和を代表する映画女優。1960年代以降は舞台女優としても活動し、水谷八重子、杉村春子とともに「三大女優」と呼ばれた。

自伝『山田五十鈴　映画とともに』（日本図書センター）を読むと、この大女優が仕事に目覚め、精進し、ライフワークに挑戦していく成長の姿がよくわかる。結婚を3度しているのだが、そのつど相手からの影響で女優として、人間としての自覚を持ち、そしてそれを乗り越えて歩いていく姿が印象的だ。

結婚して子どもをもうけ、女優をやめる覚悟で最後の一本「浪華悲歌」に取り組むと、芸事に対する執念、貪欲さがわき上がってくる。そして演技者になろうとする強烈な欲望が生まれる。女優を、一生をかける仕事だと決心すると、もっと勉強しなければという気持ちがわいてきて、「鶴八鶴次郎」の成功で自信がつき、かつてない貪欲さで勉強に没頭する。そして「私にはしなければならないしごとがあるのだ」という考えがさらに強くなり、「りっぱな演技者であるなら、つねに大衆の愛情と批判によってそだてられていくものであるというきびしさ」を知るようになっていく。

山田五十鈴の回想によれば、「浪華悲歌」、「祇園の姉妹」が女優生活の方向を決定し、「鶴八鶴次郎」でかたまって、「或る夜の殿様」で戦中・戦後の私生活を含めたもやもやした空気を取りはらって、ライフワークである女優の道を迷いなく歩いていくようになった。

「人間がちゃんとした目的もなしに生きていることのくだらなさ、はかなさへの反省」

「人間としてのふかい自省というものがどんなにたいせつなものか」

「演技を通じて成長していかなければならない」

映画女優生活を長年送ってきたが、まだ映画演技の体系ができていないという山田五十鈴は、しかし幾通りもの表現のしかたをいっぱい引き出しのなかにしまって、撮影の現場に持っていかなければ間にあわないと、勉強を続けていく。

「いろんな人間を創造していく方法や、演技の創造方法について根本から勉強しなければならない」

「日常の基礎訓練をつみかさねることと、観客の皆さまから教えていただくということが、つねに両立していかないと、ほんとうの俳優としての成長はありえない、人間としてもたかめられることがないのではないか」

　何本か観た映画の山田五十鈴の演技には、こういう姿勢があったのだ。

「緻密な観察力と、たくましい創造力」を念頭に演技と表現に一生を捧げた山田五十鈴は、「みて下さる観客に自分のやっているしごとがどんなに大きく影響するかということ、こんなよろこびを感じるしごとは他にないのではないか」と仕事観を語っている。

　さまざまの人物の創造を試みるという志を持っている大女優の演技が大衆の生活に与える影響はきわめて大きなものがある。山田五十鈴は大いなる女優であり、また人間としても偉い人であった。

7月10日

つかこうへい

間だの芸だのいらない。芝居はF1レース。0・01秒間違えると死ぬという真剣勝負を観に、客は来る。金を払って車庫入れを観に来る客はいない。

1948.4.24 〜 2010.7.10

日本の劇作家、演出家、小説家。

１９７４年に自身の劇団を立ち上げ、８年後に一端解散したがその後も劇団やセミナーの立ち上げを行ない後進の育成にも尽力し、多数の俳優や脚本家を育て上げたことでも有名。

〝つかこうへい以前（第一世代）〟、〝つかこうへい以後（第三世代）〟と呼ばれる程の一時代を築き、１９７０年代から１９８０年代にかけて一大〝つかブーム〟を巻き起こしたことで知られる。

稽古は、「口立て」という、しゃべりながらセリフをつける演出法であった。「作家が机の上で書く台詞は４割。あとの６割は稽古場で役者が自分に書かせてくれるもの」との考えで、稽古を重ねるごとにセリフが変わっていく。初日と楽日とでは演出が異なった。演出は「役者が持っている個人の生活史、言葉の生活史を探してやり、言葉のいい選択をしてやるため」のものだった。

つかは、「生の刺し身」のような生き言葉を体全体から発するように役者に要求するのだった。「演出家の仕事は、漁師が、魚が知らないうちに網にかかってしまった。というように、観客を演出家の網にかけること」。

NHK「あの人に会いたい」を改めて観たが、「希望・愛・夢」や「ハッピーエンド」を語っている。役者の一番いい姿を引き出したいとする気迫あふれる演出は、新しいセリフを次々と生み出していく。つかこうへいは、役者を愛おしみ、人間をこよなく愛す人であった。「男と女の愛おしく思い合う力さえあれば、国は滅びん」みたいな、そういう夢を持ってみたい、と42歳のつかは1990年に語っている。

そして、「愛情」と「大嫌い」の振幅の幅が大きいほどいい、演出家だと言う。「人を愛したり信じたりすることは今いちばん惨めな勇気を必要としている時代。それでも人を愛したり愛おしく思っていかなくちゃいけない」。1983年の「かけおち」では、大竹しのぶ、沖雅也、北村和夫が熱演していた。

「熱海殺人事件」、「ロマンス」などと並ぶつかこうへいの代表作の一つが「蒲田行進曲」だ。1980年には第15回紀伊國屋演劇賞を受賞、1982年には、小説『蒲田行進曲』が直木賞を受賞し、深作欣二監督で映画化され大ヒットした。この小説と映画は話題になった。

「人間にとって大切なのは、何を恥と思うかです」と言う、つかこうへいは「文化とは『恥の方向性』であり、日本人はそれがわからなくなってきている」と嘆いた。

在日韓国人二世であり、日本語がわからない母にもわかるように、名前をひらがなにしたつかこうへいの死後に公表された最期のメッセージ（2010年1月1日付）には、「恥の多い人生でございました」とあり、「娘に日本と韓国の間、対馬海峡あたりで散骨してもらおうと思っています」とあった。

「間だの芸などはいらない」と喝破した演劇界の革命児・つかこうへいは、岸田国士戯曲賞、ゴールデン・アロー賞演劇賞、紀伊國屋演劇賞団体賞、日本アカデミー賞最優秀脚本賞、読売文学賞などの賞を席巻している。「芝居はF1レース」と言うつかこうへいは、62歳の短か過ぎる生涯をF1ドライバーのように、疾走したのである。

7月11日

岩田聡（いわた・さとる）

人間は何を面白がるのか、何に驚くのか。

1959.12.6 ～ 2015.7.11

日本のプログラマー、HAL研究所代表取締役社長を経て、任天堂の代表取締役社長。北海道生まれ。東京工業大学卒業後、ゲーム開発会社ハル研究所に入社。ファミコン時代からゲーム開発に携わり、プログラミングを手掛け、社長を務めた後、40歳で任天堂に転職。

２００２年、入社2年目の42歳で任天堂中興の祖・山内溥社長から指名を受けて社長に就任。ゲーム人口の拡大を目指す方針のもと、5歳から95歳まで遊べるゲームをつくるという路線で、集団指導で経営を行なっていく。

２００４年、ニンテンドーDSを開発。ソフト「脳を鍛える大人のDSトレーニング」は「脳トレ」として流行語になり、社会現象にまでなる。２００６年、1億台以上が売れた２００６年のWiiを開発。これまでのゲーム愛好者とはまったく異なる層をつかみ、任天堂を世界企業に押し上げる。

岩田は「プログラマーはノーと言っちゃいけない」と言い、未知の驚きや喜びを感じて喜んでくれるまで精進するのがプログラマーであるとし、人間を観察し続けて、試行錯誤を繰り返す。ゲームは景気変動の影響を受けない業界であり、驚きがない商品は、景気がいくら良くても売れない。やはり商品開発が命なのである。

ゲーム開発では、チーム内での数えきれないほどのやり取りの中でコンセプトが浸透し、共有され、商品に結実する。異なる部門が素早いキャッチボールを繰り返しながら、同じ目標、目標に突き進むことで、開発が成功するのである。優れた商品開発にはチームマネジメント、プロジェクトマネジメントが欠かせない。

岩田はゲーム開発者であることが天職だと信じていたが、会社の経営を任され、開発チームのマネジメントと会社の経営には多くの共通点があることがわかり、経営も天職だと思うようになった。「私の名刺には社長と書いてありますが、頭の中はゲーム開発者です。心はゲーマーです」と語っている岩田社長は、驚きを提供するのだから、お客様の要望を聞くことは無駄になるとの考えだった。いわゆるマーケティングは不要であるということになる。

２０１５年現在の調査では、日本のゲーム人口は全体の人数は４３３６万人、スマホ・タブレット用ゲーム人口は３０９９万人。家庭用ゲーム機所有者は５２２４万人、家庭用ゲームアクティブユーザーは３２００万人、家庭用ゲーム継続プレイヤーは１５３９万人。大学生たちが熱中する姿を見ていると、途方もなく、未来がある業界だとの感を深くする。

ゲーム、広く娯楽産業は、人種や文化の違いといった壁を越えて、人間は何を面白がるのか、人間は何に驚くのか、という本質の探究を行なっている業界でもある。

岩田を頂点とするプログラマーたちの「人間とは何か」を探る中で得られた深い人間観察が数々のヒット商品を生み出したのである。１９５９年生まれの岩田聡の社長在籍のままでの55歳というあまりにも若すぎる死は、日本と世界のファンに大きな衝撃を与えた。

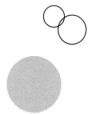

7月12日

大橋巨泉（おおはし・きょせん）

戦争は爺さんが決めて、おっさんが命令して、若者が死ぬ。

1934.3.22 〜 2016.7.12

日本のタレント（テレビ番組司会者、ラジオパーソナリティ）。放送作家、エッセイスト、評論家（競馬評論家、音楽評論家、時事評論家）、馬主、政治家（参議院議員）、実業家・芸能プロモーター、オーケーギフトショップグループ取締役社長）と、巨泉の肩書きの多さは天下一品だ。巨泉は1950年から使っている俳号である。

麻雀、ゴルフ、競馬などを扱かった「11PM」で司会者として活躍。1969年のパイロット万年筆のヒットCM「ハッパふみふみ」はユニークだった。「みじかびの　きゃぷりてぃとれば　すぎちょびれ　すぎかきすらの　はっぱふみふみ」。よくはわからないが、なんとなくわかるような気がするCMだった。俳句の575とジャズのリズムが結びついた傑作だった。その後、「クイズダービー」、「世界まるごとHOWマッチ」などで高い視聴率でテレビ界を席巻していく。

消耗品にならないため自分でマネジメントするために、大橋巨泉事務所をつくる。原則は「映画とドラマはやらない」「一業種一種目を守る」「ナイター裏の番組は引き受けない」「週3本以上の番組はもたない」「番組の内容・構成には自ら関与する」、そして「自分の番組意外には出演しない」という大原則をつくる。これは20年間守られた。

「50歳でリタイヤ」のつもりだったが、ビートたけしという新しい才能と出会い、延ばす。報道と娯楽を結びつけた巨泉の造語「インフォテイメント」番組の「巨泉のこんなモノいらない?!」は自身が言う代表作となった。

56歳で念願のセミ・リタイア生活に入る。冬はオーストラリアのゴールドコースト、ニュージーランドのオークランド、春は日本、夏はカナダのバンクーバー、秋は日本。太陽を求めて温暖な気候の土地を渡り歩く「ひまわり生活」を堪能する。そのために、身軽に動けるようにパイプカットの避妊手術を行ない子どもはつくらなかった。

行く先の国の歴史や現状を勉強し、片言でもいいからその国の言葉をしゃべり、食事のメニューは自分で注文することにしていた。

巨泉には「僕は辞めると言ってはいないんです。辞めたのです」（議員辞職のとき）、「野球は巨人、司会は巨泉」など名言が多い。やはり俳句の影響だろう。

座右の銘は、岸信介総理にならって「転ぶな、風邪ひくな、義理を欠け」であり、義理を欠くことにしていた。大橋巨泉という人物は、以上にみるように公私ともに、何事にも原則を持ち、明快な方針で臨んでいることに感銘を受ける。

そして「それは違う、おかしい、というマトモな批判さえ許さない戦前みたいな〝空気〟を今の日本に感じる」と警告を発していた。

「戦争は爺さんが決めて、おっさんが命令して、若者が死ぬ」と言っている。慧眼の巨泉はわれわれが、こころすべき言葉を残してくれた。

7月13日

私には敵はいない。

劉暁波（りゅう・ぎょうは）

1955.12.28 ～ 2017.7.13

中華人民共和国の著作家。元北京師範大学文学部講師。民主化運動を始め広範な人権活動に参加し、たびたび投獄された。2010年、ノーベル平和賞を受賞。

吉林省長春に生まれる。吉林大学卒業後、北京師範大学で修士号、北京師範大で教鞭。博士号を取得。ノルウェー・オスロ大学、アメリカ・ハワイ大学、コロンビア大学で講義や研究。帰国し1989年の胡耀邦元総書記の死をきっかけとしたデモ隊を中国人民解放軍が鎮圧し多数の死傷者を出した「天安門事件」に関係し、反革命罪で投獄される。以後、文筆活動を行なうが、再投獄される。

冒頭の「私には敵はいない」は、2009年、国家政権転覆扇動罪で懲役11年の判決の前の最後の陳述のタイトルである。これは獄中にあり出席できなかった2010年のノーベル平和賞授賞式で代読され、人々に感銘を与えた。

「20年前にハンスト宣言で表明した『私に敵はいない、憎しみもない』という信念に変わりはない。私を監視し、逮捕し尋問してきた警察、起訴した検察官、判決を下した裁判官はすべて私の敵ではない。監視や逮捕、起訴、判決は受け入れられないが、当局を代表して私を起訴した検察官の張栄革と潘雪晴も含め、あなた達の職業と人格を私は尊重する」

「私は個人的な境遇を超越し、国家の発展と社会の変化を見据えて、最大の善意をもって政権からの敵意に向き合い、愛で憎しみを溶かしたい」

「私は望んでいる。私が中国で綿々と続いてきた『文字の獄』の最後の犠牲者となることを。そして今後、言論を理由に罪に問われる人が二度と現れないことを」

ノーベル平和賞の受賞が決まったとき、獄中の劉は妻の劉霞（りゅう・か）に、ノーベル平和賞は「天安門事件で犠牲になった人々の魂に贈られたものだ」と述べ、涙を流した。

詩人・画家・写真家であるその劉霞は8年間自宅軟禁状態にあったが、一周忌が間近に迫った２０１８年7月10日、ドイツに向けて出発し、ベルリンにいる。

世界を震撼させた１９８９年の天安門事件からは30年になる。中国は１９９０年にはＧＤＰ世界10位であり、また日本の貿易相手国シェアはわずか3・5％であった。現在ではＧＤＰは日本の3倍近くで世界2位、日本の貿易相手国シェアは21・7％とトップになり、大国となった。

敵意はない、憎しみもない、愛で憎しみを溶かしたい、「文字の獄」の最後の犠牲者になりたい。この神のような心境を持つ劉暁波は、民主化運動のシンボルとして、今後も長く影響を与え続けるだろう。この人は死んだが、死んではいない。

7月14日

深田祐介（ふかだ・ゆうすけ）

これも週休2日制のお蔭です。

1931.7.15～2014.7.14

日本の作家。大宅壮一ノンフィクション賞を受賞した1976年の『新西洋事情』は、ミリオンセラーになった。1982年にマニラを舞台にした『炎熱商人』で第87回直木賞を受賞。1983年にテレビドラマ化された「スチュワーデス物語」が大ヒットした。1987年には『新東洋事情』を書いている。深田祐介は高度成長期に海外で活躍する日本人の奮闘をユーモアのある軽妙洒脱な文章で描き、多くの読者を得た。

深田祐介とは同じ企業に勤務していたこともあり、20歳近くの年齢差があったが、幾度かの接触があった。20代でJALのロンドン空港に実習派遣員で1年余り滞在したとき、深田祐介にならって「新西洋情事」を書くぞと冗談を言っていたのだが、結果的には、真面目な「ロンドン空港労務事情」という日本的労務管理についての実証的研究を社内レポートとして提出した。それが労働経済学の小池和男教授の目にとまり、紆余曲折の後に「中央公論経営問題」での深田らのビジネスマンの座談会になり、紙上で冒頭に若干紹介された。そのことが目の前の仕事に正面から取り組むきっかけとなった。

二度目は成田での深田の社内講演会で、この論文についての質問をしたときだ。

三度目は、30代後半で広報部勤務のとき、深田から何かの仕事の関係で電話をもらい、担当者として対応した記憶がある。二足の草鞋を履いているサラリーマン作家のモデルとして会う20代からこの人を意識していたようだ。

今回1999年出版の本を改題した『美味交友録』というエッセイを読んでみて、この人の背景と日常を知ることができた。パリ、札幌、名古屋、客室などの舞台で私も知っている先輩たちが登場する。

深田祐介は東京麹町で中流家庭に育った。父が連れて行った羽田の零戦が飛ぶエアーショー、横浜での新造汽船の見学、横須賀の軍艦、一流店の料理で震えるような感動を味わう。絵と作文が得意だった航空少年は、その結果、感受性が磨かれて作家になったと述懐している。

この本に紹介されているレストランを挙げてみよう。六本木「真露ガーデン」、銀座「キャンティ」、広尾「プティ・ポワン」。神楽坂「田原屋」、紀尾井町「エリオ」、名古屋「カポネ」「鯛飯楼」、札幌「杉ノ目」「景勝園」、パリ「ラセール」「ルドワイヤン」、台北「ごーるでんトップ」、六本木「中国飯店」、福岡「あまのや」、ロンドン「ザ・コンノトート」「まさこ」……。

私が入社した1973年からJALでは週休2日制が始まった。

深作は月曜日から金曜日までは社員として仕事、土曜日と日曜日に作家として原稿を書くという「二足の草鞋」スタイルで作品を書き続け一家をなしたのだ。「これも週休2日制のお陰です」は、サラリーマン作家・深田祐介の本音だっただろう。就いた仕事を深掘りして、生きる時代を凝視し、その現場からみえる世界を描くことに自らの資質を存分に生かす。こういう生き方は普遍的である。

7月15日

佐藤道夫（さとう・みちお）

自分の起こした不始末はまず自分で始末するというのが、子どもの躾の第一歩である。責任をとるとは、そういうことをいう。

1932.10.24～2009.7.15

日本の検察官、政治家、弁護士。札幌地方検察庁検事、東京地方検察庁特別捜査部検事・同庁刑事部長・最高検察庁検事などを歴任した検事である。

東京地検特捜部では、1971年の沖縄返還協定にからみ、取材上知り得た機密情報を国会議員に漏洩した毎日新聞社政治部の西山太吉記者らが国家公務員法違反で有罪となった、いわゆる西山事件の捜査を担当し起訴状を書いた。

起訴状では、西山記者は外務省女性事務官と「ひそかに情を通じて」、これを利用して秘密文書を持ち出させたとした。この言葉で国家の密約問題から、スキャンダル事件へと本質がすり替えられたという批判がある。後に「言論の弾圧といっている世の中のインテリ、知識層、あるいはマスコミ関係者なんかにもね、ちょっと痛い目にあわせてやれという思い」から起訴状の文言を考えたと述懐している。是非はともかく佐藤の意図どおりに進展したわけだ。

東京佐川急便事件においては、自民党の金丸信元副総裁が政治資金規正法違反に問われたが略式起訴となり、それを批判する文を朝日新聞読書欄に「特別な人を特別に扱うのは司法の世界では絶対にあってはならない」と現役の札幌高検検事長として投稿し、国民の支持を集めた。

1995年、佐藤の正義感や人柄に目をつけた青島幸男氏が「私の議席を引き継いでほしい」とアプローチし、佐藤氏は二院クラブから参院選に出馬して初当選し、二院ク代表を務める。議員としてもオレンジ共済組合事件で友部達夫参院議員に対する議員辞職勧告決議案に一人反対する、根拠薄弱で始めたイラク戦争で、アメリカがフセインを逮捕したとき、何の罪なのかを明らかにせよと小泉総理に迫るなど、活躍した。

著書『検事調書の余白』（朝日文庫）では、「週刊朝日」連載の「法談余談」をもとに、38年の長い検事生活で出合った事件を題材に、「法律」と「人間」の狭間で繰り広げられる本物の人生ドラマを鮮やかに描き出した。これは後にＮＨＫで本当のドラマになった。

夕刊フジでは、「佐藤道夫の政界よろず調書」も連載している。記者には「僕の仕事は、政界や社会に対して『大切なことを忘れていませんか?』と問いかけること」と語っていた」という。

「責任をとる」とはどういうことか。高い地位の職務には相応の責任が伴うのは当然だ。期待された結果を出せないとき、不祥事が起こったとき、高い地位の人は責任をとる必要がでてくる。

昨今の偉い人たちの出処進退の悪さは目にあまるが、自分の起こした不始末は自分で始末せよ、という佐藤の言はさわやかに響く。ここでいう自分とは自分そのものだけではない。自分とは自分が統べる組織や集団の総体を指すのだ。

7月16日

喜屋武眞榮（きゃん・しんえい）

小指の痛みは全身の痛みだ。

沖縄県出身の日本の政治家。参議院議員（５期）を務めた。沖縄師範卒。屋良朝苗（後の沖縄県知事）と二人三脚で本土復帰運動に尽力した。

沖縄教職員会長、祖国復帰協議会会長などをつとめ、沖縄革新勢力の中心的人物として１９７０年に国政参加の初の参議院選挙で当選。１９８２年沖縄県知事選に

1912.7.25 ～ 1997.7.16

立候補するが現職の保守系の西銘順治に接戦で敗れる。１９８３年参院に返り咲き、通算5期24年にわたり議員をつとめた。

「ミスター沖縄」と呼ばれるほど、革新統一運動の象徴的存在だった。また、空手や棒術、サイなどの琉球古来の武術の指導普及、琉球舞踊の普及など、沖縄の伝統文化を普及・継承する活動も行なった。

２０１８年現在の沖縄はどうなっているのか。以下、寺島実郎の解説から。

人口：日本で唯一人口増加。２０１０年から2・9％増。１３２万人、２０１５年１４５万人、２０１８年１４７万人。高い出生率と高齢者の移住。

経済：本格的な観光経済へ。沖縄への訪問者は２０１７年に９３９・６万人、うち外国人は２５４・２万人。７５００億円規模の経済効果。シンガポール、香港、台湾、そして中国という大中華圏からの旅行者は更に増加していく。

基地：基地依存経済という誤解。５割以上の依存時代もあったが、現在では5％に縮小。返還された基地跡地は経済活性化の起爆剤となっている。

歴史：１３７２年、明との冊封関係。１４２９年、尚巴志による統一。１６０９年、薩摩に降伏し、日中同属の独立国。１８５３年、ペリー来航。１８５４年、琉米条約。１８７９年、明治政府の琉球処分。１９４５年、沖縄戦。１９７２年、本土復帰。

ハワイとの関係：１９００年のハワイ移民26人、第二次大戦前に4万人の移民、４４２部隊のイタリア戦線での活躍、三世のデービッド・イゲ知事の存在。

基地問題：米軍の70・6％は沖縄。首都圏の米軍の存在の「ビンのふた」論。１９９２年のドイツは基地の段階的縮小と地位協定の改定を行なった。独立国に外国軍隊が駐留しているおかしさが日本にある。辺野古の問題も含め沖縄の基地問題は沖縄だけの問題という視点では解決しない。日本全体の視点から、東アジアの安定のための日米同盟の再構築が必要だ。

「小指の痛みは全身の痛みだ」は、１９８２年に知事選を争った保守系の西銘順治の「沖縄の心とは、ヤマトンチュー（大和人）になりたくて、なれないこころでしょう」と並んで沖縄問題を象徴する名言である。本土の人間はこの言葉をかみしめなければならない。

7月17日

石井好子（いしい・よしこ）

にもかかわらず笑う。

1922.8.4 ～ 2010.7.17

日本のシャンソン歌手、エッセイスト、実業家。

石井好子は衆議院議長を務めた石井光次郎の次女。東京音楽学校卒後、父の反対を振り切り、ジャズ歌手の道を選んだ。留学先の米国から、パリに飛び、そのままパリでシャンソンに転向し、デビュー。帰国後は、「パリ祭」をプロデュースするなど、日本のシャンソン界をけん引した。また、後輩歌手育成のために日本シャンソン協会会長やパリ祭などの活動、難民救済のチャリティコンサートなどの慈善活動に力を入れた。

「日本人として、外国でどこまでできるか試したかった」と言う石井好子は、フランスでもシャンソン歌手として評価が高く、1971年には、芸術文化勲章「オフィシェ章」、1992年には「コマンドール章」を受章している。

歌を歌うには健康が土台であるから、日頃の生活の中でも、ウォーキングやストレッチを行ない、寝る前には腹筋を鍛える体操をしていた。木原光知子から水泳を学び、1987年にはマスターズ水泳大会の50m平泳ぎで優勝するなど、健康そのものだった。

また、エッセイストとしても知られ、1963年に上梓した処女作『巴里の空の下オムレツのにおいは流れる』は、現在まで一度も絶版になっていないベストセラーである。この作品は第11回日本エッセイスト・クラブ賞を受賞している。その後、『石井好子のヨーロッパ家庭料理』、『パリ仕込みお料理ノート』など、料理をテーマとした作品も多く、食通として知られ、「料理の鉄人」にはたびたび審査員として出演した。

「苦悩や落胆を味わった末、『にもかかわらず笑う』。これが真のユーモア精神」と、フランス仕込みのユーモア精神の持ち主であった。確かに、テレビで歌い、語る石井好子は常に笑顔だった。新分野を切り拓いていたから、87年の人生には苦悩や落胆もあっただろうが、人生を肯定している姿を感じる。見習って、「にもかかわらず」笑うことにしよう。

笹川良一（ささかわ・りょういち）

日々これ粗食で九十、百は働き盛り。

1899.5.4 〜 1995.7.18

大正・昭和時代の日本の政治運動家、社会奉仕活動家。享年96。

国粋大衆党総裁、国際勝共連合名誉会長、衆議院議員、財団法人日本船舶振興会（現・公益財団法人日本財団）会長、全日本カレー工業協同組合特別顧問、福岡工業大学理事長を務めた。称号は箕面市名誉市民。勲一等旭日大綬章、勲一等旭日大綬章受章者。

「ファシスト」、「日本の黒幕」、「ギャンブルの胴元」、「日本のドン」、「戦後のフィクサー」、「競艇屋の怪物」、「右翼の大立者」、「政界の黒幕」、「名誉心と自己顕示欲のかたまり」と、笹川良一の悪名は高いが、本人は「有名税だ」、「大木は風当たりが強い」と意に介さなかった。ユーチューブでみる笹川は、鋭い眼光、健脚、良い姿勢、素敵な笑顔と善意の人という印象で、その落差に戸惑う。

A級戦犯容疑者として入獄運動を行ない、国粋大衆等そのほかの超国家主義的諸団体の指導者という理由で晴れて巣鴨に入獄。34歳の児玉誉士夫から平沼騏一郎の78歳までの戦犯がいた。獄内では高位高官たちを励まし、刑務所内での待遇改善と裁判技術を指南した。天皇に御迷惑を及ぼさずにすんだと、東条英機は最後まで自分を激励してくれたと笹川に感謝している。笹川は巣鴨プリズンのことを「人生最高の大学」と評して、「ここは娑婆の二十倍、三十倍勉強になる」と語った。

出獄後は、入獄者の支援、釈放のための活動を開始し、家族援護も行なった。支援を受けた人たちからの礼状は3000通以上も残っている。個人的善意からであることは間違いない。税申告した残りを福祉に使うというやり方で、ポケットマネーで遺族や留守家族の交通費、小遣い、就職の世話、病気の費用まで面倒をみている。

笹川は全国モーターボート競走連合会を設立し、収益を公益事業に充てた。公営事業である全モ連の最盛期には収入は2兆円に達した。交付金は660億円で、船舶関係事業と社会福祉事業に充てている。だから、「競艇はギャンブルではなくて慈善事業である」というのだ。

「私の悲願は、この地球上から戦争と貧困と病気、不平等を追放するところにある」という笹川は50年前から準備し、75歳で、天刑病とまでいわれたハンセン病撲滅の覚悟を決める。国内と世界中の施設を慰問し、握手し、食事を摂り、肩を抱き合って励ました。「人生の目的を達成するためには、金はないよりあったほうがいい。ましてや儲けた金の大部分を福祉事業に寄付するのが目的だから、なければ不可能だ。要は脱税を犯していなければいいのであって、スーパーを興して儲けようと、公営ギャンブルで儲けようと金銭に貴賤はない」。

子どものころからの友人・川端康成には、「君のように学問のある者は学問をもって世の中に奉仕する、多少でも金のあるものは金で奉仕する、それが私の主義だから」と言っていた。

1976年から子ども向け番組などの前後にながれるテレビCMで名前と顔が知れ渡った。「火の用心」「一日一善」「世界は一家　人類みな兄弟」「お父さん　お母さんを大切にしよう」というメッセージは私も見ている。

女性関係も派手で、過去の女が亡くなったときに短冊に名前を書くという習慣を持っていた。最晩年には70人近い名前が並んだそうだ。

西郷隆盛の「子孫に美田を残さない」を信条とし、「金銀財宝、別荘や骨董品も死と同時に身から離れる」と考えていた。財団に入った三男・陽平は、財産は本当に残っていなかったと苦笑いしている。ハンセン病予防等の福祉関係に使い切って終わったのだ。日本船舶振興会は、死後に日本財団に名称変更している。

「日々これ粗食で九十、百は働き盛り」と言い、実際に96歳の長寿であった。その秘訣は最晩年でもビルの10階くらいは駆け上がったという足腰の強さや粗食以外にも、風呂の湯は桶の半分にしたなど、贅沢を嫌ったことにあったのだ。

7月19日

岩谷直治（いわたに・なおじ）

事業というものは植林と同じです。苗を植えて肥料をやり、草をむしり、丹精を込めて育てなければいけない。

1903.3.7 〜 2005.7.19

日本の実業家。エネルギー商社、岩谷産業の創業者。島根県安濃郡長久村(現・大田市)出身。大田農業学校(現・島根県立大田高等学校)卒業。神戸市の運送会社で勤務した後、ガスの製造・販売を行なう「岩谷直治商店」を１９３０年に創業。１９４５年に株式会社の岩谷産業に改組。以後40年間にわたり社長を務めた。

１９５３年家庭用プロパンガスを日本で初めて市販。また１９６９年にはガスホースを使わないカセットボンべ式卓上型ガスコンロを日本初の市販化。またプロパンガス以外の住機器、食品事業などにも取り組み、生活総合産業企業を一代で築き上げた。「プロパンガスの父」と呼ばれた。どんな分野にも「父」という存在はいるものだ。

岩谷直治が古希を迎えたのを記念し、私財を基金として設立、２０１２年に公益財団法人岩谷直治記念財団として移行登記した。この財団は科学技術研究開発、国際交流推進をテーマとしており、エネルギー分野を中心に、優れた研究・開発を行なった者を表彰する「岩谷直治記念賞」も設けられている。２０１３年は「個別分散空調機による潜熱・顕熱分離空調システム「DESICAシステム」のダイキン工業。２０１６年は「特殊セラミックを使用した断熱塗料の開発と応用」の日進産業が受賞している。

プロパンガス、カセットコンロの開発者・岩谷直治は、「ヒトマネでない事業を求め続けるのが私の経営の信念。本当に人々の生活に必要なものなら、必ず事業化できる」

と述べている。生活のニーズに気がついたら、小さく始め、丹精を込めて育てていくのが事業だ。事業を植林にたとえることに感銘を受ける。何事も「丹精を込める」ことにしたいものだ。

産業・家庭用ガス専門商社であり、ＬＰＧ分野では国内シェアトップの総合エネルギー企業の岩谷産業は１９３０年の創業以来、88年経ち、売上高は４８０９億円（連結で６７０７億円）、事業所数83カ所（国内77・海外6）、従業員数１２３６名（連結では９４５３名）にまで育っている。「水素を熟知した会社」として、国産宇宙ロケットへの液体水素供給や、大規模な水素製造プラントの立ち上げ、燃料電池車の分野でもトヨタ自動車やホンダなどに燃料電池車の開発当初から水素ステーションなどの供給をし普及に向けた一端を担っている。１９６４年の東京オリンピックの聖火台では同社のＬＰＧが使用された。

岩谷直治は１０２歳で天寿を全うし、百寿者となった。そして創業した企業は、２０３０年には百年企業になる。植林し、丹精を込めて育てた木は年輪を重ね、姿のいい大木となった。

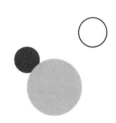

鶴見俊輔（つるみ・しゅんすけ）

潔癖な人は、幸福になることはできない。

1922.6.25 ～ 2015.7.20

日本の哲学者、評論家、政治運動家、大衆文化研究者。享年93。

政治家の父と後藤新平の娘の母との間に、長男として二番目に生まれた。姉は鶴見和子。11歳で不良。自殺未遂。精神病院入院。家出。父の計らいで渡米。ハーバード大に入学。結核。逮捕。帰国後は海軍勤務、腹膜炎で辞職。戦後、雑誌「思想の科学」の創刊に参加。京大人文研助教授、東京工大助教授を経て、同志社大学教授。小田実を代表にべ平連（ベトナムに平和を！ 市民連合）を結成。大学紛争で辞職。九条の会の呼びかけ人。こうやって鶴見の人生行路を眺めてみると、感受性と正義感が強く、生きにくい人だったのだろうと感じる。

都留重人、丸山眞男らとともに戦後の進歩的文化人を代表する一人とされる鶴見の名前は、私は知っていたが、本を読んだことはなかった。今回たまたま鶴見俊輔編『老いの生き方』（ちくま文庫）を読んだ。中勘助、富士正晴、金子光晴、室生犀星、幸田文、串田孫一、野上弥生子らの論考が並んでおり、「経験は、人生を狭くする」「老年の空虚さは、実人生の場から離れた、補給不足による」などが印象に残った。

当時75歳の鶴見は冒頭の「未知の領域に向かって」という総括の小論を書いている。この中で「潔癖な人は、幸福になることはできない」という処世術を披露している。理論をかざす教条主義を排し、毎日の一コマ一コマに興味をもち、日常生活の中で浮かんだ疑問を突きつめていくという生き方を貫いた人だ。鶴見は潔癖さの欺瞞を見抜いており、矛盾に満ちた人間という存在に愛情を持って接した人だと思う。論壇で活躍した人であり批判も多く受けたが、自分の頭で考え、自分の言葉で語った人であることは間違いない。

7月21日

渥美俊一（あつみ・しゅんいち）

経営は科学。数字を入れて話しなさい。

1926.8.21〜2010.7.21

日本の経営コンサルタント。読売新聞社の経営技術担当記者を経てチェーンストア経営研究団体ペガサスクラブを設立。スーパーマーケットの創成期にアメリカのチェーンストア理論を導入し多くの経営者を牽引した。

ダイエーの中内功、イトーヨーカ堂の伊藤雅俊、イオンの岡田卓也、マイカルの西端行雄・岡本常男、ヨークベニマルの大高善兵衛、ユニーの西川俊男、イズミヤの和田満治が教え子である。こうやって並べてみると、日常生活を豊かにする企業が多く、渥美の弟子たちが戦後から平成の今日まで私たちの人生を彩ってくれたのだとの感慨を持つ。渥美にはずいぶんと世話になっているわけだ。

「お値段以上」のニトリの似鳥社長は、34歳でペガサスクラブに入り、渥美に学んでいる。「3年100店舗、1000億円」と苦し紛れに目標を出したら「目標は額に入れて、みんなの前に飾れ」と言われる。そのとおりにしたら自分も本気になって、達成してしまった。

渋谷にできた渥美俊一記念館は、似鳥昭雄が、「日本経済に貢献した渥美先生は、もっと評価されるべきだ」と、2015年に渥美の代官山の自宅を購入し、記念館にしたものだ。渥美の恩師・川崎進一の「恐竜になるな。しっぽをねずみに喰われているのに気づくのに一週間かかる。だから絶滅した」が飾られている。師にも師がいる。その連続が歴史の進歩なのだろう。

「成功体験など現状を永久に否定して再構築せよ。守ろうと思ったら、衰退が始まる」「上座に座るような宴席には行くな。常に下座で自らついで回り、先人から学べ」

渥美俊一がつくったペガサスクラブは、1969年には1000社を超えている。現在430社が会員で、小売業では23兆円以上（国内占有率22％）、フードサービス業では2兆円以上（7％）の売上げだ。渥美の影響力が途方もなく大きいことがわかる。どんな形態の組織においても、マネジメントの任にあたる者は、数字を入れた裏付けのある話を心がけたい。

草柳大蔵（くさやなぎ・だいぞう）

一日に本を27ページ読みなさい。専門書、教養書、頭が疲れたときに読む本。毎日9ページずつ読めば1年で約1万ページになる。

1924.7.18～2002.7.22

日本の評論家、ノンフィクション作家、ジャーナリスト。編集者、記者として仕事をしながら、「大宅壮一東京マスコミ塾」に学び、1952年から大宅壮一の助手として2年間師事する。週刊誌等のライター、アンカーを経て、1962年から、署名で仕事を始め、人物、芸術、世相などの評論活動を行なう。現在の日本はいかにして形づくられたのか、が問題意識だった。

主な著作は『現代王国論』（文藝春秋読者賞）、『実録満鉄調査部』（上・下）、『官僚王国論』、『ものを見る眼・仕事をする眼』、『内務省対占領軍』、『日本解体』、『昭和天皇と秋刀魚』、『池田大作論』ほか多数。

私は大蔵の娘でタレントの草柳文恵さんとは、広報を担当していたビジネスマン時代に親しくしていた。この人は質問魔で、油断しているとこちらが丸裸にされるようなところがあるやり手だった。

草柳は何事も生きているうちは勉強という意味の「生涯一書生」という言葉を野村克也に贈った。それが野村の名言「生涯一捕手」になった。また、「いい仕事は必ず誰かが見ていてくれる」とアドバイスされ、心に深く染み込んだと後に野村が述懐している。

草柳大蔵の自宅は熱海にあった縁で、静岡県立図書館に「草柳太蔵コーナー」がある。

戦後を代表するジャーナリストの一人となった草柳は、「本のある部屋を持て」、「枕頭の書を持て」、そして「知的スタミナを蓄えよ」と、絶筆『日本人への遺言』で語っている。自分の書斎を確保し、専門・教養・娯楽の3種類の本を毎日継続して読み続けて、知的スタミナを蓄えることを勧めている。それがいい仕事につながっていく。この習慣を自分にも課していたと思わせるリアリティのある言葉だ。一人一人の人間が持ち場持ち場で積み上げていく仕事の豊かさが文化や歴史をつくっていく。その一人になろう。

7月23日

南部忠平（なんぶ・ちゅうへい）

負けたって殺す奴はいないいんだから、やってみるしかないいんだよね。

1904.5.24〜1997.7.23

日本の陸上競技選手。走幅跳の元世界記録保持者。ロサンゼルスオリンピック陸上男子三段跳金メダリスト。享年93。

南部は、北海中学時代に、三段跳びで第一人者・織田幹雄を破った。歳は一つ下だが、陸上でも早大でも先輩だった織田を南部は立てた。緻密で繊細で数学的な織田、明るく開けっぴろげで直感的な南部。自伝『南部忠平』の中でも、織田には「さん」と「君」という呼び方がでてくる。アムステルダムオリンピックの三段跳びで日本人初の金メダルを獲得した織田も「私の成功は南部君に負うところが大きいのでした」と述べている。2人はライバルであり、また終生の親友だった。

オリンピックを狙うには、体力と技術の両方が必要な幅跳びや三段跳びの方が勝つ見込みが大きいと南部は戦略を考えた。走り幅跳びの「南部式反り跳び」には、踏み切ってから着地まで五つの段階があると言うように、技術を磨いている。「人と違った練習をしなければ勝つことはできない」のだ。1928年のアムステルダム大会では三段跳びで4位。ロシアのピョートル大帝が船大工の修行をしたザンダムで合宿をした。

身長164cm、体重64kgの南部は、次のロサンゼルス大会では、本命の走り幅跳びで出場し金メダルを狙ったが3位に終わるのだが、2日後、織田、大島が故障し、代役で出た三段跳びで、世界新記録で金メダルを獲得する。本業ではなく、副業で優勝したから「世の中はわからないもんですよ」と後に語っている。

ロサンゼルス大会前に、毎日新聞社運動部に入り、55歳で運動部長を勇退。その後、東京オリンピック陸上競技監督もつとめた。いくつかの大学で教授をつとめたのだが、最後には鳥取女子短期大学学長にまでなっている。ハーレー・ダビッドソンで自宅の吹田市から鳥取女子短大に通っていた。88歳で勇退。

南部忠平という伝説のアスリートの名前のついた大会が二つある。故郷札幌の円山陸上競技場で行なわれる南部忠平記念陸上競技大会と、縁の深い鳥取県倉吉市で行なわれる南部忠平杯くらよし女子駅伝競走大会だ。また２００３年まで南部忠平杯全道駅伝競走大会も開催されていた。北海道には本郷新の「南部忠平顕彰碑」や胸像が存在する。

「やってみるしかない」というチャレンジ精神でスポーツ人生を駆け抜けた南部忠平は、「人生もスポーツも、達人の域に達すると美しさが出るものだ」と言っている。自身もスポーツだけでなく、人生も達人の境地にあったのだろう。南部忠平は美しい生涯を送った。

7月24日

森毅（もり・つよし）

1928.1.10〜2010.7.24

ゆっくりわかるのも、一種の才能。

日本の数学者、評論家、エッセイスト。

自他共に許す非国民少年で、迫害のかぎりを受けた不良優等生であった森は、数学を専門とする。この名物京大教授は、歌舞伎、三味線、宝塚、文学、哲学についても造詣が深かった。専門の数学や教育にとどまらず社会や文化に至るまで広い範囲で評論活動を行なって、人気があった。

「ヤジウマでデシャバリでオッチョコチョイ」と自称する森毅の言葉を拾ってみよう。

「集団にいると『安心』はできるが『安全』ではない」…まったりした安全圏は嫌いなヤジウマ精神の持ち主だ。

「書いているうちに、内容はできてくるものである」…内容がなくても注文を引き受ける。デシャバリだ。

「いつでも、なにかを新しくやろうとしているほうがよい」…新規な珍しいものが好きで好奇心が旺盛なオッチョコチョイだ。

「年配者に好かれるコツは、要するに砂糖と塩の加減の問題やねん」、「生意気の芸には愛嬌のスパイス、愛嬌の芸には生意気のスパイス」、「先が決まっていないから不安と思うか、先が決まっていないから気楽と思うか、暗いよりは明るい方がいいではないか」と主張する楽観的な人。

森毅は、「これほど業績がない人物を教授にしてよいのか」と問題になったが、「こういう人物がひとりくらい教授であっても良い」ということで昇格を果たしている。年配者に好かれたゆえであろう。それは人間に対する深い洞察力を持ったこの人の処世術だったと思う。

「一を聞いて十を知る」という言葉があるが、本当にそれでいいのか。うわすべりの理解でわかった気になることは危険だ。世の中は複雑であり、一歩、一歩、足元を確かめながら登っていくと、本当のことがわかる。「頭の回転が速い」鋭い才能もあるが、鈍いようにみえるが、じっくりと時間をかけてわかっていく行き方もある。森毅の言うように、それも一種の才能である。

7月25日

ベン・ホーガン

ゴルフでは次のショットが一番大事である。

1912.8.13～1997.7.25

アメリカのプロゴルファーである。鷹の目を持つ「ベスト・ボール・ストライカー」と呼ばれた名ゴルファー、ベン・ホーガンは、全米オープン4回、マスターズ2回、全米プロ2回、全英オープン1回と合計9回のメジャー制覇をしている。史上最強のゴルファーとの評価もある。生涯64勝。170cm、64kgとゴルファーとしては小柄だったが、ビッグ・ベンの尊称でも呼ばれた。

36歳、交通事故で妻をかばって瀕死の重傷を負う。復活した後は、事故で痛めた片足を引きずりながらも、6つのメジャー大会を含むプロゴルフツアー（PGA）12勝を達成している。1953年にはゴルフ史上初のメジャー大会年間3冠を達成する。出場したメジャー大会すべてで勝利を挙げるというこのグランドスラムは快挙である。

名著『モダン・ゴルフ』は、世界でもっとも読まれた入門書だろう。今回改めて鉄人・ベン・ホーガンのスイングの動画を見たが、膝は動いているものの頭は殆ど動いていない。

「練習が必要な人ほど練習をしない」はヘボゴルファーの私には痛い警句だ。ゴルフほど心に響く名言が多いスポーツはないのではないか。ゴルフはまさに人生そのものである。極めつきは、ベン・ホーガンの「一ラウンドしかプレーできないのだから、人生のフェアウェイを歩いていくときは、バラの香りを嗅がなければならない」だろう。

「ゴルフでは次のショットが一番大事である」には、苦笑とともに納得せざるを得ない。ミスはしようがない。落胆せずに、グチを言わずに、平静な心で次のショットに最善を尽くせ。アイスマンとも言われた名手ベン・ホーガンの最高のアドバイスだ。日々、次の最善手を常に意識しよう。

7月26日

板坂元（いたさか・げん）

頭は筋肉のようなもので、使わなければ退化する。

1922.11.21 ～ 2004.7.26

日本の評論家、日本文学者。

近世文学専攻。１９５７年、ケンブリッジ大学、そして１９６０年からはハーバード大学で日本語・日本文学を教えた。１９８５年に帰国。創価大学客員教授、創価女子短期大学教授、同大副学長を務めた。

近世文学が専門であるが、50代からはアメリカ事情、日本文化論のほか、知的生活指南、セックス談義、文章入門など雑多な一般書を数多く著した。代表作の一つが、１９７３年の『考える技術・書く技術』だ。この本は話題になり、知的生産に関心のある人には必読書となった。私も熱心に読んだクチだ。

「何パーセントとか何分の一とか数字に直して考え、かつ表現することは、誤解を防ぐ上にも大事なことだ」

「ある社会なり時代が、なぜこういう本を要求するのか、という問題を考えるには、ベストセラーというものは、すばらしい資料となる」

１９７０年代から２０００年近くまで、板坂は本を出し続ける。専門分野以外でも、アメリカをテーマとした多くの著書、『そして何を書くか、どう書くか』『知的仕事の技術　遊びの技術』『実年のための知的生活入門』『文房具が好きな人の本　選び、使い、楽しむコツ　私のこだわり方』『「人生」という時間の過ごし方』『男だけの愉しみ』などが記憶にある。

「苦しくても腹立たしくても、顔色ひとつ変えないで別れるのがダンディーの道だ」などの言葉が踊る男女の機微に触れたものもあり、多くのファンがついていた。板坂が言うように、ベストセラーは時代の鏡である。時代の中心をめがけて著者や編集者は、本を編み、矢を放つのだ。

　頭の筋肉を鍛え、考える力を強化する。このテーマは、板坂のベストセラーから半世紀ほど経ってＡＩ時代が到来しつつある今日においては、ますます重要になる。板坂は「考える・書く」、それを技術であると定義した。誰もが一定の訓練であるレベルに達するのが技術であるから、毎日繰り返し、頭に負荷をかけ続けよ、というメッセージである。今の私がこのテーマで本を書くなら、「よむ技術・考える技術・かく技術」となるだろうか。

7月27日

若泉敬（わかいずみ・けい）

惰眠をむさぼるような人生を送るな……寸暇を惜しんで己を磨き、励め。

1930.3.29〜1996.7.27

日本の国際政治学者。

1969年の佐藤総理とニクソン大統領の共同声明で3年後沖縄返還が決まった。いわゆる核抜き本土並み返還である。日本政府は沖縄返還交渉にあたってアメリカと密約を結んだとされる。縄（核の密約）と糸（アメリカの繊維産業保護）の交換密約である。若泉は沖縄返還に並々ならぬ熱意を持つ佐藤総理の密使として働いた人物である。

米軍は緊急時には事前協議で合意すれば持ち込めるという密約と繊維問題の交換密約である日米秘密合意議事録に佐藤・ニクソン両首脳はサインした。これは佐藤の遺品の中から発見された。若泉は「縄と糸」との取引に関わったことを生涯悔やんでいた。

若泉敬の研究テーマは「核戦略研究と中国研究」が二本柱であり、その実践で成り立っていた。吉田茂など歴代自民党政権は、若泉の同世代のライバル・高坂正堯の言う「狡猾な従属国家」でアメリカに依存してきた。日米安保条約は中ソ友好同盟条約に対抗するためにできた。勢力均衡による平和維持路線である。若泉敬は、国家目標が不明確なままでは漂流するから、自主独立の精神で日本の理念と国家利益を提示しよう、そして日本を指針ある航海にこぎ出させようと考えていた。

能力はあるが、持たないという意思を持った潜在的核保有国グループを結集し非核クラブをつくり、核軍縮平和外交を展開する。それは国論がまとまり、超党派で推進できる唯一の外交テーマである。具体的には査察・確証の分野で責任を果たす。このような雄大なビジョンを持っていた。核の傘に依存しながら通常戦力では自前でできるためにGNP比2%、アジアへの援助学は1・5%、憲法前文と九条に合致した国連PKO活動（国連平和維持活動）、太平洋諸国との関係強化……。

京都産業大学退職時に退職金を同大学世界問題研究所に寄付、若泉敬記念基金が設立された。「沖縄を取り戻したというのに、アメリカへの依存はなぜ終わらないのか、日本人はなぜ『愚者の楽園』でのうのうと暮らしているのか」という義憤を持つ若泉は、1994年、明治の外相・陸奥宗光の言葉を引用した渾身の著書『他策ナカリヲ信ゼムト欲ス』（文藝春秋社）を上梓した後、沖縄県知事・太田昌秀に「自裁します」との遺書を送った。

国立戦没者墓苑に喪服姿で参拝したが自殺は思いとどまり、英訳版（2002年に刊行）を完成した1996年に死去する。青酸カリによる服毒自殺といわれている。

「一人の人間が、死についての心境と覚悟を固めておくことは、その後の人生にきわめて大きな影響を与える、と私は考えます」、これが若泉の死生観だった。享年66。

「志」の文字が刻まれた鯖江にある墓石は正面が太平洋を向いている。大磯の吉田茂の像、高知の坂本龍馬の像も同じく、太平洋を眺めている。若泉敬はコツコツ型ではあったが、昭和の橋本左内とも呼ばれた国士であった。父が平民宰相・原敬を尊敬していたことから「敬」の文字をつけ　た。女性弁護士として敬を助けた生涯の伴侶・ひなとともに、志に生きた人である。郷里の「若き泉志」という銘の純米吟醸も、若泉敬の志を伝えている。「惰眠をむさぼるような人生を送るな」は、若泉が常に同僚に語っていたことばであるが、この言葉は、戦後の日本と日本人に向けた言葉でもある。

7月28日

水島廣雄（みずしま・ひろお）

小を大に、大をトップに育てることこそ人生の快事である。

1912.4.15 〜 2014.7.28

日本の実業家、民法学者。東洋大学名誉教授、法学博士。

1936年に中央大学法学部を卒業し日本興業銀行（現みずほ銀行）に入行した水島廣雄は、サラリーマン生活を送りながら「不動担保の研究」で法学博士号を取得。東洋大学法学部教授を兼務した。担保法の権威だった。

1958年に副社長として入社した当時のそごうは、大阪、神戸、東京の3店しかない中堅百貨店にすぎなかった。社長就任時、売上高数百億円の弱小デパートだった。約30年後の1991年、老舗百貨店を抜いてグループ売上高を1兆2000億円まで伸ばして、「日本一の百貨店」の栄冠をつかみ、デパート王と呼ばれるまでになった。思い切った多店舗展開で、都心ではなく都下や千葉市、横浜市など東京周辺部駅前一等地に地域一番店を出店、一時は国内外合わせ40店舗を誇った。バブル崩壊後、過剰投資が裏目に出て、過去最大の1兆8700億円の負債を抱えて、民事再生法の適用を申請し、破綻に至った。

「負ければ賊軍。でもね、横浜などにそごうは残せたね」

30代の頃、横浜そごうがオープンして家族と一緒に「世界の人形時計〜からくり時計」を楽しんだ。確かに、経営破綻はあっても、「法人は死せず」だ。

大都市から一定の距離を置いて虹のように取り囲んで出店するレインボー戦略を、国道16号線を対象に具体化している。高度成長で増加したサラリーマン層を吸収した公団、団地、マンションが林立する地域である。横浜、多摩、柏と、16号線上にそごうがあった。川口、大宮、千葉、茂原のそごうもその戦略の一貫だったのだろう。

多摩そごうも、鈴木俊一・元東京都知事が「人口30万人になります」と押したが、実際には15万人にとどまった。多摩地域では多摩センター・南大沢・橋本・八王子と、半径10㎞程度の範囲に4店舗を出店する計画があり、橋本を除き、実際に出店している。

「破綻の責任はある。しかし決して放漫経営ではなかった」と本人が言うように、行政に頼まれ、銀行に後押しされて出店した店も多かったのである。

水島廣雄は、小を大にし、その大をトップに育てた怪物である。「メーカーの時代は終わった」と言った中内功のダイエー、「安く仕入れたら安く売れ」と言った和田良平の八百半、「愚直さが相手の心を打つのです」と言った堤清二の西友など、成功と失敗を経験した彼らも水島と同じく人生の快事を成し遂げた人たちである。

水島廣雄は、さらに１０２歳での大往生という快事をも成し遂げている。「年配者は貴重な体験を明日に活かせ、若者は夢をもて」と励まし続けた人柄を慕う人も多く、１００歳のお祝いの会には２５０人が出席している。水島は波瀾万丈を生き切った百寿者（センテナリアン）である。

7月29日

松原泰道（まつばら・たいどう）

人の心に光を灯す説法をしたい。そのために生きている間は学び続けたい。

1907.11.23 ～ 2009.7.29

日本の臨済宗の僧侶。早稲田大学文学部卒。岐阜県の瑞龍寺で修行したのち、臨済宗妙心寺派教学部長を務める。

還暦を過ぎた1972年に出版した『般若心経入門』（祥伝社刊）は記録的ベストセラーとなり、仏教書ブームのきっかけを作った。

1976年に発足した宗派を超えた仏教者の集い「南無の会」会長をつとめた。南無の会は仏教の基本的な教えを学んでもらう活動を行なった。この会は1984年には正力松太郎賞を受賞している。1989年には仏教の普及・伝道に功績があった者に授与する賞である仏教伝道文化賞を受賞。1999年には、禅を基本とした宗門向上の諸活動に功績があった個人・団体に贈られる禅文化賞を受賞。影響力の大きな僧侶である。

100歳で『人生を癒す百歳の禅語』を出版していることに驚いた。この本の中で、心頭滅却、柳緑花紅、眼横鼻直、一期一会などの禅語を解説している。2009年、肺炎で、101歳で死去。様々な賞の受賞でわかるように禅僧としての精力的な活動以外にも、100歳での出版という快挙、100冊を超える著書の出版という影響の大きさ、そして101歳という長寿での臨終、この人は敬服すべき百寿者である。

「生涯修行、臨終定年」「人生、還暦からが本当の自分の人生だ」「人生不可解なり。といって華厳の滝を飛び降りた人が居ましたが、人生不可解だから学び続けるのであり、学べば学ぶほど分からないことが出て来るから永遠に学び続けるのです」

自分自身で己の心・精神の働きを観察し続ける内観という方法を用いて、完全な人格者となることを目的とするのが禅の修行である。松原泰道は、内省し、学び、自分を磨き続け、そこで得た真理で説法し、人々の心に光を灯し続け、多くの人を救った。この人は禅の道を生きぬいた名僧である。

7月30日

山田昭男（やまだ・あきお）

私には、社員のアルバイトを禁止する理由がまったく分からない。

1931.10.7 〜 2014.7.30

日本の実業家、演出家。未来工業の創業者。

旧制中学卒業後、父の経営する電線メーカーに入社。同社在籍中、劇団「未来座」を旗揚げし、昼はサラリーマン、夜は舞台監督や裏方全般として活躍。

劇団に熱を入れ過ぎたため勘当され、劇団の仲間と各種資材の製造販売会社「未来工業」を創業。独自のコスト節約法と、スイッチボックスのようなシェア8割を超える強みを持つ商品をいくつも生み出し、高収益体質の企業をつくった。メセナ活動として演劇への市民の招待や、映画制作なども行なっている。

未来工業は、残業禁止、ノルマ無し、タイムカード無し、休日数は年間１４０日（盆暮れは2週間休み）。約８００人の従業員は全員が正社員、定年は70歳で、60歳を過ぎても減給はない。非常にユニークな企業である。社員を幸福にすること、徹底した差別化を図ること、この二つの取り組みにより高い業績をあげてきた会社である。

以下、山田昭男語録から。

○人をルールで縛るからダメになる。縛りを解けばやる気になる。
○報連相をやめた結果、自発性のある社員ばかりという理想的な組織になった。それが、大手に負けない商品を次々と打ち出せる原動力になっている。
○いまの私の肩書きは相談役だけど、日本の会社で相談したら怒る相談役は私だけやろうね。
○常に考えろ。世間や業界とは反対のことを常に考えろ。
○正社員でない人間が技術を覚えようとするか。
○人間をコスト扱いするな。
○鞭《ムチ》が無くとも社員は働く。それを知らないのは〝無知〟。
○儲かってない会社と同じことをしても儲からない。
○「不景気だ」と嘆いている奴は、「私は商売がドヘタで儲からない馬鹿者です」と公言しているようなもの。
○社員には、まずは〝モチベーションという餅〟を食べさせなければ、何をやっても無駄だ。
○昔の営業マンは売る事を考えれば良かった。今の営業マンは儲かる事を考えなきゃいけない。
○大手と同じものを作っていては負けてしまう。考え続けて差別化しろ！
○「どうしたら売れるか？」。お客が満足するものを売ればいいのです。

著書に『毎日4時45分に帰る人がやっているつまらない「常識」59の捨て方』『ホウレンソウ禁止で1日7時間15分しか働かないから仕事が面白くなる』『日本でいちばん社員のやる気がある会社』『稼ぎたければ、働くな』『日本一社員がしあわせな会社のヘンな〝きまり〟』『常識をひっくり返せばメシの種はいくらでもある　日本一幸せな会社をつくった男のヘンな発想法』『ドケチ道　会社を元気にする「生きたお金」の使い方』『楽して、儲ける！　未来工業・山田昭男の型破り経営論！』などがある。

山田昭男の数々のしびれる名言の中で私も強く同感するのは、冒頭のアルバイトについての言葉だ。人脈が増え、新しいことを吸収し、金銭的にも豊かになる。会社一筋の忠誠心ばかりの社員は、人と違う発想は出てこない。企業にいた頃、副業を認めようという動きに参加したことがあったが、実現はしなかった。それも25年ほど前の話だった。今頃になって「副業」解禁という流れが出てきたが、いかにも遅すぎる。副業は本業に大きく貢献するのは自明である。

7月31日

鶴見和子（つるみ・かずこ）

斃《たお》れてのち元《はじ》まる。

1918.6.10 〜 2006.7.31

日本の社会学者。

父・祐輔は政治家。母・愛子は後藤新平の娘。弟は戦後の進歩的文化人を代表する一人であった鶴見俊輔。南方熊楠や柳田國男の研究、地域住民の手による発展を論じた「内発的発展論」などで知られる。１９７９年に『南方熊楠』で毎日出版文化賞。１９９５年に南方熊楠賞。１９９９年に朝日賞。

社会学者・鶴見和子の遺言は二つある。

「憲法九条を守って下さい」

パリ不戦条約（ケロッグ・ブリヤン条約）が源であり、それは人類の理想だ。

「曼荼羅の知恵をよく考えて下さい」

曼荼羅の論理は、異なるものはそのまま互いに補い合って共存する道を探究するという論理である。仏教は因縁を説く。因は因果律で必然性、縁は偶然性。科学の方法論としては西洋の因果律よりも優れている。これが鶴見和子が研究対象とした南方熊楠の考えだ。

鶴見和子は15歳で佐々木信綱に入門し、21歳で歌集『虹』を自費出版する。その後、アメリカ留学で学問の道に入って歌と別れる。晩年になって脳出血で斃れた後、半身不随になったが、言語の能力は残った。そして「半世紀死火山となりしを轟きて煙くゆらす歌の火の山」と詠んでいるように歌が次から次へとほとばしる。「斃れてのち、やむ」ではなく、「倒れてのち、はじまる」である。

冒頭の言葉は「斃れてのち元まる宇宙耀いてそこに浮遊す塵泥我は」から取ったものだ。発病後、短歌を杖として生きた過程で、自身の内的発展論の「内発性」の意味を実感する。「萎えたるは萎えたるままに美しく歩み納めむこの花道を」。斃れてのちやむのもよし、斃れてのちはじまるもよし。必然（因）と偶然（縁）の織りなす運命に従て精一杯生きよう。7月31日は、鶴見和子を偲ぶ「山百合忌」と命名されている。

8月

葉月

8月1日

永山則夫（ながやま・のりお）

私がなければ事件は無い、事件がある故に私がある。

1949.6.27 〜 1997.8.1

生前から話題になっていた永山則夫とは同学年であることを知り、興味をそそられながら526ページの『無知の涙』を読了した。「金の卵たる中卒諸君に捧ぐ！」と表紙に記されたノートへの詩と断章の書きつけである。ノートは10冊あって、1969年7月2日から、1970年10月30日までの1年3カ月の膨大な記録である。この間は、私の大学入学直後から2年生の前半にあたる。

「私は四人の人々を殺して、拘留されている一人の囚人である」。7月2日は「罪人よ　ああ罪人よ　罪人よ　どこえ行くんだろう　この道は　どこえ行こうとしているのだろう……」から始まる。この期間に連続射殺魔・永山則夫は哲学・精神分析学・心理学・小説などあらゆる名著を紐解いている。この、独学で自己自身を考える実存主義思想で、両足で立つことを教えられ、貧困を扱った師マルクスとエンゲルスから決定的に覚醒させられる。そして、マルクスを信奉する左翼という立ち位置を獲得する。その過程が克明にわかる。「頭の中で逃走する」という存在理由を見つけたから、「私は生きますよ死ぬまで……」と決意表明をしている。

1968年から1969年にかけて連続ピストル射殺事件（警察庁広域重要指定108号事件）を引き起こした刑死者である。1969年の逮捕から1997年の死刑執行までの間、獄中で創作活動を続けた小説家でもあった。1983年、小説『木橋《きはし》』で第19回新日本文学賞を受賞。

永山則夫は北海道網走市呼人番外地で生まれ、青森の中学卒業後、上京。店員、自動車塗装工、日雇労働者等を経て、1968年に東京、京都、函館、名古屋で4件の連続射殺事件を起こす。1969年に逮捕。1990年死刑確定、1997年47歳で死刑執行。

○実存という言葉の意味をつかんだ。実存とは、私がこのように物を書き綴っていることなのである。
○たった一年間で世界という物の根源的状態を知り得たということである。

1971年に手記『無知の涙』、『人民をわすれたカナリアたち』を発表。1983年には小説『木橋（きはし）』で第19回新日本文学賞を受賞。1980年に以前から文通していた在米日本人・和美（フィリピンと日本のハーフ）と獄中結婚。

永山の作品は以下のように多い。手記では、『無知の涙』合同出版（1971年）、『人民をわすれたカナリアたち』辺境社（1971年）、『愛か―無か』合同出版（1973年）、『動揺記1』辺境社（1973年）、『反―寺山修司論』JCA（1977年）、『永山則夫の獄中読書日記―死刑確定前後』朝日新聞社（1990年）、『日本　遺稿集』冒険社（1997年）、『文章学ノート』佐木隆三監修　朝日新聞社（1998年）、『死刑確定直前獄中日記』河出書房新社（1998年）。小説としては、『木橋』立風書房（1984年）第19回新日本文学賞受賞作品、『ソオ連の旅芸人』昭和出版（1986年）、『捨て子ごっこ』河出書房新社（1987年）、『なぜか、海』河出書房新社（1989年）、『異水』河出書房新社（1990年）、『華』河出書房新社（1997年）。その他、『死刑の涙』（1988年）。

このノートで「私は本を出したいと願望している。……印税が入ったら、私が殺めし家族の人々にそっくりそのまま渡したいためである」と記している。死後、弁護人たちにより「永山子ども基金」が創設された。著作の印税を国内と世界の貧しい子どもたちに寄付してほしいとの、永山の遺言によるもので、貧しさから犯罪を起こすことのないようにとの願いが込められている。

「このような大事件を犯さなければ、一生涯唯の牛馬で終わったであろう。人間ゆえ、思考可能な人間ゆえ私は知ってしまった」。永山は、司法が死刑と無期懲役に揺れる中で、あくまで生きようとして闘い続けた。「動機なき、理由なき殺人」を犯した永山則夫の人生は、その事件を起こした故に牛馬ではなく、「人間」になったという一大パラドックスを考えさせられるドラマである。永山則夫という希有な存在は、死刑の存廃にかかわる論争を呼んだ。

8月2日

村上信夫（むらかみ・のぶお）

やはり平和が一番だ。うまい料理こそ平和の象徴。もう一度料理をつくろう。

1921.5.27 ～ 2005.8.2

日本のフランス料理の料理人。

村上は帝国ホテル料理長という日本最高峰の地位を26年間という長期にわたり務めた名シェフだ。NHK『きょうの料理』の名物講師としても活躍した。テレビでふっくらした体型とヒゲの風貌とやさしい語り口を覚えている人も多いだろう。

犬丸徹三・帝国ホテル支配人から北欧の食べ放題料理スタイルを研究するよう指示され、村上は「バイキング」方式を考案する。また1964年の東京オリンピックでは「女子選手村」の総料理長として300人以上のコックのリーダーをつとめた。包丁類を買い集めているうちに手が出るようになった日本刀の蒐集が趣味。講道館柔道六段。

「料理にこれでいいということはない。いくつになっても研究を続ける」

「私ども料理人は怒ったりしたあとに味付けをすると辛くなってしまう。ですから本当のプロの料理人は泣いたりわめいたりしなくなるものなんです」

短歌の土屋文明は敗戦時に「我にことばあり」と言って、短歌を自由に詠める時代がきたと力強く宣言し日本人の心の復興に貢献した。インパール作戦で生き残った塚本幸一は服飾の分野で新生日本の国造りに命を捧げ英霊を慰めようとした。同様に戦後、シベリアに抑留から日本に戻ってきた村上信夫は「うまい料理こそ平和の象徴」と考え、料理で自分が立ち、食の分野で平和に貢献しようと決意したのだ。日本中のさまざまな分野でこのような決意をした人たちがいて、復興が成功したのであろう。

8月3日

倉嶋厚（くらしま・あつし）

やまない雨はない。

1924.1.25 〜 2017.8.3

テレビで気象キャスターとして活躍した気象エッセイスト、気象学者。現・気象大学校卒業後、気象庁へ入庁。気象庁主任予報官、札幌管区気象台予報課長、鹿児島地方気象台長を歴任し、1984年気象庁を定年退職。NHK外部解説委員となり、「ニュースセンター9時」、「にっぽん列島ただいま6時」、「NHKモーニングワイドサンデー」で気象情報、気象キャスターを担当。一方でリポーターとして「NHKニュースおはよう日本」のコーナー〝倉嶋厚の季節の旅人〟を担当。人気お天気キャスターとなった。素朴な風貌と誠実な人柄と柔らかい語り口のこの人は、今なお懐かしい。

後輩の気象予報士・森田正光によれば、「天気解説で大事なことは『おやまあ』『そうそう』『なるほど』の三つだ」と言っていたそうだ。「おやまあ」は驚き、「そうそう」は共感、「なるほど」は納得だ。この三つは、人とのコミュニケーションの極意ではないだろうか。それが倉嶋厚の人気の秘密だろう。最低気温が25度以上の日を「熱帯夜」と言っているが、これは倉嶋の造語である。フランスの第1回国際気象フェスティバルでベストデザイン賞。第47回日本放送協会放送文化賞を受賞。

ところが倉嶋は妻の入院と死、自身の末期がん宣告で、鬱病を発症する。その過程と回復までの苦闘の手記が『やまない雨はない』（文春文庫）だ。どん底、無力、放棄から次第に自身を運命に委ねていき、多くの人の助けを借りてこの危機をなんとか脱出する。

倉嶋によれば、気象というものは循環が本質である。日々刻々の変化の連続だ。何事も上がれば下がる、下がれば上がる。それは人生と同様だ。まさに無常なのだ。「やまない雨は降ったことがない」という言葉があり、それを端的に要約したのが「やまない雨はない」だ。

この書は、ベストセラーになった。多くの鬱病患者を励ましたことだろう。倉嶋厚は、『やまない雨はない』の出版後、10数年の時間を経て、2017年に天寿を全うして93歳で逝去している。

8月4日

渥美清（あつみ・きよし）

何というかな。ああ生まれてきて良かった、そう思うことが何べんかあるだろう。そのために生きてんじゃねえか。そのうちお前にもそういう時が来るよ、な？　まあ、がんばれ。

1928.3.10 〜 1996.8.4

日本のコメディアン、俳優。工員、担ぎ屋、テキ屋、旅回り一座員、コメディアンなどを経て、テレビデビュー。盗みで補導されたときに刑事から「お前の顔は個性が強すぎて、一度見たら忘れられない。その顔を生かして、犯罪者になるより役者になれ」と言われた。それが俳優になるきっかけだった。

１９６８年にテレビドラマ「男はつらいよ」が放送開始され、松竹で映画になり大ヒットする。山田洋次監督の映画「男はつらいよ」シリーズでは、車寅次郎（フーテンの寅）役で、27年間48作品で主役を演じた。これは次第に国民的映画になっていった。映画のシリーズでは最多記録の作品としてギネスブックにも載った。

没後に国民栄誉賞を受賞。「男はつらいよ」シリーズを通じて人情味豊かな演技で広く国民に喜びと潤いを与えたことが受賞理由だ。俳優としては長谷川一夫に次いで二人目。いかにファンが多かったかがわかる。私の家族も、母、弟、息子と三代にわたって「寅さん」の大のファンだ。

２０００年に発表された『「キネマ旬報」の「20世紀

の映画スター・男優編」で日本男優の9位、同号の「読者が選んだ20世紀の映画スター男優」では第4位になった。さらに、「映画館をいっぱいにしたマネーメイキング・スターは誰だ！」日本編では第1位。

山田洋次は渥美の頭脳の良さを指して「天才だった」と語っている。特に記憶力に関しては驚異的なものがあり、台本を二、三度読むだけで完璧にセリフが頭に入ってしまったと証言している。

私の「人物記念館の旅」で寅さんと出会ったことを思い出してみる。２００７年、山田洋次監督と渥美清の資料の揃ったややバタ臭い「小諸寅さん記念館」を訪問。２０１３年、葛飾柴又の山田洋次ミュージアムとペアになっている「寅さん記念館」を訪問。寅さんは１９３４年生まれという想定だ。歴代のマドンナたちの懐かしい写真が並んでいる。渥美は「私という独楽が山田さんという独楽にぶつかって勢いよく転がりはじめたような気がします」と語っている。２０１６年、銀座1丁目の松竹スクエア3階の演劇・映画専門図書館「松竹大谷図書館」を訪問したとき、ミニ展示は「渥美清――没後20年」だった。「風天」の俳号を持っていた渥美清には、「お遍路が一列に行く虹の中」などの作品がある。

渥美清は名優として評価が高かったのだが、どの作品も「寅さん」を超えることはできなかった。映画での役とは違って、渥美は私生活を秘匿し、他者との交わりを避ける孤独な人物だったのは意外だ。それは、「渥美清＝寅さん」のイメージを壊さないためであった、という。あまりに偉大な作品があると、それを超えられない苦しみもあるのだ。

１９９１年に肝臓がんが見つかり、１９９４年には肺に転移。亡くなる直前まで出演した48作目「男はつらいよ 寅次郎紅の花」が遺作となった。享年68。

「そうよ、仕事ってのはね、何しても、楽なものってのはないんだよ、うん」、「いいかあ、人間、額に汗して、油にまみれて、地道に暮らさなきゃいけねえ。そこに早く気が付かなきゃいけねえんだ」。

寅さんが映画の中で吐く言葉は、自分のことを棚にあげており、おかしみもあるのだが、人生や仕事の達人を思わせる名言が多く、妙に説得力がある。「何のために生きているのか」という問いへの答えは難しいが、寅さんのこの答えは、心にしみじみと響いてくる。

8月5日

前田武彦（まえだ・たけひこ）

言葉は時として刃物より鋭く人を傷つける。

1929.4.3 ～ 2011.8.5

日本の男性タレント・放送作家・司会者。

１９５３年5月にＮＨＫがテレビの本放送を始めた。前田武彦は前例のない未知の世界の探検家たちと新しい世界にこぎ出した一期生だ。当時活躍した人たちは一芸に秀でる人、知性、ユーモアに富んだ大人ばかりだった。徳川夢声、柳家金語楼、菊田一夫、三木鮎郎、古川ロッパ、中村メイコ、宮城まり子、フランキー堺……。

前田武彦は、テレビの台本、ラジオの脚本、を書くことから始まった放送作家の一期生であった。「光る海　光る大空　光る大地　ゆこう　無限の地平線」で始まるテレビ漫画「エイトマン」の作詞が初ヒット。ニッポン放送「ヤング・ヤング・ヤング」、フジテレビ「夜のヒットスタジオ」、「笑点」の二代目司会、「巨泉・前武ゲバゲバ90分！」など、毒舌のまじる司会は人気があり、私もよく見ていた。

ところが、共産党の宮本顕治書記長との対談後の、参院選補欠選での共産党候補の応援で、「夜のヒットスタジオ」で問題を起こす。高視聴率をたたき出していたマエタケの貢献を評価し現場は「おとがめなし」に傾いていたが、女性誌が「共産党バンザイ事件」と報じ、それがフジ鹿内信隆社長の耳に入り、以降完全に仕事をほされてしまう。

２００３年、テレビ50周年で書いた本が『マエタケのテレビ半世紀』だ。食えない貧乏生活から、次第に頭角を現し、絶頂期を迎え、凋落していく姿が描かれている。この本の中では、ライバルたちの活躍をみるマエタケの姿が目に入った。

四つ下の永六輔。「ボクは当分コントしか書きません」と自分の意見をはっきり言う態度だった永はラジオ番組のパーソナリティ、タレント、随筆家、放送作家、作詞家として大活躍した。

三つ下の青島幸男。コントの台本新進ライターだったが、「青島だあ」と人を食ったセリフで世に出た。その後、作家、作詞家、タレント、俳優、放送作家、映画監督、を経て政治家になり、最後は東京都知事になった。

五つ下の大橋巨泉。ジャズ評論家として出てきたが、テレビ番組司会者、ラジオパーソナリティ、放送作家、エッセイスト、競馬評論家、音楽評論家、時事評論家、馬主、政治家（参議院議員）、実業家・芸能プロモーターと華々しい人生を送る。

このような年下のライバルたちと比較しながら、「それにくらべて、俺は」という空気がこの本には見て取れる。啄木の「友がみなわれよりえらく見ゆる日よ　花を買ひ来て妻としたしむ」の心境だ。

「テレビの還暦まで生きていたら続編を書いてもいいな」と『マエタケのテレビ半世紀』の最後で書いている。それは２０１３年なのだが、マエタケの寿命は2年ほど届かなかった。

「言葉は時として刃物より鋭く人を傷つける」の後には、「刃物の傷は薬でなおすことができても、言葉による心の傷は治療がむずかしい。それなのに刃物で人を傷つけた場合のように罪に問われることはあまりない。そのせいか、人の心を傷つける言葉は世の中に平然と使われつづけている」が続く。

前田武彦は言葉で世に出て、人気の絶頂で、その言葉で滑り落ちる。言葉は人も傷つけるが、自分をも切りつける凶器だ。そのことを知り抜いていても、ワナに落ちることがある。

上原康助（うえはら・こうすけ）

沖縄の問題を中央で語るためには歴史を学び、現場に行くこと。

1932.9.19 〜 2017.8.6

日本の政治家、労働運動家。１９３２年生まれ。高校卒業後、沖縄米軍に就職し、労働問題に目覚める。全沖縄軍労働組合連合会を結成し、１９６１年初代委員長に就任（28歳）。１９６４年沖縄県労働組合協議会が結成され、副議長。１９７０年、戦後初の国政参加選挙で、社会党公認で衆議院議員に当選。１９７２年の沖縄の日本復帰後の総選挙で2期目当選、以降１９９６年まで連続10期の当選を果たす。１９９３年の細川連立政権国土庁長官、北海道・沖縄開発庁長官に就任。１９９８年、民主党入党、２０００年総選挙で落選。国政政界を引退。30年にわたり国政の立場から沖縄問題の解決に尽力した。

自伝『道なかば』（琉球新報社）を読みながら、沖縄問題の根深さと苦闘の歴史を改めて知った。本土復帰時には、１ドル３６０円レートではなく、沖縄では３０５円換算となり、大変な物価高騰を招いている。また１９７８年7月30日に「交通方法の変更」が実施された。33年余も親しんできた「車は右、人は左」とは正反対の「車は左、人は右」に切り換わって大混乱が起こった。

心労で当時の平良幸市知事が倒れ任期半ばで辞任。この日は「ナナサンマル」として記憶されている。

　国土庁長官時代には、沖縄北部拠点都市の目玉であった名桜大学の事業を推進している。多摩大のインターゼミで訪ねたことがきっかけとなって、協定を結び、学生の交流が活発になっている大学だ。

「沖縄が国策に翻弄されて、市民、県民同士が対立するのは避けたいものだ。沖縄の将来を考えて第三の道を模索してみてはどうだろうか」が、２００1年に出版されたこの本の末尾に記載されている。「あとがきにかえて」では、冷戦の延長から脱し「北東アジアの安全保障構想を再構築して、その円形で沖縄の役割分担を創造してこそ、実質的な基地の整理縮小に資する道だ」と記している。

「歴史と現場を学べ」とは、沖縄の玉城デニー衆院議員（現在の沖縄県知事）に語ったアドバイスである。沖縄問題には特に有効であると思うが、この指針は対象を学ぶための貴重な指針である。「文献研究とフィールドワーク」という研究の方法論を、上原康助はより切実で強い表現で語ったのだ。

8月7日

田川誠一（たがわ・せいいち）

若い人たちには「将来」があると、よく若手は言うが、私には「晩節を全うしたい」という思いがある。

日本の政治家。衆議院議員（十一期）。

田川誠一は、「政治倫理」と「政治の改革」がテーマの30余年の議員生活を送る。十一期連続当選した。半分は与党自民党、半分を新自由クラブ、進歩党という野党として過ごした。１９７６年自民党を脱党し、河野洋平の新自由クラブ結成に参画。幹事長、代表。１９８３年自民党との連立内閣で自治大臣・国家公安委員長。１９８６年新自由クラブ解党後に進歩党結成（代表）。

1918.6.4 ～ 2009.8.7

立派な制度も意識の変革がなければ、政治腐敗はなくならないとする田川は「政治倫理」には「コーヒー・一杯運動」で、少額資金集めで政治活動を行なった。

政治家に対してロッキード事件の際には次のような感慨を述べている。「時が経てばすべて忘れ去られる」という考え方がまかり通るようになってきた。国会の権威は地に堕ち、責任感や自浄能力は失われる。「上正しからざれば下必ず乱れる」と語っている。またリクルート事件のころには、ある評論家の永田町三原則をあげて政治家として恥ずかしいとしている。「バレなければなにを言ってもかまわない。いったんバレたら全部、秘書のせいにして逃げる。それでもダメなら開き直ってみんなで渉ればこわくない」。

マスコミに対しても批判的だ。「解決するまでやるという執念が日本人には欠けている、これの一番悪いのがマスコミだ。解決していない問題はとことんまでやることが必要だ。政治腐敗が続くのはマスコミの健忘症にも責任あり。人のウワサも七十五日と言うが、3カ月4カ月たつと、ニュースが古いといって書かなくなり、国民は忘れてしまう」。

平成末期に至っても、このあたりは、まったく変わっていないと苦笑せざるをえない。

田川誠一は、信念の政治家であり、激動の情勢変化の中、「政治家には妥協を許されることと、譲ることのできない一線がある」という名前の通りの誠実さと、「余力を残して退くことが、政治家として大事なことだと思う」という、きれいな出処進退が印象に残る希有な政治家だった。

田川誠一は、10年を経た新自由クラブ解党と自民党への復党に際して、若い人の将来をおもんばかって妥協は許される、と寛容な態度を示した。しかし、老人である自分は晩節を汚すことはできない、とやせ我慢の道を歩き、節を曲げずに政治家人生を全うしたのだ。人には寛容であるが、自分には厳しい。各界において、こういう指導者がいなくなった。これは日本の危機である。

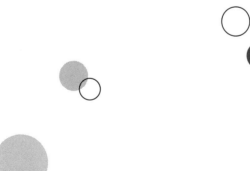

8月8日

星野道夫（ほしの・みちお）

きっと、人はいつも、それぞれの光を捜し求める長い旅の途上なのだ。

1952.9.27～1996.8.8

写真家、探検家、詩人。千葉県市川生まれ。慶應義塾大学経済学部へ進学する。大学時代は探検部で活動し、熱気球による琵琶湖横断や最長飛行記録に挑戦した。1978年、アラスカ大学野生動物管理学部に入学するも中退。1989年『Alaska 極北・生命の地図』で第15回木村伊兵衛写真賞を受賞する。1993年、花の世界に身を置いていた萩谷直子と結婚。1996年、ロシアのカムチャツカ半島南部のクリル湖畔に設営したテントでヒグマの襲撃に遭い、死去。43歳没。

星野道夫という名前は、2016年9月に訪問した中国・広州の広東財経大学で初めて知った。外国語学院の建物の廊下に、古今東西の偉人たちの写真と彼らの言葉が飾ってあった。マンデラ大統領、シェイクスピア、アウンサンスーチー女史、モーツアルト、レオナルド・ダ・ビンチ、ゴッホ、ショーペンハウエル、マルクスなど。日本人も飾ってあった。小野小町、鈴木晴信、柿本人麻呂、鴨長明、柳宗悦。存命の人では、宮崎駿と大江健三郎の二人が掲げてあった。こういう人たちが中国においては日本人のイメージなのだろうか。宮崎駿は、「私には紙と鉛筆があればよい」。大江健三郎は、知る、分かる、悟るを分けて説明をしていた。

　この人々の中に知らない名前があった。星野道夫という写真家であった。どういう人だろうか興味を持った。今回、星野の遺稿集『長い旅の途上』(文春文庫)を読んで、人となりと彼の志を知った。極北の自然とそこに生きる人間と動物、植物への愛情。そして大地に注がれる深いまなざし。人間とは何かを考える日々……。みずみずしい感性で語りかけてくる星野の文章は心に響いてくる。

○誰かと出会い、その人間を好きになった時、風景は、はじめて広がりと深さをもってくる。

○川開き（ユーコン川）の瞬間……冬の間眠り続けていた河が、ボーンという音と共に無数の巨大な氷塊と化し、いっせいに動き出す。

○この土地の自然は、歳月の中で、いつしか人間を選んでゆく。

○アラスカの本当の大きさは、鳥の目になって、空から見ないとわからない。

　星野は日本の子どもたちをアラスカ山脈のルース河氷河に連れてゆく旅を毎年続けていた。岩と氷だけの無機質な世界で満天の星を見上げているだけで誰もが言葉を失う。そういう体験をさせる旅である。

　アラスカとニューヨークは似ていると星野は言う。苛酷な自然と混沌とした人間社会。半端でない世界だ。どちらも緊張感を持って暮らさねばならない。10代のころ北海道にあこがれた星野道夫は、アラスカの大自然の探検家になった。世代が近く、同じ探検部出身の私は、人間ジャングルの探検家になったともいえる。

　2016年8月より、「没後20年　特別展　星野道夫の旅」と題した巡回写真展が開催されている。東京、大阪、京都、横浜、長崎、久留米、東大阪。静岡の伊豆では2018年9月末まで開催。

　日々の暮らしの中でかかわる身近な自然と、創造力と豊かさを与えてくれる遠い自然という二つの自然があり、慌ただしい日常の時間と漠とした生命の時間の二つの時間がある。そう語っていた星野。染織家の志村ふくみと作曲家の武満徹の言葉に静かに耳を傾ける星野。鳥の目になり、自然も人間の営みも同じに見えるようになっていた星野。43歳で逝った「光」を捜し求める星野道夫の旅は、長くはなかったが、充実した旅であったろう。

8月9日

大槻文平（おおつき・ぶんぺい）

ハンブル・ライフ（つつましい生活）

1903.9.27 ～ 1992.8.9

宮城県生まれの日本の実業家。宮城県立角田中学校、東京帝国大学を出たあとに三菱入りし、三菱鉱業社長、日経連（現・日本経団連）会長を歴任した。1990年、宮城県名誉県民になった。

大槻文平は、1928年に三菱財閥の中核企業の一つである三菱鉱業に入社し、地方の炭鉱のいくつかで労務対策を担当している。戦後は三菱鉱業の取締役労務部長から始まって経営に参画。1963年に社長に就任した。戦後のエネルギーが石炭から石油へと転換するという環境の中で、1969年には炭鉱の整理と大幅な人員削減を実施して「人切り文平」と呼ばれたが、従業員の再就職先斡旋に奔走し、一人の失業者も出さない穏健策で事態を収拾している。石炭に代わる新規事業への進出を図り、三菱鉱業セメント（現在の三菱マテリアル）を設立して社長に就任。斜陽産業を成長産業に切り替えた経営手腕が高く評価され、労務問題の専門家としてその総本山である日経連会長もながくつとめた。

若いころ、現場の労務担当として、多くの争議の収拾に奔走した大槻は、正しいことを一貫して主張し、譲らないことがいい結果をもたらすのであり、人間は信頼が大事だ、このような信念を持った。私も「労務」でビジネスマンのキャリアを出発したから、大槻の言葉はよくわかる。

○聖書に「叩けよ、さらば開かれん」という言葉があるが、あれ式にやってきたんですよ。何事にも一生懸命。

○大将がガックリしたり、しょげかえっていたら社員に響く。

○経営者の責務は働く者の生活に責任をもち、会社を立派に育て、それを次の後輩に渡していくことにある。

大槻文平編著『私の三菱昭和史』を読むと、戦後の財閥解体でばらばらになった三菱は、会長・社長の集まりである「三菱金曜会」をつくり、トップの交流をはかる体制をとった。このことが、グループの結束と難題に対処する原動力になった。また、丸の内三菱村と呼ばれた地域に主要企業が集まっていたことも、グループの交流に大いに役立っていることがわかる。「場」が大事なのだ。この本の中に私が入社した日本航空の本社が入っていた「東京ビル」もでてくる。三菱グループの課長クラスで構成された「三菱マーケッティング研究会」では、大槻は「内に向かってばかりいてはその発展はない。どんどん外延的に伸びていくことが必要だ」と強調している。

大槻文平は、日本人はぜいたくになり、何もかもが派手になりすぎているとして、物心ともにハンブル・ライフ（つつましい生活）に徹すべきであると語っている。財界のトップになっても大槻文平は質素な暮らしを貫いた。その原点は炭鉱の労務係から出発したことにあると思う。

阿部進（あべ・すすむ）

子どもたちをハッとさせ、ワッと言わせ、グッとこさせる。

1930.6.11 〜 2017.8.10

教育評論家。神奈川県立神奈川工業高等学校・横浜国立大学学芸学部特殊教員養成課程卒。19歳、川崎市の小学校で代用教員。1961年『現代子ども気質』、1962年『現代っ子採点法』を出版し、「現代っ子」という阿倍の造語が一人歩きする。1965年退職。手塚治虫、寺山修司らと現代子どもセンターを創り、新教育運動を提唱。山梨県忍野村で体験教室・野生学園を主宰。1980年には児童文化の活性化を目標に劇団はかせを主宰。麻布科学実験教室を創設。評論家の道へ進み、「カバゴン」として精力的に教育活動を行なった。「現代っ子」は、現代に強い子どもという意味で阿部は言ったのだが、「今風の子ども」という意味の言葉として一人歩きし、今では百科事典にも載っている。

阿部は、原っぱや駄菓子屋の機能を満載し再現した昼の「放課後子ども教室」を「楽校」と呼び、この運動を文部省の寺脇研らと推進した。今でも人気のあるTBSラジオ系の「全国こども電話相談室」では、永六輔、無着成恭とともに人気回答者だった。このラジオでの阿部進の回答は記憶にある。

「世の中で一番悪いことは親より先に死んで悲しませること。まして自分から死を選ぶなどは絶対にしてはいけない」「この世界を子どもたちが住むにふさわしい場所にするために働かねば、仕事をしなければならない」「子どもと話すと、言葉遣いや流行など今の環境がリアルに分かり、それをヒントに次の授業に生かしていく。教育は生ものだから、立ち止まってちゃいけないんですよ」

晩年の病気療養中にも、「週に2回のデイサービスが楽しみでね。秋をメドに自立歩行しようとリハビリ中なんです。知らない業界や人生の歩みを聞いてると、いろんな情報が得られるから面白いですよ」と述べているように飽くなき好奇心の持ち主だった。

「ハッとさせ、ワッと言わせ、グッとこさせる」。これは教育の本質をあらわす名言だ。

8月11日

両角良彦（もろずみ・よしひこ）

有能と有徳ははっきりと別物である。

1919.10.4 〜 2017.8.11

日本の官僚。通商産業事務次官。ナポレオン研究家。

１９４１年、商工省に入省。１９７１年、第三次佐藤内閣時代に通産事務次官に就任。１９７５年に就任した電源開発総裁は１９８３年５月までつとめた。「（経済）統制は必ず自己増殖を遂げ、手に負えなくなる怪物である」とする両角は、城山三郎の小説『官僚たちの夏』に「西洋カミソリ」のあだ名で登場している。信州出身の両角は、歌人・今井邦子の甥である。

この人の仕事師としての有能さには疑いはないが、一方で個人としては英雄ナポレオンの研究者であったことが特筆される。「行動人として思索し、思索人として行動せよ」が座右の銘であった。理性と行動のフィードバックの利くところにこそ本来の人間の面目があるはずという考えである。激務をこなしながら、行動と思索の往復を重ねながら、コツコツとライフワークに没頭した点に私は尊敬と共感をおぼえる。

１９８１年の日本エッセイスト・クラブ賞を受賞した『１８１２年の雪　モスクワからの敗走』（筑摩書房１９８０年）以降、『東方の夢 ボナパルト、エジプトへ征く』（講談社１９８２年）、『セント・ヘレナ抄　ナポレオン遠島始末』（講談社1985年）、『反ナポレオン考』（朝日選書1991年）のナポレオン4部作を上梓している。

今回私は『反ナポレオン考』を手にした。アレクサンダー大王、カエサルと並ぶ人類史上突出した天才・ナポレオンは、複雑な知識人でもあった。その人間像を立体的に描いた労作である。

「有能と有徳ははっきりと別物である」と断定する両角は、ナポレオンを「エゴセントリズム（自己中心）、「異常心理（無感動）」、「病的症候群（数々の持病）」と分析し、心身の変調が、自己肥大、巨大願望になり、狂気を帯びるまでになったとしている。

第一執政ナポレオンが1800年にモロウ将軍に宛てた書簡の中で「偉大さが輝きを放つのは、回想においてか、想像においてのみである」との見解は、ナポレオン自身にもあてはまる。確かに才人を立派な人間であると思いこむ志向は危険なことだ。両角良彦は、ライフワークであるナポレオン研究から得たこの教訓を念頭に置いて、他人を見、そして自分を確かめながら、日本経済の舵取りにあたったに違いない。

8月12日

河野裕子（かわの・ゆうこ）

病むまへの身体が欲しい　雨あがりの土の匂ひしてゐた女のからだ

1946.7.24 〜 2010.8.12

日本の歌人。23歳、角川短歌賞。31歳、現代歌人協会賞。35歳、現代短歌女流賞。38歳、ミューズ女流文学賞。40歳、NHK学園全国短歌大会選者。41歳、コスモス賞。44歳、毎日新聞全国版歌壇選者。51歳、短歌研究賞。52歳、西日本新聞歌壇選者、河野愛子賞。53歳、NHK歌壇選者。55歳、京都府文化功労賞。56歳、紫式部文学賞、若山牧水賞。62歳、宮中歌会始詠進歌選者。63歳、斉藤茂吉短歌賞、釈迢空賞、京都市文化功労者。64歳、小野市詩歌文学賞。生前の歌集は17冊。没後3冊。享年64。

息子の歌人・永田淳の『評伝・河野裕子』（白水社）によれば、実像は次のように観察されている。「鮮明な記憶力。物持ちがいい。右顧左眄しない。直球勝負。小中学校の図書室の本を全部読んだ。食卓で作歌、執筆。2Bの三菱鉛筆とコクヨの原稿用紙。家族を愛した歌人。物事はなんでも楽しんでしまう。思い込んだら一途にひたむきに実践する。引っ越し一家。なんでも『まるごと』の人。口癖は『あの人はほんまもんや』。友達付き合いをしない。行動力は人並みはずれている。」

そして、乳がんがわかったとき、「隠すと言葉が濁る」と言って譲らなかった。

「歌を詠み合っているから、改めてお互いに話さなくても気持ちがわかる」、「男は3回脱皮します」、「狭い世界だけに閉じこもって汲々とするんじゃなくて、広い世界を目指しなさい」

以下、私が感銘を受けた短歌。

「たとえば君、ガサッと落葉すくふやうに私をさらって行ってはくれぬか」

「わが頬を打ちたるのちにわらわらと泣きたきごとき表情をせり」

「誰からも祝福されぬ闇の忌日　あたたかくいのち触れつつ断つ他は無し」

「夕闇の桜花の記憶と重なりてはじめて聴きし日の君が

血の音」

「たっぷりと真水を抱きてしづもれる昏き器を近江と言へり」

「日々重くなりゆくいのちか胎動といふ合図もて子は吾を揺りやまぬ」

「君を打ち子を打ち灼けるごとき掌よざんざんばらと髪とき眠る」

「子がわれかわれが子なのかわからぬまで子を抱き湯に入り子を抱き眠る」

「雪の世をほほづきのやうに点しつつあはれ北米の小家族なり」

「しっかりと飯を食はせて陽にあてしふとんにくるみて寝かす仕合わせ」

「ひとつ家に寝起きしてゐし日のことを大切に思ふ日この子にも来む」

「町内を同じうすれば時に会ふ鶴見俊輔生協に入る」

「昨日見て今日また見たみどり児に会ひにゆくなり傘かたぶけて」

「今ならばまっすぐに言ふ夫ならば庇って欲しかった医学書閉じて」

「この家に君との時間はどれくらゐ残ってゐるか梁よ答へよ」

「櫂たちを悲しみ思ふこえ変わりする頃にわたしは居らず」

「手をのべてあなたとあなたに触れたきに息が足りないこの世の息が」

　私の母が歌人であり、妻も影響を受けて歌を作り始めた。その過程で河野裕子と夫の歌人永田和宏のことはよく話題になった。それは壮絶な闘病の歌が中心であった。私も一時短歌を志したが、無理だった。「天気はいいし、飯はうまい、病気もないし、何の不安もない、そんな人は短歌なんかめそめそしたものは作りません」という河野裕子の言に苦笑しながら納得する。

　今回改めて河野裕子の生涯と生み出された短歌を眺める機会を得たのだが、河野裕子は人を鼓舞し、多くの人を育て、大勢の人の記憶に残り、暗誦される歌を数多く残した人である。歌を詠むことは生きることそのものであり、歌を残すことは人生を残すことなのだ。この人が病魔に冒されずに、１００年の人生があったら、どのような歌を作っただろうか、と空想する。

8月13日

下河辺淳（しもこうべ・あつし）

国土の上に絵を描くことはしても紙の上に文章を書くことはしない。

1923.9.30～2016.8.13

日本の都市計画家、建設官僚。経済企画庁の総合開発局長、後に国土庁事務次官として日本の国土開発（「全国総合開発計画」の「一全総」から「五全総」まで「国土の均衡ある発展」をうたったすべての計画）を担った日本という国のプロデューサーだった人である。「ミスター全総」、「開発行政のドン」と呼ばれ、「御大」といわれるほどの影響力があった。

退任後、政府のシンクタンクである総合研究開発機構（ＮＩＲＡ）の理事長に就任、１９９２年からは東京海上研究所の理事長を務めた。１９９４年には国土審議会会長や国会等移転審議会委員なども歴任した。約１万４千㎞の高速道路網や地方の工業拠点整備を進める新産業都市構想を打ち出した。

１９９５年から１９９６年には首相の諮問機関である阪神・淡路震災復興委員会の委員長を務めた。１９９５年の沖縄少女暴行事件、米軍用地強制使用を巡る代理署名問題など国と沖縄の対立時には、普天間飛行場返還でアメリカと合意した橋本内閣の密使として、太田昌秀知事との橋渡し役を担った。

書いたものは少ないが、インタビューではなかなか味のある発言が多い。あるインタビューでは、「新幹線より豪華列車でゆっくり旅」、「豪華なホテルよりお坊さんの話を聴けるお寺」が流行ると地方の時代を予言している。阪神淡路大震災時直後の山根一真のインタビューでは、「『予想せざる事態』ではなく、『免責される限界を超えた』とし、『踏み固めていく』しかない。『技術者が口にする確率論と、個人が経験する世界とのギャップが大きい』」と述べている。

別のシンポジウムの発言を読んだが、未来への示唆に富んでいる。

○人口問題：20世紀は日本の人口が四千万人から一億三千万人近くへと九千万人口が増えた時代だが、海の近くに全部住んでくれたため山が荒れなかった。九千万人を収容した大都市は刑務所のようになった。三千五百万人の巨大都市・東京は世界に例がない。また人口が四千万人まで減っていって人間と国土の関係が回復するだろう。

○情報化社会：仕草、化粧、言葉、音楽、画像、符号といった六つの情報メディアが、人間に備わっており、人間が発する情報と、自然が発する情報とで、会話が成り立っていた。しかし、自分で情報処理が殆どできない、か弱い人間になってしまった。人間が自分で情報をつくったり、感じたりすることが殆どできない。これから大問題になる。

○高齢化社会：日本が世界の中で一番良い国になる条件は、年寄りが増えること。歴史、伝統、自然、人間、を知り尽くした人がリーダーであるべき世紀が来る。「良く年寄りの意見を勉強しなさい」と言えるような高齢化社会。年寄りが少ない子どもの面倒をみる社会。高齢化社会というのはもっともっと明るく語られるべきだ。

下河辺淳は、ヘリコプターで日本全土をくまなく、数え切れないくらい、空から見て回っていたと、父から聞いたことがある。また、ビジネスマン時代にＮＩＲＡの理事や官僚の後輩の人たちと接触したとき、下河辺伝説をよく聞いたものだ。

冒頭の「描くのであり、書くことはしない」という意味は、役人としての現役時代は利害関係者が錯綜しており本を書かないとの意味だ。しかし後には記録を残す義務を感じインタビューで記録を残すようにしていた。

国土の上に絵を描くことが自分の仕事であり、それを見てくれという決意を示す言葉としても受け止めたい。

8月14日

山口小夜子（やまぐち・さよこ）

意図を排除して自分を無にすることから、本質に触れる。

1949.9.19 ～ 2007.8.14

日本のファッションモデル。モデルを志した山口小夜子は、当時はハーフ、西洋化がキーワードであり、なかなか採用されなかったが、最後に「そのままでいい」と山本寛斎に見いだされデビューする。１９７２年にはパリコレクションに起用され、次いでニューヨークコレクションにも出演した。１９７３年、資生堂の専属モデルとなる。人形師、茶会など日本を題材とした背景の中で神秘的な魅力を放つＣＭは話題になった。

黒髪のおかっぱ、切れ長の目、深紅の唇。山口小夜子のぞくぞくするような美しさは、世界中に「ジャパネスクブーム」をまき起こした。１９７７年にはアメリカのニューズウィーク誌の「世界の６人のトップモデル」の一人に選ばれている。この年には「ＳＡＹＯＫＯマネキン」が世界中のショーウインドを飾り、当時の日本人に勇気を与えている。

山本寛斎、髙田賢三、イブ・サンローラン、ジャンポール・ゴルチェら一流のファッションデザイナーに愛され、セルジュ・ルタンス、横須賀功光などトップクリエイターのミューズ（美の神）となってイマジネーションを与えるなど、山口小夜子は「日本人であること」を強く意識して時代の先端を走り続けた。

ファッションモデルだけでなく、衣装デザイナー、ダンスパフォーマー、エッセイスト、そして演劇に出演するなど表現者として多彩な活動を、世界を舞台に展開した人だ。アジアン・ビューティ、東洋の神秘、スーパーモデルなど賞賛の声にあふれていたが、この人の私生活は謎に包まれている。

いくつかのインタビュー映像を見たが、質問には常に一呼吸おいて、言葉を選びながら答える姿が印象的だ。……着ることは、生きること。気持ちがいい着方が個性。自分をなくす、そこから入り、本質に触れる。心が体を着ている。地下鉄でも、家でも、空気でも、光でも着ることができる……。禅問答のようなやりとりが多い。

２００７年に57歳で、急性肺炎で孤独死する。２０１５年には「山口小夜子　未来を着る人」という展覧会が開催されており、また秋にはドキュメンタリー映画「氷の花火　山口小夜子」が公開されるなど、今なお山口小夜子は生きている。コシノジュンコは「モデルを超えた人だった。いつも一人。心の中は一人という感じの人だった」と死後に追想している。

冒頭の言葉も何やら神秘的だ。「禅」の香りがする。そういえば１９７５年の資生堂の香水は「禅」という名前がついていたことを思い出した。最初から最後まで謎に包まれた人である。

8月15日

丸山眞男（まるやま・まさお）

自由は置物のようにそこに「ある」のではなく、現実の行使によってだけ守られる、いいかえれば日々自由になろうと「する」ことによって、はじめて自由でありうるということなのです。

1914.3.22 ～ 1996.8.15

日本の政治学者、思想史家。

戦時中、兵役に就いた丸山は参謀部情報班に転属し、連合通信のウィークリーをもとに国際情報を毎週報告。入手した情報を「備忘録」と題するメモに残している。8月6日、司令部から5㎞の地点に原子爆弾が投下され、被爆する。後に「上官の意向をうかがう軍隊生活は（大奥の）『御殿女中』のようだった」と座談会で述べている。1946年に雑誌『世界』に「超国家主義の論理と心理」を発表。日本型ファシズムと日本政治を分析した。1950年（昭和25年）6月、東京大学法学部教授に就任。戦後民主主義のオピニオンリーダーとしてアカデミズムとジャーナリズムを架橋した。丸山の学問は「丸山政治学」「丸山思想史学」と呼ばれた。

ベストセラーとなり、大学生必読の書となった岩波新書『日本の思想』（1961年）は、大学時代に私も読んだ。普及の速い外来思想と持続する伝統思想の対応（対決ではない）を全体としてとらえ、そのなかで個々の思想を位置づけながら、日本近代化における思想の機能を解明しようとした書である。丸山は無限の包容性とそれ故の雑居性を特徴とする日本の、思想の全体構造の発展をとらえようという難題に挑んだのだ。丸山眞男の分析は鋭く、一気に本質に迫っていく。寺島実郎が雑誌『世界』に書き続けている「17世紀オランダからの視界」と、それに先立つ20世紀を検証した論考と戦後日本を総括した論考は、この丸山のテーマを広い視界から深掘りしようとし、全体図を描こうという試みであろう。

丸山眞男の言葉から、現代にも通ずる警句をピックアップ。

「政治から逃避することが逆に政治に影響を及ぼす、という逆説」

「『専門バカ』のインテリはたしかにいる。しかし『専門』さえもたない『インテリ』評論家の知性とは一体何だろう。むしろ庶民バカの方がまさること数等である」

伝統的な血縁・地縁の「である」社会から、他人との関係をとり結ぶ「する」組織への移行が日本の近代化であるのだが、その二つはごった煮になっていて、本音と建て前が共存し、その葛藤が延々と続いていると丸山は言う。

自由を賞揚する、自由を擁護する。その先に自由を行使することがある。権利の行使を怠っていると、いつの間にか自由ではなくなっていることに気づくはめになる。権利の上に眠らず、権利を日々行使し続けよ、自らを鍛えよ。丸山眞男のメッセージを受けとめたい。

8月16日

沢村貞子（さわむら・さだこ）

目立ちたがらず、賞められたがらず、齢にさからわず、無理をしないで、昨日のことは忘れ、明日のことは心配しないで——今日一日を丁寧に——肩の力を抜いて、気楽にのんきに暮らしてゆこう。

1908.11.11〜1996.8.16

日本の女優、随筆家。東京・浅草生まれ。日本女子大中退。在学中に新築地劇団に入団し、左翼演劇運動に参加し治安維持法違反で二度逮捕。日活に入社し、デビュー。生涯に350本以上の映画に出演し、幅広い役柄と個性的な演技で名脇役女優として活躍した。

自分の中にある部分をふくらませて、違う人間になれる女優という仕事に楽しさを見いだしていた。役は女学生、令嬢、酌婦、妾、女教師などなんでもやったところから始まった。女優は姿態と能力、加えて努力と運と考えて精を出した。主役はつぶしがきかない。沢村は脇役であれば健康で長生きしていれば、そのうちまわりが居なくなると言う。沢村貞子の脇役志願は正解だったようだ。

一方でエッセイストとしても素晴らしい作品を残している。1977年には『私の浅草』で日本エッセイスト・クラブ賞を受賞など、本格的なエッセイストでもあった。多くの本のタイトルに「わたし」がつけられているように、食事や食べ物など日常生活の中での見聞や感想の納得感が身上だった。本人が言うように毎日の暮らしを大切にした下町の女だった。

1989年（平成元年）、NHKのドラマ『黄昏の赫いきらめき』を最後に81歳で女優を引退。その後は横須賀市に隠居し、執筆活動に励みながら毎日湘南の海を眺めて過ごした。87歳で没。生前の希望どおり、沢村の遺骨は先立った夫の遺骨とともに相模湾に散骨された。

私も『私の脇役人生』を読んだが、冒頭に掲げたこの本の中にある脇役と老後の心構えに共感を覚える人が多く、それが晩年の「老い」をテーマとした四つのエッセイ本に結実している。名脇役と名エッセイストの二つの役をこなした沢村貞子の生涯は見事である。

柳原良平（やなぎはら・りょうへい）

つかめる夢はつかんだ。さらに夢をつくろう。

1931.8.17 〜 2015.8.17

日本のイラストレーター、漫画家、アニメーション作家、エッセイスト。

１９５０年代初頭にトリスウイスキーの広告に登場した切り絵の３等身の「アンクルトリス」は人気があり、高度成長時代にふさわしい国民的キャラクターになった。この作者が柳原良平だ。「サントリー天国」、「サントリークオータリー」や、新聞に連載された「新入社員諸君。一歩踏み込め！」「沈着・冷静・果断」「一日一日を大事に使えば、必ず立派な人間になれる」など、山口瞳のビジネスマンを励ます文章とマッチした絵は人気があった。私もモーレツビジネスマン時代には、こういった絵や言葉に親しんでいた。

柳原はイラストレーター、デザイナー、漫画家、アニメーション作家、エッセイストなどの仕事を存分に楽しんでいる。生涯で装丁を手がけた書籍は３００冊以上。大胆なデフォルメの切り絵と必要最小限の線、そして白目の中の黒目の位置で顔の表情の変化を的確に表現する手法だった。

この人は子どものころから「船キチ」でもあり、横浜・山手の自宅兼アトリエは海の見えるモダン建築だった。

「船の画家」と呼ばれ、船会社や船の名誉船長、海のパビリオンの名誉館長、海洋関係の財団の理事など、多彩な肩書きを持っていた。東京に出るときは、夕暮れの銀座の画廊をのぞいてから食事をしながら飲み、そしてなじみの店を一巡していたそうだ。

　関係者の証言を眺めると、「鋭い観察眼。旺盛な仕事量。締め切り厳守。期待以上の作品」と仕事への評価は高い。船長姿でウイスキーをぐいぐいあおってバタンと倒れる姿が目撃されるなど、愉快でおおらかな人柄で慕われていた。人に気をつかいすぎる面もあり、「サービス魔」の異名もある。

　広島県尾道市に「アンクル船長の館」（２００９年閉館）があった。また横浜みなとみらい21地区にある横浜みなと博物館内に常設展示室「柳原良平アートミュージアム」が２０１８年に開設されている。

　冒頭の言葉は『柳原良平の仕事』の中の２００１年のインタビューのタイトルである。この最後に「あと30年はがんばらなくては」と語っている。このとき柳原は70歳だから、１００年人生を見すえていたことになる。実際には84歳で没するが、その心意気や、よし！

金大中（キム・デジュン）

この世で一番恐ろしいのは自分の眼である。鏡の中に現れる自分の眼こそが一番恐ろしい。

1925.12.3 ～ 2009.8.18

韓国の政治家、市民活動家。第十五代大統領（在任：１９９８～２００３年）。創氏改名でつけた日本名は豊田大中。略称は「ＤＪ」。カトリック教徒で、洗礼名はトマス・モア。

汗と涙にまみれながら海運業を起こした青年実業家は、経済を生命体だと理解していた。そのまま続けていたら財閥の仲間入りを果たしたかもしれない。１９６１年に、１９５４年以来落選と登録取り消しがあった５回目の挑戦で初めて議席を得る。その後も辛酸に満ち満ちた政治家生活を送る。朴正熙（パク・チョンヒ）大統領とは終生のライバルだった。心身強健なこの「鉄人」は、自動車事故を装った政権による暗殺未遂で股関節に障害を負って歩き方がぎこちなくなった。

１９７３年、日本滞在中の韓国野党の前大統領候補・金大中は九段のグランドパレスホテルで白昼堂々と拉致される。そして６日目に自宅に帰る。日本の主権が韓国の公権力によって侵害された事件である。そのときの生々しい体験は『金大中　わが人生、わが道』に詳しく語られている。この年、私は大学を卒業し、東京に就職した年で、この事件はよく覚えている。グランドパレスはよく使うが、ここで金大中拉致事件があったのだなと思うことがある。この事件以降も、長く野党の議員であり、論客であった金大中は、時の政権からの圧迫と懐柔にさらされ続ける。副大統領のポストまで提示されたことがある。政権与党にとって危険人物だったのだ。

１９９２年の大統領選挙で敗北し、引退を決意するが再起し、１９９８年には「準備された大統領」をキャッチフレーズに戦い、民主的政権交代が韓国史上初めて実現し、大統領に就任する。アジア通貨危機直後の就任であった。金大中は21世紀の最初の四半世紀には、アメリカ、日本、中国、ドイツに続く人口7千万人を擁する世界経済五大強国になる。それを高句麗時代になぞらえて「広開土時代」と呼ぶ構想を持っていた。危機を脱した韓国はＩＴ先進国になった。

日本の小渕恵三内閣総理大臣と日韓共同宣言を発表し、韓国でそれまで禁止されていた日本文化開放を推進する。北朝鮮に対しては「太陽政策」を推し進め、平壌で金正日との南北首脳会談を行なった。その功績で、２０００年にはノーベル平和賞を授与された。10回以上もノーベル平和賞候補であり、ようやく実現したのだ。

85歳での死去の前に「必ず政権交代を果たしてほしい。私は年老いて病気で先が長くない。あなたたちがしなければならない」と言い遺していた。この金大中の「遺言」を受けて文在寅は政界入りを決意し、8年後の２０１７年5月9日の大統領選挙に当選して第十九代大統領に就任した。文大統領は金正恩との南北首脳会談を行なうなど、金大中の遺志を継いでいる。

金大中のニックネームは「忍冬草」だった。ニンドウと読む、スイカズラの一種である。春を準備するために冬場を耐え忍ぶことからついた名だ。金大中の死線を何度も越えてきた人生行路を眺めると、ふさわしいニックネームだと納得する。この人はその都度、圧迫に負けず、誘惑を払い続けた人であり、あろうとした人だ。毎日見る鏡の中の自分の眼だけは、自分の人生の折々の姿を冷徹に、ごまかしなく見ていると、金大中は意識していたのだ。自分の眼はごまかせない。自分を正視し、自分は自分の眼に恥じない生き方をしてきたか、と自らに問い続けよう。

伊谷純一郎（いたに・じゅんいちろう）

人は誰だって快楽を求める。しかし君、男子たるもの歓喜を求めにゃいかんよ。

1926.5.9 〜 2001.8.19

日本の生態学者、人類学者、霊長類学者。霊長類研究の創始者である今西錦司の後を継ぎ、日本の霊長類研究を世界最高水準とした学者である。高崎山のニホンザルの生態研究を行ない、著作『高崎山のサル』（１９５４年）で毎日出版文化賞を受賞した。その後、１９５０年代末からアフリカにおいてチンパンジーやゴリラの生態を追い続け、これら霊長類の世界に大きな社会構造が存在することを世界に先駆けて解明した。世界ではじめて野生のサルの餌づけに成功したことでも知られる。１９８４年に「人類学のノーベル賞」と称されるトーマス・ハックスリー記念賞を日本人として初めて受賞した。

後年、調査対象を霊長類からヒトにまで拡大し、焼畑農耕民族や狩猟民、遊牧民などの生態を研究した。京都大学にアフリカ地域研究センターを設立し、人類学や生態学といった領域にとらわれない学問研究の流れ（生態人類学）をつくった功績も大きい。

「従容として群れを去る」というサルたちの教えに従って定年退官する直前の１９９０年に出した『自然の慈悲』というタイトルの第一エッセイ集には、「出自を異にする巨大な雄たちの共存を支えているのは、生活を共にするもう少し若齢の雄たちとの同性行動だ」という報告をした弟子の山際寿一君という人物が登場する。この山際寿一は、現在の京大総長の若き日の姿である。

生涯をフィールドワーカーとして過ごした伊谷は、志賀直哉とヘミングウェイの、簡潔、的確な文章を模範としてフィールドワークの観察記録の描写法とする。このフィールドワーカーは、西行、芭蕉、蕪村ら旅の俳人の人生に思いを馳せる。アフリカでは「月湖西にわたり月虹東野に浮かぶかな」という句も詠んでいる。

「歓喜」は20歳のころ、生涯の恩師・小田規矩之助先生（眼科医）から言われ、生涯の指針とした言葉である。。

伊谷純一郎は、肉体的快楽ではなく、知的歓喜の世界を求め続けた旅人だったのだ。

8月20日

吉田文雀（よしだ・ぶんじゃく）

好きで入った世界、何もかも芝居に直結している。

1928.6.8～2016.8.20

人形浄瑠璃文楽の人形遣い。1945年8月に文楽座入りし、二代目吉田玉市の預かり弟子で吉田和夫を名乗る。翌年正式に南座で初舞台を踏む。1991年紫綬褒章受章。1994年、重要無形文化財（人間国宝）認定。戦後文楽の発展、復興に尽力した。

仏教用語で美しい玉を浄瑠璃という。万物が金、銀、珠玉からなる薬師如来の浄土が浄瑠璃世界だ。その薬師如来の申し子とされた美しいお姫様である浄瑠璃姫と牛若丸との恋物語が流行し、いつか浄瑠璃と呼ばれるようになった。私の住んでいる町に「浄瑠璃緑地」と「浄瑠璃姫の碑」がある。そういうこととは知らなかったが、浄土に住んでいるということにしようか。

別々に発達した耳で聞く浄瑠璃と目で見る人形が合体して文楽になった。文楽は、義太夫節で物語を語る太夫、対等な立場で演奏をする三味線、人形の三業から成り立っている総合芸術であり、微妙な動きで心情を表現し生身の人間以上に人々に訴えかける舞台を何度か私自身も堪能した。文楽では公演のたびに、人形遣い自身が、かしら（首）、かつら、衣装・手足・胴・小道具を組み合わせる。三人で一体の人形を操る「三人遣い」で、「主遣《おもづか》い」「左遣い」「足遣い」がある。人形浄瑠璃文楽は、人類の口承及び無形遺産に関する傑作として、2003年にユネスコの無形文化遺産に登録された。

吉田文雀は、1945年に文楽座に入座、2016年に引退するまで71年間、文楽の人形遣いとして活躍した名人である。その品格のある舞台にはファンが多かった。文雀は芸域が広かったが、特に老女形《ふけおやま》は高く評価された人形遣いの第一人者だ。「文楽博士」と呼ばれるほど博識であり、古典芸能の故実にも詳しかった。けいこのときは、人形を持っては行なわない。自分の体で学び、その過程で人形の気持ちをつかみ、それを人形自身に映していった。芸域は広く、立ち役（男役）や敵役もこなしたが、特に老女形で高く評価された。

「役作りに際しては、師匠から芝居をする上で、技術も大事だけど性格、性根の内面と、侍なら石高、身分、女房なら元は腰元か、遊女かとか外的要素もつかんで人物像を造り、何でこの場にいるのか、目的はこれからどうしたいのか、を考えて役を表現するように教わりました」、「伝統的な仕事は全て同じだと思いますが、師匠、先輩から学んだことを次の世代に伝える義務があります。この義務を果たすのが師匠への恩に報いることだと思います」、と文楽の人形遣いの弟子・吉田和生が語っている。

「人形を遣い」の修行は合理的なシステムを持っているのだが、その中でいかに個性を盛り込み、自分を表現していくかが人形遣いの生涯のテーマになる。引退時に「何より好きなただ一つの道だけを70年に渡って勤められましたことは幸福以外の何物でもございません」とコメントを発表している。

　日常のすべてが人形浄瑠璃の世界に結びついた、迷いのない生涯だった。古典芸能の世界は、このような人たちによって守られているのだ。

8月21日

平松守彦（ひらまつ・もりひこ）

リンケージ（人々とのふれあい、つながり）こそが究極の生き甲斐なんですよ。

1924.3.12～2016.8.21

日本の政治家。大分中学、五高、東大法学部卒業後、商工省入省。「佐橋大臣」と呼ばれた佐橋滋次官のもとで通産省統制派官僚として活躍した。課長補佐時代には、木下大分県知事にのちの大分臨海工業地帯となる臨海工業地帯構想を進言、そして日本のコンピュータ業界の離陸に関わる。課長時代以降はコンピュータのソフトウェアに関する法律作成、三大コンピュータグループ形成などの重要な施策を展開した。

１９７５年に望まれて大分県副知事を引き受ける。妻に先立たれ、娘二人を東京に残した人生の再出発だった。１９７９年大分県知事に就任し、以後６期24年にわたり県政を担当し、「一村一品」運動などを展開し、世界にも広げた名物知事だった。

平松の思想は、『グローバルに考えローカルに行動せよ』（東洋経済新報社）、『地方からの発想』（岩波新書）などの著書に集約されている。今回『地方からの発想』を読んだ。「陳情とは情を陳べると書く。理屈を述べるのではない」「地方自治とは教育である」「リーダーとはコロンブスの卵を生む人、生み続ける男でなければならない」「一村一品の『品』は人品、品格の品であり、『人づくり』にほかならない」「豊の国づくり塾の塾是は、『継続、実践、啓発』。塾歌は『若者たち』」。

平松知事の代名詞となった「一村一品」運動は日本全国に展開したが、世界にも影響を与えた。特に中国では武漢の「一村一宝」があるなど盛んだった。

２０１０年９月に私は中国政府の国賓館である釣魚台の昼食会に招待されたことがある。食事は西洋料理で、世界の名品をそろえていたが、ジュースの中に故郷大分の「つぶつぶ　かぼす・日田の梨」のジュースがあり、平松知事の「一村一品」運動の浸透に感激したことがある。

また、平松知事には、草柳大蔵さんとは学徒出陣の仲間だった縁で開催された故草柳文恵さんのお別れの会、大分県人会、親しい友人であった野田一夫先生の縁、などで何度もお会いしている。温厚な紳士という印象を持っている。

　また、大分県の先哲叢書を10年かけて完成させていることも特筆すべきだ。福沢諭吉、田能村竹田、滝廉太郎、福田平八郎、双葉山、三浦梅園、広瀬淡窓、ペトロ・スカイ岐部、野上弥生子。大友宗麟……。人づくりに関心が高く、子ども達に先哲から刺激を受けて欲しいとの考えだった。この本では、福沢諭吉の『分権論』を取り上げ「政権と治権」を論じている。地方行政の担当すべき治権とは、人民の生活に密着したものであり、警察、道路・橋梁・堤防の営繕、学校・社寺・遊園地の造成、衛生の向上などであり、福沢の考えに沿って地方自治の本義に向かってのライフワークである地方行政の仕事に邁進したのだ。

「リンケージ（人々とのふれあい、つながり）こそが究極の生き甲斐なんですよ」の前には、「人間、地位がある、金があるでは満足できないのです」という言葉がある。生き甲斐とは、ふれあいであり、つながりである。高齢化社会を生きる指針として心すべき箴言だ。

8月22日

藤圭子（ふじ・けいこ）

人生って苦しいことの方が多いけど、歌があったらまあいいっか、と言えるような死に方をしたい。

1951.7.5～2013.8.22

日本の演歌歌手。１９６０年代末から１９７０年代初頭にかけて、夜の世界に生きる女の感情を描いた歌を、伸びやかに、深々と歌い上げ、一世を風靡した歌手だ。デビュー曲は「私が男になれたなら　私は女をすてないわ」で始まる「新宿の女」。代表曲は「赤く咲くのはけしの花　白く咲くのは百合の花　どう咲きゃいいのさこの私　夢は夜ひらく」の「圭子の夢は夜ひらく」。

ドスの効いたハスキーボイスと可憐な風貌とのギャップにとまどいを感じながら、テレビに見入っていたことを思い出す。不思議な存在感を醸し出す歌手だった。

母は三味線瞽女。藤圭子は昭和の歌姫。娘は天才歌手・宇多田ヒカル。母娘に天才の遺伝子があると天才が生まれるという説がある。三味線瞽女、悲しき歌姫、天才・宇多田ヒカル、と続く血の流れを、現代の歌姫・宇多田ヒカルは、音楽をやっている自分をどう思うかと訊かれて、「呪い」と表現している。

１stアルバム『First Love』は累計売上枚数７６５万枚を超え、日本国内の歴代アルバムセールス1位になった娘の宇多田ヒカルは、アメリカンスクールの高校生の時は全成績が「A+」という最高評価だった。そして当然のように名門コロンビア大学に合格している。母の藤圭子は中学生では通知表はオール5であり、恐ろしく頭の回転が速く、頭が良かった。ヒカルはその娘だ。

宇多田ヒカルは、自らつくる歌詞も素晴らしいが、言葉も凄い。「どうしようもないくらい絡まってぐちゃぐちゃになったネックレスを、一生懸命ほどくような感じ」（「歌詞ってどうやって書くんですか？」への回答）。「私が曲をつくる原動力って結局『恐怖』と『哀しい』と『暗い』なんですよ、全部」。

阿久悠は「時代に食い込んだり、時代を引き裂いたりする力は、母（藤圭子）の方にあったかもしれないんだよ」と藤圭子の存在を評価していた。

藤圭子の歌を、演歌でもなく、艶歌でもなく、援歌でもなく、負の感情から発した「怨歌」と表現した五木寛之は、黒人のブルース、宿命を意味するポルトガル民謡・ファドなどと同様の、下層から這い上がってきた人間の、凝縮した怨念の燃焼と語っている。

心の病をもっていた昭和の歌姫・藤圭子は、デビュー作品「新宿の女」の舞台である新宿で飛び降り自殺をしている。享年62。「歌があったからまあいいっか」という死に方だっただろうか。

8月23日

川本喜八郎（かわもと・きはちろう）

人形はひとことでいえば神、お仕えするもの。

1925.1.11～2010.8.23

アニメーション作家、人形作家。少年期に芸事の好きな祖母から人形作りを教えられる。思春期はアメリカ映画を中心に映画に明け暮れる。戦後、東宝の美術部に入り、劇作家・飯沢が川本の人形に注目し仕事を依頼され、飯澤と組むことになる。27歳で「皇帝の鶯」というトルンカの作品をみて椅子から立ち上がれないほどの感激を味わい、人形で詩が語れると人形を一生の仕事にしようと決める。そして心理学でいう「中年の危機」を迎えた川本は、1963年に38歳でチェコの人形アニメーションの巨匠イジー・トルンカに学ぶ。

トルンカは、「人形は人間の典型を描くことができる」と言った。人間のエッセンス、本質、原型。だから万人が理解できる。また「民族性を描かねばならない」と語る。自国の文化を探り、日本の様式の発見と人形アニメーションへの応用が川本のテーマとなった。

生涯の師匠であるトルンカは、「人形は人間のミニチュアではない。人形には人形の世界がある」「歌舞伎や文楽といった様式的な演劇を、自分のアニメーションに生かせ」「人形芸術というものは、国家や、民族や、肌の色を隔てるものではなくて、それ等を結びつけるものだ」と川本に語った。

帰国後、日本の伝統の粋が集まっている「能」や「文楽」を学ぶ。母である老婆が鬼に変身する「鬼」で人間の典型を、そして青年僧に焦がれる女が大蛇に変身する「道成寺」で愁嘆という民族性を描くことができて、中年の危機から10年経って、ようやく川本の人形スタイルが完成する。

47歳「鬼」。57歳、NHKテレビ人形劇「三国志」。400体に命を吹き込む仕事に没頭した川本は至福の時間だったと述懐している。68歳、NHK人形歴史スペクタル「平家物語　人形絵巻」、2003年、78歳、連句アニメ「冬の日」。81歳、人形アニメーション映画「死者の書」は岩波ホールで8週間公演。2007年、82歳、飯田市川本喜八郎人形美術館オープン。伊那谷は芸能の谷と呼ばれるほど古今の多種多様な民俗芸能が残る地域だ。「いいだ人形劇フェスタ」は２００７年で29年目を迎えている。

「アニメーション作家のイメージの膨らませ方は芭蕉に通じ、しかも風狂の精神もある」

「人形は何かを懸命に演じている時が一番美しく、人間以上の表現力を持つ」

２０１３年に渋谷ヒカリエ８階の「川本喜八郎人形ギャラリー」を見た。ＮＨＫで放送された「人形劇・三国志」と「人形歴史スペクタクル・平家物語」に出演した人形が並んでおり、圧倒的な存在感に心を打たれたことを思い出した。

日本では放浪する芸能の民は神の霊魂が宿った人形と一緒に旅をした。『死者の書』を著した折口信夫はあらゆる表現の起源に神への信仰を見ていた。人形は人間のミニチュアではない。人形は神なのである。その神にお仕えするのが人形作家であり、人形アニメーション作家だ。この仕事は民族の歴史と伝統と精神を学んだ、選ばれた人のみが携わることができる神に仕える聖職なのである。

8月24日

谷川健一（たにがわ・けんいち）

独創的な大きな仕事をした者はみんな独学者です。

1921.7.28～2013.8.24

日本の民俗学者、地名学者、作家、歌人。

熊本中学、旧制大阪府立浪速高校、東京帝大文学部。熊本水俣で結核療養。31歳で卒業。平凡社に入社。35歳、柳田国男、宮本常一に出会う。42歳、月刊『太陽』創刊編集長。45歳、処女小説『最後の攘夷党』で直木賞候補。46歳、平凡社を退社し、民俗学の道に進む。沖縄から始まり日本全国を歩く。60歳、川崎市に日本地名研究所を設立し初代所長、以後亡くなるまでつとめる。66歳、近畿大学文藝学部教授。70歳、南方熊楠賞。80歳、短歌研究賞。86歳、『谷川健一全歌集』、文化功労者。88歳、新年歌会始で召人。92歳、全集完結、死去。

「私は最初の頃小説を書いていたのですが、小説では自分を満足させることができない。私は民俗学によって人間性に肉薄することができると思い、民俗学に進みました」

在野の研究者ではあったが、「まれびと」の折口信夫と「海上の道」の柳国国男の衣鉢を継ぐ日本民俗学の後継者となった。その谷川は「民俗学とは神と人間の交渉の学である」と定義している。民族学は空間の学であるのに対し、民俗学は時間の学である。日本は、群れと事大主義が特徴であり、火がつくと一瞬にして違う立場が消えて一緒になってしまう、島の思想である。「地名は大地の表面に描かれたあぶり出しの暗号である」とし、過去と現在を繋ぐ伝導体としての地名研究に、同一、同種の地名を集め、比較・対照し、意味と由来を確定するという方法でいそしんだ。

谷川は『独学のすすめ――時代を超えた巨人たち』で、南方熊楠、柳田国男、折口信夫、吉田東伍、中村十作、笹森儀助の在野精神を紹介している。

「権威主義の学問はいずれにしても硬直をまぬかれません。それは知識の死滅につながります。そこに生気をあたえてよみがえらせるためには、在野の精神が必要なのです。またアカデミズムが眼をむけなかった分野へのあくことのない好奇心が求められるのです。そうした未知の世界に進むには、既成の尺度は役に立ちません。そこでは独創の精神が不可欠です。独創ということに焦点をあてると、独創的な大きな仕事をした者はみんな独学者です」

「たえず先へ先へ進むのが独学者の精神ですから、社会的評価というのは、独学者にとってはある意味で邪魔でもあるわけです。ほんとうの独学者というのは、それを無視できるわけです」

　自称「晩成の鈍才」は、独学ゆえに学会では正当に評価されなかったが、実は知の巨人であった。谷川の膨大な著作のほとんどは雑誌に発表したものの再録でできている。そして『谷川健一全集』24巻、『谷川健一著作集』10巻が、生前に完結しているのは見事としか言いようがない。谷川健一の膨大な仕事は、46歳で勤めを辞めてから本格的に始めたものであることに驚きをおぼえる。そういえば柳田国男も48歳で役所を辞めて独学で民俗学に没頭していった。始めるのはいつでも遅くない。独学の精神、在野の気概で、自らのテーマを追いかけよう。勇気をもらった。

8月25日

高木東六（たかぎ・とうろく）

後悔していることがある。それは、この八十年、無精をして日記をつけなかったということだ。

1904.7.7 〜 2006.8.25

主に昭和期に活躍した日本の作曲家。

鳥取県米子生まれ。関東大震災で横浜の家がつぶれ、一瞬の差で助かる。ヨコハマ・グランドホテルの前の海に、見渡す限り裸体の死体が浮かぶ地獄絵図を見る。東京音楽学校ピアノ科に入学するが、中退し、パリのスコラ・カントムール卒業。山田耕筰先生とパリで再会し、作曲家になれとすすめられる。山田耕作は宴席での話の三分の二以上が愉快な猥談で、替え歌のセンスも天下一品だったと後に語っている。

管弦楽曲「朝鮮風舞踊組曲」が１９４０年に新京音楽院賞に１位入選、１９４２年には文部大臣賞を受賞。１９３９年からオペラ「春香」の作曲を行なうも、１９４５年５月の空襲により東京の自宅は全焼し、楽譜も焼失する。失意の中、長野県伊那市に疎開。そこで「春香」の再作曲の依頼を受け、１９４７年「春香」二作目が完成、翌１９４８年に初演される。高木はクラシック出身ながら、「空の新兵」などの軍歌、軽音楽、「水色のワルツ」などの歌謡曲、オペラ、ピアノ曲、シャンソンやポピュラー曲など仕事は多岐にわたった。

テレビでも、ＮＨＫ「あなたのメロディー」やＴＢＳ「家族そろって歌合戦」に長きにわたり審査員として出演。ユーモアと辛口での批評を私も覚えている。「本当の音楽はメロディーじゃなくハーモニーにあるんです。魂をゆするような深い感動はハーモニー以外にはありませんよ」、「好きなものを見つけること。あとは脇目を振らないこと」、「私は思う、いまが一番大事な時だ、もう一歩」。

「これから書くことは、女房だけには一切読まれたくないのだが……」と、『人間の記録　高木東六　愛の夜想曲』の「第三章　わが青春のパリ」の書き出しで述べているが、１９８５年の「あとがき」でグチを言っている。「わが女房が突如ぼくに冷たく、口もきかなくなってしまったのには弱った」。この本には、妻のことも出てくるが、楽譜

この『人間の記録』シリーズでは珍しく、女性遍歴が中心になっている。パリに向う船内で「ぼくの女性不信は、このときから始まったといってよい。日本の女性も含めた、世界中の女性に対して、である」と書いているが、その後パリに着いてからも、懲りずに女性に接している。「毎日を、不安なく平和に過ごせることが何よりの長寿の秘訣」と信じていた高木東六は１０２歳で没したセンテナリアン（百寿者）であった。日本ハリストス正教会に所属する正教徒であり、埋葬式はお茶の水のニコライ堂で行なわれた。聖名はギリシャ語語源で「不死の者」の意味のアファナシイ。

　高木は、作曲家であり、幸いなことに人生の軌跡としての作品は残っている。しかし、無精をして日記をつけてこなかったことによって、焦点となること以外は、ぼやけて、あいまいになってしまった。「本当にじだんだ踏むおもいがしている」と後悔している。私も若いころから何度も日記をつけることに挑んだが、長続きはしなかったし残っていない。同じく残念な気持ちがする。しかし、後悔しても仕方がない。ブログを書き続けることにしよう。その決意を高木の言は後押しをしてくれた。

8月26日

田村隆一（たむら・りゅういち）

一所懸命

1923.3.18 ～ 1998.8.26

日本の詩人、随筆家、翻訳家。戦時中、明治大で萩原朔太郎の詩の授業を聴講して、学期末試験の問題は「詩について感想を述べよ」には「帝国陸海軍ハ本八日未明、西太平洋ニオイテ米英軍ト戦闘状態ニ入レリ」という大本営発表を田村は引用し、「これ以上の詩的戦慄をあたえてくれる『現代詩』はない、と答え、最高点に近い点をもらっている。

詩人としての業績は破格だ。1963年、『言葉のない世界』で高村光太郎賞。1978年、『詩集1946～76』（最初の全詩集）によって第5回無限賞。1985年、『奴隷の歓び』で読売文学賞。1993年、『ハミングバード』で現代詩人賞。

「人類そのものが愚かなものだと自覚できる人が利口。できない人がバカ」

また、「仁義すたれば銭湯すたる。銭湯すたれば人情もすたる」と面白いことを言っている。この意味は「おじいさん、おばあさん、それに孫たちというタテ糸と、町内のヨコ糸がまじわるところに銭湯がある」だった。

田村隆一は5回結婚している。最初の妻は鮎川信夫の妹。二度目の妻は福島正実の従姉妹。谷川俊太郎の最初の妻の岸田衿子は三度目の妻。高田博厚の娘の田村和子は四度目の妻で、この恋はねじめ正一の小説『荒地の恋』のモデルとなった。最後の妻は田村悦子。同棲を含めると9回も女性と暮らしていたという発展家だった。

長身痩軀、モダンにして洒脱、柔らかな感性。スコッチウィスキーの愛飲家であった田村は鎌倉の私邸に迎え入れる客人にも、ウィスキーをふるまい、酒仙詩人という敬称でも呼ばれた。酒は文化圏のシンボルであるというこの詩人は、「言葉は文化がつくりだした酒である」とも語っている。「青年の酒、壮年の酒、老年の酒。その節がわりに、車窓の風景も変わってくる。酒を飲むことは、旅をすることだ」。田村隆一は、文化のシンボルである酒を愛し、人生を旅し、そして文化の酒たる見事な詩を紡いだのだ。

「一般的には『一生懸命』と表記されるけれど、私は『一所懸命』と書く方が正しいと思う。なぜなら、ただ一カ所の井戸をひたすら掘ることが懸命に生きることだから。自分は詩人として一つの井戸を掘り続ける。どこまで掘ったら水脈に当たるかなんてわからないけれど」と語っていた田村隆一は、詩という井戸を掘りきって大水脈にたどり着く。太平洋戦争後の荒廃した社会を的確な詩で表現し、谷川俊太郎らと並んで戦後詩壇を代表する存在になった。人はそれぞれの持ち場やテーマを、命を懸けてどこまでも掘り進むべきなのだ。

8月27日

アントン・ヘーシンク

私はちがう。あらゆるスポーツをやって、頭の先からつま先まで、鍛え抜いているんだ。

1934.4.6 ～ 2010.8.27

オランダ・ユトレヒト出身の柔道家。14歳から柔道を始める。1955年、21歳でオランダ柔道の指導者・沼上伯から徹底的な個人指導を受ける。1961年の第3回世界柔道選手権で日本人以外での初優勝。1964年の東京オリンピック無差別級の決勝で神永昭夫を袈裟固めで下し金メダルを獲得した。この勝利が柔道の国際化の契機となった。

1973年にプロレスに転向。スター選手だったが、「プロレスに適応しようとしなかった」（ジャイアント馬場）ために、人気は盛り上がらなかった。引退後は、柔道指導者として活躍。2004年、国際柔道殿堂入り。

「ヘーシンクを育てた男」沼上伯は、柔道以外にもランニング、フットボール、ウェイトトレーニング、レスリング、水泳などあらゆることをさせて、総合的で頑強な身体をつくりあげた。ヘーシンクは沼上の指導によく応え、アルコールを慎み、タバコも口にしないで、柔道一直線の鍛錬の日々を送っていた

ヘーシンクが神永を下す東京オリンピックの試合は少年時代の私も見た。日本国中が固唾を飲んでテレビに釘づけとなった。神永が敗れたときには異様な静寂が日本武道館を覆った。このとき、歓喜したオランダ関係者が土足で畳にあがろうとしたのをヘーシンクは手で制した。この「礼に始まり礼に終わる」柔道の精神を体現した姿は、高く評価されている。

ヘーシンクは生まれつきの大きな体格で勝ったのではない。広い視野からつくりあげた総合的体力が、独善に陥り柔道しかやらなかった日本人を圧倒したのである。

華々しい活躍をみせる選手たちと裏腹に、さまざまな不祥事が続く日本のスポーツ界は今、内部マネジメント力が問われている。そして国際競争にさらされている産業界と同様に、各競技の国際ルール形成への影響力にも目を向ける必要がある。柔道の国際化の過程で得たさまざまな教訓を再考すべきときである。

8月28日

ミヒャエル・エンデ

時間こそが人生そのものなのです。そしてそれは心の中にあります。時間を節約しようとするほど生活はやせ細ってしまうのです。

1929.11.12 〜 1995.8.28

ドイツの児童文学作家。1961年日本語訳『ジム・ボタンの機関車大旅行』がドイツ児童文学賞。1973年『Ｍｏｍｏ』完成。翌年再びドイツ児童文学賞を受賞。1977年初来日。エンデは書物を通じて東洋に関心があり、豊かな好奇心で日本を観察した。1986年、日本国際児童図書評議会が催した世界大会の基調講演者として再来日。瀬戸内海の島、桜満開の丸亀城、京都で仏教学者・上田閑照らとの討論……。この年『はてしない物語』の翻訳者、佐藤真理子と再婚。長野県の黒姫高原の信濃町立の黒姫童話館ではエンデに関わる資料が収集されている。

世界で翻訳されている名作『モモ』。浮浪児モモは相手に自分自身を取り戻させる能力、宇宙の音楽と星々の声に耳を傾ける能力を持っている。「灰色の男たち」は「よい暮らし」のためにせかせかと生きる病に冒されているのだが、「時間の国」でモモは時間の豊かさを知る。人間はひとりひとりが金色の時間の殿堂を持っていることを知ったモモは時間泥棒に奪われた時間を解放する。こういう物語だ。この物語は過去のできごとのように設定されているが、現在と将来の姿でもある、ここに読者は惹かれるのだ。

○人生でいちばん危険なことは、叶えられるはずのない夢が、叶えられてしまうことなんだよ。

○いちどに全部のことを考えてはいかん。わかるかな？　つぎの一歩のことだけつぎの一息のことだけを考えるんだ。いつもつぎのことだけをな。するとたのしくなってくるこれがだいじなんだな。たのしければ仕事がうまくはかどる。こういうふうにならにゃだめなんだ。

『モモ』の中の「時間泥棒」である「灰色の世界の男たち」の行動に、近代人はみな自分を見る。時間を節約し、効率を至上命題として、仕事に励む、その姿は自分そのものだ。「光を見るためには目があり、音を聞くためには耳があるのと同じに、人間には時間を感じとるために心というものがある。もしその心が時間を感じとらないようなときには、その時間はないも同じだ」。

　時間は人生そのものであり、時間を節約しようとすれば生活がやせ細る。それは貴重な時間で構成されている人生自体が無意味なものになるということだろう。頭で時間を考えるのではなく、心で時間を感じとる生活を送ろう。

8月29日

加瀬昌男（かせ・まさお）

そこには今までなかった新しいことが書いてある。表現そのものが新しい。著者のぬくもりみたいなものが感じられ、類書がなく、しかも人の興味をグイグイ引っ張っていくようなもの。

1931～2011.8.29

神奈川県出身の実業家。草思社創業者。

早稲田大学文学部演劇科の卒業時「早稲田演劇」誌に一幕物の戯曲を応募して入選。卒業後日産自動車に入社し、工員などの職を3年間ほど転々とする。1958年、「現代詩」誌の編集者となる。1961年、ヤマハのPR誌「ヤマハニュース」の編集長となるが、1969年に休刊になることが決まったため、草思社を創業。

初めに手がけたビートルズの伝記が10万部のヒットとなり、谷川俊太郎訳の『マザー・グースのうた』（全5巻）は総計110万部の売上を記録するなど順調な出発となった。

1976年の11月に徳大寺有恒の『間違いだらけのクルマ選び』シリーズが正編と続編をあわせて合計120万部を売り上げ、二つあわせて1977年書籍ベストセラーの1位を獲得。以後、30年同じテーマで発刊しつづけた。一人の著者が、これだけの年月、同じテーマで書き続けた記録は破られないだろう。

徳大寺の車への批評は厳しかった。例えば「コロナ＝平凡さがとりえだが、エンジンが弱いのが泣きどころ／カローラ＝可もなく不可もないクルマの代表／セドリック＝俗悪趣味の傑作車／バイオレット＝こんなクルマでも買う人がいるから不思議／シビック＝見せかけだけの新しさではすぐ飽きがくる／ファミリアプレスト＝古くさいだけだ」。自動車業界を震撼させたが、読者の根強い支持があったのである。このシリーズが草思社の業績を支えた。

草思社の本はタイトルがユニークであり、ベストセラーがよくでる不思議な出版社という印象を私は持っていた。「なぜ美人ばかりが得をするするのか」「他人をほめる人、けなす人」「謝らないアメリカ人　すぐ謝る日本人」「ツルはなぜ一本足で眠るのか」……。いつのまにか、名前を聞かなくなったと思っていたら、草思社は、2008年に東京地裁に民事再生法の適用を申請し、文芸社出資の完全子会社となっていた。

冒頭に紹介した加瀬昌男の「いい本」とは、つづめていうと「内容が新しい、表現が新しい」ということだと思う。名編集長・扇谷正造は「目をつぶって『エイ、ヤッ』と左右の指で目次を指す。すると『中央公論』から天皇制、『主婦の友』からおいしい朝食が飛び出してくる。そこで「天皇の朝食」という企画をやればいい」と冗談半分ではあろうが、異質の掛け合わせが新しさを生むとしている。その思いつきを新しい表現を用いて企画にまで高めていくのが編集者の腕ということになるのだろう。ヒット企画の公式はないが、社長や編集長は内容の新しさを追い、担当編集者は表現の新しさを工夫する、という結論にまずはしておこうか。

8月30日

天谷直弘（あまや・なおひろ）

生きている限り、人は運命と闘うか達観してこれと遊ぶか、ほかに道はない。

1925.8.31 ～ 1994.8.30

日本の通産官僚、エコノミスト。資源エネルギー庁長官として、石油危機への対応策に専念し成果を上げた。通商産業審議官時代には、日米自動車交渉では対米輸出の自主規制枠を導入した。１９８７年７月電通総研設立に伴い初代所長を務めた。『日本町人国家論』で１９８３年に第４回石橋湛山賞。

天谷は著書『日本町人国家論』の中で、日本を名誉や美意識がなく、金もうけに徹した町人国家に例え、国際社会で信頼を得るには、身分の高い者は義務を負わなければならないというノブレス・オブリージ路線への転換を唱えた。『日本はどこへ行くのか』では「汗を流し、身銭を切れ」「政治的理念の確立と文化的魅力の涵養を」と語った。文化的魅力とは、便利・快適・探美・求真としている。探美とは街並の整備と文化芸術振興であり、求真とは高等教育の充実である。身分いやしき町人から、食わねど高楊枝の武士のノブレス国家への転換である。この路線で国際社会において名誉ある地位を占めるべきだとの論陣をはり、大きな影響を与えた。

天谷直弘は歴史的文脈の中で日本の産業政策を考え抜き、その案を外国にも、国民にも端的に説明ができるスーパー官僚だった。この人の講演を一度昼食会で聴いたことがある。

天谷直弘は１９９０年代前半まで、官僚としての仕事で、そして日本を代表する論客として、自分の運命だけでなく、日本の運命とも闘った貴族的精神の持ち主だった。さて、運命と闘おうか、それとも運命と遊ぼうか……。

8月31日

ウェールズ公妃ダイアナ

社会で最も弱い立場の人びとを助けようとすることほど大きな喜びはないわ。

1961.7.1～1997.8.31

イギリスの第1位王位継承権者ウェールズ公チャールズの最初の妃。イギリスの名門貴族スペンサー伯爵家の令嬢として生まれ、1981年にチャールズ皇太子と結婚、ケンブリッジ公ウィリアム王子およびサセックス公ヘンリー王子の二児をもうけた。後にチャールズ皇太子と別居状態になり、1996年に離婚。1997年にパリで交通事故による不慮の死を遂げた。

「もし、私に何かあったら、真実を語って」と言われていたダイアナ妃のセラピストの書いた『ダイアナ妃の遺言』を読むと、占星術に凝るなどの占い中毒やエクササイズ中毒だったダイアナの日常、好悪の感情に揺れ動く情緒の不安定さ、ケネディ・ジュニアなど愛人との情事、そして心の空虚を埋めるための慈善事業などへの集中がよくわかる。ダイアナが心から共感していたのはジャッキー・オナシスの生き方だった。

世間知らずだったこのチャールズ皇太子妃は、夫の不倫への復讐として愛人を持ったのだと考えていた。このようなダイアナ自身の弱さが原因の行動は、圧倒的な共感を呼んで人気があった。女性たちはダイアナの中に自分の問題をみたのだ。始終、パパラッチに追われる生活を「金魚鉢で暮らしているようなものよ」と語り、アメリカ移住を考えたこともあったようだ。

ロイヤルファミリーとしてダイアナは慈善事業に取り

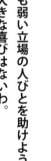

組んだ。80以上の国にばらまかれている地雷の撤去運動については、地雷で「犠牲になっているのは、子どもや動物、老人なのよ」と語っていた。ダイアナは１００件近くあったチャリティを、王立マーズデン病院、英国立バレエ団、ホームレスチャリティセンター、ハンセン病団体、国立エイズ病院に絞った。そして名目ではなく、誠心誠意関与した。自分の人生を意義あるものにしたかったのだ。そして二人の王子を必ず慈善事業に伴うという教育を行なっている。

野党だった労働党のブレアはダイアナを人びとの苦難に焦点を当てる外交大使にすると約束していたが、その夢は叶わなかった。また、ダイアナは自分の名前がついた病院やホスピスをつくりたかったのだが、死後にケンジントン宮殿に記念の噴水がつくられるにとどまっている。しかし、最も弱い立場の人びとを救おうとしたダイアナの真摯な発言と行動力は、人びとの心に強く訴え、感動を与えた。ダイアナ妃には人騒がせな女性という印象を持っていたが、実は英国民だけでなく世界の人びとに多大な影響を与えた偉大な女性でもあることがわかった。

9月

長月

9月1日

初代　若乃花（わかのはな）

15尺の土俵。あの中にはなんでも落ちている。女房、金、ダイヤモンド、全てがある。全人生がある。

1928.3.16 〜 2010.9.1

大相撲の横綱。初代若乃花（本名・花田勝治）は、ライバル栃錦と名勝負を重ねる。29歳での横綱昇進、超軽量の体格で心配されたが、ライバル栃錦と互角の力相撲を展開し「栃若時代」を築く。

引退後は二子山部屋を創設し、弟の大関・初代貴ノ花、横綱・二代若乃花、横綱・隆の里、大関・若嶋津らを育て、日本相撲協会の理事長もつとめた。

弟の初代貴ノ花の初優勝時には、HNKの大相撲中継で解説をつとめていた出羽錦は「嬉しさや最後の賜杯甥の手に」と詠んだ。第六十五代横綱・貴乃花と第六十六代横綱・三代若乃花の二人は甥にあたる。

子どものころ、相撲の巡業が故郷の中津に来たことがある。横綱栃錦と横綱若乃花の熱戦を見て興奮して応援したことを思い出す。このときは若乃花が勝ったと記憶している。若乃花ファンだった私は、これ以降ますます若乃花を贔屓にした。

横綱になった稀勢の里は明治神宮奉納土俵入りを行なったが、その際に使った化粧まわしは「土俵の鬼」と呼ばれた初代若乃花のものだった。

以下、若乃花語録から。

○体の小さい力士っていうのは、ちょっとつまずいてくるとガタガタッといってしまう面がある。だから、悲しいけど、気力で持っていかなければならないんです。

○人間、目先の苦難に、決してうちひしがれてはいけない。

○人間はどんな状況のもとでもくじけずに、精いっぱい力を尽くせば、その努力が、いつの日か報われるもののようだ。

○優勝できたのは、稽古を一生懸命やったこと。それだけだ。

○土俵の掟は、まことに厳しく、冷酷であり、思えば砂にまみれ、血の涙を流す闘いの歳月であった。

○ライバルとは……単なる競争相手ではなく、自分自身の人生を支え、高めてくれる最高、最良の存在なのである。

○横綱が身を引く際には、立派な後継者に土俵を引き継がなければならない。

○「これはダメだな」と、いったん思いこんだら、力というものは本当に駄目になってしまう。

○人間はいつも望みを持って、精進、努力が肝要なのである。

○踏みしめる土俵は、私が命をかけた戦場であり、同時に「日本書紀」に史実として記されて以来、相撲道の伝統を千三百年余も守り、いまに伝える聖なる祭場である。

○力士の道とは、昔もいまも「稽古一筋に生きる」ことである。

　青森武道館の「花田勝治展示コーナー」では、「土俵のけがは土俵の砂でなおしてゆくんですよ。けがをするたびに休んでいたんでは勝負師にはなれませんね」という言葉を見つけた。土俵の鬼・若乃花は、小さな土俵には人生の全てがつまっているという。俵のけがを土俵の砂でなおしながら、すべてを掴み取った男の言葉である。

上甲正典（じょうこう・まさのり）

心が成長すれば、技術も成長する。心の成長なくして、技術の成長はありえない。

1947.6.24 〜 2014.9.2

高校野球の指導者。上甲正典は高校野球の甲子園出場17回で、優勝2回（1988年春、2004年春）・準優勝2回（2004年夏、2013年春）という偉業を成し遂げた名将である。

1975年に母校・宇和島東高校のコーチとなり、2年後に監督就任。1987年の第69回全国高等学校野球選手権大会で甲子園初出場。翌年春の「選抜」で初出場初優勝。

その後、済美高校の野球部の創部とともに初代監督に就任した。2004年には福井優也投手らを擁し、創部2年目でセンバツ初出場初優勝に導く。春夏連覇に王手をかけたが、惜しくも準優勝。2013年には、愛媛大会で157㎞をマークした2年生エース・安樂智大投手らを擁し、決勝まで勝ち進んだが、浦和学院に破れ準優勝。上甲の座右の銘は「夢が叶うまで挑戦」だった。67歳で没。戒名は「弄球院正岳秀典居士」。

「肉体の限界を精神力で乗り越える。武士道精神のような厳しさもまた高校野球だと思います」

ライバルで親友だった名門明徳義塾高校の馬渕史郎監督は、松井秀喜に対して5打席連続四球という采配で話題になった人だ。馬渕は「間違っていたとは思わない。あのときのチームではあれしか勝つ方法がなかった」と後に語っている。

2018年の夏に100回を数えた高校野球は日本中が熱中する素晴らしい仕組みだ。心技体そろった高校生たちが全力でしのぎを削る姿には、毎年励まされる。高校野球はドラマの連続であるが、試合終了後の監督や選手のインタビューは記憶に残るものが多い。上甲正典監督の「心」と「技術」に関わる言葉は、「心技体」にも順番があるという考えを示している。心を成長させ、技を磨き、体を鍛える。高校野球は教育が主眼だとしていたこの人の心技体論は聞くに値する。

9月3日

明間輝行（あけま・てるゆき）

副社長まではゴルフでいえばフロントティでプレイしているようなものですが、社長はバックティ、もうあとがないんです。

1925.5.26 ～ 2005.9.3

東北電力社長、会長。宮城高専を卒業し、中学校の教員を1年やって、東北大学法学部で学び、東北電力に入社。1972、3年のオイルショックの時代に石油、ガスの調達に電力業界が苦労し、混乱したときに、1975年から燃料部長として安定的な体制の構築に手腕を発揮、その実績で社長（1987～1993年）、会長（1993～2001年）になった人である。1993年には東北経済連合会第四代会長に就任し、東北の経済界の重鎮となった。

明間社長時代に新入社員として訓示を受けた東北電力の社員の話を今回聞いた。福沢諭吉の言葉である「人に媚びるな」と語ったそうだ。もうすぐ定年を迎えるその人は今でもその言葉を鮮明に記憶していた。私の宮城大時代には、東北電力の明間輝行の名前は知っていた。接触したことはなかったが、やはり、明間は人の心に強烈なメッセージを残す偉い人だったようだ。

トップになると物事を見ていく視点が違う。トップは見えている景色が違う。明間は「社長はバックティ、もうあとがないんです。相談できる人間がいるのは副社長まで。社長は全部自分で判断する。真剣勝負の連続です」と述懐している。ゴルフに例えたこの言葉は、最終責任者の孤独な内面を語った名言である。

9月4日

小室直樹（こむろ・なおき）

学問とは驚く能力です。はじめに楽しむことを覚えるべきです。

1932.9.9 ～ 2010.9.4

日本の社会学者、評論家。

会津中学で政治家を志す渡部恒三と親友になる。小室直樹はノーベル賞を目指して京大理学部物理学科に入学。その後、大阪大学経済学部を経て、アメリカ留学では、各分野の第一人者から直接の教えを受ける。帰国後も、東大の法政治学研究科で学ぶ。この学究で、物理学、数学、経済学、心理学、社会学、統計学、経済史学、法社会学、政治学などあらゆる学問を身につけたことが特筆される。

自然科学はscienceと単数なのに対し、社会科学はsocial sciencesと複数形である。その意味は本来、社会科学は諸科学の総合であるはずだった。分断された諸科学の総合、つまり「社会科学の復興」が小室直樹の生涯のテーマだった。世界そのものを総合的に丸ごと説明しようとした。そのため、さまざまな社会科学を有機的に編成し、構造的に分析し、そして処方箋を編み出した。

1980年に『ソビエト帝国の崩壊』がベストセラーになったが、当時は誰もが本気にしなかった。ソ連崩壊の原因、必然性、プロセスが詳細、具体的に書かれている。世間は驚いた。9年後にその予言が的中し、小室直樹の慧眼にまた驚いた。中国、韓国、イスラムなどについての著作、そして日本については日本教、受験体制、田中角栄……など実社会に向けても本質的な論陣を張った。

小室直樹はあらゆる学問を修め、その上で「先進科学を後進科学に応用する」という方法論で、切り込んでいった。アイデアの発想とその理論化、両方ができた天才だった。

日本の私塾の伝統をひく「小室ゼミ」は、１９６０年代半ばから無報酬で私的に続けている。橋爪大三郎、副島隆彦、山田昌弘、宮台真司、など多くの人物が影響を受けている。

私が30歳で入会した直後に、「知的生産の技術研究会」で、『ニッポンの教育』という本を刊行するプロジェクトがあり、講談社で、文部省元次官、新聞社の論説委員、小田実、小室直樹などの論客数人の座談会が企画された。幸運にもこの議論を側で聞く機会を得たのだが、小田実と小室直樹の対決には心が躍ったものだ。

本を読んだり、難しい理論を理解しようとして、「そういうことか！　わかった！」と心踊ることがある。学問するとは、その驚きの連続の過程を楽しむことなのだ。小室直樹は、あらゆる学問領域の山々を登り、高みに立って、自分が見えるパノラマの風景を、見せてくれた人だ。驚き、感動する。そのプロセスを自分なりに楽しもう。

9月5日

マザー・テレサ

私たちが修道院以外のところで食事をしないのは、貧しい人々への配慮なのです。水一杯いただきません。本当に何も。

1910.8.26 〜 1997.9.5

カトリック教会の修道女にして修道会「神の愛の宣教者会」の創立者。

マザー・テレサが亡くなったとき、残っていたのは、着古したサリーとカーディガン、古びた手さげ袋と、すり切れたサンダルだけだった。すべてを貧しい人に捧げた人生だったことがわかる逸話である。この「貧しい人」とは物心両面の貧しさが含まれていた。長く続けた修道会「神の愛の宣教者会」の目覚しい活動に対して贈られた1979年のノーベル平和賞をはじめとした賞金は一銭残らず、貧しい人のために使い果たした。

最近亡くなった『置かれた場所で咲きなさい』を書いた渡辺和子（ノートルダム清心学園理事長）は、マザー・テレサの来日時に通訳を務めた縁で『マザー・テレサ愛と祈りの言葉』の翻訳者となっている。

○仕事を祈りであるかのように続ければよいのです。

○大切なことは……貧しい人々に奉仕している時、私たちは神に仕えているのだと確信していることなのです。

○最も大切な瞬間、死を迎える時に、愛されたと感じながら、この世を去ることができるためなら、何でもしたいと思っているのです。

マザー・テレサは宗教、民族、年齢、性別、地位等に関わりなく、必要とする人々に愛の手を差し伸べる87年の生涯を送った。そしてその影響を受けた後輩たちにその思想と行為が引き継がれている。

すべてを無報酬で行なっているこの修道会の人々は修道院以外のところで食事をしない。水一杯ももらわない。それは貧しい人々への配慮だった。最近行方不明の2歳児をわずか20分で発見して話題になった大分県日出町の尾畠春夫さんの態度と同じだ。この「神の愛の宣教者会」という修道会は大分県別府にもあるから、別府で鮮魚店をやっていた尾畠さんも、マザー・テレサの影響を受けていたのかも知れない。

9月6日

黒澤明（くろさわ・あきら）

難所でひるんだらお終いだ。その難所で耐え、喰らいついて耐える。この努力が天才と凡才を分ける。

1910.3.23 ～ 1998.9.6

日本の映画監督、脚本家である。33歳のデビュー作品「姿三四郎」から始まって、52歳までほぼ毎年話題作品を発表し続けた。「羅生門」、「生きる」、「七人の侍」、「隠し砦の三悪人」、「天国と地獄」などが記憶にある。55歳からは、5年に一本というペースになり、「どですかでん」、「デルス・ウザーラ」、「影武者」、「乱」、「八月の狂詩曲」、「まあだだよ」など優れた作品を発表する。ジョージ・ルーカス、スピルバーグなども触発され、畏敬の念を持っていた。黒澤明は、世界のクロサワになった。

以下、黒澤語録。

○ドストエフスキーと同時に芭蕉や蕪村が好きなんです。

○どうして人間ってもっと仲良く暮らせないかということ、もっと善意にみちてやれないかということだけです。

○一週間でも二週間でも、出来れば一生、見た人に影響を与えるような、そういうものを僕は作りたいと思ってきた。

○要はどれだけインプットしているか、それがオリジナリティとして出て来るかが天才と凡才の違いなんだ。

○足元を見て、コツコツ歩いていく。

○僕は、戦いに破れることを活力源にして次々と戦いを挑んでいる第一線の司令官。

○お金を残すより、いい作品を残す。

○原子力に関しては少し生意気すぎるんだよ。自分の手ではどうにもならないものに手をつけちゃったっていうところに、この大きな悲劇がある。

○間違えたらおしまいだというのに、絶対間違いはないなんて言える奴は気違いだ。

○新しい時代は新しい人間の創造を求めている。我々は新しい時代の新しい課題を解決すべき、新しい人間として自己を形成しなければならない。

○目をそらすのがペシミズムであって、現実を直視するのは積極的な態度なんだよね。

○これ以上は働けないと言うだけ働いて、やるだけのことをやったら、少しゆっくりしたいなという心境で、死ねると思うんですよね。

○本来、葬式は目出度いもんだよ。よく生きて、よく働いて、ご苦労さんと言われて死ぬのは目出度い。

　天才クロサワの天才論は傾聴に値する。撮影中は主人公に憑依してしまう。そして命を削って作品を完成させると、毎回病院へ直行し、抜け殻となって、倒れ込むのが通例だった。難所でひるまず、耐え抜いて、その難所を越えた人のみが天才と呼ばれる資格がある。映画監督という仕事は毎回必ず違う姿の難所が襲う。その難所を避けずに切り抜け続けた黒澤明は本当の天才となった。あらためて、黒澤作品をすべて観て、この天才の仕事を堪能したい。

9月7日

山口淑子（やまぐち・よしこ）

順風満帆？　いや、人生にそんなことはめったにない。

1920.2.12 〜 2014.9.7

日本の歌手、女優、政治家。94歳で没。山口淑子、李香蘭、潘淑華、シャーリー・ヤマグチ、ヨシコ・ノグチ、大鷹淑子、ジャミーラ、と一生のうちにさまざまに名前を変えている。戦争が影を落とす、「時代」に絡め取られた人生であったことをうかがわせる。

父の赴任先の中国で生まれ暮らす。4歳から北京官話を習う。13歳、父の親友・李際春将軍の義理の娘となり、「李香蘭」という中国名をもらい、歌手デビュー。18歳、女優デビュー。反日・抗日の中、中国人として生きる。中国人として祖国を裏切った漢奸の容疑で中華民国の軍事裁判に掛けられたが、日本人であることが証明され、軍事法廷で無罪になり、国外退去宣告。親しかった「男装の麗人」川島芳子は、戸籍に養女としての登録がされていなく日本人であることが証明できずに銃殺された。

15歳年上の彫刻家、45歳のイサム・ノグチとの結婚は「お互いの仕事に支障をきたしたらわかれましょう」という約束に沿って、5年で協議離婚。「芸術の使徒のような人」の研ぎ澄まされた日常に、尊敬し感動しながら、どこか息苦しさを感じていた。

8歳年下の外交官・大鷹弘と再婚。こちらは弘が亡くなるまで添い遂げた。38歳で女優を引退し、夫の赴任地・ミャンマー、ジュネーブで生活。48歳、帰国し、ジャーナリストとして、テレビの司会や、ベトナム、カンボジア、アラブ、ヨルダン、レバノン、イスラエルを取材。元赤軍派幹部の重信房子を独占インタビュー。54歳、参議院議員初当選、以後18年議員として活動。環境庁政務次官、参院・沖縄北方特別委員長、自民党外交調査会副会長、参院外務委員長などを歴任する。

その波瀾に満ちた人生は、順風満帆どころではない。人生そのものが中国、日本、アジア、アメリカ、ヨーロッパという世界を舞台にした壮大で、一世紀におよぶ長大なドラマのようだ。時代に翻弄されながら、その波に流されずに、自分の人生の主人公として生き切った女性だ。

松沢卓二（まつざわ・たくじ）

光とは方向性です。社員に対して方向性を示すことのできる人が経営者であって、示せない人は単なる管理者にすぎません。

1913.7.17 〜 1997.9.8

日本の銀行家。富士銀行に入行し、人事課長、本店営業部次長、総務部長、常務、副頭取を経て、頭取、会長。金融業界で強い発言力を持っていた。財界活動にも熱心で、経団連財政金融委員長、国鉄監査委員会委員長、日経連副会長をつとめた。

○時間ができたら、まずは自分と向き合う時間に充てるべき。そうすれば、自分が進む道が見えて、その時間に何をすべきか明確になるはずです。

○「天は自らを助くるものを助く」。他人に頼らず、独立独行で奮闘努力する者を、天は助けて幸運をもたらすという意味ですが、若い時から私はこの言葉が好きで、座右の銘としてきました。

○「この人は仕事ができる」と思う人は、学生時代に成績がよかった秀才というよりも、「この人、なんでこんなこと知ってるの？」と思うような雑学系に強い人が多い。

大学生時代に私の先輩が富士銀行に就職したとき、日本一の銀行に入ったと思ったことがある。松沢の牽引した「経済主流取引プラン」が功を奏し、三菱や住友との競争を勝ち抜いて、富士は後に芙蓉グループと呼ばれる富士銀行親密企業群の中核メンバーとなる。松沢が頭取になる直前に第一勧銀が発足しトップの座を奪われ、三和銀行との合併話をすすめトップ奪回を目指したが、最終段階でうまくいかなかった。

松沢卓二はその風貌と行動力が英雄を彷彿させるとして「金融界のナポレオン」と呼ばれた仕事師だった。本物のナポレオンも、「指導者とは希望を扱う人である」と述べている。組織や集団が進むべき方向を示すことがリーダーの最大の資質であり、そこへ向かう道を明らかにするのが仕事である。管理者は今を見ているが、経営者は未来を見る。

9月9日

草柳文恵（くさやなぎ・ふみえ）

1954.1.26 ～ 2008.9.9

私、デビューがはやかったから。

日本の女性ニュースキャスター、エッセイストである。神奈川県に生まれる。父は戦後を代表するジャーナリスト・評論家の草柳大蔵。１９７４年、大学在学時第18回ミス東京コンテスト第1位に選ばれ、その後は東京都の海外親善使節などを務める。１９７６年、青山学院大学フランス文学科卒業後、マスコミで活躍。１９７８年、将棋棋士と結婚するが、のち離婚。

草柳文恵さんは、１９８６年まで19年にわたって東北放送で「お元気ですか」という月～金曜日の帯のラジオ番組を持っており、それは５０００回にのぼったそうで、東北6県と新潟ではよく知られていた。

１９９１年にＪＡＬがワシントン直行便を開設したとき、広報課長だった私は航空関係の識者、学者、評論家、メディアのツアーを企画したことがある。ワシントンでの政府関係者を招いてのセミナーやウィリアムズバーグの見物、ジョージタウンでのジャズ鑑賞など一連の旅では、食事時や写真撮影では文恵さんはいつも輪の中心にいた。大学の学者や航空評論の関川栄一郎先生や鍛冶壮一先生などもおり、いわゆるうるさ型も結構いたが、和やかな雰囲気が最後まで続いたのは文恵さんのおかげだった。事務局として大いに助かったものだ。

亡くなられたのは突然で驚いた。10月に遺された母上をお招きし少数の知人・友人だけで「忍ぶ会」が開催され、私も出席した。招待状では「いつも慎ましく華やかだった」という言い方で故人を表現していた。司会役は父親役を自任している野田一夫先生。

大分県知事だった平松守彦さんの挨拶は「お父さんの草柳大蔵さんとは学徒出陣の仲間だった。文恵さんとは阿久悠や壇ふみさんらと同じ会で楽しくやっていた。今日は愉快にやりましょう」と。お母様は「ああいう形で亡くなって、急に忙しくなって悲しんでいる暇などなくて、元気になった。これが娘の贈り物」というご挨拶。

途中から寺島実郎さんも講演会場から駆けつけて私の隣に座った。寺島さんの隣は平松守彦さん、テーブルを挟んで向かい側は壇ふみさんと佐高信さんだった。寺島さんと佐高さんのやりとりは丁々発止で、傍らで聴いていて愉快だった。壇さんは大物たちと堂々と渡り合う。ちょうど、佐高さんの直近の著書『福澤諭吉伝説』（角川学芸出版）を読んでいるところだったこともあり、その本の話題や、中津在住の作家だった松下竜一を偲ぶ会のことなどを話題にいろいろと話をしてみた。

挨拶に立った寺島さんは、「お父さんの草柳大蔵さんとは1987、8年ごろにウッディ・アレンの店で食事をした。『満鉄調査部』はいい本だった。文恵さんとは1991年にワシントンのジョージタウンで会っている。まだ30代だった。お花のように輝いていた。その後、新幹線の中でも会っている。惜しい方で、このような集まりをみると一つの徳を持った人だったと思う」と挨拶され、ワシントンで会うきっかけをつくった私の紹介も入れてくれた。

寺島さんが帰った後の席は、遅れてきたIBMの椎名武雄さんが座って、陽気で愉しい会話が続く。挨拶では「文恵さんはもの静か、もの憂げな美女だった」と印象を語る。文恵さんは交遊も広くて、オペラの佐藤しのぶさん、パソナの南部靖之さんらの顔もみえる。旧知の湯布院の桑野和泉さん、料理の千葉真知子さん、仙台の尾形文子さん、近藤昌平さんらとも近況を交換した。

文恵さんはいろいろな審議会などで委員として活動したり、識者へのインタビュアーをやってることもあり、質問が的確で鋭い。旅の途中で私も私生活に関する質問を受けたが、答えていると丸裸にされてしまうような気になった。仕事ができるのである。また誰もが感じるように、「容姿がいい」。スタイルとファッションが抜群で華やかな雰囲気にあふれている。そして、それにもまして「心がいい」。育ちの良さを感じさせる素直でまっすぐな性格で、さわやかだった。

飛行機の中でパスポートを見せあったら、私より4つも下だったので驚いたら「私、デビューがはやかったから」との説明だった。ミス東京に選ばれたのは10代だったからずっと有名だった。当時、文恵さんは30代の後半にさしかかったところだった。この偲ぶ会は、野田先生の発案、企画、進行だった。生前の写真、一枚のお母さんにあてた悲しい遺書、人選など、野田先生のやさしさを感じた「偲ぶ会」だった。合掌！

9月10日

ハナ肇（はな・はじめ）

定年があるような人生はダメなの。定年のない人生てのは素晴らしいの。休んでられないんだもの。

1930.2.9 〜 1993.9.10

日本のドラマー、コメディアン、俳優。

1955年に、クレージーキャッツの前身である、「ハナ肇とキューバン・キャッツ」を結成。後に、植木等、谷啓らが加わり、1957年に「ハナ肇とクレージーキャッツ」となった。音楽バンドとコントを組み合わせた、このコミックバンドは茶の間の人気者だった。

ギターの植木等（無責任男！）1926年生、トロンボーンの谷啓1932年生、ベースの犬塚弘1929年生、ピアノの桜井センリ1926年生、テナーサックスの安田伸1932年生など強烈な個性の人気者の集まるメンバーのリーダーとしてグループを率いた。ドラムスも担当したハナ肇はワンマンであったが、親分肌の人情家だったため、このグループは長く続き、垢抜けた大人の笑いをテレビで堪能したものだ。いかりや長介率いるザ・ドリフターズの名付け親は、ハナ肇だった。

日本テレビ系「巨泉×前武ゲバゲバ90分！」でハナ肇がヒッピー姿で叫んだ「アッと驚く為五郎」は流行語にもなった。豪放磊落で人情深い性格をそのままキャラクター化した、山田洋次監督「馬鹿まるだし」シリーズが大ヒットし、ブルーリボン主演男優賞・監督賞を獲得し、山田監督の代表作「男はつらいよ」シリーズにつながっていく。1985年の結成30周年には「アッと驚く！無責任」が企画された。このときの特別番組「素晴らしき仲間たち」を見た。それぞれ独自の道を切り拓いたメンバーが思い出を愉快に語っている。それに「スーダラ節」を書いた青島幸男が加わって、みんなで笑い続けていた。ハナ肇は、このメンバーのうち初めに逝ってしまった。

「常に人生の最後の瞬間だと思って生きろ」「まず好きな人のモノマネから始めろ。モノマネを続けてると、やがてそれはモノマネじゃなくてお前の物になるんだ」

ハナ肇のメッセージは、「今を生きろ。続けろ。休むな」だ。人生に定年はない。

吉永正人（よしなが・まさと）

馬混みに入ると、アクシデントが起きやすいからね。だから、逃げか追い込みが好きなんです。

1941.10.18 ～ 2006.9.11

日本中央競馬会（ＪＲＡ）に所属した騎手、調教師。

騎手時代に中央競馬史上3頭目の三冠馬ミスターシービーや、１９８２年の天皇賞（春）優勝馬モンテプリンスなどの主戦騎手を務めた。ミスターシービーに騎乗し、クラシックの皐月賞、東京優駿、菊花賞を制覇し、中央競馬史上3頭目の三冠馬へと導いた。このとき、「僕が咲かせたのではない。ミスターシービーが勝ったのです」と語った。

この騎手という職業は体が軽いことが必要で、吉永は減量に苦しんだ。「雨の日に、帽子のひさしから落ちてくる雨水が本当にうまい」という実感は、騎手の減量苦を象徴する言葉として書籍などで引用されている。

死別した最初の妻との間に一男二女、後妻のみち子との間に一男と、計二男二女の子があった。みち子とはのちに離婚している。吉永みち子は、日本初の女性競馬新聞記者で、『気がつけば騎手の女房』で１９８５年の第16回大宅壮一ノンフィクション賞を受賞しており、テレビでよくみかける人だ。元夫の吉永については「昔気質の競馬人」「武骨で不器用で時代遅れ」「大きな優しさを持った人」と述懐している。

「やはり勝つべくして勝つことが、本当に快心のレースというのじゃないですか」という吉永は、「僕は人に迷惑をかけるのがいやなんですよ」との考えを持っていた。

馬に乗るとは馬の気性に乗ることであり、それを熟知して人馬の呼吸が一体となって走らなければならないことを知り尽くし、「吉永スペシャル」と呼ばれた追い込み戦法や、逃げ戦法など極端な作戦で、「馬混み」を避けたのだ。

代名詞となった10馬身以上遅れていて、直線で「追い込み」、僅差で勝利する姿はファンを熱狂させた。その独特の戦法、広い交友、数々の名言、など強い個性の記憶に残る騎手だ。

9月12日

塩屋賢一（しおや・けんいち）

犬を道楽のために訓練するのではなく、人の役に立てるために訓練したい。

1921.12.1 〜 2010.9.12

日本の実業家。犬の訓練師。財団法人アイメイト協会創設者、理事長を務める。「盲導犬の父」と呼ばれる。

塩屋が出場していた警察犬訓練試験競技会の審査委員長は相馬安雄。芸術家、文化人が集まるサロンを開いていた東京・新宿にあるレストラン「中村屋」の二代目社長だ。相馬安雄の勧めで、塩屋は犬の訓練士となるが、盲導犬をつくり出して社会に貢献したいと考えるようになる。青年・塩屋は愛犬学校を設立し1948年より盲導犬の研究を始めた。

1956年、18歳で突然失明した河相洌（外交官・河相達夫の子）から盲導犬をつくる依頼を受けた塩屋賢一は1957年夏、国産第1号の盲導犬「チャンピイ」を完成させた。これが日本における、実質的な盲導犬の歴史の始まりとなった。塩屋は起居を共にし、スキンシップをとり、人の往来などに慣れさせるため、毎日一緒に街を歩く。訓練を始めてから1年3カ月でチャンピイを河相烈に渡す。塩屋の河相への歩行指導も3週間近くにわたって毎日行なわれた。1957年8月に、河相は一人で難路をチャンピイと一緒に歩くことができた。日本で初めての盲導犬の誕生である。当時大学生だった河相烈は盲学校の教師となる。学校でもチャンピイと一緒だった。

1967年「日本盲導犬協会」を設立。1969年には東京都が盲導犬育成事業を開始。1971年に新たに「(財)東京盲導犬協会」を設立。その後、東京都に続いて多くの自治体が盲導犬育成事業に乗り出し、その大半を東京盲導犬協会が受託。1972年には「全国盲導犬協会連合会」が発足した。

1977年、国鉄への自由乗車、1978年、バスの自由乗車が実現。1980年には、航空会社や私鉄もこれに続く。後には、それまで飛行機やバスなどで義務化されていた盲導犬の口輪装着義務も撤廃。1981年にはレストランや喫茶店、旅館に対しても入店拒否などをしないよう、対応協力の指導が国からなされた。

1989年には「アイメイト協会」へと名称を変更。盲導犬は、今では光を失った人の目として欠かせない存在となっている。レストランでは、好物の肉を前にしても決して動かないし、コンサートホールでは、2時間以上の演奏中、静かに伏せて待ち続けることができる。

1982年、日本の文化活動に著しく貢献した人物・並びにグループに対して贈呈される吉川英治文化賞を受賞する。「障害者と一体でやろう。盲人の自立をお手伝いするだけだ」という理念を掲げた塩屋賢一は「盲導犬の父」と呼ばれるようになった。

この人の、犬を「人の役に立てるために訓練したい」という高い志と、苦難の多い道のりを切り拓き続けた実行力と、それによって世の中が変わった現実、そして2017年現在で、盲導犬950頭が存在し、盲導犬使用者971人がその便益を受けている姿を眺めると、一人の人間の力というものの偉大さを思わずにはいられない。

9月13日

小牧正英（こまき・まさひで）

鹿踊りや剣舞が大好きだ。

1911.9.25 〜 2006.9.13

日本のバレエダンサー、振付家。岩手県江刺郡岩谷堂町（江刺市を経て、現在の奥州市）で生まれた。21歳、画家を志してパリ留学を計画し、大連まで行く。ハルピンでバレエ学校に入学したのち、上海バレエ・リュスに入団して同バレエ団で主要な役柄を踊った。

１９４６年、上海から引き揚げてきた小牧は、同年の東京バレエ団の結成に参加した。小牧が引き揚げの際に持ち帰ったバレエ音楽の楽譜を基にして「白鳥の湖」全幕を日本初演。小牧は振付・演出とともに主演も務めた。

１９４７年には小牧バレエ団を結成して、さまざまなバレエ作品を上演。１９５４年に日劇で上演された「火の鳥」では、当時の世界的バレリーナ、ノラ・ケイがタイトルロールを踊り、小牧がイワン王子を踊って、公演期間中の24日間を通して満席になったという。小牧は谷桃子（谷バレエ団代表）、太刀川瑠璃子（スターダンサーズ・バレエ代表）ほか、日本バレエ界における舞踏家や指導者を多数育てた。演劇・映画方面でも、岸恵子、十朱幸代ほかが、小牧バレエ団でのレッスンを経て芸能界入りして活躍した。１９５８年の日本バレエ協会設立に当たっては、発起人の一人を務めている。

ディアギレフの歴史的なバレエを継承している数少ないダンサーである小牧正英を核として古典バレエの普及を図ろうと、１９８７年、東京小牧バレエ団として新たなスタートを切った。小牧正英の芸術的理想を継承しながら、観客を楽しませることができ、かつクオリティが高い日本有数のバレエ団として、文化芸術の発展に寄与している。現在は国際バレエアカデミアバレエ団と名称を変更している。

郷里の江刺地方と周辺の地域では、鹿踊りや鬼剣舞などが古くから伝えられてきていた。小牧は郷里の「鹿踊りや剣舞が大好きだ」と述べて、鹿踊りや剣舞をモチーフにした創作バレエを演じている。小牧はバレエというテーマを粘り強く生涯追い続けた人物だ。風土と人物の関係を考えさせられる。

9月14日

小島直記（こじま・なおき）

自伝信ずべからず、他伝信ずべからず。

1919.5.1 ～ 2008.9.14

福岡県八女郡福島町（現・八女市福島）の生まれの小説家。経済人などの伝記小説で知られる。経済調査官を経て1954年ブリヂストンに入社。一方、火野葦平の後をうけ『九州文学』を主宰。1965年から文筆に専念し、政財界の人物評伝に新分野をひらいた。

「伝記」と「評伝」を仕事としている小島は、34歳のとき、勤めをやめてペン一本になるが、うまくゆかずに友人の石橋幹一郎を通じて、ブリヂストンに入り、石橋正二郎という巨人と遭遇する。そして再度ペン一本で立つ。父の没年と同じ40代半ばの年齢で「父の生きただけは生きた。これからは自分の生きたいように生きるぞ」と決意し、清水の舞台から飛び降りた。

この多作の伝記作家の『福沢山脈』（上下）を読んで、福沢諭吉の偉さと、筆力の高い小島直記に関心をもったことがある。

「人間の幸せとは、金でも地位でもない。天職に就いているという気持ちで、元気に働いている満足感である」

「人生は出会い、必要な出会いは遅くもなく早くもなく到来する」

「人物に学べ、加えて伝記を通じて古今東西の人物に学べ」

「諸君が不正を行なえば、枕元に化けて出て叱責する」（松下政経塾にて）

著書では、福沢諭吉、松永安左ヱ門、鈴木三郎助、石橋正二郎、小林一三、奥村綱雄、大久保利通、池田成彬、鮎川義介、森恪などの伝記・評伝を多く書いている。

１９９０年、第2回安岡正篤賞を受賞。１９８３年には「小島伝記文学館・伝記図書館」が静岡県の富士裾野に駿河銀行によって設立されている。小島直記からの寄贈図書３７００冊と、内外の伝記・評伝１０００冊を収蔵し公開している。三島から山にあがった風光明媚なところだ。小島がかつてここにこもって執筆した部屋、使用した資料も残されている。

73歳、がんに冒された小島は『鈴木大拙全集』全33巻を読み始める。心を込めて理解し血肉にしようとつとめることに、自分の「生」があるとの決意だった。その努力が終わるところが人生時刻表の終わるときだ。小島は89歳でみまかっているが、この「行」を終えたのだろうか。

これほどの伝記作家が、「自伝信ずべからず、他伝信ずべからず」と語っているのが面白い。自伝には弱みを隠す虚飾が必ずあり、伝記には実物以上のイメージがついてまわるからだろう。それはそうだが、私は本人が自分の姿がこうあって欲しいという「自伝」に興味がある。なるべく自伝を手に取るようにしている。ウソや誇張があっても構わない。実像よりも、こちらがその人から何を学ぶかの方が大事だと思うからだ。

9月15日

渡辺美智雄（わたなべ・みちお）

上を見て働け、下を見て暮らせ。

1923.7.28 〜 1995.9.15

日本の政治家。栃木弁丸出しの歯に衣着せぬ話術でマスコミにも積極的に登場し、茶の間の人気を得た。一方で、失言も多く、度々舌禍事件を起こした。総理への道をあきらめきれないまま、膵臓がんのため死去した。まだ72歳だった。

栃木県大田原高校で同級だった私の叔父から、「ワタナベ」のことはよく聞いていた。薬剤師だった叔父は、渡辺美智雄が厚生大臣になったのを喜んでいた記憶がある。ミッチー節は面白かった。参考になる名言を拾ってみる。

○思い切って決断すると、意外と道は開ける。
○直感・実感・大局観。どれかひとつだけではダメ。
○政策に上下なし、酒席に上下あり。
○悪名は無名に勝る。
○温故知新というのは……「先祖の知恵の中にいまの答えがある」ということ。
○水清ければ魚棲まず、外来種も大いに歓迎するがピラニアは許さない。

政治家と病気には物語が多い。安倍晋太郎も健康問題で総理になれなかった。「安竹宮渡」と呼ばれたニューリーダーの一角を占めた渡辺美智雄もそうだ。ポスト竹下を目指したが、リクルート事件で逼塞を余儀なくされ、宇野宗佑に総理の座を奪われた。中曽根がオーナーの派閥会長になった。渡辺は膵臓がんの手術を受け健康に不安があった。１９９１年の自民党裁選では宮澤喜一に継ぐ次点で副総理、１９９３年の再出馬では河野洋平に敗れた。１９９４年には細川内閣退陣の際に新生党の小沢一郎から離党を条件に総理を打診されるが失敗している。１９９５年の総裁選では同期の橋本龍太郎を支持した。病気のためのあせりもあったのだろう、トップに後一歩届かなかったのは無念だったろう。

「上を見て働け、下を見て暮らせ」は、自民党から離党して「みんなの党」をつくった息子の渡辺喜美に語った言葉だそうだ。これは心したい名言だ。

9月16日

牛島憲之（うしじま・のりゆき）

絵の具とカンバスと、雨風しのげて目と手があれば、絵は描けるんだよ。

1900.8.29 〜 1997.9.16

洋画家。熊本の地主の息子。19歳で上京、東京美術学校を卒業した年の帝展に初入選、戦後の第2回日展で「炎昼」により特選を受賞。1954年、東京藝術大学の講師、1965年から教授となった。1981年に日本芸術院会員、1982年に文化功労者となり、1983年には文化勲章を受章している。

牛島の作品は、鮮やかな色面による画面構成から、幾何学的形態を淡い色調で描く具象絵画へと移行し、晩年には写生に基づきながら構図・色彩などに画家の造形的意図が明快に表出される画面に至った。

多摩川近郊、特に府中によくスケッチに出かけた。その縁で、府中市美術館内に、牛島憲之記念館がある。優れた企画展を行なう府中市美術館に訪れるたびに、私も牛島の作品をのぞくことが多い。遺族から約100点の寄贈を受けており、年3回テーマをかえて展示している。2018年度は、「牛島憲之と昭和」、「漁港」、「水門」など「人工物のある風景」、「やわらかな牛島憲之の世界」であった。

柔らかな線と穏やかな色彩を特徴とし、そこに描きだされた世界は非日常的でありながら、リアルな存在感をもち、詩情にあふれている。気品ある、至高ともいえる静謐感に包まれた世界を描いた洋画家である。

「絵かきは孤独でなければならない」との信念があり、画壇とのつき合いはなく、絵を書き続けた。対象を見つめる目、それを表現する技と道具があれば絵は描ける。画家に交流や名誉は必要ない。ただひたすら絵を描き続けた97年の生涯だ。牛島憲之の「生きる」ことは、「絵を描く」ことだった。

9月17日

会田雄次（あいだ・ゆうじ）

愛情で夫婦が結ばれるのは、20代限り。30代は互いの努力によってかろうじて関係が保たれる。40代は努力するエネルギーがなくなって我慢する以外に方法がなくなり、50代は我慢さえできなくなって互いにあきらめの境地に入る。そして60代に入ってはじめてお互いに感謝するようになるのだ。

1916.3.5 〜 1997.9.17

日本の歴史学者。

1943年に応召しビルマ戦線に歩兵一等兵として従軍。イギリス軍捕虜となり1947年に復員するまでラングーンに拘留された。このときの観察が1962年の『アーロン収容所』に結実した。この書は話題になったこともあり、学生時代に熱心に読んだことがある。捕虜として目にした事物の記述から発して、西欧と日本、日本とアジアの文化比較を行なった名著である。

1970年の『日本人の意識構造』では、ルース・ベネディクトの「罪の文化と恥の文化」の2分法による定番となっていた日本文化論を批判し、硬派の論客の地位を獲得する。

中年以降は日本人論、日本文化論で多くの著作を出し続ける。歴史上の人物を語りながら現代人の生き方を模索する、人間学としての歴史論を確立して歴史ブームの一翼をになった。

人物論、そして人間学の大家となった保守派論客の会田雄次が、夫婦に言及したのが、冒頭の言葉だ。20代は愛、30代は努力、40代は我慢、50代はあきらめ、そして60代になってようやく夫婦の緊張関係は去り、感謝の時代が訪れるという。歴史と人間を見つめる会田雄次のこの言葉は、究極の人間関係ともいうべき夫婦関係の妙味を言い当てている気もする。これをどう思うか、妻にも聞いてみたくなる。

9月18日

立川孟美（たちかわ・たけよし）

人さまと恩ある御縁を得て、その都度いただく仕事をとにかく誠実にやろうとだけ思い、歩いて来たと思う。

1915.7.12 〜 1997.9.18

立川ブラインド工業創業者。

１９３８年、（有）立川工業所を創業。１９４７年、株式会社に改組し、立川ブラインド工業株式会社と社名を改称する。１９６４年、家庭用の間仕切り「アコーディオンカーテン」新発売。１９８２年６月、店頭市場（ジャスダック）に株式公開。１９８７年10月、東証２部上場。２０１５年７月、東証１部に指定替え。「建築物内外の生活環境の改善による社会貢献」を経営の基本方針として、「より快適な居住空間づくり」のためにお客様の満足と厚い信頼を得られる製品開発を目指してきた。

家庭、業務用のブラインドや天窓、ファブリック製品などを製造するメーカー。ブラインド最大手であり、アイテム数が多い。他には天窓、傾斜窓やロールスクリーンやラインドレープ、バーチカルブラインドなどのファブリック製品、アコーディオンカーテンなどの間仕切り、住宅用オーニング、カーテンレールなどを扱うが、採光、遮光という用途を持った商品に特化しているのが特徴である。多品種・短納期のオーダー生産にこだわりを持つ。

２０１８年度現在。売上高は、連結３９０億６６２万円。従業員数は、連結１２３４人。

冒頭の言葉に以下が続く。「それが良かったといえば、そういう事になる。強いて特筆に価する事は、私が一切の投機的な匂いの強い仕事には手を出さなかったことだろう。投機的行為は、父親の失敗でこりていた。地味でいい、着実な、汗を流せば成果が得られる仕事だけを手がけて来たという自負がある。私は、ブラインド以外は何も知らない。成功の秘密と問われれば、『ブラインド一筋だったから』としか答えようがない」。

立川孟美は、投機のような運に頼らず、人の縁を大事にして、汗をかきながら小さな仕事を誠実に仕上げ、成果を積み上げていった。「ブラインド」という一つのテーマを真摯に追い続けた人の姿がみえる。

9月19日

中内功（なかうち・いさお）

若い会社というのは、たいがい、いかがわしいもんや。それでええんや。おまえら、もっといかがわしくなれ！

1922.8.2 ～ 2005.9.19

日本の実業家。ダイエーを創業し、会長・社長・グループCEOを務める。日本チェーンストア協会会長、日本経済団体連合会副会長、自身が設立した学校法人中内学園（流通科学大学）学園長、理事長、財団法人中内育英会理事長を歴任した。

１９４５年8月の投降後、マニラの捕虜収容所を経て11月に奇跡的に生還する。中内が流通革命を実現させた背景には、アメリカの豊かさを垣間見た従軍体験があった。「人の幸せとは、まず、物質的な豊かさを満たすことです」との信念は、そこで生まれた。

１９５７年、主婦の店「ダイエー薬局」（ダイエー１号店）を開店。物価の国家統制の残滓を打ち破る「価格破壊」路線は喝采を浴びた。それは価格の決定権を消費者に取り返すことだった。ダイエー・松下戦争、ダイエー・花王戦争などを経て、１９７２年には三越を抜き、小売業のトップになる。１９８０年には1兆円を売り上げる。リクルート、忠実屋、ユニードなどの買収、福岡ダイエーホークスの誕生、流通科学大学の創立など天下を圧する勢いで走り、１９９１年には経団連副会長に就任する。しかしバブル崩壊のあたりから「消費者が見えんようになった」と中内は言うようになり、ダイエーは凋落を始める。２００１年に退任。「ネアカ、のびのび、へこたれず」を座右の銘とした一代の風雲児は２００５年に83歳で没した。

「売り上げだけが日本一というのではあまり意味がない。それは手段であって本当の目的はそれを通して新しいシステムを作ることだ」、「15分で役員会を説得できない事業なら、やってはいけない」、「変化こそ、機会の母である」。

　2000年代の初頭に、大阪の国立民族学博物館に館長の梅棹忠夫先生を訪ねたとき、企画展を巡っていたら、中内㓛を見かけた。後で梅棹先生にそのことを伝えると「寄ってくれたらいいのに」と会えなかったことを残念がっていた。晩年の中内は、自宅をはじめ全ての財産を奪われ、自らが建てた大学の理事としての収入数十万で生活していたというから、会わせる顔がなかったのだろうか。また、テレビで藤山寛美との対談を見たことがあるが、自分の意見を押し通す中内と、人情路線の寛美はかみ合っていなかった。

　冒頭の言葉は苦境にあったリクルートでの講演のときの言葉である。新しいことをやる人は、何かいかがわしさがある。新しい分野、誰もやらなかった領域、そういうところに次の時代が待機している。いかがわしさを持ち続けよ、それが「時代の先を行く者は必ず石をぶつけられる。イエス・キリストだってそうだ。私は流通革命というはりつけにあって、常に石をぶつけられてきた」と述懐した革命家の遺言である。

9月20日

土井たか子（どい・たかこ）

山が動いた。

1928.11.30～2014.9.20

日本の政治家、法学者。衆議院議員（12期）、日本社会党委員長、衆議院議長、社会民主党党首などを歴任した。日本における女性初の衆議院議長、政党党首。

土井たか子は、衆議院選挙に出るときは、社会党の成田知己委員長から、「次の総選挙が間近です。ついては、決断してください」といきなり言われる。140あった議席が90に激減する。その90番目で当選した。

1983年に飛鳥田一雄委員長が辞任するときには、土井たか子を推す声もあったが、「女の人の世話になるほど落ちぶれてはおらん」となった。1986年の衆参同日選挙では110人が85人に減り、石橋政嗣委員長が「ここまでくれば土井さんしかないだろう」となり、対立候補の上田哲をくだして委員長に就任。1989年（平成元年）の参議院選挙では、社会党は社公民路線で改選議席の倍以上の議席を獲得し、自民党は過半数を割った。参院は与野党逆転。これは、土井ブーム、マドンナブームと呼ばれた。1990年総選挙でも「おたかさんブーム」で、139議席と従来より51議席増やすが、公明党、民社党が距離を置き、公民は自公民路線に舵を切る。1991年の地方統一選挙で敗北し土井は委員長を辞任。

1993年総選挙で細川護煕首班の非自民・非共産連立政権となり、土井たか子は衆議院議長に就任。議員指名には従来慣行の「君」付けに代わり「さん」付けを用いて話題になった。1996年、社会党は社会民主党に改名。党首に就く。

趣味はパチンコとカラオケ。好きな球団は阪神だった。生涯独身。

中曽根康弘は、「非常に生一本な、理念を重んずる、そして真一文字に進んでいく、立派な社会党の党首だと、そういう風に敬意を表していましたね」と評価している。「ダメなものは、ダメ!!」という土井の言葉にも支持があった。

原理、原則、基本を大事にする人であった土井たか子の議員会館の部屋には書家・金子鴎亭に書いてもらった、「山の動く日」という書が掲げてあった。それは与謝野晶子の詩の一部だった。与謝野晶子が雑誌「青踏」創刊号巻頭に寄せた詩の冒頭は次のようであった。

「山の動く日来《きた》る。かく云へども人われを信ぜじ。山は姑《しばら》く眠りしのみ。その昔に於いて　山は皆火に燃えて動きしものを。人よ、ああ、唯これを信ぜよ。すべての眠りし女《おなご》今ぞ目覚めて動くなる」

「一人称にて物書かかばや。われは女《おなご》ぞ」。

毎日「山の動く日」という書を眺めていた土井たか子は、１９８９年の参院選挙で社会党が大躍進したとき、「山が動いた」との名言を吐いた。土井たか子の政治家人生を眺めると、男性優位社会の中で周囲から勝手に環境をつくられて、その都度反発しながらも、「やるっきゃない！」と清水の舞台から飛び降りている。

この「山が動いた」のように、短いが端的にそのときの状況をあらわす名言は、日本古来の歌や句と同様に、命が長い。

9月21日

辺見じゅん（へんみ・じゅん）

人の生き方には「直向き（ひたむき）な生」と「諸向き（もろむき）な生」とがある。

1939.7.26 ～ 2011.9.21

日本の歌人・ノンフィクション作家。私小説風から童話・詩歌まで幅広い作品を手がける。

1984年、『男たちの大和』で新田次郎文学賞を受賞。1988年、『闇の祝祭』で現代短歌女流賞を受賞。1989年、『収容所からきた遺書』で講談社ノンフィクション賞を受賞。1990年、『収容所からきた遺書』で大宅壮一ノンフィクション賞を受賞。1998年、『夢、未だ盡きず』でミズノスポーツライター賞を受賞。以上、さまざまの賞を受賞していることからわかるように、ノンフィクションにおいては、丹念な聞き取りを元に構成されているとして評価が高い。

荻窪の「幻戯山房」は、角川書店創業者の角川源義が住んだ場所で、住居跡は有形文化財として保存対象になっている。角川の名前をもじって「幻戯山房」と名付けられていて、すぎなみ詩歌館という名称もついている。大出版社の創業者としてではなく、俳人としての角川源義を顕彰した記念館だ。

訪問したとき、作家の辺見じゅんは、角川源義の娘だったと知った。角川春彦・歴彦は異母弟である。辺見じゅんは偉大な父のつくった複雑な家庭環境にあったことで、冷静かつ批判的に家族をとらえた。一方で、親子の愛情について私小説風の作品では細やかに描写している。

現代短歌女流賞を受賞している歌人でもある。「みんなみの　ニューブリテン島の　蛍の樹　遺書に記して　二十一歳なりき」などの歌がある。歌集は7冊上梓しており、幻戯山房では源義の俳句と一緒に並んでいた。

「直向きと諸向き」。どちらを選ぶかはその人の生き方によるのだが、性格が底流となる宿命のようなものだろう。辺見じゅんは、直向きな表現者とみえる。自分はどうだろうか。

9月22日

前川春雄（まえかわ・はるお）

奴雁《どがん》の哲学

1911.2.6～1989.9.22

東京都出身の第24代日本銀行総裁。六つ上の兄は有名な建築家、前川國男である。1979年に森永貞一郎の後を受け、第24代日本銀行総裁に就任。イラン革命の影響に第二次石油ショックの狂乱物価のインフレ下、就任2カ月後の予算審議中に公定歩合引き上げを断行し、その後も数回にわたり引き上げ、金融引き締めで乗り越えた。その後、日本経済はインフレなき成長路線を歩むことになり、内外の高い評価によって名総裁と呼ばれた。

日銀退任後の1985年には、日米貿易摩擦をめぐり、経済構造調整研究会の座長として「内需拡大市場開放」を主眼とする報告書（前川リポート）を取りまとめた。日本はその後、前川のレポートに沿って、規制緩和・対外開放を推進することになる。

前川春雄は、日銀は「奴雁」であるべきと考えていた。奴雁とは、季節の陰陽の変化にともなって往来する渡り鳥である雁の中に、夜、砂州で休んで雁仲間たちが餌を啄んでいるときに群れの周囲で人や獣の接近を見張っている役目の雁がいて、不意の難に備えて周囲に注意を払っていることに因んだ言葉だ。

「学者は国の奴雁なり」と言ったといわれる福沢諭吉の言を前川は参考にしていた。リスクに絶えず注意を怠らない心配性であるべき組織が日銀のあり方なのだと、日銀の内部に向かって常に語っていたのである。前川春雄の伝記に『前川春雄「奴雁」の哲学』（浪川攻）がある。

全員が一つの方向を向いているとき、集団に危機が襲う。まったく違う方向に目を向けている人がいる集団は、全方位を睨んでいるから、しぶとく生き残る可能性が多くなる。その奴雁の人は、風向きが変わると、リーダーになる場合もでてくる。「奴雁」になろうとする精神を忘れてはならない。

9月23日

藤子・F・不二雄（ふじこ・えふ・ふじお）

1933.12.1～1996.9.23

のび太は、私自身なんです。

日本の漫画家、脚本家。

小学校5年のとき、安孫子素雄と出会い、合作で漫画を描き始める。〝藤子不二雄〟としてコンビを組み、数多くの作品を発表。児童漫画の新時代を築き、第一人者となる。代表作は「ドラえもん」、「パーマン」、「キテレツ大百科」、「エスパー魔美」、「21エモン」など。氏名の間にある「F」は本名「藤本（フジモト）」の頭文字。

以下、語録。

○物を作るというのは、その人の個性を100パーセント発揮させないとうまくいかないんです。（創造者には規制をかけてはいけない）

○ぼくのアイディアメモには、ちょっとした思いつきが、そのまま書き留めてあります。ぼくは、それを〝タネ〟とよんでいます。（メモの習慣が成功につながる）

○本当に普通の人であったのでは、漫画なんてものは描けません。プラスアルファ――なにか自分だけの世界を、ひとつは持っているべきである。それは、必ずしもまんがに直結したものでなくてもいいのです。釣りが上手であるとか、模型作りに熱中するとか、SF小説を読みあさるとか。そういったことが、その人の奥行きになって、至極ありふれたものにプラスして、何か個性みたいなものが生まれてくるんじゃないか、と思うのです。（二刀流で生きよう）

○漫画を描くということは、一言でいえば「再生産」ということになります。かつてあった文化遺産の再生を、漫画という形でおこなっているのが「漫画家」なのです。（あらゆる文化遺産を新しい形で表現しよう）

○面白い漫画を描くコツは、まず作者自身にとってもおも

しろい作品をかくことです。（自分が興奮する作品でなければ相手を感動させられない）
○「漫画」というものを分解してみると、結局は小さな断片の寄せ集めなのです。（百説！）
　思いついて川崎市にある「藤子・Ｆ・不二雄ミュージアム」を訪ねたことがあるが、予約無しでは入れなかった。このミュージアムには団体バスから子ども達が続々と降りていた。

　超人気漫画「ドラえもん」は、子育ての最中に一緒によくみた。主役ののび太は、勉強は駄目、スポーツも駄目、何をやらせても冴えない少年。明るい性格でゆとりがあり、温厚で優しく、他人を深く思いやる心を持っている。臆病者だが正義感は強く、誰かを助けるために勇気を振り絞って危険に立ち向かうことも多い。他人の幸せを共に喜び、他人の不幸を共に悲しむことができる。人を疑うことを知らない純粋無垢な性格。極めて意志薄弱な怠け者。都合が悪くなると、すぐ他者（主にドラえもん）に頼る。大の勉強嫌いであり、自主的には予習・復習・宿題はまずしない。授業中に居眠りや遅刻、宿題忘れ。嫌なこと、重要なこともすぐ忘れてしまう。言い訳や屁理屈は異常に上手い。異常に臆病。運動能力は極めて低い。成績はビリから二番。

　しかし、藤子・Ｆ・不二雄は、「のび太にも良いところが一つだけある。それは、彼は反省するんです。……いつまでもいつまでも今より良い人間になろうと努力するんです」と、のび太の長所をあげている。そして「のび太は、私自身なんです」と語る。

　自分自身がのび太のキャラクターだから、ネタは無限にあることになる。毎日、自分を描いていたわけだ。そういえば、人気マンガ「のらくろ」の作者・田河水泡が、義兄の小林秀雄に「のらくろは、実は俺のことだ」と言って感動させたというエピソードを思い出した。

「まんがに限らず何か創作する人というのは、自分の中に何かを表現したい、自分以外の人に向かって訴えたいものを自分の中に持っているかどうかが一番大切なことだと思うんです」と藤子は語る。訴えるものがなければ、表現者にはなれないということなのだ。藤子はどうしようもない自分だが、より良い自分になろうとする自分を描こうとしたのだろう。それが子どもたちの心にヒットしたのである。

9月24日

永井英明（ながい・ひであき）

名人の残した足跡を幹にして、しっかりとした枝葉をつくって将棋界がさらに発展するよう願っております。

1926.3.8～2012.9.24

日本の将棋アマ強豪、近代将棋社社長。

1946年、中央大学在学中に菊池寛を顧問に将棋の会「青棋会」を結成、1950年（昭和25年）に雑誌「近代将棋」を創刊する。1981年から1990年までNHK杯テレビ将棋トーナメントの司会を務める。

大山康晴とは近代将棋創刊から大山の死去に至るまで親交が深かった。1974年から1977年にかけて、東西の将棋会館の建設資金捻出のために全国各地を一緒に歩く。将棋普及のために、中国、インド、韓国、ブラジルの旅にも同行した。40年以上連れ添った大山名人の秘書役であった。

『大山康晴名言集　平凡は妙手にまさる』（佼成出版社、1993年）という著書があり、今回この本を熟読した。大山名人のもっとも身近にいて信頼されていた人だけに、「人生の名人」と本人が語る大山の日常の行動の記述と、その言葉の拾い方がいい。「盤上に繰り広げられる駒たちのドラマは、対局者同士がつくった共同作品」という永井は、1994年に第1回大山康晴賞を受賞している。本望だったのではないだろうか。

2007年、「永井英明の盤寿を祝う会」において、長年に渡る将棋普及への功績に対し、日本将棋連盟からアマ八段を贈呈された。盤寿とは、数え年81歳のこと。将棋盤のマス目が「九」×「九」＝「八十一」になることからきた言葉である。現役で盤寿を迎えた棋士は、近代将棋史上ではまだ存在しない。この永井自身も将棋界の恩人だったのだろう。

冒頭の言葉は、『大山康晴名言集　平凡は妙手にまさる』の「おわりに」にある最後の言葉だ。漫画家には、マンガ雑誌「ガロ」の編集者の長井勝一がいるように、表舞台に立つスターの影には、彼らを押し出すインフラとしての相棒が必ず存在する。将棋界では永井英明がその役を担ったのだ。

9月25日

浪越徳治郎（なみこし・とくじろう）

指圧のこころ母ごころ、押せば生命の泉わく。

1905.11.3 ～ 2000.9.25

指圧療法創始者。日本指圧協会元会長。享年94。

1905年生まれの浪越は1945年の敗戦時は15歳。そのとき、「日本の復興は、まず国民の健康から」と、秋田から東京へ向かう。室蘭で開業、札幌を経て、28歳で東京進出。35歳、日本指圧学院を創設。41歳、日本指圧協会会長。52歳、日本指圧専門学校校長。63歳からテレビ朝日「桂小金治アフタヌーン・ショー」の指圧教室に出演。

1955年の国会で「療術規則に関する件」が審議された。ここで初めて指圧が公に認められた。現在では、苦労の末に、手技療法としてアンマ、マッサージ、カイロ、指圧の四種が法律で認められている。

2001年に書いた「人間の記録」シリーズの『浪越徳治郎　おやゆび一代』では、満50年で施術は、20万人を超えているとしている。この本の中に登場する著名人には驚いた。指圧は人脈形成の武器でもあったわけだ。文壇では、吉川英治、菊池寛、石原純、長谷川如是閑、山本有三。政治分野では、鈴木喜三郎、中野正剛、吉田茂、頭山満、芦田均。中曽根康弘、キーナン検事。芸術家では、三浦環、六代目・尾上菊五郎、早川雪洲。スポーツ界では、男女ノ川、琴ケ浜、柴田国明、古橋広之進、長島茂雄、カーシャス・クレイ……。圧巻は、1956年に29歳のマリリン・モンローが来日時に胃けいれんで苦しんだときの施術だ。「世紀の肉体」「ガウンの下には何もつけていない」「白磁の肌」「金色」……。７回の機会で、指の法悦を味わったそうだ。

日本テレビ「アフタヌーン・ショー」での指圧教室は３年続いた。また『自分でできる三分間指圧』（日本実業出版社）がベストセラーになり、浪越徳治郎の名前と顔と、そして指圧は有名になった。

「指圧即診断、診断即治療」。「指には口もあれば目もある。感覚と感覚で語り合うのが指圧の極意である」。生命と生命との触れ合う治療法、生命療法と浪越は指圧を定義している。

「おすのが八・さするのが二」という指圧の基本は、子どものころに難病の母を治したときに発見している。「指圧のこころ母ごころ、押せば生命の泉わく」はこのときの経験から生まれた名言だ。浪越徳治郎は「日本の復興は、まず国民の健康から」と志して、指圧という天職を発明した起業家である。「一指万物を生ず！」との言葉どおり、国民の健康をつくった。私たちはその事跡の恩恵に今もあずかっている。

9月26日

ポール・ニューマン

成長できるのはひとりでいる時だけだ。

1925.1.26 〜 2008.9.26

アメリカ合衆国の俳優である。3度のアカデミー賞受賞を初めとして数多くの受賞歴を持つ俳優だが、それにとどまらず、映画監督、食品製造会社「ニューマンズ・オウン」の設立者、レーサー、政治運動家としても活躍した人物である。

1945年に、空母・バンカーヒルに乗艦し沖縄戦に参加。オハイオ大学、ケニヨン・カレッジ、イエール大学大学院に進学。演技が認められ、1952年にジェームズ・ディーンやマーロン・ブランドと共にアクターズ・スタジオに入学し、俳優として活躍を始める。

主な作品は、「傷だらけの栄光」、「ハスラー」、「ハッド」、「明日に向って撃て!」、「スティング」、「タワーリング・インフェルノ」、「スクープ　悪意の不在」、「アパッチ砦・ブロンクス」、「評決」、「ハスラー2」、「ノーバディーズ・フール」、「ロード・トゥ・パーディション」など。世界的トップスターだ。私は「タワーリング・インフェルノ」、「評決」などでの演技が印象に残っている。

1960年代から1970年代にかけて反戦運動と公民権運動を展開。ウオーターゲート事件で押収されたニクソン大統領のメモではニューマンを敵としていた。ブッシュ大統領の富裕層減税にも批判的で「私のような富豪から税金を取らないのは馬鹿げている」と語っている。

44歳にしてレーサーとしてプロフェッショナルデビューを果たし、ル・マン24時間レースで総合2位という戦績を持つ。日本では日産自動社の6代目R30型スカイラインのテレビCMに出演している（1981〜1985年）。レーサーとしての実績もあり、この広告は納得感を与えた。

1978年には、息子スコットが酒とドラッグに溺れ命を落としたことを契機として、麻薬撲滅運動の展開を決意し、「スコット・ニューマン基金」を設立している。

自家製のサラダを自慢していたニューマンは1982

年、食品会社「ニューマンズ・オウン」を設立し、世界規模での事業拡大に成功し、四半世紀におよぶ運営で挙げた2億2000万ドルの純利益全額を貧困に喘ぐ子どもたちに寄付している。

2007年、オハイオ州ガンビアの母校ケニヨン大学に対し、奨学基金の設立資金として1000万ドル（約10億円）を寄付。奨学金は家庭の事情で学費が払えない非白人のマイノリティーの学生らに支給された。

おしどり夫婦としても有名だったニューマンは、「家でステーキを食べられるのに、わざわざ外でハンバーガーを食べる必要はないさ」とも言っている。さらに「夫婦が長続きする秘訣だって？　それは、一緒にいる時間をなるべく少なくすることさ」とも語っている。

俳優、監督、レーサー、事業家、慈善家、政治運動家、と八面六臂の活動を生涯にわたって展開したポール・ニューマンは、超多忙であったはずだ。しかし、一人でいる時間を大切にしていたのだ。外に出ればたくさんの刺激を受ける、それを一人で反芻し、意味を探り、次の戦略を練っていく。華やかな外交と沈潜する孤独の意識的な往復運動がこの人物を大きくしたのであろう。

9月27日

ヒュー・ヘフナー

人生は人の夢を生きるには短すぎる。

1926.4.9 〜 2017.9.27

アメリカの実業家で雑誌「PLAYBOY」の発刊者。享年91。

１９５３年12月に「PLAYBOY」誌を創刊する。創刊号はマリリン・モンローのヌードというデビューだった。若い男性の都会的ライフスタイルを提示しようとし、性をタブー視していた当時のアメリカでの「セックスは善である」とする性革命を先導した。１９７０年代には発行部数は最高の７００万部に達する。バニーのロゴを用いたプレイボーイブランドによる事業、「プレイボーイ・ペントハウス」というテレビ番組、会員制の「プレイボーイクラブ」、カジノなどを手がけ、プレイボーイ帝国を築く。

また、自身もプレイボーイとして謳歌した人生の中で、結婚を3回している。23歳で初婚、33歳で離婚。63歳で再婚、年の差は36歳、9年で別居。そして3度目の結婚の年の差は60歳という剛の者だった。「PLAYBOY」の「哲学」を、身を持って体現するライフスタイルを続けた。亡くなったときにはモンローの墓の隣に埋葬された。

あらゆる既存勢力の標的となりながら、いちはやく公民権運動に共鳴し、マイノリティーの起用と言論によって、人種差別と毅然と戦った気骨ある正義漢だった。

　バブルのころ、日本に進出した六本木のバニーガールがいるプレイボーイクラブにはときどき顔を出したことがあるが、それをつくったのが、ヒュー・ヘフナーだったのだ。また、ＪＡＬで広報を担当していたときに、日本版のプレイボーイ誌とのタイアップを行なったことも思い出す。

○私は決して成長するつもりはない。若いままでいることは、全て私のためである。

○一部の人々は、これからの人生プランを持っていない。彼らは、ただ諦め、それを乗り越えることができない。

　冒頭の言葉の原文は、「Life is too short to be living somebody else's dream.」である。91年の人生を謳歌したヒュー・ヘフナーは「私は、不可能な夢を見た。しかし、その夢は、私がおそらくイメージできたであろうものを超えて叶った。私が思うに、私は、地球上で最も幸せな男だ」と述懐しているが、まだまだやりたかった夢はあったのだろう。人生１００年時代は長すぎるという人が多いが、逆に夢やテーマをもっている人にとっては、あまりにも短いのである。

9月28日

マイルス・デイヴィス

ジャンルというヤツは嫌いだ。そんなもの、音楽には関係ないだろう。

1926.5.26 ～ 1991.9.28

アメリカ合衆国のジャズトランペット奏者。作曲家、編曲家。クール・ジャズ、ハード・バップ、モード・ジャズ、エレクトリック・ジャズ、クロスオーバー、ヒップホップ・ジャズなど、時代に応じてさまざまな音楽性を見せ、ジャズ界を牽引した「モダン・ジャズの帝王」である。

　この天才は、演奏もいいが、思想がいい。

○そこにあるものではなく、ないものをプレイするんだ。知っていることではなく、知らないことをやる。変化しなければいけない。それは呪いのようなものだ。

○音楽における自由というのは、自分の好みや気持ちに合わせて、規則を破れるように規則を知っている能力だ。

○必要なのは才能じゃない。練習、練習、練習、それだけだ。

○オレは、楽な生き方には興味はない。

○オレみたいに何か新しいことをやろうとする人間は、無視されるリスクをいつも背負っているんだ。

○人生は変化であり、挑戦だ。

○オレは現状に甘んじる人間は好きじゃない。常に前進し、変化を求める人間が好きだ。

○オレは、地球上で最高のサウンドは人間の声だと思っている。だからシンガーが歌うようにトランペットを吹いている。

○毎日一歩ずつ前進するように、がんばり続けるだけだ。そうだ一歩ずつだ。

○自分は自分のやり方でやらないと。誰のコピーもしちゃいけない。

○すべてが目標に向かっての勉強なんだと自分に言い聞かせていた。

○ふり返るな。謝るな。説明するな。同じことを繰り返すな。

○いちばん大切なのは、自分だけのサウンドだ。それがない限り、どんなメロディを演奏しても意味がない。

○同じところなんかにずっといたくない。クリエイティブなことができないなら、死んだ方がましだ。生きてる意味がないじゃないか。

○立派なジャズを演奏するには、実際の生活や経験を通じてはじめて身につく、人生に対する理解とか感情といったものが必要なんだ。

　表現したいことを思う存分に実現すると、既存のジャンルを超えていることがある。ジャンルの中で小さく活動しないことだ。このマイルス・デイヴィスの姿勢は革命家、挑戦者の言葉だ。共感する。

9月29日

鬼塚喜八郎（おにつか・きはちろう）

あなたの人生の目標は何ですか、と尋ねられたとき、明快に答えられないようなことではいけません。

1918.5.29～2007.9.29

日本の実業家。無一文から創業し、「アシックス」を世界のスポーツ用品メーカーに育て上げた。戦後、青少年の健全な育成に一番必要なものは、スポーツであり、スポーツシューズをつくる靴屋になることを決心する。31歳で鬼塚商会をスタート。もっとも難しいバスケットシューズはタコの吸盤のような底をつけることを始める。次にマメのできないマラソンシューズに挑む。一つに絞って徹底的にニーズを分析し、解決策を探し出す「キリモミ作戦」と「頂上作戦」を信条に進んでいく。

　4年ごとのオリンピックに照準を合わせて、商品開発を続けていく。メルボルン、東京、ローマ、ロサンゼルス、メキシコ、ミュンヘン、モントリオール。１９６４年の東京オリンピックでは、オニツカの靴を履いた選手が体操、レスリング、バレーボール、マラソンなどの競技で金メダル20個、銀メダル16個、銅メダル10個の合計46個を獲得。

多くの金メダリストとライバルメーカとのエピソードが『念じ、祈り、貫く』という著書に紹介されている。それは国際化の道でもあった。寺沢徹、アベベ、円谷幸吉、ラッセ・ビレン、高橋尚子、野口みずき……。

1977年、三社合併で従業員2000名の「アシックス」が誕生し、総合スポーツ用品メーカーとして発展していく。それはナショナルブランドからインターナショナルブランドへの道であった。

一代の起業家・鬼塚喜八郎によれば、高い志を実現するには相応の能力が必要で、それは、知性、学習、経験、創意工夫、特技、指導力、人徳の足し算である。そして、成功の方程式＝目標×考え方×能力×情熱×忍耐力×健康、と定義している。

1918年という100年前に生まれた鬼塚喜八郎の語りには「志」という言葉が数多く登場する。その志を具体的に表現したものが目標だ。青少年の健全な育成という「志」、それを具現化するスポーツシューズをつくる「靴屋」の起業。健全な肉体と精神を大事にするオリンピック選手の活躍には、鬼塚喜八郎という人物の支えがあったのだ。

9月30日

吉田直哉（よしだ・なおや）

新しい発想はどこから生れるか？　きのうをなぞって安易に生きることを潔よしとしない姿勢、人と同じきを恥じる気概からであろう。

日本の演出家、テレビディレクター。

NHK入局。「日本の素顔」と「現代の記録」シリーズは映像による日本人論であり、「NHK特集」などのドキュメンタリー番組を多く手がけた。そして大河ドラマ「太閤記」、「源義経」、「樅ノ木は残った」などのドラマ番組で、優れた作品を制作した。

NHKスペシャル「太郎の国の物語」などでつき合いの深かった司馬遼太郎は、吉田直哉という人物を愛情のこもった目で次のように評している。

1931.4.1 〜 2008.9.30

「卒業制作をしなければならないんです」「今さらそんなことをする必要はないでしょう」と私は、あどけないほどの貌を持った創造的人間にいった。ついでながら、創造は人間の中の高度に少年的な部分がやるのである。音楽、絵画、詩、もちろんテレビ制作もそうだろうし、恋愛もつねにそうである。かれの中の「少年」は、テレビの勃興とともにすごしてきて、その新しい表現の場で思いきった主題を展開してきた。そのいちいちが卒業制作だったのではないか。

吉田直哉の座右の銘は「良い問いは、答えより重要だ」である。根源的に問うという意味だ。その精神で、テレビの創世記を突っ走った。またこの根っからの創造的人間は『ジョナリアの噂』で芥川賞候補にもなっている。「日本人とは何か」「現代とは何か」が、吉田直哉の問いだったのではないか。その答えを新しいメディアで追い続けたのだろう。安易に生きない、人と同じことはしない、という創造の精神に溢れた少年のまま人生を送った吉田直哉の大河ドラマはよく見たが、改めてドキュメンタリー作品を見ることにしたい。

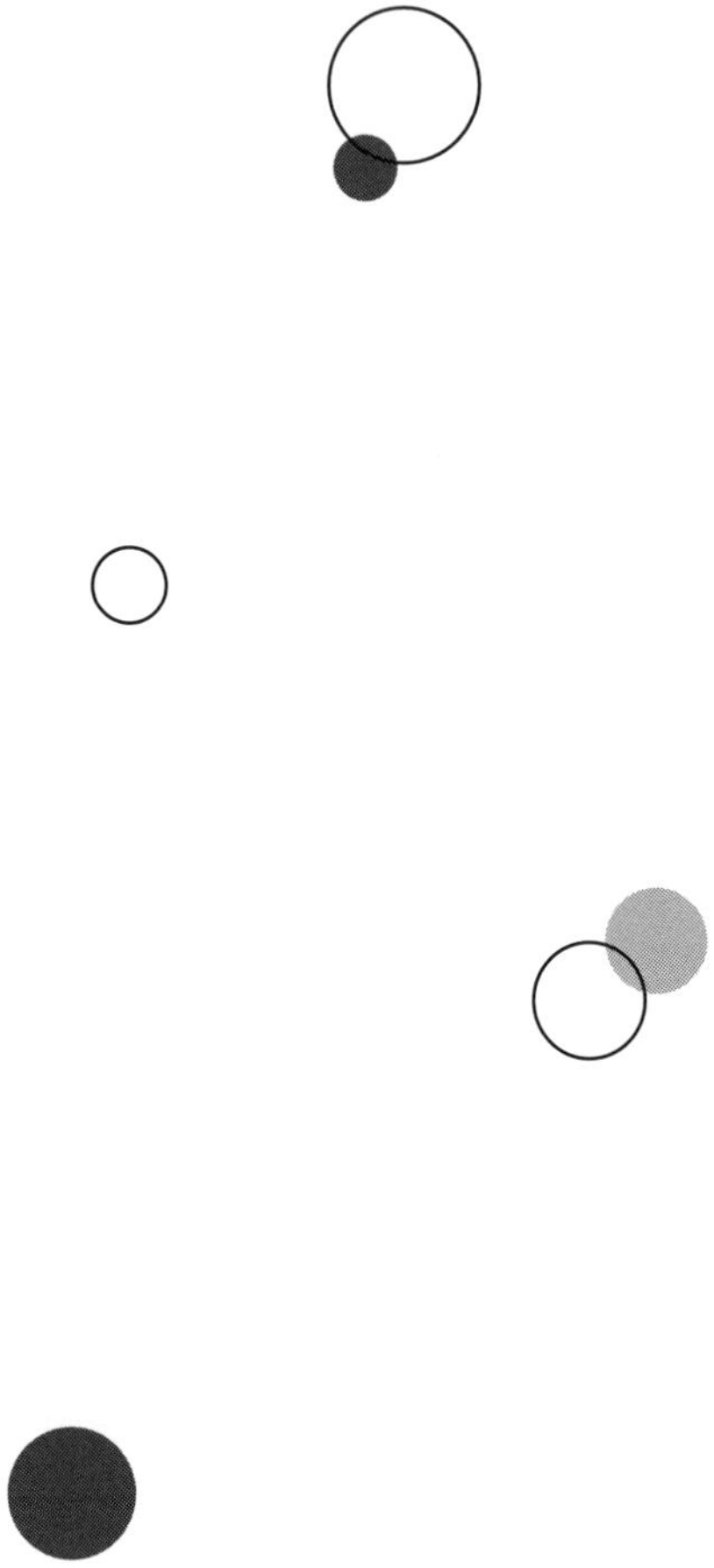

10月

神無月

10月1日

米澤嘉博（よねざわ・よしひろ）

森ではなく木を見なければなりません。そして、木が枯れれば、森は衰えてゆくのです。

1953.3.21 ～ 2006.10.1

日本の漫画評論家、大衆文化評論家、編集者、コミックマーケット準備会の第二代代表である。

明治大学には、まんがとサブカルチャーの米沢嘉博記念図書館がある。このまんが図書館は、総所蔵数は14万冊。現在は半分の7万冊が閲覧できる。開架は6000冊。閉架6万4000冊。数年後には明治大学国際マンガ図書館に発展していくという。米澤嘉博という名前は知らなかったが、まんが業界では有名人だ。ヨネヤンと愛称で呼ばれていた。有限会社コミケット社長。

2、3歳ごろから漫画を読み始め、小学生になる前から近所の貸本屋に通い詰める。中学時代から同人活動。自分でも漫画を多数発表している。明治大学工学部時代からマンガ誌の編集やライターをするかたわら、まんが評論活動を行ない、そのままこの業界で過ごし、日本初のまんが同人誌即売会を立ち上げ、コミックマーケット（コミケ）を開催し、数十万人が訪れる巨大イベントに育て上げた。1979年に準備会を立ち上げ、肺がんで亡くなる直前の2006年9月まで代表をつとめている。1980年から「戦後マンガ史三部作」を刊行。1999年「別冊太陽・発禁本」で日本出版学会賞、『藤子不二雄論　FとAの方程式』で日本児童文学学会賞を受賞。2001年からは立ち上げた日本マンガ学会理事。1997年から2002年まで、朝日新聞主催「手塚治虫文化賞」の選考委員をつとめた。

没後、2007年には星雲賞特別賞、2010年には

「マンガ研究の基礎資料の収集と評論活動などの幅広い業績に対して」という理由でこの賞の特別賞を受賞している。まんが分野に大きな貢献をした人物だ。

以下、友人の人物評。「一つの時代一つのジャンルだけでなく漫画の全体を把握していた『百科事典みたいな人』であった」「米澤は漫画の百科事典だった。漫画のことでわからないことがあると、彼に聞けばすぐ答えが返ってきた」。

この人は、幼年からの志をそのまま育てた人だ。53歳という若さで亡くなり、その間、大きな、そして多くの仕事をしたが、もっと時間があったら物凄いことになったと思う。米澤の志がこの図書館として実り、さらに国際まんが図書館として発展していくのだろうが、どんな偏屈なマニアでも頼まれれば応じたという米澤の人柄が大いに関係しているのだろう。

「木を見て森を見ず」という言葉はよく聞くが、米澤の言うのは反対だ。一本の木をよく見よ、一本の木を育てよ。そうでなければ、森の生命が失われていくのだ。だから、米澤は一本一本の木というミクロにこだわったのだ。

10月2日

大滝秀治（おおたき・ひでじ）

自信の上に自惚れがある。謙虚の下に卑屈がある。自惚れは自信過剰、卑屈は謙虚の下、だけど、自信と謙虚のあいだでもって、一生懸命にやっていればいいんじゃないか。

1925.6.6 ～ 2012.10.2

日本の俳優、ナレーター。文化功労者。

若いころより老け役を演じることが多かった大滝秀治は、名優の一人として舞台・テレビドラマ・映画・テレビコマーシャルと60年以上にわたり幅広く活躍した。民藝創設に参加し、民藝の看板俳優のひとりとして、演劇賞も多く受賞している。

師匠の滝沢修からは、「熱演という言葉は、過不足でいえば過である」「きみの芝居は勢いでやっている。表現は意志であって感情ではない」と教えられた。

また、もう一人の師匠の宇野重吉からは、「活字が見えなくなって初めて台詞が言葉になる。舞台は言葉だ」との教えを受けて愚直に取り組んだのだが、稽古中に宇野からもらった言葉を全部清書して持っていたという。「飄々としつつも時には激昂する」という独特の芸風の大滝は、「ぼくらの職業（役者）は人間を見る商売」、「役者としての存在が、いつか人に認められる時期が来るのかなど、何度考えたかわからないぐらいあるんです」、「この借り（役をもらう）は舞台で利子をたくさん付けて返すことが、役者の仕事だと思うんです」「一個の人間として生臭く死にたい」と、『大滝秀治写文集　長生きは三百文の得』で語っている。

自惚れ。自信。謙虚。卑屈。この段階はわかりやすい。自惚れず、卑屈にならず、自信と謙虚の間を上下しながら一生懸命やっていこう。

10月3日

盛田昭夫（もりた・あきお）

お祝いやお悔やみを伝えるときくらい、定型文を使わずに文章を自分で考えなさい。

1921.1.26～1999.10.3

日本の経営者。「ソニー」創業者の一人。

太平洋戦争中、海軍技術中尉時代に戦時科学技術研究会で井深大と知り合う。井深大とともにソニーの前身である東京通信工業（東通工）を立ち上げた。以後、経営と営業でソニーの発展を支え、国際的経営者となった。

以下、盛田語録から。

○商品を売り込む場合、まず商品知識をしっかりと身につけ、相手を隅々まで知り尽くして、初めて成功が約束される。（自分の武器の性能と相手のニーズのマッチング）

○名よりも実をあげることがビジネスだ。実業という文字の通り、とにかく実がなければならない。（実業の意味を考える）

○得意なことだけ一生懸命やることによってのみ、競争に勝てる。これは簡単明瞭な原則である。（選択と集中）

○会社というところは、一番簡単に言うと、潰れる可能性のある組織だということだ。

○どの世界でも、偉人というものはたいてい、自分で自分の能力を発見し、育てていった人であろう。（自己教育の人が偉くなる）

○ひとつのターゲット、目標を設定して、そこへ向かっていくことによってクリエイティビティが出てくる気がする。（創造性の秘密）

○相手の電波が何チャンネルに合っているかを知って、

その電波を出せば、ちゃんと受信する。それがコミュニケーションだ。（敵を知り己を知らば百戦危うからず）

○失敗は防ぎようがない。大切なのはその原因を突き詰めること。それは社員教育、会社の糧になるのだから。（失敗から学べ）

○原宿に居る若者達をみていたんだ。最近、ヘッドフォンをしている若者が少なくなったような気がする。調べなさい。（感度を上げよ）

　歯に衣着せぬ率直な発言には内外からの定評があった。日米摩擦が厳しかった１９８９年発刊の石原慎太郎との共著『「ＮＯ」と言える日本』が話題になり、熟読した覚えがある。

　創業者の井深大の創造力と盛田昭夫の経営力・営業力の名コンビでソニーは躍進を果たした。

　前にあげた盛田の言もいいが、冒頭に挙げたあいさつの心がけに私は共感を覚える。決まりきった定型文に目を落としながら読み上げるのはやめよう。心がこもらなくては人の心を打つことはできない。お祝いやお悔やみだけでなく、「あいさつ」は、自分の言葉で、そして自分らしい言葉で語りたいものだ。

10月4日

古野清孝（ふるの・きよたか）

船の上から、海のなかの魚の群れを見つけられないか。

1920.12.13 〜 2013.10.4

古野清孝・清賢兄弟は、1938年長崎県南高来郡口之津町（現・南島原市）で古野電気商会を創業し、漁船などの電気工事やラジオの修理などを手がける。

二人には八人の妹、弟がおり、失職中の父に代わって、漁船の電気関係の工事作業で家族の暮らしを支えていた。「生活は苦しかったからですね、とにかく、この貧乏を弟妹にもさせちゃいけないと。長男として、貧乏というのは罪悪と思いましたね」。

日本の漁業は、漁師が経験のなかで培ってきた「勘」と、その日の「運」が頼りであった。漁師たちの仕事を見ていた二人は、魚を見つけ出す機械をつくれば必ず当たると考えた。1948年に世界で初めて魚群探知機の実用化に成功する。長崎市に合資会社古野電気工業所を設立し、魚群探知機の製造販売を開始する。この物語はNHKテレビ『プロジェクトX〜挑戦者たち〜』『兄弟10人海の革命劇』で取り上げられた。

「見えないものを見る」が事業テーマの古野電気は、超音波・無線・レーダー・GPSなどの技術を使い、独創性に富んだ電子機器を製造している。「魚群探知機」という名称は清孝が名付けたものだ。現在の最新鋭機の魚群探知機は数㎝までの魚のサイズが正確に測ることができるまでになっている。

この会社は、私の高校時代の友人が勤務していたので、関心があったのだが、今回改めて調べてみて、創業者の志とそれを実現する過程に心を動かされた。

「勘と運」に支えられていた博奕のような漁業に革命をもたらした魚群探知機は、今では漁業に無くてはならない装備になっている。「船の上から、海のなかの魚の群れを見つけられないか」という漁民たちの切実な願いを、魚影を発見する技術の開発で実現したのである。技術というものは、大したものだ。

10月5日

三鬼陽之助（みき・ようのすけ）

人生は晩年の方が充実する。過去の失敗から知恵が、それまでの蓄積から先見力が生まれるからだ。

1907.8.3 ～ 2002.10.5

日本の経済評論家。法政大卒業後、ダイヤモンド社に入社。経済記者となり、「投資経済」集長などを経て1953年、財界研究所を設立。雑誌「財界」を創刊し、戦後の経済復興に取り組む企業経営者を取り上げた。創刊と同時に三鬼が設定した「財界賞」は、現在も続いている。日経連会長を務めた桜田武、経済同友会代表幹事や日本商工会議所会頭を務めた永野重雄ら四人を「財界四天王」と命名。著書は『東芝の悲劇』『日産の挑戦』など101冊に上る。

「経営トップは常に現場に立て」と説いた三鬼は、自らの経営評論・経済評論でも、この現場主義を貫き通している。経済記者は、まずトップによく会い、経営の現場をよく見ることが大事というのが持論でそれを実践した。70歳で病に倒れた後も、リハビリに打ち込み、95歳で亡くなる最期まで執筆活動を続けた人だ。経営評論家一筋50年、大企業から中小企業まで数多くの経営者に接し、その経営観、人物、戦略、内情に精通していた三鬼は正しいと思った事は歯に衣着せずズバリ言う、財界のご意見番だった。

計算力や暗記力、集中力、状況に反応し判断する知的反射神経のような知能は流動性知能と呼ばれる。受験時に活きる知能だ。この流動性知能は、18～25歳くらいがピークで、その後は年齢とともに落ちていく。一方、知識や知恵、経験知、判断力など、経験とともに蓄積される知能である結晶性知能は、年齢とともに伸び続け、60

代頃にピークを迎える。70~80代にはなだらかに低下するものの、それでも高いレベルを持続していけると脳科学は教えてくれる。「情報と情報がつながる」、「そういうことだったのか」と目からウロコの体験が増える。そして理解力が増したり、いいアイデアが生まれたり、判断力に磨きがかかる。努力し続けた人は晩年になっても、結晶性知能は維持向上できるのだ。

　私自身の経験でも、若い時代は、知識は増え続け脳細胞はタテに伸び続けるが、それぞれは孤立していて、脳はスカスカな感じがしていた。ところが、時間をかけて多様な体験を重ねてくると、孤立していた脳細胞同士がヨコにつながってくる感じを持っていたが、それは結晶性知能が向上してくるということだったのだ。下がっていく流動性知能と上がっていく結晶性知能の総合力が、その人の知力ということになる。

　三鬼陽之助は、現場主義に徹した姿勢で、高い結晶性知能をフル回転させて、総合知を維持し続けた人なのだろう。三鬼が知恵と先見力を身につけた高齢者だったとすれば、それは人生100年時代のモデルの一人だということだ。

10月6日

安田幸吉（やすだ・こうきち）

コース造りは庭造り、下手な人でも楽しめるように。

1905.3.1 ～ 2003.10.6

日本のプロゴルファー。日本オープンで2位が連続3回（1928年、1929年、1930年）。日本プロで2位1回（1929年）。関東プロ2位3回。日本プロゴルフ殿堂では、以下のように紹介されている。

「子どものころから東京・駒沢にあった東京GCでキャディーをしており、17歳からレッスンなどプロとしての活動をスタート。関東ではプロの先駆けであった。

クラブの製作や修理にも長けており、1927年には昭和天皇へ献上するクラブ製作の任を受けている。勝利には恵まれなかったが安定した成績を残し、1929年には宮本留吉とともに日本人プロ初の海外遠征メンバーに選ばれてハワイアンオープンに参戦、17位に入っている。その後、2度の米国本土遠征メンバーにも入り、1935年には全米オープンにも出場した。1957年に組織された日本プロゴルフ協会の初代理事長（現在の会長職）に就任。1991年にはプロゴルフ界初となる叙勲（勲三等瑞宝章）の栄誉を授かった。

また、コース設計家としても手腕をふるい、小樽CC（北海道）など50を超えるコースの設計や監修、改造に携わっている。」

実力的には互角と見られていた宮本留吉が日本オープンだけで6勝しているのとは対照的に、「無冠の帝王」と呼ばれた。優勝がないのが不思議な実力者だった。レッスンや、クラブ製作でも人気を集めた。TVレッスンにも出演。享年98。

プロ引退後は、北海道の旭川国際カントリークラブから、鹿児島のインターナショナルGR京セラまで、50コース以上を設計・監修している。やわらかい表情のコース設計が特徴だ。私がプレイしたことのあるコースでは、表蔵王国際ゴルフクラブ、多摩カントリークラブがある。いずれも気持ちのいいコースとの印象がある。千葉県の長南パブリックコースには「お隣のメンバーコース　長南カントリークラブとともに　小湊鉄道　経営　安田幸吉　設計」と名前も刻まれている。

日本プロゴルフ界の創成期を牽引した安田幸吉は、いつの間にか姿を見かけなくなったと思っていたら、ゴルフ場設計・監修のプロとして大活躍していたのだ。ゴルフ場設計は庭造り、と安田はその信条を語っている。日本庭園は、池を中心にして、土地の起伏を生かし、庭石や草木を配し、四季折々に観賞できる景色を造る。滝、石を組み合わせることによる石組、池や流れを渡る通路には太鼓橋、飛び石が使われるのが特徴である。ゴルフ場設計は、広大な土地をキャンバスにして、土地土地の特色を生かし、プレイヤーの目を四季折々に楽しませる仕事だ。安田幸吉は、現代の庭師になったのだ。

10月7日

三木鶏郎（みき・とりろう）

辛うじて　人生八十　たどりつき

1914.1.28 ～ 1994.10.7

作詞家、作曲家、放送作家、声優、歌手、構成作家、演出家、コピーライター、である。

2浪して東京帝大法科入学、2留して卒業。兵役後、「どうせ餓死するならやりたいことをやって死にたい」と音楽の道に進む。NHK「歌の新聞」、「日曜娯楽版」、「ユーモア劇場」など社会風刺を中心とする「冗談音楽」で、放送界で活躍した。「僕は特急の機関士で」、「田舎のバス」がヒット。CMソングの元祖になる。「明るいナショナル」「ワ・ワ・ワが三つ」「ジンジン仁丹、ジンタカタッタッター」「牛乳石鹸、良い石鹸」などを作詞作曲した。これらのCMソングは、今でも私の耳に残っている。

門下からは歌手（楠トシエ、中村メイコなど）や俳優（逗子とんぼ、なべおさみ、左とん平など）、永六輔、野坂昭如、いずみたく、など多くの異才を世に送り出している。1993年には、三木鶏郎音楽賞が創設された。ジャズ評論家・司会者の三木鮎郎は実弟で、この人のスマートな姿と語りもよく覚えている。

午前は創作、午後は経営者、夕方は教育者、夜は外食、夜明けまで飲み歩きという超売れっ子生活を送る。その結果、40代半ばで糖尿病を患う。「功なり名をとげて糖尿を知る!!」と三木鶏郎は言い、「長病」と命名。自覚症状がない病気であり、養生を怠りがちになる。その闘病を描いた『私の愛する糖尿病』（ちくま文庫、1994年）を読んだのだが、ユーモアあふれる筆致に脱帽する。

1958年、44歳で糖尿病。これ以降検尿日誌をつける。当時は「人生50年」が少しづ伸び始めた時期だった。76で平均寿命に追いつき、77の喜寿で追い抜く。そのころは「昔は人生五十、今や人生八十、世界一の長寿国」と言われていた時代だ。それから3年後の80の傘寿直前では「生き抜いて　人生八十　大団円」。

「辛うじて　人生八十　たどりつき」は、1994年、死を間近にしてマウイ島の山荘で詠んだ句である。短命といわれる糖尿病に打ち勝った人の感慨だろう。

10月8日

大沢啓二（おおさわ・けいじ）

喝！

1932.3.14 ～ 2010.10.7

プロ野球選手（外野手）・コーチ・監督、解説者、評論家。立教大学では後輩の長嶋茂雄らと東京六大学野球リーグ優勝を果たす。1956年に南海に入団し、好守巧打の外野手として活躍する。引退後は、1971～1972年ロッテ監督、1976～1984年日本ハム監督(1981年パ・リーグ優勝)。球団重役から復帰し、1993年から4年間、日本ハム監督をつとめた。

監督としての戦績は、39歳から62歳まで通算13年で、725勝723敗、勝率は5割1厘とわずか2つの勝ち越しだった。今なお、江夏投手など、ファイターで熱血漢の大沢親分を慕う選手も多い。愛称は「親分」、「大沢親分」。

悪童だった大沢は野球一筋で「野球をやらなければヤクザにしかなれなかったかも知れない」と後年語っているが、IQが非常に高かったという高校時代の友人の証言もある。

日本ハム監督退任後はフリーの評論家、解説者などを務めた。TBSの「サンデーモーニング」で張本勲とともに球界の御意見番として1999年から11年間出演し、「喝！」と「あっぱれ！」で人気を呼んだ。

「喝！」は、禅宗の僧侶が用いる叱声で、参禅者を励まし導くのに用いる。同番組で一緒だった江川紹子は「大沢さんの『喝！』は、相手への激励が込められた温かいものでした。誰かが不当な非難をされていると、すっと話題を変えたりする配慮をされたりして、スポーツや選手たちへの愛情を感じました。残念でたまらない。ひたすらご冥福をお祈りします。合掌」とツイートしている。

大沢亡き後も、「喝とあっぱれ」の決めぜりふは、この番組では継続して使われている。「喝！」という言葉を聞くと、今でも大沢親分を思い出す視聴者も多いのではないだろうか。

10月9日

飯沢匡（いいざわ・ただす）

元気におやりなさい。元気に。

1909.7.23 〜 1994.10.9

日本の劇作家、演出家、小説家。父は台湾総督をつとめた伊澤多喜男。伯父の伊澤修二は有名な文部官僚で吃音矯正教育に貢献した人物。台湾では日本語がいまなお盛んであるのも、伊澤修二の計画と実践の賜物だったのである。台湾に記念館がある。弟の多喜男は「精力絶倫の兄は、ほとんど3〜4時間しか睡眠をとらず、次から次へと前人未到の境地を切り拓いて行った」とその超人ぶりを語っている。その人の血を引いているのだ。

本名は伊澤紀（いざわ・ただす）。朝日新聞社在職中、上司に隠れてＮＨＫラジオのために台本を書いた際、アルバイトが露見しないようＮＨＫの担当者に「印刷しては別人に見え、アナウンサーが発音すると本名のように聞こえるという名を考えてください」と頼んだところ飯沢匡と勝手に命名されたのだそうだ。

１９４３年「再会」でＮＨＫラジオ賞、１９４４年「鳥獣合戦」を初演。勤務先では、戦後「婦人朝日」、「アサヒグラフ」編集長を務めた。１９５４年退社。同年、文学座初演の「二号」で第一回岸田演劇賞、「ヘンゼルとグレーテル」でサンケイ児童出版文化賞、１９５７年ＮＨＫ放送文化賞、１９６８年「五人のモヨノ」で読売文学賞、1969年「みんなのカーリ」で斎田喬戯曲賞、1970年「もう一人のヒト」で小野宮吉戯曲平和賞、1973年紀伊国屋演劇賞受賞、1979年「夜の笑い」の脚本・演出で毎日芸術賞、1983年日本芸術院会員。こうした劇作家としての業績以外にも、直木賞候補となる小説も書いている多才の人であった。

今回、『飯沢匡の社会望遠鏡』（講談社）を読んだ。1975年から4年間「小説新潮」に連載したエッセイをまとめた時評だが、ロッキード事件を中心に世相を鋭い批判的なタッチで書いている。田中角栄の「法は解釈である」の行く末、芸道家と芸術家、民放とは自民党の民、専門家の情報源、麻酔銃のすすめ、独裁者と道徳、チャプリンの慧眼、ノンポリの吸収など、今でも通用する警世の書になっている。

冒頭の「元気」は「ヤン坊ニン坊トン坊」以来師弟関係にある黒柳徹子が、台本をどう演じればよいかを聞いたときの回答だ。後に、黒柳は「どんなに才能があっても、結局、元気でなきゃダメなんだということが分かるんです」と述懐している。健康を土台にした体力と精神の元気さが、才能の芽を育て、大きく開花させる。

中村元（なかむら・はじめ）

老人が真っ先に立って、新しい学問を開拓する必要があると考える。

1912.11.28～1999.10.10

日本のインド哲学者、仏教学者。勲一等瑞宝章、文化勲章。東大退官後に自身が「寺子屋」と称した東方学院を開設し、学院長に就任し没するまで続けた。国籍も学歴も年齢も問わず、真に学問を目指す人のための講義を行なった。

今まで中村元のメディアでの発言、いくつかの書籍を手にしたことがあり、本物の学者の言として心に留めたことが何度もある。今回、『中村元　学問の開拓』という学問人生論を読んで、改めてこの碩学の「志」を追う機会を持てた。

ライフワークは、「比較思想」という新分野の開拓だ。そして『世界思想史』7巻を書く。比較思想学会をつくり初代会長になる。「思想というものは、人間生活の場との連関において理解されなければならない」「世界平和の実現のための手がかりを供する」「世界が一つになるには、理解と寛容が絶対必要である」。しかし、この本を上梓した74歳時点では「自分が研究してきたことを組織し体系化することも、まだ果たしていない」と語っている。

そして、今から取り組むべきテーマとして「新しい論理学」を提起している。西洋の論理学と仏教の論理学（因明）とを比較考察し、両者を総合して根底から考え直すという課題だ。それから10数年、「比較思想」と「新論理学」は体系化されたのだろうか。

仏教は「順縁」と「逆縁」はたえず転変すると説く。神聖な壇に仏・菩薩を配置し、真理を表した図絵。災難や災害、挫折や失敗などを象徴する悪魔も存在する。逆縁は順縁として生かす。それを中村は「マンダラ（曼荼羅）的思考」と呼んでいる。

やさしい言葉で語ろうとした中村は、「涅槃」を安らぎと訳している。心の安らぎ、心の平和によって得られる楽しい境地というほどの意味であろうとも注釈する。こういう姿勢が多くのファンを生んだのであろう。そして人文科学は、「自分自身がどのように生きたらよいのか」という問いに対して何らかの教示を与える使命を持っていると考えている。だから、社会、世界、地球を問題にしなければならないのだ。生きる指針を提示するのも学者の仕事なのだ。

エピソードを一つ。中村元が20年かけ執筆していた『佛教語大辞典』が完成間近になったとき、ある出版社が原稿を紛失してしまった。中村は再び最初から書き直して8年かけて完結させ、全3巻で刊行。完成版は4万5000項目の大辞典であり、改訂版である『広説佛教語大辞典』では更に8000項目が追加され、没後全4巻が刊行された。この気力には頭を下げざるを得ない。

1999年7月、『中村元選集』全40巻が完結。10月死去。戒名は「自誓院向学創元居士」。生誕100年を記念して2012年、命日に故郷の島根県松江市に中村元記念館が開館する。論文・著作1500点が生涯の作品である。

You Tubeで本人が語っている「ブッダの一生」を聞く。出家とは海外留学のようなもので、それは修行の生活をいう。中村元という大学者の人生観、学問観を拾ってみる。

○わたくしの人生は、長いといえば長いし、また短いといえば、やはり短いといえるような気がする。

○生涯を「短い」とも感じてしまうのは、時間があればやってみたいと思うことを山ほど抱えているからであろう。「日暮れて道遠し」の感を深くしている。

○わたくしは死の直前まで机に向かい、自分のほそぼそとした研究をまとめ続けたいと願っている。

○わたくし自身の精神的探究は、本当の意味では、ようやく始まったといえるであろう。

中村元にとって86年の人生は短かった。取り組みたいテーマが次から次へと眼前に現れてくるからだ。翻訳で鸚鵡返しに書くというような日本の学者の精神的奴隷根性を唾棄し、コツコツと一歩ずつ研究を積み重ねていく姿は神々しい。老人は後輩を育てるよりも率先して新分野を切り拓け、は高齢社会に生きる人たちへの強烈なメッセージだ。

10月11日

飛鳥田一雄（あすかた・いちを）

タイじゃなくて、マスを釣ってこい。

1915.4.2 〜 1990.10.11

日本の政治家。衆議院議員、横浜市長、日本社会党委員長を歴任した。

5歳、小児麻痺を契機に一雄をイチオと読むようになる。中学2年から杖をつく。中学時代からマルクス・ボーイ。弁護士、市議と県議を3年。代議士を4期10年。

1963年、「厚い壁がさえぎっている。厚い壁が砕かれるだろう。厚い壁のこなごなは、やがてきれいに除かれるだろう」と挑戦の決意をあらわし、横浜市長に当選。全国で革新首長が続々と誕生し、飛鳥田は革新首長のリーダー的存在と見なされるようになった。1964年には全国革新市長会を結成し、その会長となった。4期15年。際立った個性をもつ今日の横浜市の基礎をつくり上げた。

飛鳥田市長時代は六大事業が中心だった。みなとみらい21をはじめとした都心部強化事業、これと連動した金沢地区埋め立て事業、港北ニュータウン事業、幹線道路事業、地下鉄事業、ベイブリッジ事業。外にも横浜スタジアムの完成に漕ぎつけ、1978年には日本社会党委員長になっていた飛鳥田が始球式を行なっている。

『生々流転　飛鳥田一雄回想録』の最後にある関係者の座談会では、「市政を身近なものにした」「自治体に自信をつけさせた」「横浜方式」「時代の教師」という高い評価をもらっている。私の記憶でも革新市政を担った飛鳥田一雄は、華々しい革新市政の代表だった

「ボクの政策は、マルクスがウエーバーを着て歩いているようなもんさ」、「行政の職人としてものを言うけど、こっちは市民の常識、素人の発想でいくわけさ」、「保守と革新じゃあ、同じ首長でも困難さが違う」、「抜擢して喜ばれても三カ月だけど、恨まれたら一生だからね」（人事は難しい）、「市政をうまく進めるためには市民の間で多数派を占める必要がある。……広報の充実とマスコミ対策だよ」。

1977年、「原則は松の木の根の如く、対応は柳の枝の如し」と名言を吐いた成田知己委員長の説得で、社

会党委員長に就任。横浜市長時代の退職金として、一般職員の基準額である1592万円のみ受給し、市長としての特別手当分1億2888万円を返上した。

全党員による委員長公選で委員長に就任し、5年9カ月その職にあった。1979年、総選挙で、東京一区でトップ当選。しかし社会党改革は難しかった。清新な党を目指したが派閥の存在に負けたのである。1983年、参院選の途中で「もう引き時だ」と決心。委員長を辞任し、石橋政嗣が後継となった。「いま一番気になるのは、人々が情熱を失ってしまっていること。政治は理論であると同時に、情熱なんだ。それを高度成長の中でみんな失ってしまった」。そして政界から引退。その後は市民派の弁護士として活躍した。75歳で死去。

心残りのない横浜市長時代と、内心忸怩たるものがある社会党委員長時代。地方の仕事は突破と創造がテーマであったが、中央の仕事は均衡とまとめることが課題だった。冒頭の「タイとマス」は、希望と決意の違いだ。「やりたい」ではダメだ、「やります」という仕事をせよ。

この言葉は庁内で語り継がれているようだが、課題解決に向けての気迫の重要さを示している。

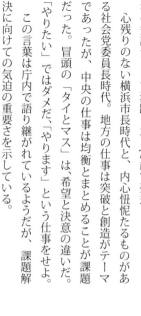

10月12日

黒川紀章（くろかわ・きしょう）

移動により人間は賢くなった。ホモ・モビリタス（移動するヒト）。

1934.4.8 〜 2007.10.12

日本の建築家、思想家、実業家、政治活動家。

１９６０年弱冠26歳で建築の理論運動メタボリズムを結成、衝撃的に世界にデビュー。その後、機械の時代から生命の時代への変革を一貫して主張してきた。共生、新陳代謝（メタボリズム）、情報、循環（リサイクル）、中間領域、フラクタル（非線形）、生態系（エコロジー）等、45年間提言してきたコンセプトはいずれも「生命の原理」という点で共通している。世界20カ国におよび、世界各地で完成した作品は高い評価を得ている。１９８６年には建築界のノーベル賞と言われるフランス建築アカデミーのゴールドメダルを受賞した。

建築家・黒川紀章の作品を挙げてみよう。佐倉市役所庁舎、ＢＩＧ ＢＯＸ、青山ベルコモンズ、福岡県庁舎、中銀カプセルタワービル、クアラルンプール国際空港、ゴッホ美術館新館など。私が実際に見たのは、秋田県にかほ市の白瀬南極探検隊記念館、那覇の沖縄県庁舎、六本木の国立新美術館、大阪の国立民族学博物館、奈良の入江泰吉記念奈良市写真美術館、などである。いずれも強い印象を与える個性的な建築である。それ以外にも黒川紀章は、内外の都市計画や都市構想でも優れた仕事をしている。

１９７６年に、あるテレビ番組の対談で、黒川紀章が女優の若尾文子に「あなたはバロックの精神を持った人だ」と褒めたたえたのが口説き文句で、「バロックの恋」と話題になった。二人は１９８３年にどちらも50歳を超えて再婚している。

2007年の東京都知事選に出馬し、奇矯な発言を繰り返し、妻と一緒に演説する姿を不思議な思いで見ていたのだが、すでに病気で死期を悟っていたのではないか。死期を間近にして何を為すかを考えた上での行動だったのでないだろうか。

つい先日、株式時価総額が1位のトヨタと2位のソフトバンクが提携を発表した。日本のものづくりの代表で世界的に強い競争力を持つトップ企業トヨタと、常に時代の中心にいようと心がける孫正義のソフトバンクとの歴史的な提携だ。その時の豊田社長は、トヨタ自動車を「車をつくる会社から、移動サービスの会社へ転換させる」と語っていた。

黒川紀章が、「私自身は哲学者だと考えています。建築と哲学は別物と感じる人がいるかもしれません。しかし、哲学なくして建築などできるわけがありません」と言い、人類を移動するヒト「ホモ・モビタス」と命名したのは、こういった流れを予見していたともいえる。人類は移動をさらに工夫することによってより賢くなるだろう。黒川紀章を人類の未来を見つめた哲学者として記憶することになるかも知れない。

10月13日

丸谷才一（まるや・さいいち）

よし、自分は上機嫌で書こう。

1925.8.27 ～ 2012.10.13

日本の小説家、文芸評論家、翻訳家、随筆家。山形県鶴岡市出身。

ＫＡＷＡＤＥ夢ムック『追悼特集　丸谷才一』では、著書目録を次のように分類している。小説、評論、エッセイ、歌仙、ジェイムス・ジョイス関連、山崎正和との共著、大野晋との共著、対談集、ジャーナリズム批評、編集・監修、訳書、インタビュー。そして文明全体を扱うという態度で書評文化の構築にも動いた。

同書の編集後記の総括では、巨人、怪物、柄の大きさ、多面性、懐の深さ、成熟した市民社会にふさわしい小説、伝統の新しき継承、モダニズムの達成と超克、外国文学の吸収と自国の伝統の咀嚼、現代性に腐心した最後の文学者など。

芥川龍之介賞（１９６８年）、『年の残り』。谷崎潤一郎賞（１９７２年）、『たった一人の反乱』。読売文学賞（１９７４年・２０１０年）、『後鳥羽院』・『若い藝術家の肖像』新訳。野間文芸賞（１９８５年）、『忠臣蔵とは何か』。川端康成文学賞（１９８８年）、『樹影譚』。芸術選奨（１９９０年）、『光る源氏の物語』（大野晋との対談）。大佛次郎賞（１９９９年）、『新々百人一首』。菊池寛賞（２００１年）泉鏡花文学賞（２００３年）、『輝く日の宮』。

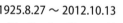

これらの業績からわかるように、文学界に果たした業績は比類がない。そして、多年の文学的業績により朝日賞（２００４年）。２００６年、文化功労者。死の前年には文化勲章（２０１１年）を受賞。２０１２年、死去。享年87。

「本は薬でもあるし、食べ物でもあるし、お酒でもある」というように本をよく読んだ人でもある。そして「自分のホームグラウンドをしっかりと持っている人が書いた本は面白い」とも語っている。

私は小説ではなく、『挨拶はむづかしい』『挨拶はたいへんだ』『挨拶は一仕事』などのエッセイが好きだ。丸谷は、挨拶にあたっては、すべて原稿を書いて、当日はそれを読み上げる。その原稿が残っているから、こういう本も書けるのだ。あらゆることに用意周到な人であったようだ。

『別れの挨拶』（集英社文庫）では、「わたしは自分の本が一冊でも売れる現場に立会ったことがない」と語っている。あの江藤淳も山手線の電車の中で、自分の作品を紳士が読んでいるのに感動し、声をかけれなかったと残念がっているエッセイを読んだことがある。私は、仙台と立川で、女性が手にして買うのを見届けている。仙台では、その人と言葉を交わしているから、この二人の文豪に比べると幸せだとはいえるかも知れない。

「丸谷才一の『文章読本』を読め。とくに、第二章「名文を読め」と第三章「ちょっと気取って書け」の二つの章を繰り返し読むがよろしい。これが現在望み得る最上にして最良の文章上達法である」とは井上ひさしの言である。

対談を１００回以上行なったという好敵手・山﨑正和『不機嫌の時代』にみるように、日本文学は明治以降、気質的に不機嫌だった。それをひっくり返すことを自らのテーマとして、上機嫌でユーモアを大切にして戦った。「上機嫌」をテーマに言葉を探してみた。ワーグナー「仕事をするときは上機嫌でやれ、そうすれば仕事もはかどるし、身体も疲れない」。ディケンズ「病気や悲しみも人にうつるが、笑いと上機嫌ほど、うつりやすいものもこの世にない」。サッカーレー「上機嫌は、人が着ることのできる最上の衣装である」。そして英雄シーザーもその特色はいつも上機嫌だった。

よし、上機嫌でいこう！

張学良（ちょう・がくりょう）

（西安事件に関して）私がすべての責任を負っています。しかしまったく後悔はしていない。

1901.6.3 ～ 2001.10.14

中華民国の軍人・政治家。張作霖の長男。享年100。中国・北の軍閥領袖張作霖の長男。

1928年6月張作霖が日本軍により爆殺されると、後継者として東北の実権を掌握。蒋介石の国民政府と提携する。1931年の満州事変以後、国民政府の対日方針に従って無抵抗主義をとり、東北を日本軍の占領にゆだねた。紅軍の長征に際して西北剿匪副司令に任命されたが、ひそかに共産党と停戦協定を結び、1936年12月西安に到着した蒋介石を逮捕監禁し、内戦停止を迫る西安事件を起こす。信頼できるすばらしい人格者とした周恩来らの調停で蒋介石は内戦を停止し第二次国共合作による抗日を受入れて釈放された。

この事件で張学良自身は官職を剥奪され、禁錮刑に処せられた。1949年蒋介石の台湾逃亡に伴い連行され、1990年まで自宅軟禁状態にあった。その幽閉は37歳から始まり、蒋経国によって解除されたのは79歳だった。1994年に名誉回復し、ハワイに移住した。2001年に100歳で没。

西安事件によって、張学良は結果的に、国民党の最後の包囲網で消滅の危機にあった中国共産党を救い出して、共産党と国民党の統一戦線を促し、日本降伏の後の内戦における共産党の勝利と、その後の中華人民共和国の成立に道を開くことになった。2001年の張学良の死去に際しては、江沢民総書記は「偉大な愛国者」「中華民族の永遠の功臣」と遺族に弔電を打っている。

「日本は何故東条(英機)のような戦犯を靖国神社に祀っているのか。靖国神社に祀られる人は英雄である。戦犯は日本国家の罪人ではないのか。彼らを祀っているのは、彼らを英雄と認めたからなのか」

　張学良の軍歴はわずか8年。西安事件という一点だけで歴史に名が残った。その張学良は、自由を失って、黙々と人生の大半を寂しく暮らした。

『張学良　その数奇なる運命』には隠遁生活をいかに送ったのかが記されている。本、新聞、麻雀、将棋、囲碁、花札、行楽、明と清の歴史研究、王陽明の研究、書画など。

　思い切りのよい人であり、そういった性格によって幽閉期間を堪え忍ぶことができた。１９９５年にはキリスト教徒に帰依している。娯楽、研究などで無聊の日々を慰めたのだろう。20世紀最初の年の１９０１年から、21世紀の最初の年の２００１年までの１００年間を生きたが、30代後半から40年余後の老人になるまでの日々を幽閉で過ごしたことについては、蒋介石夫人の宋美齢も気の毒なことをしたと述懐している。この張学良もセンテナリアンだったのだ。

10月15日

舟崎克彦（ふなざき・よしひこ）

自分にしかできないものの追求こそが、創作活動そのものと言っていいでしょう。

1945.2.2 ～ 2015.10.15

日本の作家、詩人、作詞家、挿絵画家、劇画原作者。父の舟崎悌次郎は和歌山県生まれ、京都帝国大学経済学部卒、画家志望だった建築家で、当時は会社社長。克彦は末男。1951年、二人の兄と同じように学習院初等科に入学。兄の一人は舟崎敬で、この人は私のビジネスマン時代でもっとも尊敬する上司だった。克彦はがっしりとした体格で、あたりを威圧するような風貌の人物だったそうだが、禿頭の敬も、同じような風貌で、勇気と名言とユーモアのある風格ある人物だった。その舟さんを思い出しながら、書いている。また、親しい友人から東京国分寺のアメリカンハウスで近所だったとの情報をもらった。彼によれば、近所の子どもたちが自由に出入りする家で、一緒に卓球を楽しんだりした「おじさん」だったそうだ。

克彦は1971年に嫌でたまらなかった勤務先を退社する。同年『トンカチと花将軍』が福音館書店から刊行され、童話作家としてデビュー。1973年、単独で執筆した初めての長編ファンタジー『ぽっぺん先生の日曜日』を出版社5～6社に持ち込んだところ、それまでの児童文学とあまりに違っていたのでことごとく拒絶反応を受けたが、筑摩書房からの出版が決定。以後、人気シリーズとなった。

1974年の赤い鳥文学賞から始まって、サンケイ児童出版文化賞は3回受賞、ボローニャ国際児童図書展子どもの本の部グラフィック賞推奨、絵本にっぽん賞、山本有三記念路傍の石文学賞、そして２００８年の日本絵本賞まで受賞が続いている童話界の巨匠だ。著書は３００冊以上にのぼる。２０１５年3月まで白百合女子大学教授として文章表現と創作の授業を講じた。

『ぽっぺん先生』シリーズは、独活大学生物学部の助教授の38歳のぽっぺん先生というしょぼいおじさんが主人公で、毎回動物がらみの不思議な出来事に巻き込まれていくというお話だ。「ぽっぺん」とはガラス製玩具で、吹くと音が出るビードロのことだ。

『ピカソ君探偵』シリーズも有名。主人公のピカソ君は23歳、事故により身体は五年生のままで、なぜか小学校に通っている。童話の常識では同じ子どもの目線が重要とされるのだが、舟崎克彦の童話の主人公は大人が多いのが特徴だ。

　自分が良いと思ったものに向かって表現を試みる。それは自分とは何かを知るための、楽しくて楽な方法だと舟崎克彦は言う。童話でも小説でも、詩でもＤＪでも、何でもいい。創作によって自己を発見し、確認する。そして自分にしかできないものを創り出すことで、自己を創造していく。それが表現者の道だ。

10月16日

保直次（たもつ・なおじ）

夢を見、夢を追い、夢を喰う。

1916.2.5 ～ 2012.10.16

実業家。徳之島町名誉町民。享年96。

鹿児島県徳之島出身。神之嶺尋常高等学校卒業、出征復員後1948年鹿児島市でキャンディーストア開業、1961年城山観光ホテル（株）を設立し、鹿児島市の高台城山に城山観光ホテルを開業。1969年には福岡に博多城山ホテル開業。城山合産（株）を設立し養殖事業を奄美等で展開。先見性と独創的経営で城山観光グループを一代で1000億企業に育て、鹿児島経済界に多大な功績を残した。

鹿児島と姉妹都市となったイタリア・ナポリの高台に立って眼下の地中海の広がりと遠くのベスビオ火山を見渡して、鹿児島の錦江湾および桜島と比べ、「よしっ！このような景勝の地にホテルを建設しよう」と思い立った。城山に着目し、東洋のナポリの地に城山観光ホテルを建設する。このホテルは鹿児島のシンボルとなった。天皇陛下や重要人物の常宿にもなっている。私の九大在学中の1970年に博多城山観光ホテルができ、外人女性を起用したパンフレットなど話題になった。この開業の前後に博多東急ホテル、西鉄グランドホテルなどができ、福岡がコンベンション・シティとして始動する契機になった。

徳之島は、横綱・朝潮太郎、コメディアンの八波むと志、長寿者の泉重千代などを生んでいる。

この島の景勝の地に保直次の信念を刻んだ立派な記念碑が建てられ、信念「夢を見、夢を追い、夢を喰う」が彫られている。後年、妻の好子は「城山には自分の生命をかけ、男冥利に尽きたと思う。ロマンを追い求め、事業家として足跡を残せたことを誇りに思う」と故人をしのんだ。

「夢を喰う」とはただごとではない。保直次は尋常ならざる気迫で夢とロマンを追い求めた人だ。夢を見なければ、実現することはない。

10月17日

木村尚三郎（きむら・しょうさぶろう）

才子は馬車に乗り、天才は歩く。

1930.4.1 ～ 2006.10.17

西洋史学者（ヨーロッパ史）。13世紀フランス中世の荘園史・法社会史の研究から出発し、歴史学者の目で見た現代文明論や、音楽・映画批評、料理や生活文化に関する著作を幅広く手がけた。また、日欧の比較文明論や文明史に係わるエッセイを新聞雑誌に多数執筆。ＮＨＫ教育テレビのＮ響アワーの司会を担当するなど、ヨーロッパ的な洒脱な教養人として知られた。この人の書いた本や言説にはいつも接していた記憶がある。教養の塊のような学者だった。

木村尚三郎は私立、公立、国立と32年間続けた大学教師を定年とともに60歳で廃業。個人の仕事、公的仕事、講演と3つに分けた。睡眠5時間半で午前5時、6時から原稿書き。その後、出かける。夜は仕事をしない。健康のために葬儀への参列などの義理を欠く。死ぬまでに読まない本という基準で本は処分する。男にも、化粧とおしゃれが必要だと述べ、そして個人に生きる隠居生活を楽しむ決意を、67歳のときの『ご隠居のすすめ』で述べている。しかし、世間は許してくれなくて、静岡文化芸術大学学長などを歴任している。

冒頭の言葉は、18世紀のフランスのメルシェという作家のものである。馬車、つまり現代の自動車ではまとまった思考は難しい。五感の感度を鈍らせないように、歩きながら考えることが大事なことは私も実感としてわかる。ものを考えられるのは、歩いているときだ。昔は逍遙学派と呼ばれた学者たちがいた。21世紀は徒歩の旅の時代だ。天才に倣って、いつどこでも歩き回るという癖をつけよう。

10月18日

関川栄一郎（せきかわ・えいいちろう）

私はその様なものをお受けする柄ではない。

1926.～2005.10.18

航空評論家。雑誌『航空情報』の編集長などを経て1970年からフリーとなり、航空評論家の草分けとして長年にわたって活躍した。国内外の航空機事故について、テレビを中心に冷静な情報分析をし、航空評論の第一人者として高く評価された。晩年にいたるまで毎年「パリの航空ショー」にでかけていた根っからの航空人だった。

私がJALの広報部にいたとき、関川先生は重要な人物であり、よくご一緒した。また、1991年にJALがワシントン直行便を開設したとき、広報課長だった私は航空関係の識者、学者、評論家、メディアのツアーを企画したことがある。総勢で20人ほどのツアーだった。ワシントンでの政府関係者を招いてのセミナーやウィリアムズバーグの訪問、ジョージタウンでのジャズ鑑賞などの旅だった。大学の学者や航空評論の関川先生や鍛治壮一先生などもおり、ここでも親しくしていただいた。

晩年には『日本の航空事故』という大著を執筆した。この本は80部だけの発行だったのだが、このライフワークはいずれ重要な書であり、何らかの形で世に出すべきものだ。

（財）日本航空協会は「空の日」を記念して、航空に関する文化、科学技術および事業などの発展に寄与した人が対象の航空功績賞を関川に授与しようとするが、「私はその様なものをお受けする柄ではない」と辞退してる。

文化勲章の辞退者を調べてみた。名利を求めないとしていた陶芸の河井寛次郎。これ以上、人が来てくれては困るとした洋画の熊谷守一。民主主義に勝る権威と価値観を認めないとした小説の大江健三郎。自分には大きすぎる、戦争中に亡くなった俳優を差し置いてもらうことはできないと語った女優の杉村春子。それ以外にも、小沢昭一、永六輔、千田是也、岸田今日子、吉行淳之介などが辞退している。

「柄ではない」と拒否した関川栄一郎は、穏やかな人柄だったが、毅然とした態度だったそうだ。

10月19日

連城三紀彦（れんじょう・みきひこ）

人間関係というのは相手との距離さえ置けばうまくいく。もめるのはその距離を越えようとするからだ。

1948.1.11 〜 2013.10.19

日本の小説家。1977年に探偵小説誌「幻影城」の新人賞に入選しデビュー。1981年に『戻り川心中』で日本推理作家協会賞の短編賞を、1984年には『恋文』で直木賞を受けた。情感あふれる恋愛小説や緻密な構成をもつミステリーで知られ、映像化された作品も多い。

「連城三紀彦のミステリーを読んだことがない人に向けて」編まれた『連城三紀彦レジェンド』は、連城ファンのミステリー作家の綾辻行人、伊坂幸太郎、小野不由美、米澤穂信の編である。巻末の綾辻・伊坂の対談では、「どの作品もレベルが高い」「逆転の形をまず決めて、それを主軸にいろいろ要素を付け加えて話を組み立てている」「人間を描くことよりも、読者を騙すことに生きがいを感じる」などと説明している。

この本の最初の『依子の日記』と、同郷の中津出身の小野不由美の勧める『桔梗の宿』、最後の『母の手紙』を読んでみた。どれも人間の心の闇の部分をえぐり出す、おどろおどろしている短編だ。

連城は生涯独身を通し、晩年は母の介護と自らの病いで時間に追われる日々だった。真宗大谷派の僧侶でもあった。享年65。

ミステリーと恋愛、そしてその融合が作風であるこの作家は、人間関係をテーマとしたということができるだろう。相手に応じた「距離感のマネジメント」が平穏な人生を送る秘訣だろうが、人間の心理を扱うミステリーや、揺れ動く心を描く恋愛小説というものは、登場人物同士の距離感覚の違いがもたらす悲喜劇ということだろう。これを機会に同業の後輩作家たちが絶賛するこの人の作品を読むことにしよう。

10月20日

中村秀一郎（なかむら・ひでいちろう）

ベンチャー企業。

1923〜2007.10.20

日本の経営学者。1964年専修大学経済学部教授。1989年 多摩大学経営情報学部長・教授。1995年4月に第2代学長に就任するが病に斃れる。

「多摩大は『大学改革の先進モデル』として世間に名を成した。もしそうした事実が創設期の多摩大の成功と言えるなら、僕は誰に対してもためらいなく、その功績の過半を貴方の存在と活躍によるものだと断言してはばからない。確かにその間僕は初代学長ではあったが、対外的業務に追われつづけた僕に対して、学内業務を適切に裁き、学内の人心を見事にまとめた貴方こそ、実質的学長と言ってよかったからだ」は、名コンビだった野田一夫初代学長の弔辞である。

寺島実郎第五代学長は就任時に「中村秀一郎二代目学長の本を読んだ。アカデミズム、インダストリアリズム、ジャーナリズムから教員を集めた。ホテル・レストラン学部構想などが書かれていた。原点回帰も」と述べている。

現経営情報学部長の杉田文章教授は、2017年の同窓会イベントで、尾高敏樹（大学の番頭）、松谷泰行二代学部長（全員添削）、鈴木雪夫（初代研究科長）、井上伸雄（いたずら王）、日下公人研究科長（人生最高にして究極のレジャーは教育）、国津信博（人生訓）、内藤則邦（ゼミ中心大学の起源）、白根礼吉（ダンディズム）、近藤隆雄（教務委員長）、門馬晋（英語の前に日本語）、大槻博（日本初の授業評価）、河野大樹（ドラッカー）、井上一郎（那野比古）など伝説の教授陣を紹介して、途中入社の私は豪華な教授陣に改めて驚いた。

ビジネスマン時代に一度だけ多摩大のパーティで中村秀一郎先生と声を交わしたことがあり、温厚な笑顔が印象に残っている。名言の一つは「多摩大の敵は多摩大」である。私たちがこの10年行なってきた改革にも通ずる言葉であり、蛎殻や垢のついた組織の改革に邁進した私たちの推進力となったコンセプトともいえる。

中村秀一郎は「ナンバーワンではなく、オンリーワンこそ、差ではなく違いこそ、またビッゲストではなくベストこそ、追求に値するのだ」と『21世紀型中小企業』（岩波新書）で述べている。これは企業にも、大学にも、そして個人にも当てはまる。

「中小企業」という垢にまみれた暗さのある言葉から、清成忠男とともに「ベンチャー企業」と命名したコンセプター中村秀一郎の功績は大きい。「大企業病」と同じように、その後まるで普通名詞のように誰もが語るキーワードとなった。それがある時代の日本経済を牽引した。そして「ベンチャー精神」は、多くの若者を鼓舞したのである。

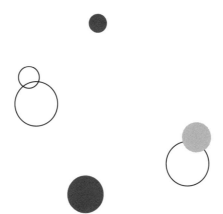

10月21日

宮脇檀（みやわき・まゆみ）

目で知り、頭で知り、身体で知り、足で知る。

1936.2.16 ～ 1998.10.21

建築家、エッセイスト。父は洋画家、母はアップリケ作家。東京芸術大学美術学部建築科から、東京大学大学院工学系研究科に学ぶ。

代表的な建築作品に打放しコンクリートの箱型構造と木の架構を組み合わせたボックスシリーズがあり、「松川ボックス」は1979年に第31回日本建築学会賞作品賞を受賞した。宮脇による単純明快な建築は当時の現代美術からインスピレーションを得たものであった。柱無しで宙に浮くアート作品のような家、スタイリッシュを極めるという冒険、など今でも見る人を驚かせる新しさだ。

宮脇は、いいもの、優れたものに触れることに執念を燃やす人だった。映画、本、芝居、音楽、小物、食べ物、風景、人など。世界各地の旅では、目で見て、手で触って、定規で採寸し、手でスケッチする。いつでもどこでも、大きさや高さを測るための巻尺や定規を持ち歩いていたのだろう。この点は、農林学者の本多静六博士と同じだ。一般論ではなく寸法までも知っているから、説得力があり誰も反論できない。

後に日本大学生産工学部建築工学科教授として後進を育てたときの教育理念は「眼を養い、手を練れ」だった。この言葉は教え子たちが没後に編集した本のタイトルになっている。「体で覚える」ことを重視した宮脇は、自分の眼力を高めること、そして自分の手を使って鍛錬するという行為を繰り返すことが重要だと教えている。また「かっこよければすべてよし」が口癖だったそうだ。

宮脇檀はさまざまの分野の書物を濫読する一方で、「目で知り、頭で知り、身体で知り、足で知る」ことが、出会った瞬間の判断を正しくすると信じており、身体全体で知ることに徹した身体知の建築家だった。この教えは建築界だけでなく、仕事に立ち向かう人びとへの貴重なアドバイスである。

10月22日

坂田栄男（さかた・えいお）

少しでも越えがたい記録を作っておくことが、先の時代を生きた者が後の世代に遺す贈物であると信じます。

1920.2.15 ～ 2010.10.22

囲碁棋士。１９５１年に獲得した第１期日本棋院最高段者トーナメントのタイトル以来、生涯獲得タイトルは64。挑戦手合いと決勝で敗れたのが28回。１９６１年は本因坊、王座、日本棋院、最高位・最強位・日本棋院選手権・ＮＨＫ杯を合わせて7タイトル制覇の記録をつくる。１９６４年、43歳で、本因坊戦で7連覇他、選手権制初の名人・本因坊、7タイトル制覇。１９７２年から１９７３年にかけては4つのタイトルを保持して「第二の黄金期」を築く。１９７８年、59歳で名人位に戦者するが敗れる。日本棋院理事長を１９７８年から１９８６年まで務めた。80歳をもって引退する。

「カミソリ坂田」「シノギの坂田」「なまくら坂田」「攻めの坂田」「大坂田」などの異名を持つことからわかるように魅力的な棋士だった。親友の近藤啓太郎は坂田をモデルにした小説『馬鹿な神様』、『勝負師一代碁界を戦慄させた坂田栄男の天才』を書いている。

「勝負は時の運などというように、力だけでは勝てない時もある。しかし、普段から努力してコツコツと実力をつけていくことがまず最初に必要なことだ。実力が本当に十分発揮できるとき、それを波とかツキとか呼ぶのだと私は考える」

「本当に強いとは、ここ一番の大勝負に必ず勝つことなんだ」

　45歳の坂田名人に23歳の林海峰が七番勝負を挑み、勝った事件がある。その林海峰は「藤沢秀行先生は、その時々の大きなタイトル一本に絞ってくる印象でしたが、坂田先生はあらゆる棋戦に全力投球、「ぜんぶ勝つ」というすごみがありました」と勝負への執念を語って悼んでいる。

　タイトル歴を眺めると、木谷実、高川格、藤沢秀行、林海峰、石田芳夫などのライバルと熱戦を繰り広げ、31歳から63歳まで間断なく何かのタイトルをとり続けている姿に驚きを禁じ得ない。

　冒頭の記録に関する坂田の言葉は『炎の勝負師　坂田栄男　第3巻　栄光の軌跡』の「はしがき」にある。「記録」を大切にした真意は歴史の継続と進歩にあったのである。坂田栄男は「80歳現役時代」のモデルかも知れない。

10月23日

山本夏彦（やまもと・なつひこ）

表向きは迎合に見せて、実は見る人が見れば分かるように言いたいことを言うように心がけている。

1915.6.15～2002.10.23

日本の随筆家、編集者。東京下谷根岸生れ。詩人・山本露葉の三男。少年期に渡仏後、１９３９年24歳のとき「中央公論」に「年を歴た鰐の話」（Ｌ・ショボー原作）を発表する。１９５５年雑誌「室内」を創刊。１９８４年に菊池寛賞を受賞。１９９０年に『無想庵物語』で読売文学賞を受賞した。「室内」に「日常茶飯事」、「週刊新潮」に「夏彦の写真コラム」、「文藝春秋」で「愚図の大いそがし」、「諸君！」で「笑わぬでもなし」を連載した。

　著書に『私の岩波物語』『世間知らずの高枕』『「社交界」たいがい』『寄せては返す波の音』『オーイどこ行くの』『一寸さきはヤミがいい』など。２００２年、胃がんの転移により87歳で逝去。死の直前までコラムを書き続けた。弟子である安部譲二の『塀の中の懲りない面々』は、山本創刊の「室内」に連載された、獄中の体験談から生まれた本である。うるさ型の保守である藤原正彦や阿川弘之が山本夏彦のコラムの愛読者だったというのは、本を読むとよくわかる。

　以下、『ひとことで言う　山本夏彦箴言集』から。

○この世はやきもちから成っている。

○人間の知恵は古典に尽きている。

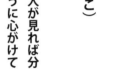

○人はこの世にニュースがないのに耐えられない。
○表向きは迎合に見せて、実は見る人が見れば分かるように言いたいことを言うように心がけている。
○我々は大々的に騒げと指図されると騒ぐ、指図されなければ騒がない。
○食べられる限り国民は怒らない。
○記事は給料をもらっている記者が書くから信用できない、広告は一字千金という大金を払う広告主がつくるから分からないことは書かない。
○私の本は売れるほうなのに店頭で買っている人をついぞ見たことがない。
○三十年四十年友に似たものならそれは友である。
○一冊を熟読玩味すれば人間のたいがいは、ここにふくまれていること男女のようである、一人のなかに千人の女ははいっている。
○風俗の変化は天災地変によることが多い。
○たいていのことは詮じつめると税制に帰する。
○繰り返せば人は信じる。
○新聞で読まれないのは小説と社説である。
○ギリシャ人は税金を納めて一旦緩急あったとき武器をとって国を守る意志と能力のある壮丁にしか選挙権を与えなかった。
○没書になる原稿を送る特派員はない。
○新聞の「天声人語」「余録」のたぐいは現代の修身なのである、あれには書いた当人が決して実行しない、またするつもりもない立派なことが書いてある。
○ニュースも天気予報もローカルがいい。
○新聞に出なければそれは存在しない。
○我々は我々以上の国会も議員も持てない。

名コラムニスト・山本夏彦は、政治とマスコミと世相と人間について、一見世論に迎合しているように見せて、あとで「ははあ」と批判が分かる人には分かるように異端の説を述べる。このテクニックがコラムを書く要諦だというが、世論に迎合せずに本音を吐露しているように私にはみえる。

箴言には教訓という意味と戒めという意味があるのだが、山本夏彦の箴言コラムは上段に振りかぶった正義の教訓ではなく、控えめな書きぶりの「戒め」的要素が強く苦笑を生じさせるから、読者の心のすき間に入り込むのだろう。

10月24日

岡本愛彦（おかもと・よしひこ）

1925.10.11 〜 2004.10.24

私は貝になりたい。

日本の映画監督、テレビドラマの演出家、ジャーナリスト。朝鮮黄海南道生まれ。ＮＨＫをへて、ラジオ東京（現東京放送、ＴＢＳ）に入社。テレビドラマ「私は貝になりたい」「いろはにほへと」を演出し、芸術祭大賞を連続受賞。フリーとなり、「愛の化石」、「ボク、走りたい」などの映画や社会派ドラマを制作。明星大教授、大阪経済法科大教授。著作に『テレビよ、驕《おご》るなかれ』など。女優・森光子の才能を見いだし、１９５９年に結婚し、４年後に離婚している。

「私は貝になりたい」は、元陸軍中尉・加藤哲太郎の手記「狂える戦犯死刑囚」の遺言部分をもとに、橋本忍の脚本で制作された架空の物語で、テレビドラマおよび映画となった。日本のテレビ史に語り継がれている名作である。

第二次世界大戦中、清水豊松は、気の弱い平凡な理髪師。赤紙が届き内地のある部隊に所属した豊松は、厳しい訓練の日々を送る。ある日、撃墜されたアメリカ軍Ｂ—29の搭乗員が裏山に降下。山中探索の結果、虫の息であった搭乗員を発見。隊長から搭乗員を銃剣で刺殺するよう命じられたが、怪我をさせただけに終わる。終戦後、無事に帰郷。ある日、特殊警察がやってきて捕虜を殺害したＢＣ級戦犯として彼を逮捕し、理不尽な裁判で死刑を宣告される。彼は処刑の日を待ちながら「もう人間には二度と生まれてきたくない。生まれ変わるなら、深い海の底の貝になりたい」と遺書を残す。

フランキー堺主演のこの不朽の名作を１９５８年に演出したのが岡本愛彦である。１９９４年版は所ジョージ、２００８年版は中居正広が主演している。岡本愛彦は日本統治時代の朝鮮半島生まれであり、「朝鮮分断の最大の責任は日本帝国主義にあった。その歴史的責任を考えるなら、日本人と日本国は、南北の統一の為に率先して努力すべきだ」と考え、「告発 在日韓国人政治犯レポート」、「ボク、走りたい！」、「世界人民に告ぐ！」などの、日本における在日朝鮮人をテーマにした映画の監督を担当した。

子どものころ、この「私は貝になりたい」が話題になり、映画を見たような記憶がある。そのときは、この作品の意味がわからなかった。今回調べてみて、主人公の「私は貝になりたい」の真意がよく理解できた。戦争に巻き込まれる庶民の運命の理不尽さへの怒りが、人間という愚かな存在はまっぴらだ、深い海の底で静かに暮らしたいという願いになったのだ。深い海の底とは、海面の激しい波に影響されない静かな場所だ。庶民の平和な日常の幸せの大切さを訴え、戦争を弾劾する物語とわかった。この作品を改めて鑑賞しよう。

10月25日

笹崎龍雄（ささざき・たつお）

わが輩は豚である。

1916.9.3 〜 2012.10.25

埼玉種畜牧場創業者（サイボクハム）。ニュービジネス大賞（金賞）。渋沢栄一賞。日高市名誉市民。享年96。死因は老衰。

関東大震災、昭和大恐慌、陸軍軍医、戦争、フィリピンの山下奉文軍司令官の参謀、敗戦、公職追放。「この戦争は物量と食糧不足で敗けた」と総括し、「食糧自給と増産が自分の使命である」と考え、養豚事業に邁進する。

育種改良の重要性に早くから着目し、当時は夢物語に近かったランドレース、デュロック等の原種豚を海外から輸入し、全国の養豚家に頒布。サイボク研修生として「豚と会話ができる人間になれ」というサイボクスピリッツの薫陶を受けた養豚家は、全国の地域の養豚振興を担っている。

現在では、ハム工場あり、レストランあり、こだわり食材を並べたスーパーあり、温泉ありの、「農と食と健康のテーマパーク」に変身を遂げた。１次産業から３次産業全てを融合した理想郷をサイボクファームは実現している。年間来場者数は４００万人ほど。

笹崎の薫陶を受けた弟子たちの観察は次のようだ。メモ魔。手帳。金言の人。語録。記録の整理魔。メモ、観察、熟考、整理する習慣。求道者。

１９５３年に大著『養豚大成』を刊行し、異例のベストセラーになり、その印税で欧州視察を行なう。種豚―肉豚―精肉―ハム・ソーセージ―レストラン―調味食品と事業を伸ばした。64ページの文化雑誌、１万部無料配布の「心友」誌には「豚声人語」というコラムを書き続けた。以下、『とことトン人生96年』から選んだ笹崎語録。

○自分の人生を創造できる人間、そして自分の職に希望と夢をもって全身全霊を打ち込んで働き、毎日の生活に情熱を燃やすことのできる人は幸せである。
○自分の人生は自分で脚本をかき、誰にも拘束されずに演出し、自分で納得のできる仕事に、全力を傾倒できる人は幸せである。
○どんな仕事でも永遠に未完成である。矛盾と問題だらけである。これを解決していくのが人生である。自分の天職に全情熱を打ち込み、その仕事とともに生きる人は幸せであり、魅力のある人である。
○私は、自分の人生（天職・事業経営）について、自分で脚本を書き、自分で演出し、自分の創った舞台で、思う存分に全情熱を傾倒し、そのなかに人間としての生きがいと、人間らしさを、自分でつかみとっていける人が、この世で一番幸せな人だと考えている。すなわち、自分の心に、しっかりした人生の羅針盤を持っている人間が、一番幸せな人だと思っている。
○豚の命をいただいて我々は生活できているから、商品になるものは、無駄なく、お客様（人間）に食べていただくことによって、豚の命に報いることができる。
○記録（メモ）を確行せよ。数字と思考で毎日の生活を科学すること。
○豚のことは豚に聞け！　仕事は道楽、勉強は趣味だ。農業は脳業だ。楽農。毎日が自己開発である。

このように、漢学の素養と東洋哲学に裏打ちされた金言の数々と人柄に接した人たちは大きな影響を受けた。

龍雄の息子の静雄は私と同世代で、「知的生産の技術研究会」の仲間であり、互いに30代のころ、会で埼玉のサイボクハムを集団で訪問したことがある。もしかしたら、そのときに、父上にも会っているかも知れない。

無数の金言の中で「わが輩は豚である」という言葉を発見したときは、思わず笑ってしまった。笹崎龍雄の人生はこの言葉に極まれりだ。植物学の牧野富太郎が「私は草木の精である」と言った境地と同じだ。

笹崎はリーダーに必要なのは、「愛敬と運だ」と言う。厳しい指導をする人ではあったが、この人には皆が愛する愛敬もあったのだろう。高い志、食糧事業のパイオニア、そして96歳という老衰での天寿の全う。一世紀に及ばんとする人生で笹崎龍雄は、最終的に完全なる自分自身になったのではないか。

10月26日

赤瀬川原平（あかせがわ・げんぺい）

アバウトは健康にいい。

1937.3.27 ～ 2014.10.26

日本の前衛美術家、随筆家、作家。純文学作家としては尾辻克彦(おつじ・かつひこ)というペンネームがある。

１９６２年、25歳、ポスターカラーで描いた絵画「破壊の曲率」でシェル美術賞に入選。千円札の表だけを一色で印刷したものに手を加えたものを作品とし発表する。１９６５年、28歳、通貨及証券模造取締法違反に問われ、起訴される。一審で「懲役3年、執行猶予1年、原銅版没収」の判決。上告ののち１９７０年、33歳、執行猶予つきの有罪確定。

「朝日ジャーナル」に連載した「櫻画報」では、「櫻画報こそ新聞であり、この周りにある『雑誌状の物』は櫻画報の包み紙である」と主張。34歳、最終回（１９７１年3月19日号）が問題になり、自主回収された。この事件で編集長が更迭された他、朝日新聞出版局では61名の人事異動が行なわれ、「朝日ジャーナル」自体も２週間にわたって休刊する。

編集者に勧められて純文学に取り組む。尾辻克彦の名で身辺小説『肌ざわり』を執筆し、1979年、42歳、中央公論新人賞を受賞。短編『父が消えた』で、1981年、44歳で第84回芥川賞を受賞。1983年、46歳、『雪野』で野間文芸新人賞を受賞。

マンホールの蓋、看板などを発見し考察する「路上観察学会」を49歳で創設。1987年、50歳、『東京路上探険記』は講談社エッセイ賞を受賞。1989年には、勅使河原宏と共同脚本を担当した映画「利休」で、日本アカデミー賞脚本賞を受賞。1993年、56歳、『仙人の桜、俗人の桜』で、JTB旅行文学大賞を受賞。1998年、61歳、『老人力』は筑摩書房はじまって以来最高のベストセラーとなり、「老人力」は同年の流行語大賞を受賞。翌年毎日新聞出版文化賞特別賞。

また、赤瀬川源平は、多くの「ナンセンス」で「ユーモラス」な組織の結成に関わっている。そのリストをみると目がくらみそうだ。

以下、赤瀬川源平を巡る言葉。——公序良俗をからかう危険な前衛主義者。あらゆる思想信条を笑いのめす得体の知れない不謹慎、反体制ではなく無体制。諧謔に満ちた言語ゲームの遊戯者。永山則夫『無知の涙』の装幀者。宮武外骨の「頓知」の復権の主張。

74歳で出した『個人美術館の楽しみ』を読んだ。「個人美術館というのは、一人の作家だけの美術館と、一人のコレクターによる美術館と、二通りの意味がある」。必要だから買うのではない、散財するのである。コレクターの愉しみとは、散財の爽快感にある。この本では46の個人美術館を紹介している。私はこのうちまだ15しか訪れていない。全部訪問してみるか。「個人美術館の面白さはコレクターの熱情を見ることにもある」。確かにそうだ。しみじみと作家や蒐集家の人生を思うことにしよう。

物忘れを「老人力がついてきた」と赤瀬川源平はポジティブにとらえていく。逆説の名人だ。

先輩画家の説明も「実は、内気なアバンギャルド」の安井曾太郎。「ロマンを吹き飛ばす乱暴力」の青木繁など独特である。「アバウトは健康にいい」も、常識を破る爽快なメッセージだ。あくまで「思想的変質者」であろうとした、その暴力的なエネルギーは生き続けている。

10月27日

三笠宮崇仁親王（みかさのみや・たかひとしんのう）

人生というものはおもしろいものである。一喜一憂すべきではない。

1915.12.2 〜 2016.10.27

日本の皇族、歴史学者（専攻は古代オリエント史）、陸軍軍人。昭和天皇の末弟。

幼少時より「童謡の宮さま」と呼ばれるほど文才があった。学習院中等科終了後、陸軍に入る。陸軍士官学校、陸軍大学卒。戦術と戦史が中心の陸大で、血の通っている生きた人間の肌に触れる戦史に興味を惹かれ、後に歴史学の道を歩む。

戦時中、兄の大元帥陛下に、中国がつくった日本軍の残虐行為をテーマにした勝利品の映画を見せている。日露戦争からわずか20〜30年しかたたないのにどうして軍紀がゆるんだのかと考え込む。石原莞爾擁立運動から東条英機首相暗殺未遂事件にも関与した。

１９４６年、枢密院本会議において、日本国憲法制定の採決が行なわれた際、ＧＨＱによるマッカーサー憲法であり日本人の手によるものではないとして、採決を棄権している。一方で、日本国憲法第九条の非武装中立については支持した。

終戦後、「『格子なき牢獄』から解放された」ので生活環境が激変したと述べている。「井の中の蛙」を脱して、人間の情熱をかきたてる根本的な要因を探究しようと、東大文学部の研究生となる。東京女子大などで歴史を講義し、「宮さま講師」と呼ばれた。語学に堪能で、流暢な中国語・ヘブライ語を操る。「菊のカーテン」という言葉を最初に使った。

「われわれは歴史のなかから、人間社会がいかに変わっていくかをはっきりとつかみとって、人生ももつれた糸をほぐしていなかければならない」

「偽りを述べる者が愛国者とたたえられ、真実を語る者が売国奴と罵られた世の中を、私は経験してきた」

歴史を通じて全世界を支配している宗教的思想の基礎が古代オリエントにあり、ユダヤ教が確立され、キリスト教、イスラム教、そしてマルクシズムにもその影響があるとし、社団法人日本オリエント学会を設立し、会長となる。また、財団法人中近東文化センターが設立された際には、総裁を引き受けている。

『帝王と墓と民衆――オリエントのあけぼの（付・わが思い出の記）』（カッパブックス：光文社、1956年）、『乾燥の国――イラン・イラクの旅』（平凡社、1957年）、『大世界史1　ここに歴史はじまる』（文藝春秋、1967年）、『生活の世界歴史1　古代オリエントの生活』（河出書房新社、1976年）、『古代オリエント史と私』（学生社、1984年）、『古代エジプトの神々――その誕生と発展』（日本放送出版協会、1988年）、『レクリエーション随想録』（日本レクリエーション協会、1998年3月）、『文明のあけぼの――古代オリエントの世界』（集英社、2002年）、『わが歴史研究の七十年』（学生社、2008年）など著書も多い。私は『古代オリエント史と私』を読んだ。

心不全のため薨去。享年102（満100歳）。1915年、明治天皇の崩御からわずか数年の第一次世界大戦の真っ最中に生まれて、昭和の士官学校時代には、5・15事件、2・26事件に遭遇し、兄陛下の沈痛な面持ちをみている。そして、大東亜戦争、戦後民主主義、高度成長、バブル崩壊、平成時代、そして21世紀の初頭の10数年を生きた。

「人生というものはおもしろいものである。一喜一憂すべきではない」というセンテナリアン（百寿者）三笠宮の言葉には重みがある。

10月28日

松尾孝（まつお・たかし）

1912.7.15 ～ 2003.10.28

生涯一人一研究。

日本の実業家。カルビー創業者。享年91。

18歳で家業を継ぐ。戦後の極端に栄養の悪い状態をみて「健康にいい、栄養のあるお菓子をつくること」を志した。1955年、カルシウムとビタミンB_1を組み合わせて、社名をカルビー製菓とする。

アメリカからの救援物資の小麦粉と、車エビの餌になっていた小エビであられをつくろうとし、油で揚げて塩をまぶす「かっぱえびせん」が誕生する。1968年「やめられない、とまらない」のキャッチコピーでCMを開始しブランド化に成功、以降爆発的に売れた。1970年には「ポテトチップス」が人気商品となり、3年目には単品で200億円の売上を達成し、1980年ごろにはポテトチップス全盛期を極めた。

鮮度にこだわり、菓子業界で初めて商品に製造年月日を表示するなど、日本のスナック食品市場確立の多大な貢献により、1976年に藍綬褒章を受章、1980年には農林水産大臣賞を受賞した。

引退後も、「じゃがりこ」や「じゃがポックル」などの製品開発に取り組んでいた。じゃがりこの製造責任者だった現社長の中村一浩は、世界一のポテトカンパニーを目指すとし、日本のジャガイモ産業の改革を掲げている。中期計画では2020年に売上げ350億円、営業利益20億円だが、創業100年の2080年には売上高を1兆円、営業利益を1500億円という途方もない数字をあげている。

松尾孝の創業理念は「未使用資源の有効活用。農工一体の精神。生涯一人一研究」であった。カルビーは、ジャガイモという未使用資源の有効活用を目指し、農工一体の精神で、生涯を一つの分野の研究にかける。この理念を社員にも説いたが、松尾自身も「健康にいい、栄養のあるお菓子をつくること」という志を具体化した、ジャガイモを用いたスナック食品の研究開発に生涯を捧げている。「生涯一人一研究」は、誰もが心に持ちたい言葉である。

五代目　三遊亭圓楽（さんゆうてい・えんらく）

噺家は人生の語部（かたりべ）である。

1932.12.29 ～ 2009.10.29

落語家。21歳、六代目三遊亭圓生の一番弟子として入門。29歳、真打ち昇進し五代目三遊亭圓楽を襲名。33歳、テレビ放送を開始した「笑点」にレギュラー解答者として出演。45歳、師匠の圓生と共に落語協会を脱退し、落語三遊協会を設立。52歳、江東区に寄席「若竹」を建設。56歳、若竹を閉鎖。63歳、23年間司会者をつとめた『笑点』を勇退し、桂歌丸に譲る。「借金返済のため、噺家として大事な50代に全国を講演で回った。悔やんでも悔やみきれない」と語っている。76歳で死去。今なお「笑点といえば、圓楽」のイメージは生き続けている。

修行は嫌いではなかった圓楽は、「ああ、いっぱしの奴だね」と言われるような仕事をしたいと、落語の六代目三遊亭圓生に入門をかけあう。「ざっと五十年は食えませんよ」といわれるが、頼み込んで一番弟子になる。

圓楽は「落語若手四天王」の一人だった。後の三人は、月の家円鏡（後の橘家圓蔵、１９３４年４月３日～２０１５年10月7日）、立川談志（１９３６年１月２日～２０１１年11月21日）、古今亭志ん朝（１９３８年３月10日～２００１年10月1日）。

悪口を言われるから談志より先に死にたくないと語っていたが、圓楽の方が2年早かった。『圓楽　芸談　しゃれ噺』には、この3人の仲間でありライバルがよく登場する。私が20代のころ、ロンドン空港で志ん朝のお世話をしたこと、そして仙台で晩年の談志の語りを聴いたことを思い出しながら、この分厚い本を愉しんだ。

この人は自分で考えたキャッチフレーズが多い。「湯上がりの顔」から始まり「星の王さま」「名人圓楽」「ベルサイユのばら」「落語の宣教師」「正義の味方」「バンビちゃん」。ちょっときざでペダンティックなキャラクターとして通した。

落語についてどう考えていたか。

○人を笑わせるのが一番むずかしいですからね。一番簡単なのが怒らせること。泣かせるのもそれほどむずかしかないんです。

○大衆芸能だから、マジョリティを相手にしなければならない。
○これほど面白くて、深みがあって、人情の機微をこれほど細やかに、ときに温かく、ときにユーモラスに描いた芸能はない。

落語界での身の処し方についてどう考えていたか。
○焼き餅を焼いていると自分が小さくなるから考えないようにしている。
○引き際が肝心。惜しまれているうちに、さっと身を引くのが一番。
○世の中ってものはジワジワ変えていくべきだ。人間は極端な変化は好まない。

座右の銘は「得意平然　失意泰然」。

最後に「落ち(サゲ)」がつくのが特徴であるから「落語」というのだが、圓楽はこの言葉を好まなかった。入門した三遊派は人情噺の系統で、人物描写に主眼を置いていた。人情噺は人生観を盛り込んで語っていけるということで、圓楽には合っていた。噺家・三遊亭圓楽は、人情噺を中心にした人生の語部たらんとしたのだ。

白川静（しらかわ・しずか）

洞門は開かれておらず、急遽帰洛して鑿《のみ》を振るわねばならぬ。

1910.4.9 〜 2006.10.30

日本の漢文学者・東洋学者。

若き日に「一生、読書をし続けよう」と決心する。崩壊し続ける「東洋」の源像を求めようとし、世界で最もふるい歌謡集『詩経』と、日本の『万葉』という希有の古代文学、この比較研究を行なう。中国と日本の古代文化に共通する東アジア的特性に、わが国で発明された「東洋」の出発点を求めた。20歳前後のときである。

約３０００年前の甲骨文字や金文という中国の古代文字を、トレーシングペーパーを使って写し取り、何万枚も写す作業をコツコツと続けた。45歳のとき、「口」が「くち」ではなく、神への手紙を入れる器「サイ」であることを発見する。１９５４年に教授になるが、人より10年遅かった。大学卒業が10年遅いのであるから、人より10年長く仕事をする以外にないと考えた。

60歳になったころには、１００本を超える研究論文を発表していたが、「学問の成果は、普通の人にもわかるものでなくてはならない」と、初めて一般向けの本『漢字』（岩波新書）を書いて、多くの読者を得ている。

65歳で定年になる。その後、70歳まで特任教授。73歳まで大学院で教える。そして73歳でやっと自由の身になる。

「一歩ずつ運べば、山でも移せる」と考え、『字統』（６８００余字）、『字通』（上代語１８００余語）、はそれぞれ2年、『字通』(見出し漢字総数約1万字の漢和辞典の最高峰)に6年、合わせて10年計画を立てる。毎日毎日、同じペースで書き続け、5万枚を超える原稿を一人で書き上げ、目の衰えもあり13年半かけて3冊の字書を完成させる。ページ数の合計は、３０００ページを超える。これによって毎日出版文化特別賞、菊池寛賞、三部作の完成で朝日賞を受賞。

89歳のときの計画がある。著作集12巻をまとめる、いくつかの出版物を再編集する。これは月1冊の割合でも5年はかかる。仕事の継続には適度の緊張を保つことができる定期的な企画を持つのがいいとし、年4回、5年で完結する「文字講話」を企画し、実行している。

「愚かしい戦争」で負けた戦後の国語政策で、漢字が１９５０字に制限されたことを批判している。「おもう」は「思う」だけになった。「想・念・憶・懐」という字に「おもう」という訓は与えられなくなった。努力しないで習得される程度のものでは優れた文化は生まない。漢字の活性化による過去の豊かな文化の回復を目指すべきだ。源泉としての古典を大事にすべきだ。「衰えている漢字を復活させれば、漢字を使い続けてきた東洋の国ぐにも復活できるはず」との考えだった。

74歳で初めての賞である毎日出版文化賞特別賞(１９８４年)を受賞。以後、菊池寛賞(１９９１年)、朝日賞(１９９６年)、京都府文化特別功労賞(１９９６年)、文化功労者(１９９８年)、勲二等瑞宝章(１９９９年)、第8回井上靖文化賞(２００１年)、福井県県民賞(２００２年)。94歳では最高峰の文化勲章(２００４年)を受賞している。

志を決めて、不断に計画する。構造的、体系的に見る、歴史的に展開するとして見て、その上で解釈学的に問題を考えるという方法が白川静の研究だった。「洞門は開かれておらず、急遽帰洛して鑿を振るわねばならぬ」は菊池寛賞授賞式での挨拶である。

中津の「青の同門」を題材にした菊池寛『恩讐の彼方に』の、２５０年ほど前に人びとの往来の危険を除去するために岩盤をノミだけで約30年かけて掘った主人公・禅海和尚に自身をなぞらえたのだ。白川静はその禅海和尚の心境で、コツコツとノミを振るう96年の人生を全うしたのだ。高齢化社会に生きる人びとに勇気を与える生き方である。

10月31日

幸田文（こうだ・あや）

（心がそれだけ）回るし、いちばん的確なのをつかめる、選べるという自由がございますね。

1904.9.1 〜 1990.10.31

日本の随筆家・小説家。幸田文の文章は、新しい情報を伝える「エッセイ」ではなく、日常の見聞から人間の本質を描く「随筆」というにふさわしい。

父・露伴のことにはどうしても目がとまる。

「父にうそをつくと観破されて恥しい目にあう」

「黙ってひとりでそこいら中に気をつけて見ろ」

「なぜもっと父の話を沢山聴いておかなかったか悔やまれた」

「父の書斎……そこは家人といへども猥りに入ることのできない、きびしい空気がつつんでゐた」

「お父さんは偉い人だと感服して聴いた」

「ある冬、伊豆に遊んでいた父から手紙をくれた。『湯のけむり、梅の花、橙の黄、御来遊如何』という誘い……」。

露伴と文との関係と交流が過不足なく冷静に描かれている。

「終焉の終わりは、『じゃあおれはもう死んじゃうよ』と何の表情もない。穏やかな目であった。私にも特別な感動も涙も無かった。別れだと知った。『はい』と一言。別れすらが終わったのであった」である。

「このよがくもん」の始めは、「お前は赤貧洗うがごときうちに嫁にやるつもりだ……薪割り・米とぎ、何でもおれが教えてやる」である。

今回、文藝別冊増補新版『幸田文』を読んだ。中では女性作家の見方に興味をそそられた。幸田文の姿は「ふいに何処か下り立ったような薄藍色の着物の女人《にょにん》」と森茉莉が書き、「幸田文の文章はまっ直ぐに立ち真正面から当たるしか出来ない作者の、凛として少し哀しい潔さ」とは、高樹のぶ子の言である。

この本の中で金井景子（早稲田大学教授）という人が私の名前を挙げているのに驚いた。「自分史作成のための数ある指南書のなかで、就職活動をする若年層をも射程に収め、CD―ROM版の支援ソフトを同時発売して話題になった久恒啓一・沼田芳夫共著『自分伝説』では、自分史を執筆する際に、『人生キーワード』として次のような六領域を想定している。『家族・家庭』『生活・住居』『交遊・恋愛』『趣味・嗜好』『学校・職歴』『資格・表彰』。それぞれの領域において自分が如何なる状況に取巻かれていたか、また何をなしえたかを追想するかたちで、自分史執筆のためのデータが蓄積されることになる」と紹介されている。１９９９年、もう20年前の著書とCD―ROMだ。

２０１０年に映画『おとうと』をみた。山田洋次監督が描く可笑しくて哀しい物語だ。山田監督はパンフの挨拶に「家族という厄介な絆」というタイトルをつけている。主演の姉吟子役は吉永小百合、弟役は鶴瓶だ。原作は、幸田文だった。

２０１３年に世田谷文学館でやっていた「幸田文展」で幸田文の人生を考えたことがある。露伴の死後に露伴の思い出を書くようにとの要請にこたえて文章を書き始める。43歳だった。86歳で死去するまで名随筆を書き続ける。

幸田文の本をまともに読んだのは『きもの』だけだ。人生の転変を、着物をめぐる変化とともに描く逸品だと感心した。

斎藤茂吉が「先生」と呼んだのは鴎外と露伴だけだったが、その露伴の『努力論』の中に「努力して努力する」――これは真によいものとは言えない。「努力を忘れて努力する」――これこそが真によいものである、との記述がある。また「惜福、分福、植福」論もいい。

大野晋が、「言葉の数が少なくなってくると、事の判断のしようが浅くなる」と嘆いたときに、幸田文は「(心がそれだけ)回るし、いちばん的確なのをつかめる、選べるという自由がございますね」と対応している。戦後の漢字制限で、文章のきめが粗くなり、言葉と事柄の間柄のとらえようが雑になる。このことを警告しているのだ。「おもう」は「思う」だけになった。「想・念・憶・懐」という「おもう」は使われなくなった。幸田文は、こういう漢字を思い浮かべ、心をまわしながら文章をしたためたのだ。日本語の素晴らしさに感銘をうける、こういう随筆家はもうでない。

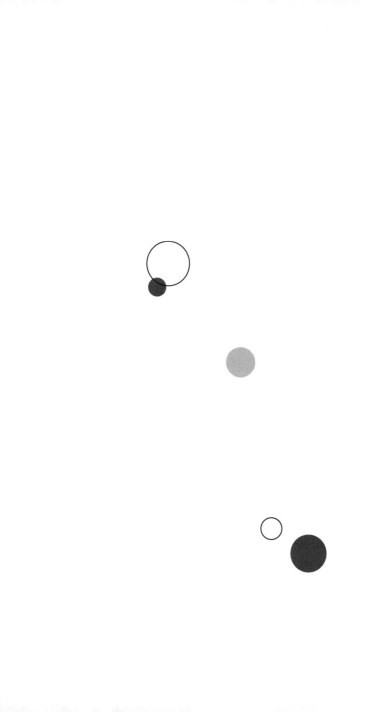

11月

霜月

二上達也（ふたかみ・たつや）

ここは師匠の意地を見せてやろうと気合を入れたが、結果は私の完敗だった。このとき引退を決意した。

1932.1.2 ～ 2016.11.1

将棋棋士。二上は若いときには「函館の天才」と呼ばれた。また、その容姿から「北海の美剣士」とも呼ばれた。

大山康晴将棋記念館の入り口に、一代の覇者は先輩・同輩・後輩を負かすは、後に後輩に破れ、天命として位を禅譲するという考え方が記してある。1952年に47歳の木村義雄名人が29歳の挑戦者・大山康晴に敗れたとき、「よき後継者を得た」と語り、多くの人に感銘を与えた。大山康治は、木村名人から禅譲を受けたのである。

その大山康晴十五世名人が、自分の地位を脅かす存在だと認めた棋士、それが二上達也と加藤一二三だ。二上は絶頂期の大山のタイトル独占を王将戦と棋聖戦で二度阻止しているのだが、タイトル戦では奪取2回、敗退18回と分が悪く、禅譲はされなかった。

一方、12年続いた大山康晴会長の後任として1989年に日本将棋連盟会長となり、2002年にかけて歴代最長の14年間、その役をつとめている。女流棋士戦の活性化と将棋の国際化に功績があった。棋士としては禅譲されなかったが、組織人としては禅譲があったといえるかも知れない。

将棋界では、神武以来の天才・加藤一二三と藤井聡太の関係にも感じられる「禅譲」という思想があるが、大相撲では「引退」についての伝統があるようだ。千代の富士の横綱昇進が決まった日の夜、九重親方（北の富士）は自分の部屋に呼び、いきなり「ウルフ、辞めるときはスパッと潔く辞めような。ちんたらちんたらと横綱を務めるんじゃねえぞ」と言った。千代の富士は、貴花田との初の対戦で、寄り切りで敗れて、潔く引退を決意する。

二上達也の弟子に羽生善治がいて、この天才と公式戦初対戦で完敗する。二上は引退の決意は妻だけに告げて指し続け、年度が変わったときに引退届を提出している。育てた弟子に敗れて、自身の限界をみて、引退を決意する。この物語も美しい。

11月2日

橋本文雄（はしもと・ふみお）

ええ音やないか！

1928.3.14 ～ 2012.11.2

日本の録音技師。マキノ雅弘、川島雄三、井上梅次、中平康、今村昌平、舛田利雄、蔵原惟繕らの監督映画作品を次々に手がけ、「日活の音」の礎をつくったとされる人。西河克己監督の「生きとし生けるもの」がデビュー作となった。日活アクション、日活ロマンポルノなど、映画録音担当作品は計２７４本。私が見た作品は、「にゃんちゃん」、「太平洋ひとりぼっち」、「敦煌」など。

日本映画の半世紀の「音」を支え続けた録音技師の第一人者であり、音の魔法使いだった。橋本は、旅と日常生活でこつこつ集めた膨大な音のサンプルを蓄積していた。その技術の高さは、毎日映画コンクール録音賞を５回受賞、日本アカデミー最優秀録音賞３回、優秀録音賞９回、日本映画・テレビ技術協会日本映画技術賞３回、文化庁映画賞受賞などにあらわれている。

「録音の仕事はセリフ、音楽、効果音、アクションが合わさったすべての『音を設計する』事や映画の録音は『画にあった音を録る』というのが基本なんだ」、「生きた音を録れ」、「音の山場はその映画の山場」、「台本の読める録音技師になれ」。

「画」にかかわる撮・照・美スタッフの後陣に構えるスタイルであり、現場で新人俳優にカツを入れるなど、監督たちからも一目置かれていた。育てた錚々たる録音技師たちは、「橋本一家」と呼ばれる。「皆が育ってくれて、映画界の第一線で活躍している事が一番嬉しい事やな」と語っているように、映画界には人材育成面でも大きく貢献している。

俳優の科白と生活音、自然音が渾然一体となった「音宇宙」の創造者であった橋本文雄は、１９９６年、映画批評家の上野昂志との共著『ええ音やないか――橋本文雄・録音技師一代』を上梓している。

映画における「音」というジャンルを突きつめた人生がここにある。今後は、映画やテレビドラマなどをみるときには、「画」だけでなく、「音」にも注目しよう。

11月3日

二代目　桂小金治（かつら・こきんじ）

一念発起は誰でもする。努力までならみんなする。そこから一歩抜き出るためには、努力の上に辛抱という棒を立てろ。この棒に花が咲く。

落語家、俳優、タレント。

次代の名人候補として将来を嘱望されたが、川島雄三監督の要請で映画俳優に転身。昭和中期から映画やテレビドラマ、バラエティ番組に数多く出演し、ことにワイドショーの名司会者として名を馳せた。川島雄三は師匠の小文治に「良い噺家を一人ダメにします。お許しください」と手をついたという逸話がある。

1966年から7年続いたワイドショー「アフタヌーン・ショー」では、政界、業界など巷に氾濫する不正、悪徳を許さない姿勢で、「怒りの小金治」の異名をとる。1975年から始まったテレビ番組「それは秘密です」で、18年続いたご対面コーナーで感動のあまり涙をよく流すので、「泣きの小金治」と言われた。親しみやすい人柄で、茶の間の人気者だった。

1926.10.6 〜 2014.11.3

桂小金治の『江戸っ子の教訓』を読むと、「おやじ」の言葉がしょっちゅう出てくる。おやじがつらい修行のなかで、身につけた人生訓。それが自分の人生の支えになっていると語っている。

○いやだなと思った方へいけ。そうすりゃ、人生、苦労は少なくてすむんだ。

○用事を言いつけられてから仕事をするやつは半人前。自分で仕事を見つけて動けるやつが一人前。

○勇気というのは、自分を抑えるためのものだよ。

○一歩抜きん出るためには、努力の上の辛抱という棒を立てる。この棒に花が咲くんだよ。

○いいことがあったら人のおかげ。悪いときは自分のせい、そう思え。

○ほしいものがあったら、自分で作れ。自分で作れないものは諦めろ。

○人に負けるより、自分に負けるときに悔しがれ。自分に負けるな。

○辛抱という字は「立つ木を抱く」と書くんだよ。立っている木に黙ってしがみついていることだ。これが辛抱なんだ。
○足を丈夫に鍛えておくと人間は長生きをする。病気をしないですむ。
○いつでもニコニコ笑っていろよ。笑顔がある人のそばには人が寄って来る。
○人と会ったときにはいやな噺をするな。いつでも明るい話をしなさい。
○年を取ることは楽しいことなんだ。……老いるということは美しいことなんだ。

　小金治のおやじは、下町に住む魚屋の江戸っ子だ。そのおやじが折に触れて伝える人生訓は素晴らしい。江戸っ子の精神が脈々と子孫に注がれた小金治の人格はおやじと本人が一体になっている感じがする。冒頭に掲げた「辛抱」についても、おやじの言葉であり、また子の小金治の言葉でもある。おやじは明治生まれだろう。

　私の師匠・野田一夫先生も「人と比べるな、過去の自分と比べよ」など、明治生まれのおやじの言葉をよく説明してくれた。私たちの世代は、そういう箴言を次世代に語ってきたか？

11月4日

隆慶一郎（りゅう・けいいちろう）

歴史家に負けていてたまるか。

1923.9.30 ～ 1989.11.4

日本の脚本家・時代小説作家。本名は池田一朗（いけだ・いちろう）。本名で脚本、隆慶一郎のペンネームで小説を執筆していた。

東大在学中、辰野隆、小林秀雄らに師事する。同年、東京創元社に入社。東宝、日活などの映画の脚本を書き、1959年、映画「にあんちゃん」でシナリオ作家協会賞を受賞した。テレビドラマ「荒野の素浪人」（1974年）などの脚本を手がけた。作家デビューは1984年の『吉原御免状』。『影武者徳川家康』、『捨て童子・松平忠輝』などを次々と発表するが、1989年死去。同年、柴田錬三郎賞を受賞した。

戦後日本のテレビドラマ史においても1970年代まで日本を代表する脚本家の一人だった。隆慶一郎というペンネームは、姓名判断をやる浅草田原町の「十兵衛」という串揚げ屋のおかみ・久我歌子からもらったものだ。隆は恩師・辰野隆先生の隆、名前は三文字がいいと思っていたからすぐに使った。小林秀雄が怖く、隆慶一郎を名乗って小説を書き始めたのは、還暦を過ぎてからと遅く、小説家としては、実働はわずか5年だった。

代表作の『影武者徳川家康』。徳川家康は、本当は関ヶ原で死んでいた。家康の影武者であった世良田二郎三郎が、徳川家繁栄のために豊臣秀頼を謀殺しようとする秀忠に対抗するべく、甲斐の忍びの六郎や島左近、風魔忍者衆を味方につけて、歴史の暗部で戦うという奇想天外のストーリーで、興奮して読んだことがある。

民俗学の視点から農業中心史観を批判して「無縁」の人びとを歴史の主役とする網野善彦の史観に影響を受けている。「渡り」の庶民、具体的には、海人、舟人ら漁業の担い手、山を旅する木地師・金堀り・鍛冶、土地をもたぬ非農民などの視点から歴史小説の世界に新境地を拓いた。司馬遼太郎が「ライバルがあらわれた」と語っていたという。

花火が好きで、向島のマンションの10階に移り住む。テレビドラマで一緒に仕事をした俳優らを思い浮かべながら酒を汲む。一瞬に咲く華麗な花火に賭け、早逝した戦士たちの鎮魂をする。また妻に自分の人生は間違いじゃなかったと思わせるものは、亭主である自分が、俺の人生は間違いじゃなかったと言えることしか無いとも、エッセイ『歴史小説の愉しみ』で語っていて共感を覚える。

歴史史料を読み漁りながら、知られざる些細な史実、さりげない言葉に秘められた目くるめくような美しさに感動する隆慶一郎は、「志を立て、それに殉じた。その誇りだけが烈々と私たちに訴えかけて来る。その志について、その誇りについて、解明する義務を持つのは、生きている私たちの方ではないか」と小説を書く自らの志を吐露している。隆慶一郎は、歴史家をライバルとして壮大な人間ドラマを描こうとしたのだが、完結する前に寿命が尽きしてしまった。この人に長寿が授かっていたら、歴史小説の世界の風景も変わっていただろう。

11月5日

村山雅美（むらやま・まさよし）

無理はしても、無謀はしない。

南極観測隊隊長で国立極地研究所名誉教授。

1918.3.28 ～ 2006.11.5

国際地球観測年の1955年に、日本も南極観測参加の意思を表明したが、敗戦直後ということから他国の反発があり、「資格なし」とされた。白瀬隊の実績を挙げて「資格あり」と反論し、なんとか認められた。

村山雅美は、戦後は商社に勤務していたが、1953年のヒマラヤ・マナスル第一次遠征隊に参加し、1956年には西堀榮三郎に請われて第一次南極観測隊に参加する。1956年の第一次遠征隊（西堀栄三郎越冬隊長）設営担当。第二次隊副隊長。第三次隊越冬隊長。第五次隊観測隊長兼越冬隊長。第七次観測隊隊長。そして1968年には第九次越冬隊を率いて日本人として初めて南極点に到達した。

1959年に結ばれた南極条約では、第一条一項で「南極地域は平和的目的にのみ利用する」とあり、南極の平和利用のために領土権、領土請求権を30年間凍結し、南極に人類の理想を実現しようとした。

南極越冬隊の生活については、村山雅美『昭和基地』で垣間見ることができる。例えば、第五次隊は16人であり、娯楽といえばマージャンと映画であった。異常な寒さと強風の中での問題は他の国と同様にトイレであった。

１９８３年公開の映画「南極物語」を監修しているが、この映画では第三次隊の「タロ」と「ジロ」という樺太犬が一年間の風雪に耐えて生き延びていた感動的な物語が展開される。マスコミで大きな話題になったことは覚えている。

村山雅美は「追いつめられたときの多数決は、大変危険です。気弱になった集団の多数意見は、往々にして誤る」と語る。厳しい状況下では、リーダーの責任が重大であるということだ。

村山雅美は「無理と無謀」の違いを強調した。これは「探検と冒険」の違いに通じる。探検部員だった私は、「危険を冒すのが冒険、危険を除去しながら探り調べるのが探検」と先輩に教えられた。世界の最高峰登山の経験があり、地球の極地を熟知した村山雅美の危険への対処方針と実績には頭が下がる。

起業家は事前にリスクを除去するために力を注ぐから、保守的な人びとである、とドラッカーが喝破していてうなったことがある。探検家はイノベーターと同様に、革新を掲げる保守的な態度の人たちなのだ。

種村直樹（たねむら・なおき）

気まぐれ列車

1936.3.7 〜 2014.11.6

日本の作家、随筆家、評論家。

１９７３年４月毎日新聞社を退社。鉄道に乗り、気が向いた駅で降り、降りた駅の周辺を歩き、温泉や無名の旧跡を回り、再び鉄道へ乗るという「気まぐれ列車」の旅を実行した人である。

「汽車旅ゲーム」と種村が呼んでいる旅のスタイルがある。例えば、テーマを決めて何日間も車中泊で列車を乗り継ぎ日本を縦断する「乗り継ぎ旅」、ルールを決めて駅や郵便局、温泉などを巡る「ラリー旅」、鉄道線・連絡船・バス線を組み合わせた「最長片道切符の旅」などがある。

日本で唯一のレイルウェイ・ライターを自称していた。30年以上続けてきた「鉄道ジャーナル」誌の「レイルウェイレビュー」は、鉄道ファンに人気があり、１９７４年にはファンを中心にした「種村直樹レイルウェイ・ライター友の会(通称TTTT)」が結成された。フリーになってから15年余で1000人以上の会員を獲得している。

ライフワークとしては「日本列島外周気まぐれ列車」がある。日本列島の海岸線に沿って、なるべく陸路の公共交通機関を使用しながら反時計回りに一周するという企画で、1980年6月に東京都中央区日本橋を出発。2009年6月6日に出発地の日本橋に戻り、30年で完結した。約100回延べ500日にわたって一緒に旅した100人ものファンに感謝している。種村の鉄道の旅は集団の旅だった。

鉄道趣味の人は人数も多く、奥が深い。以下、呼び名だけでも相当ある。「鉄道ファン」、「鉄っちゃん」、「鉄道趣味者」「鉄道趣味人」「鉄道愛好者」「鉄道愛好家」、「鉄キチ」、「鉄道マニア」、「鉄道オタク」「鉄道ヲタク」、「鉄オタ」「鉄ヲタ」「オタ・テツ」。尊称、蔑称入り乱れている。彼らが興味を持つ分野も広い。乗り鉄。撮り鉄。編成鉄。集鉄。駅鉄。車両鉄。レール鉄。模型鉄。音鉄。時刻表鉄。

『阿房列車』の内田百閒、『南蛮阿房第2列車』の阿川弘之、そして『時刻表2万キロ』の宮脇俊三の活躍で、鉄道紀行文学紀行というジャンルが確立し、宮脇は菊池寛賞を受賞している。道中を楽しみ、時刻表極道の珍獣と自らを呼んだ宮脇は、新ジャンルの開拓者としていくつかの文学賞を受賞している。戒名は「鉄道院周遊俊妙居士」。作家兼編集者の宮脇は一人旅、新聞記者出身のジャーナリスト種村はグループ旅行であった。

宮脇より10歳ほど年下の種村は、守備範囲は鉄道に関する広い分野に及び、東北新幹線開業などのルポ、国鉄の終焉などをテーマとする時事評論、紀行文、推理小説などを数多く発表したが、交通文化賞を受賞したのみで、鉄道紀行文学というジャンルの衣鉢を継ぐことはできなかったのではないか。

独特の文体で、広く一般に受け入れられなかったこと、またラジオのディスクジョッキー、レコードの監修、推理小説執筆などに加え、国の審議会や自治体の委員、財団の評議員にも就任するなど、興味と関心が広く、面白いことが好きで、「気まぐれ」であったためかもしれない。この人は記録の記述にこだわるジャーナリスト的体質の方が勝っていたのだろう。しかし、本人は鉄道人生を十分に堪能したのだろう。戒名は「宏鐵院旅遠直鑑居士」。

11月7日

徳大寺有恒（とくだいじ・ありつね）

クルマは買っても売っても損をする。

1939.11.14 ～ 2014.11.7

日本の自動車評論家。

タクシー会社のせがれ。初めての運転は中学生、高校では自動車の虜、成城大学時代の4年間は車に明け暮れた。卒業後は、トヨタのレーシングドライバーになった。

徳大寺有恒というペンネームで1976年に自動車を批判して書いた『間違いだらけのクルマ選び』（草思社）は正編と続編をあわせて合計120万部を売り上げ、2つあわせて1977年書籍ベストセラーの1位を獲得する。

「コロナ＝平凡さがとりえだが、エンジンが弱いのが泣きどころ／カローラ＝可もなく不可もないクルマの代表／セドリック＝俗悪趣味の傑作車／シビック＝見せかけだけの新しさではすぐ飽きがくる」。

こういった評価は自動車業界を震撼させ、緊張させたが、読者の熱い支持があり、毎年版を重ねて、ベストセラーの常連になる。自動車ジャーナリズムに決定的な影響を与えた本だ。「間違いだらけの」は社会の流行語にもなった。「今買うべきクルマから、電動化・自動運転化の未来まで。すべてがここにある」とする「2018年版」も出ている。

体験試乗は4000台以上であり、自動車の性能だけでなく、車の乗り方、「助手席には女性以外は乗せない」

ことを信条とした男の生き方、そして経済批評まで間口を広げた論評は、人気があった。

徳大寺によれば、名車とは物語を持つクルマであり、背景にひかえる「世界」があるクルマである。日本にはなかなか名車は育たない。可能性のあるのは徳大寺の終《つい》のクルマであるクラウンだが、その物語はまだできていないという。

生涯で所有した車は１００台。ロールス・ロイス、ベントィー、フェラーリ、ポルシェ、ジャガー、アルファロメオ、メルセデス・ベンツ、フォルクスワーゲン、シトローエン……。

借地に常に数台をとめる生活だ。常に買い、常に売るから、損の連続で、カネはいくらあっても足りない。しかし、没する1年前に書いた自伝『駆け抜けてきた』では、「大好きなクルマに乗って、原稿を書き、そして大好きなクルマを購入し、ともに暮らしてきた。一緒に駆け抜けてきた」と「たかがクルマ」に賭けたクルマ人生を総括している。

一人の生涯が「○○人生」と一言で呼ばれる幸せがここにある。

11月8日

星野芳郎（ほしの・よしろう）

マイカー

1922.1.13 ～ 2007.11.8

日本の技術評論家。１９６２～１９６８年立命館大学経営学部教授。１９８１～１９９７年帝京大学経済学部教授。大学退職後は、研究と執筆に専念した。

東京工業大学時代の１９４４年「自分は文筆をもって一生を貫かう。自分はかう決心した。自分の進む道は技術評論の他にはあり得ない。文明の最尖端である技術によって、自分は文化を眺めたい、人生の底をつきつめたい」と志を立てる。

主な著書は、『技術革新』、『技術の体系、』『瀬戸内汚染』『反公害の論理』、『技術と政治――日中技術近代化の対照』、『日米中三国志』、『技術と政治経済』、『日米中三国志』、『技術と文明の世界史』など。

宇宙飛行士のアームストロングに共感し、「宇宙の中のオアシスである地球を大切にし、その美しさを保ち続けることこそ、宇宙的視点というものではないか」と語っている。技術評論の第一人者であった星野の技術評論の視点は、この宇宙的視点であった。

１９６１年に発表された代表的著作『マイ・カー』は、日本の本格的モータリゼーション初期におけるオーナードライバー向け啓蒙書であり、オーナー自らが運転する自家用自動車を指す「マイカー」「my car」という和製英語を一般に普及させた。言葉の発明は、時代を動かし、時代を進める。「マイカー」という、ある時代を牽引した言葉とともに星野芳郎の名前を記憶しよう。

11月9日

利光松男（としみつ・まつお）

引き返す勇気を持て。

1923.11.23 〜 2004.11.9

日本の実業家。日本航空株式会社代表取締役社長。一般社団法人日本航空協会会長。公益財団法人日本棋院理事長。

父は大分県出身の小田急電鉄創業者の利光鶴松。松男は公には大分県中津市出身と言っていたから、鶴松の本家は中津だったのではないかと想像される。

利光松男は戦後の日本航空の第1期生で、おもに旅客営業畑を歩む。ファミリーサービス、ホノルルマラソン、パラオ諸島の開発の事業などを手掛けたアイデアマンだった。海外パックツアーの先駆けであるジャルパックの開発に関わり、品質のジャルパックの礎を築く。日航の取締役、常務から1983年にジャルパック社長、日航商事社長。1985年の御巣鷹山事故に際し、代表取締役副社長に就任した。1987年の完全民営化を実現する。1990年社長。本人も「浮き沈みの激しい会社生活」だったと述懐している。

副社長、社長の10年間は、私は広報部員として、また直接の上司であった。サービス委員会のスタッフとして仕えた人である。東京大分線開設時に発足した日航大分県人会でトップに担いだこともある。磊落な人柄で、私も可愛がってもらった。遠藤周作との深く長い親交はよく知られている。

退任後の1999年には日本棋院理事長に就任し、大ナタをふるい赤字体質を一掃する。

利光時代は構造改革と安全を両立した経営を行なった。座右の銘は「引き返す勇気を持て」だった。この言葉は二代目社長松尾静磨の「臆病者と言われる勇気を持て」がオリジナルだが、今回改めて資料にあたり、そういった意識で経営のかじ取りをしていたのかと納得した。

11月10日

はらたいら

はらたいらさんに3000点！

日本の漫画家、随筆家、タレント。高知県の高校在学中からナンセンス漫画の才能を発揮していた。上京後は作品を出版社に持ち込んでは断られる生活が続く。

1943.3.8 〜 2006.11.10

１９６３年、「週刊漫画TIMES」（芳文社）の連載「新宿Ｂ・Ｂ（べべ）」でデビュー。１９６４年結婚。１９７２年「週刊漫画ゴラク」の連載「モンローちゃん」がヒットする。その後、１９８０年サンケイ新聞の「ルートさん」、１９８８年北海道新聞や中日新聞（東京新聞）、西日本新聞の各夕刊連載の「セロりん」、１９８１年〜１９８３年、１９８９年〜１９９０年日本経済新聞連載の「ゲンペーくん」、沖縄タイムズの「グルくん」、公明新聞の「ポッコちゃん」、京都新聞の「パトロールのパトさん」、日刊ゲンダイの「ゴシップちゃん」、朝日小学生新聞の「日記ちゃん」など、数多くの新聞漫画を手がける。

はらたいらを有名にしたのがテレビの視聴者参加のクイズ番組「クイズダービー」（大橋巨泉が司会）だ。１９７７〜１９９２年までの長期間にわたりレギュラー出演する。７割４分７厘という驚異的な正解率だった。連続正解は27連勝（2度達成）で、同番組では歴代1位の連勝記録だ。いつもテレビで感心していた記憶がある。その淡々とした姿は宇宙人と呼ばれていた。

１９９２年秋口から、更年期障害による眩暈や集中力低下を訴え、連載を減らし、闘病生活に入る。一連の経過は、著書『はらたいらのジタバタ男の更年期』、『男も「更年期」がわかると楽になる』などに詳しい。はらたいらのおかげで男性にも更年期が存在することが知れ渡った。また経験を生かし晩年は男性更年期障害について講演も行なっている。

　医師の忠告を無視して酒を飲み続けた末の63歳の死について本人は「不服はない。本望だ」と言っていたという。戒名は曼照院智徳道晃居士。故郷に程近い高知県南国市の「はらたいらと世界のオルゴールの館」では原画を含め作品を鑑賞することができたが、２００４年12月30日閉館している。

　クイズダービーでは、参加者が「はらたいらさんに３０００点！」と大勝負を賭けるのが名物ともなった。全国的にはらたいらは頭が良く勘もいい人という常識になったのだが、意外なことに、漫画それ自体を読んでいた人は多くはなかったのではないだろうか。本業においてあらゆる分野の情報に目配りをしていた結果、偶然の経緯で、副業で名を成したのであろう。漫画家は勉強家でなくてはつとまらないようだ。

11月11日

江上波夫（えがみ・なみお）

学問は人なり。

1906.11.6 ～ 2002.11.11

日本の考古学者。中学生だった江上は関東大震災で避難した千葉の房総で、地震のために隆起した洞窟の堆積物の断面に土器や動物の骨を見つけ、東京帝大の人類学教室に持ちこんだ。このことが学者への道に繋がり、太古の歴史を探究する学問が天職となっていく。

歴史的事実の再現を試みるのが歴史学であり、細分化ではなく総体化、平面的ではなく立体化、抽象的ではなく実態的な歴史学を提唱する。全体の構造図を脳裏に叩き込んだ上で、個々の実像の構築・復原に向かうことが重要とする方法論を駆使した。

また、日本の歴史は、日本国内に限って研究しようとする立場だけで完結はしないと主張し、東アジアの中の日本、世界の中の日本という広い視点を大事にした。

江上波夫は、朝鮮海峡をわたってきた東北アジア系の騎馬民族の中心勢力であった天皇氏が、時間をかけて日本の土着勢力を征服し、統一国家を形成したという「騎馬民族征服王朝説」を発表した。１９４８年、江上が東大教授に就任した40歳のころだ。このロマンあふれる壮大な仮説は、支持と反発の大論争をまきおこした。司馬遼太郎が最大の評価をし、手塚治虫は「火の鳥」でこの説を採用した。一方、批判の急先鋒の柳田國男、折口信夫、佐原真らと華々しい論争を繰り広げた。

蒙古を代表とする騎馬民族には、断続的な階級意識がない、開放的である、女性がよく働く、個人主義であり、民主主義的である、という特色がある。騎馬民族は国家統一の能力が高く、農耕民族を制服し新王朝を建設する。しかし、しだいに土着民と同化していくという運命がある。日本という国は、採集型、農耕型、狩猟型の3層構造が入り交じって構成されている。日本は大化の改新まで騎馬民族型の社会であり、騎馬民が武士になったのだ、という。

ユーラシア大陸、オリエントの調査を徹底して行なったこの根っからのフィールドワーカーは、強いエネルギーの持ち主だった。海外調査の道を開いたことも大きな功績だった。1991年には、文化勲章を受章した。

江上波夫は、学問の放浪者、学問の探検家、学問の大食漢、遊牧民のような学者など、さまざまに呼ばれている。江上の学問は、肉体的に胃袋の大きい大食漢であったと同様に、専門の東洋史学に加え、考古学、民族学などを統合する学際的な研究者だった。やはり、学問は人である。その人の核は、独自の問題意識である。

現地に足を運び素手で触り、裸身で向かい、広く、あるがままに見聞を重ねる。そして歴史の鑑をみがき、今を考える。座右の銘はニュートンの「常にそのことを考えているので」であった。

「学問は人である」は、「芸人とは芸と人のことではないか」という森繁久彌の言にも通じる。作品と作者が不二一体となるほど徹底して人間性が投入された結果、すぐれた作品が生まれ出るということだろう。

どのような分野においても、優れた仕事は、それをなし遂げた人物の生き方と分かつことはできない。

11月12日

藤原啓（ふじわら・けい）

筆を土に変えただけ。

1899.2.28 ～ 1983.11.12

日本の陶芸家。本名は敬二。

岡山県備前市の瀬戸内海の入江が目の前に開ける絶景の地に立つ藤原啓記念館と、2001年から始まったアートオリンピアと、湯河原にある人間国宝美術館とが合体してできた美術館（山口伸広理事長）がFAN美術館である。藤原のF、アートオリンピアのA、人間国宝のNからとった名前である。

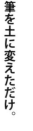

東館、本館2階は人間国宝美術館、平田郷陽の卑弥呼などの人形、村上隆、草間弥生、ピカソの焼き物、なども観賞した。L館ではベンツのアウマートシリーズの車があった。横尾忠則がペイントしている。アートオリンピアは、アートのオリンピックで、2015年には世界52カ国4186名のアーティストが参加。入選作品は東京、ニューヨーク、パリに募集拠点を設けた。各拠点で80位以内に入れば世界で作品が発表される。

瀬戸内海の景色を見ながら、啓の息子の藤原雄の茶碗でお茶をいただいた。藤原啓は、抒情詩人から40歳で陶芸に一転した人物だ。1970年に備前焼の人間国宝に認定される。

人間国宝は、それぞれの分野の現役、一人だけが指名される。備前焼の第一号は現代備前焼きを始めた金重陶楊だ。陶楊の作風はきびしく精悍である。第二号がその弟子で古備前を評価した藤原啓で、その作風はおおらかで素朴である。第三号はろくろの神様と呼ばれた山本陶秀（1906〜1994年）。第四号は藤原雄である。啓の息子の藤原和（1958年生）には巨大作品が多い。啓の作品は単純・明快・豪放であり、雄の作品は温和で剛胆である。

藤原啓は1899年、現在の備前市稲穂に生まれた。少年時代から文学を志望し、俳句や小説に熱中した。同郷の正宗白鳥に対する憧れや、賀川豊彦の『一粒の麦』に刺激をうけて、19歳の時に代用教員の職を投げうって上京する。東京では人生を知ろうとする思想遍歴の20年間を過ごす。若い詩人たちとの交遊、博文館での編集の仕事を通じて知り合った文壇の人たちとの交流、そして絵や音楽も学んでいる。しかし文学の道を進むという志は果たせないまま、38歳の藤原啓は東京を去って故郷に帰る。故郷では正宗白鳥の弟の惇夫の勧めで46歳から備前焼きを始める。特殊な勘と技術を要する備前焼きは、金重陶楊の指導によって、しだいにものになっていく。

備前は古くから日本有数の焼き物の産地であった。千年前の「延喜式」に明記されている。桃山から江戸にかけて紹鷗、利休、遠州ら茶人が輩出し、そのために茶器が尊重された。江戸の中期・後期には多様化と量産化に傾き、備前焼きは芸術性を失って低迷期に入った。その流れを再興したのが、四人の人間国宝たちである。

藤原啓は「はちきれんばかりの健康美を持った田舎娘のようなもの」と当時の備前焼を評し、桃山風の茶陶写しよりも、鎌倉期の力強い作風に引かれた。そして、単純、明快、豪放を作陶理念とし、藤原備前の骨子としていく。藤原啓の作風に対しては、「厳しさと甘みが渾然」というアメリカ人のクレーソンの評価がある。

井伏鱒二が「抒情詩人から陶芸家に一転した」と言ったように、詩魂を持つ藤原啓は「筆を土に」変えた。取り組む対象は違っても、表現者である自身は変わっていないのであろう。遅咲きの藤原啓は故郷で花を咲かせた。その花はいくつもの世代が引き継いでみごとな大輪の花になっていったのだ。

11月13日

田英夫（でん・ひでお）

ジャーナリストとして政治に参加します。

1923.6.9 〜 2009.11.13

日本のジャーナリスト、政治家。祖父は台湾総督をつとめた田健治郎。田英夫は学徒動員で海軍に入り特攻隊員であったのだが、出撃前に終戦を迎える。私の父と同い年だ。東大卒業後、共同通信に入り、社会部長、文化部長。その後、1962年から1968年までTBSの「JNNニュースコープ」の初代キャスターとして活躍する。歯切れのよい解説で国民的人気があった。ベトナム戦争報道で自民党からクレームがあり、降板する。

マスコミの現場で「反対、反対」と言っているだけでは不十分だ、直接に政治の世界で働こうと、1971年に社会党から参議院選挙に立候補し、192万票の全国区最高票で当選する。社会民主的立場から党改革にあたるが、最終的に離党、除名され、社会民主連合を結成し代表となる。後に社会民主党に入党。

「ジャーナリストとして政治に参加します」というスローガンは国民の支持を得て政界に出たが、この田英夫の志は達成されたのだろうか。

私が高校生のころ、外国人たちと懇談したときに、「君は将来何になるのか」と問われたことがある。「ジャーナリストかローヤー（法律家）だ」と答えたところ、それは矛盾しているとの反応があった。帰って父に報告すると、鋭い答えだなあと語っていたことを思い出した。批判する立場のジャーナリスと保守の法律家とは反対の側にある、という解説だった。弁護士という英語を知らなかったためだったが、貴重な教訓を得た。職業には「気質」というものが関係しているのではないか。近年、ジャーナリストから政治の世界に入って成功した例を見ないのはそれが理由かもしれない。

11月14日

日高敏隆（ひだか・としたか）

人は作るもんちゃう、育つもんや。

1930.2.26 〜 2009.11.14

日本の動物行動学者。小学生のときに教育スタイルが合わず不登校となるが、担任の教師が自由な校風の麻布の小学校への転校を勧め、加えて昆虫学に無理解であった両親を説得してくれる。

東京農工大学講師・助教授・教授を経て、1975年京都大学教授、1989年同大理学部長。1982年に創設された日本動物行動学会の初代会長。1995年から滋賀県立大学初代学長。総合地球環境学研究所初代所長。

動物行動学の日本の第一人者である。エソロジーと呼ばれる動物行動学とは、生理学・心理学・遺伝学など、さまざまな方法論を用いて動物の行動を研究し、行動の総合的理解をめざす学問だ。私の宮城大時代に動物行動学の教授が同僚だったので、この学問には少しだけ興味を持った。人間も動物だ、大学は動物園だ、と考えると気が楽になった。

1952年東京大学理学部動物学科卒業。昼間に岩波書店に勤務し、夜間に東京大学研究室で動物学研究を行なった。岩波にいたこともあるのだろうが、文章がうまく、ファンが多い。それは、毎日出版文化賞（『チョウはなぜ飛ぶか』）、日本エッセイスト・クラブ賞（『春の数えかた』）を受賞していることでもわかる。他には、『動物にとって社会とはなにか』（1966年）、『ネズミが地球を征服する?』（1972年）、『昆虫という世界』（1973年）、『動物はなぜ動物になったか』（1976年）、『犬のことば』（1979年）、『群となわばりの経済学』（1983年）、『動物の体色』（1983年）、『ネコたちをめぐる世界』（1989年）、『生きものの世界への疑問』（1991年）、『動物の言い分 人間の言い分』（2001年）、『人間はどこまで動物か』（2004年）、『生きものの流儀』（2007年）など多数。『日高敏隆選集』全8巻がある。また、啓蒙書も多く刊行している。

入試で最も使われるエッセイを書いた人だ。戒名は蝶道院釋真隆。

「人間は理論が通れば正しいと考えるほどバカである」

「人間は自殺することのできる動物である」

山際寿一（後の京大総長）と民博の小長谷有紀の編の追悼エッセイ集である『日高敏隆の口説き文句』では、執筆者の半分は科学者、残り半分は漫画家から写真家まで幅広い。日高が同世代、後世代に与えた影響力の大きさがわかる。また専門分野の研究だけでなく、学会の創設、大学や研究所のトップもこなした偉い人だ。

日高敏隆自身は動物行動学について「動物の行動がどういうきっかけでおこるのか、とか、その行動はどういう意味を持っているのか。……行動が進化するなんてのは、どうやって進化するのかよくわからない。そんなことを研究する学問です」と説明している。人間も動物だとする日高は、「人づくり」という言葉が嫌いだった。人はつくるものではない。育てるものでもない。人は自分で育っていく。動物と同様に自然に進化していくものだ。親や教師は自分の姿を見せ、援助することしかできない。構えずに自分の役割を果たしていこう。

11月15日

孫基禎（そん・きてい）

これからは二度と日章旗の下では走るまい。

1912.8.29 ～ 2002.11.15

新義州出身のマラソン選手。1936年、日本では斎藤実内大臣、高橋是清蔵相が暗殺された2・26事件が起こり、ファシズムの影が色濃くなっていく。同年のベルリンオリンピックは、ナチスオリンピックとも呼ばれた。そのマラソンで孫基禎は2時間29分19秒で優勝し、日本にマラソン初の金メダルをもたらした。胸に日の丸をつけて走ったが、彼は日本人ではなかった。日本が植民地として統治支配していた朝鮮人だった。

「マラソンは練習も試合も一人だ。苦しいのは自分だけだよ。だから勝てば、練習で苦しかった分だけ喜びも大きい」と語っていた。その生涯最高の歓喜の瞬間に、孫基禎が夢心地から我に返ったのは表彰台に立ったときだ。国がない絶望感に襲われたのである。「優勝の表彰台で、ポールにはためく日章旗を眺めながら、『君が代』を耳にすることは耐えられない」。オリンピック記録映画「民族の祭典」では、表彰台ではうつむいたままであった。後で撮りなおした映像では、ゼッケンを裏返しに着て走っている。

優勝から16日目には「東亜日報」による日章旗抹消事件が起こる。孫基禎の胸にある日の丸を消して新聞を発行したのだ。これが南次郎朝鮮総督の逆鱗に触れ、記者が芋づる式に連行され拷問を受けた。そして新聞は無期限刊行停止処分にあう。この事件は韓国の小学校の国語教科書にあり、知らぬ人はない。

１９４０年、「再び陸上をやらない」という条件で入学した明治大学法科専門部を卒業。１９４７年、母国のボストンマラソン監督として教え子が優勝。１９５０年のボストンマラソンの監督として、1位、2位、３位を独占し、奇跡的大勝利をあげた。１９４８年のロンドンオリンピックと１９５２年ヘルシンキオリンピックでは、韓国選手団の総監督をつとめる。

１９８４年、ロサンゼルスオリンピックの聖火ランナーとして、市内のコリア・タウンを走る。そして、１９８８年には、大韓陸上競技連盟会長にも就任し、76歳の孫基禎は母国で開催されたソウルオリンピック開会式では聖火をスタジアムに持って登場し、世界に感動を与えた。

２００２年11月、孫基禎は、90歳で人生マラソンのゴールを迎えた。１９３６年当時、表彰台上の24歳の孫の手の中にあった月桂樹の苗木は、今では堂々たる大木となっている。孫基禎の栄光と苦難の人生の軌跡によって、日本と朝鮮との歪んだ近代史の本質を垣間見ることができる。

11月16日

水の江瀧子（みずのえ・たきこ）

一生懸命押すのが3人ぐらい、反対が7人ぐらいっていうんが、一番成功するんじゃないかな。

日本の女優、映画プロデューサー、タレント。

1915.2.20～2009.11.16

松竹歌劇団第1期生で、ショートカットの髪型で「男装の麗人」と呼ばれた。ライバルの宝塚歌劇のスター・月丘夢路が瀧子の楽屋を訪ねたとき、震えたまま挨拶もできなかったほどの、少女歌劇の象徴的存在だった。

1953年NHK開局と同時に始まったゲーム番組「ジェスチャー」という人気の長寿番組では紅組のキャプテンだった。パントマイムで、説明のとき、「この話はいったん置いといて」というふるまいは子ども時代の私の記憶にある。「NHK紅白歌合戦」の紅組の司会を2度任されていることでわかるように大物だった。

1955年、日本初の女性映画プロデューサーになる。70本以上の映画の企画を実施し、日活の黄金時代を支えた。岡田真澄、フランキー堺、浅丘ルリ子、山東昭子、中原早苗、和泉雅子、吉永小百合、舟木一夫などを発掘した。「太陽の季節」では、石原裕次郎の主演を考えたが、会社の猛反対に会い長門裕之になるのだが、端役を割り当てられた裕次郎をのぞいたカメラマンの伊佐山三郎は「ファインダーの向こうに坂妻（坂東妻三郎）がいる」と感嘆したというエピソードがあり、水の江瀧子の眼が正しかったことをうかがわせる。

以後、「狂った果実」など裕次郎映画で日活は黄金時代を迎える。若手俳優、若手監督などが集う裕次郎が中心の才能集団をつくりあげた功績は大きい。こういう姿は知らなかったが、ゴルフの安田幸吉が引退後にゴルフ場設計の名人となったのに通じるものがある。

晩年の１９９３年2月19日には森繁久彌が葬儀委員長の生前葬を78歳の誕生日の前夜に華やかに行なって話題になった。〝故人〟となった水の江は冒頭、「自分の遺影や花で飾られた祭壇を生きているうちに見られるのはとても幸せ」と挨拶。ショパン、グレゴリオ聖歌、ロシアの宗教歌などが流れた。読経は浄土宗、曹洞宗、日蓮宗、コーランなど。それが終わると、78歳の誕生日を祝う「復活祭」に移り、賑やかなバンド演奏が始まった。

感性がすぐれ、独特の眼力が備わっていた才能豊かな人だった。その資質が大スターとなり、そして大プロデューサーとして花開いた。冒頭の「３割賛成、７人反対」説には、若手を発掘しスターに育て上げる名人だった水の江滝子の新人発掘にあたっての知恵がうかがえる。全員が賛成するような、小さくまとまった企画や人物には、爆発力はない。

11月17日

木村義雄（きむら・よしお）

誰にでも全盛期はある。問題は、そこをどれだけ長く続けられるかだよ。

1905.2.21 〜 1986.11.17

将棋棋士。十四世名人。最初の実力制による名人、かつ最初の永世名人である。

江戸っ子である下駄屋の職人の子。関根名人の紹介で柳沢保恵伯爵邸に書生として住み込み、慶應普通科に入学。外務省に給仕として入る。その間に勉強して写字生、書記生、そして外交官試験を受けるという考えだったが、転向して将棋の道を進む。

将棋界と新聞は縁が深い。木村は報知新聞の嘱託として、読者に向けて名人の講評や講習会を開き定跡を説明した。「二十年にわたる新聞社生活では、広い意味での社会学を学んだ」「人間修行に自分ほど恵まれた者は少ない。文章も書き習った」。野村胡堂、芦田均、清沢洌などの人物と接した。これが自分の強みだと意識し、一度失った名人を奪還する。

「人間と人間との戦いは、人間そのものが全面的に反映する、技術は末だ。棋士としての態度と心境を養おう」「競争相手のあることが技を磨く上において、最も大切である」

「努力型は……コツコツ修行を怠らないから、外観は地味でも指しこぼしは少ない」

「自分より強い棋士を養成するには、自分が先ず強くならなければならぬ」

信条は「勝ち将棋を勝て」であった。相撲で不敗を誇った双葉山と並びよく知られていた。こういう心がけであったから、木村は何をやっても一流になっただろう。作家の坂口安吾は「青春論」で「彼（木村）は心身あげて盤上にのたくり廻るという毒々しいまでに驚くべき闘志をもった男である」と讃えている。

大橋宗桂初代名人以降、小野名人、師匠の13世関根名人まで一代制名人が続いた。関根名人が引退し、一代制名人の時代は終わり、2年以上の実戦を通じて実力制名人として初めて木村が十四世名人の座を得た。第六期名人戦で10歳ほど若い塚田八段に敗れるが、第八期名人戦で、名人位に復位。第九期で大山、第十期で升田を退け、八期十年の名人保持者となる。第十一期で29歳の大山に敗れる。このとき47歳の木村は「良き後継者を得た」と言い、この言葉が有名になる。木村は十四世名人となった。

日本将棋連盟会長として、今日も続いている順位戦制度を創設して、近代将棋をけん引した。報知新聞嘱託として長く観戦記を執筆し名文家として知られた木村には、名著『将棋大観』がある。

木村が生涯を閉じた11月17日は、「将棋の日」であった。満年齢81歳の「盤寿」での死去だった。「盤寿」は、将棋盤はタテ・ヨコ9マスであり81マスがあることからきている。修行を一生と心得ていた木村義雄の生涯は将棋の神に魅入られた生涯であった。

「我が名局は敗局の中にある」「絶対有利が最大の危機であり、絶対不利は絶対有利に通じる。勝負は最後の一手を指し終えたときに決まる」など、木村は将棋に関する名言を残しているが、「誰にでも全盛期はある。問題は、そこをどれだけ長く続けられるかだよ」は、実力制名人を八期十年続けた木村義雄の言葉だけに、迫力がある。一瞬の火花ではなく、長い時間光り続けることこそが、あらゆる分野における名人への道なのだ。

11月18日

羽仁未央（はに・みお）

画一的な人生のパターンに向けて、みんなが競争しているのは、異常だと思います。

1964.2.29～2014.11.18

日本のエッセイスト、メディアプロデューサー。

羽仁未央は、映画監督・羽仁進と女優・左幸子の娘。5歳から9歳はパリ。9歳から11歳は父の動物撮影に随伴しケニアで暮らす。小学校4年生で帰国し不登校に。１９８７年から香港在住。１９８２年、映画出演。１９９１年、映画監督、脚本家。１９９８年、香港の中国返還についてレポートを行なう。50歳で没。

左幸子と離婚した羽仁進の再婚の相手は別れた妻・左幸子の13歳年下の実妹の時子。美術大学を卒業して羽仁家に出入りするようになる。女優・左幸子には映画のオファーが殺到していたころで、時子は未央の世話をするようになる。羽仁プロに入り、プロデューサーも務める。左幸子の密葬に親族１００人ほどが集まったが、実母の死を知らされた未央は、「あの方とは親交がなかったから」とだけ答え、出席しなかった。

曾祖父・羽仁吉一（はに・よしかず）は、日本のジャーナリストで、教育者。曾祖母・羽仁もと子（はに・もとこ）は、日本で女性初のジャーナリスト。また、自由学園の創立者。また家計簿の考案者祖母・羽仁説子（はにせつこ）は、日本の教育評論家。説子の夫の祖父・羽仁五郎（はに・ごろう）は、日本の歴史家。参議院議員。日本学術会議議員。父・羽仁進（はに・すすむ）は、日本の映画監督。母・左幸子（ひだり・さちこ）は、日本の女優。

こうやって羽仁家が生んだ個性あふれる人物を眺めると、血と遺伝子の存在を信ぜざるを得ない。不登校というより登校拒否の先駆者であった羽仁未央は、日本の教育制度に批判的であったたし、日本では住みにくかったであろう。

「不登校新聞」の創刊1周年号にインタビュー記事が載っている。「日本では、若い人が早いうちから好奇心を疲弊させてしまっている。生きていることって、もっと単純におもしろいことなのにって、日本に来るたびに感じます」。自由学園の創始者の血筋は、自由人を生み続けた。その結晶が羽仁未央であったともいえる。

11月19日

甘糟章（あまかす・あきら）

読者の心の奥底の飢えとか、ニーズを見つけ、そこに穴を開けるのが編集者の仕事です。

1929.5.30 〜 2013.11.19

日本の雑誌編集者。マガジンハウス副社長。１９５９年平凡出版（後のマガジンハウス）に入社。「平凡パンチ」、「週刊平凡」、「ａｎ・ａｎ」の編集長として、１９６０年代から70年代の流行の先駆者として活躍。その後、「クロワッサン」、「ダカーポ」などを創刊し、大人になった「ａｎ・ａｎ」世代へのライフスタイルの提言を行なう。

１９８０年代に至るまで、出版文化の中での影響力は大きかった。「ハマトラ」（横浜・元町生まれのファッションスタイル）や「リセルック」の名付け親とも伝えられる。

平凡パンチ：１９６４年４月創刊。男性向け総合情報誌。ファッション、風俗、グラビアなどを扱い、ラジオ番組「ザ・パンチ・パンチ・パンチ」をスポンサードするなど、他メディアへの展開も行なった。

ａｎ・ａｎ：始まりは、「平凡パンチ」女性版。若年層をメインに購読されたいわゆるファッション雑誌。話題提供の発信源として認知された。

クロワッサン：創刊号のキャッチフレーズは「ふたりで読む　ニュー・ファミリーの生活誌」。40歳前後の主婦がターゲット。生活だけでなくファッション・文化などもテーマとした。

ダカーポ：創刊時のキャッチコピーは、「現代そのものが圧縮されているリトルマガジン」。誌面で取り上げるジャンルは、政治、経済、宗教、文学、サブカルチャーなどと幅広い。

青春時代には「平凡パンチ」は「週刊プレイボーイ」と並んで影響を受けた雑誌だ。ビジネスマン時代は、料理された情報が満載の小型版型の「ダカーポ」も好きな雑誌だった。ＪＡＬ広報時代にはマガジンハウスの編集者とはよく付き合った。彼らはみなセンスがよく、時代の最先端を突っ走っている人たちだった。

読者のニーズとは聞こえがいいが、それは「飢え」であると企画の名人・甘糟章は断言している。若い男性の飢え、若い女性の飢え、主婦の飢え、現代人の飢え、それぞれの「飢え」を満たすべく、強力なドリルで時代に穴を開けていこうとしたのが甘糟章のづくりであった。メディアの形は変わっても、核心である「飢え」に焦点をあてるメディアは、人々の精神と肉体を撃つ。それは時代のテーマそのものだからだ。

11月20日

福田恆存（ふくだ・つねあり）

唯一のあるべき幸福論は、幸福を獲得する方法、を教へるものではなく、また幸福のすがたを描き、その図柄について語ることでもなく、不幸にたへる術を伝授するものであるはずだ。

1912.8.25 ～ 1994.11.20

日本の評論家、翻訳家、劇作家、演出家。

中学校教師、雑誌編集者、大学講師などを経て、文筆活動に入る。また劇作家、演出家としても活躍した。『シェイクスピア全集』の訳業により岸田演劇賞（1955年）、国語国字改革を批判し金田一京助らとの論争をまとめた『私の国語教室』などで読売文学賞（1961年）、多年の評論活動により菊池寛賞（1980年）、『ハムレット』の翻訳演出で芸術院賞（1981年）を受賞。福田は生涯にわたって「自著の単行本は歴史的かなづかい、即ち正かなづかいを用いる」と主張を変えなかった。

一方で、進歩派全盛の風潮の中で、平和論・憲法問題・国語問題などに評論活動を展開し、保守派の論客として鳴らした。論争の相手は、中野好夫、小田実、清水幾太郎などで、若いころ彼らの論争を楽しんだことを思い出す。

1987年から1988年にかけ『福田恆存全集』を

刊行。『福田恆存翻訳全集』が完結した翌年の１９９４年に死去。享年82。戒名は実相院恆存日信居士。葬儀委員長は作家の阿川弘之。没後、『福田恆存評論集』が刊行完結している。

「教育と教養は別物です。教養を身に着けた人間は、知識階級よりも職人や百姓のうちに多く見いだされる」

「先人、友人、仲間、みな師と思うことが大切だ。そして後輩を大切に引っ張っていく力を自らつけていこうと努めているうちに、自然と力はついていくものだ」

古今東西、多くの人がそれぞれの「幸福論」を書いてきた。それは、幸福とは何か、幸福へいたる道を説いたものだが、福田恒存は、そうではないという。珍しく人生論を語った『私の幸福論』は女性誌に連載したものだが、福田らしく若い女性を甘い言葉でなぐさめたりはしない。人生は未知の世界への旅であり、究極において人は孤独であるとする。そして「失敗すれば失敗したで、不幸なら不幸で、またそこに生きる道がある」という。不幸や失敗だらけの人生において、混乱しないための、ものさしとしての幸福論である。それは、不幸に耐える術としての幸福論である。

11月21日

立川談志（たてかわ・だんし）

落語とは「業《ごう》」の肯定である。

落語家。落語立川流家元。27歳で真打に昇進した天才

1936.1.2 〜 2011.11.21

落語家。１９６６年、30歳、日本テレビ「笑点」を企画し、初代司会をつとめる。35歳、参議院議員に当選。47歳、落語立川流を結成し、家元となる。

談志は古典落語を貫いたのだが、その中で「己を語る」独自の型を発明した人である。談志の感覚でしゃべる。登場人物が談志と被る。談志という人間を語る。つまり、自分を語る芸である。落語を一人称で語った人だ。

談志には著書が多い。20代から書いていて累計で50冊以上になる。落語論、芸人論、自伝、評論、小説など分野は多岐にわたっているが、根底にあるテーマは「落語とは何か」だった。

手塚治虫、舞の海のファンでもあり、各界の友人が多かった。談志が21歳の頃に行なった紀伊国屋書店の田辺茂一との対談は際どいが面白い。田辺は「夜の新宿市長」と呼ばれた遊び人である。談志は58歳で、『酔人・田辺茂一伝』を書いている。長く付き合ったことがわかる。

「狂気と冒険」が信条で、サインするときはよく書いていた。弟子は「芸人１００点、人間０点」と語る。58歳、喉頭がん。65歳、ライバル志ん朝の死。66歳、師匠小さんの死。74歳、声門がん。享年75。生前に自分でつけた

戒名は、立川雲黒斎元勝手居士だ。

談志の晩年の70代に仙台で噺を聞いたことがある。ほとんどは病気の愚痴だった。最盛期の談志を生で見たかったと残念に思った。

「多数に胡坐の自民党、何でも反対社会党、みんなロボット公明党、力の足りない民社党、日本にゃ向かない共産党、あるのかないのか社民連」

「ひとつの仕事に就いてみてそれが面白くなってくるなら分かる。あなたにとっていい仕事なんだと思う」

「やだね〜」の独特の言い回しは談志の代名詞となり、頻繁にものまねされた。

談志は日本は法治国家ではなく、「情治国家」だと喝破していた。そういう国柄だからこそ、人情が主題の落語は廃れないのだろう。談志が関与した分野は広大だが、「おれには落語っていう拠り所がある」というように落語という立地点が確かだったから、思う存分に暴れられたのだろう。人間の「業《ごう》」の肯定とは、道徳や常識を振りかざすことではなく、欲望に弱く怠惰な人間の性《さが》を受け止めて赦し自分も同じだと笑う、ということだと思う。落語の人気は確かに「肯定」にある。

11月22日

今井正（いまい・ただし）

自分を無にして調べるのがぼくの主義だった。

1912.1.8～1991.11.22

日本の映画監督。戦後日本映画の左翼ヒューマニズムを代表する名匠。東京帝国大学中退後、東宝の前身ＪＯスタヂオに入り、入社２年で監督に昇進。戦後は独立プロ運動の中心人物として数多くの社会派映画を手がけた。フリーとして長く監督をつとめた今井は「映画を作る人間は、資本から独立して、自由の立場にいなければならない」との考えだった。

１９７４年８月23日に「知的生産の技術研究会」のセミナーで「私の映画づくり」というタイトルで講演をしていただいた。私はこの会には１９８０年入会なので聞いてはいないが、セミナー録が残っていて読んだ。

「撮影のスタッフ、俳優さんたちが一番持っている力を出してもらうように持っていくことが私の演出方法」

「照明、装置、俳優などたくさんの人を使って、一つの作品を作り出すという監督の仕事は演出家である」

監督でなく、今井さんと呼んでくれればいいという態度の監督だった。限られた日数、限られた予算の中で、自分の思うようにもっていくことは実に難しい。そのことを黒沢明監督は「政治的能力70％、監督の才能30％」で成功するという説で、その意見に今井も賛同している。

今井本人は「山びこ学校」が自分の作品の中で完成度が最も高い作品だとしている。１９５１年にベストセラーになった無着成恭編集の山形県山元町の中学３年生の作品集を映画にしたものである。

「武士道残酷物語」は私もみている。戦国時代の武士から現代企業戦士に続く一族の物語だ。ベルリン国際映画祭で金熊賞を受賞した。演技派を目指し、7人の役を演じた主役の中村錦之助はこの作品でブルーリボン主演男優賞を受賞している。

国内外で賞を受けた作品だけを以下にあげてみる。「また逢う日まで」、「にごりえ」、「真昼の暗黒」、「米」、「キクとサム」、「武士道残酷物語」、「橋のない川」、「純愛物語」、「戦争と青春」、「民衆の敵」、「小林多喜二」、「あにいもうと」。この人はやはり名匠だ。

今井正は権威主義的なところがない人だ。スタッフとの関係もそうだし、テーマも下層の人々への同情と愛情がある。葬儀、告別式はやらない。戒名もいらない。墓名に名前を刻むなら「今井正」だけでよいが、それもいらない。今井家の墓だけでよい。以上が遺言であり、今井の死生観が表れている。そして、監督という仕事で、「自分を無にして」徹底的に調べあげるというやり方で優れた業績をあげた。自分を押し出さない、自分を消す、自分を無にする。今井正は一貫した人生観のもとに生涯を送った人だ。

11月23日

飯塚毅（いいづか・たけし）

自利トハ利他ヲイフ。

1918.7.8 〜 2004.11.23

日本の税理士。公認会計士。法学博士。

虚弱児童だった飯塚は、16歳のときに臨済宗の名刹雲巌寺の植木義雄老師と出逢い、坐禅で心身を鍛え、参禅と日々30杯の水をかぶる鍛錬の日々を己に課す。福島高等商業学校をトップで卒業し、東北帝国大学に首席で進学する。在学中には、植木老師から禅における「見性《けんしょう》」を許された。

１９４６年飯塚毅会計事務所を創業。企業に赴き会計記録等の適法性、正確性等を検証し指導する「巡回監査」を開発する。不当な税務処分にはたびたび審査請求を行ない当局の見解を覆したため、ある高級官吏の私怨をかい「飯塚事件」の当事者になるが、無罪判決まで約7年を戦い抜いた。（高杉良『不撓不屈』）

１９６６年「職業会計人の職域防衛と運命打開」を目的に栃木県計算センター（ＴＫＣ）を創設。１９７１年、会計人集団ＴＫＣ全国会結成。１９８０年の税理士法改正では、第1条に「独立性」の文言を入れることに尽力した。英・独語に堪能な比較税法研究家であり、日独比較税法の研究「正規の簿記の諸原則」で日本会計研究学会太田賞を受賞。１９８８年には中央大学から法学博士号を受ける。飯塚は、創立１００周年で発足したばかりの東北大学後援会に私財1億円を寄付。当時の東北大学第17代総長は西澤潤一。

ＴＫＣ全国会という名称はよく聞くし、宮城大で同僚だった天明茂先生もこの会に関わっていた。この飯塚毅が創業者だったのだ。

税理士の心の在り方は「事物の本質を見抜く洞察力の磨き出し方の問題と、貫徹力の錬磨の問題とに分けられる」という飯塚毅は、天台宗開祖・最澄の「自利トハ利他ヲイフ」とする哲学を、ＴＫＣ全国会の基本理念に据える。その意は「利他」のまっただ中で「自利」を覚ることである。世のため人のため社会のために精進努力に徹することがそのまま自利すなわち本当の自分の喜びであり幸福につながる。そのような本物の人物となって社会と大衆に奉仕することができれば、人は心からの生きがいを感じることになる。２０２１年に創立50周年を迎えるＴＫＣ全国会には、２０１８年9月末現在1万１２００名の税理士会員がいる。飯塚毅という人物の影響力は、存命中も、そして死後もしだいに大きくなっていく。偉い人である。

11月24日

高田宏（たかだ・ひろし）

人生はいろんな出会いで織り上げられた織物みたいなもの。

1932.8.24～2015.11.24

日本の編者・作家、随筆家。

光文社、アジア経済研究所での雑誌編集を経て、1964年から11年間エッソ石油広報部でPR誌「エナジー」の編集を行なう。京大時代の友人の小松左京や、梅棹忠夫などの京大人文研のメンバーに執筆を依頼し、PR誌を越えた雑誌として高く評価された。千人に近い執筆者と交流して、結果的にそれが高田宏という人物を織りなす縦糸と横糸となった。

高田は50歳でフリーになり、本格的に作家活動を始める。随筆・評論・紀行など著書は百冊を数えている。1978年に言語学者大槻文彦の評伝『言葉の海へ』で大佛次郎賞と亀井勝一郎賞を受賞した。1990年に『木に会う』で読売文学賞、1995年に雪国文化賞、1996年に旅の文化賞を受賞した。

加賀の片山津温泉の一つの小学校から、「雪は天からの手紙である」と言った中谷宇吉郎、「白山を吊り上ぐるかや寒の月」と詠んだ深田久弥、そして「私は雪恋いである。東京という町を年々好きになっているのだが、雪のないことだけが不満である」とした高田宏と連なる雪国人の系譜が生まれた。

2012年の金沢への旅行時に、私は加賀市を訪問した。「中谷宇一郎　雪の科学館」は休みだったので訪れることはできなったが、「深田久弥　山の文化館」を訪ねることができた。この時、館長は高田宏であったことを覚えている。

70歳まじかの２０００年に書いた『還暦後』というエッセイ集では、以下の記述がある

原稿用紙に2Bの鉛筆を使う。八ヶ岳山麓の山の家で書く。一時間2、3枚のリズムで書く。旅先で墓地を歩くクセがある。一年に40~50回の短い旅をする。東海道五十三次を月1回一宿歩く。千枚近い『悲の器』を書いた高橋和己とは京大時代からの友人で高橋が亡くなる40近くまで交流があった。

高田宏は、人間ドックの受診は１９８９年でやめることにした。それから15年後の２０１５年11月24日、肺がんのため死去。83歳没。

人は一生の間にさまざまの人と縁を結ぶ。ある人は生涯を貫く縦糸となり、また人生のステージごとに大事な横糸となる人々もある。人生という織物は年齢を重ねながらしだいに形が見えてきて、独自の色が施されていく。その創造的な織物全体の姿と価値は、最後の瞬間まで自分にもわからない。

11月25日

國弘正雄（くにひろ・まさお）

とても橋にはなれなかったが、橋げたの一つぐらいにはなれたのではないかな。

1930.8.18 ～ 2014.11.25

日本の同時通訳者、翻訳家、文化人類学者、政治家。英語の同時通訳の草分け的な存在。1969年のアポロ11号の月面着陸を伝えるテレビ中継番組における同時通訳などで有名になった。1965年からNHK教育テレビで「英語会話中級」講師を務めたから、私もよく知っている。しかし同時通訳は「口先労働者」ではないかと考えるようになる。三木武夫外相秘書官、文化放送にて「百万人の英語「講師を務め、1978年からは日本テレビの「NNNジャストニュース」、1983年からは「NNNきょうの出来事」のキャスターをそれぞれ務めた。そして1989年、旧社会党から参議院議員選挙に出馬し当選、1期務めた。

國弘の父は77歳で他界した。自伝『國弘正雄の軌跡　烈士暮年に、壮心已やまず』は78歳で刊行している。父の年齢を超えて自伝を書くことにしたのであろう。享年84。同時通訳という職業を通じて得た人脈の豊富さに驚かされる。賀川豊彦、木川田一隆、キッシンジャー、トインビー、ラルフ・ネーダー、ケネディ、フォード、マンスフィールド、フルブライト、トフラー、オッペンハイマーなど。「同時通訳の神様」「日本のライシャワー」「日本外交のキッシンジャー」「ミスター護憲」などさまざまの名前で呼ばれた。著書は100冊以上ある。エネルギーの塊だった。

新渡戸稲造は、東京帝大の面接試験で「太平洋を架ける橋になりたい。日本の思想を外国に伝え、外国の思想を日本に普及する仲立ちになりたい」と答えた。國弘は中学時代に、このエピソードを知り感動し、国際人となることを決意する。そしてその志を英語という武器を携えて、新渡戸を師匠として生涯かけて追求した。その総括が「橋」ではなく「橋げたの一つ」という謙虚な言葉になった。この人の八面六臂の活躍を眺めると、若い時代に得た「志」に沿って一貫した人生を送ったのだとの感慨を覚える。

島田正吾（しまだ・しょうご）

100歳までは、新国劇の演目でひとり芝居をやる。内館さん、そこでだ。101歳のひとり芝居、新作を書いてくれないか。

1905.12.13 〜 2004.11.26

新国劇の俳優。1923年新国劇に入る。「新国劇」は「新旧両派歌舞伎劇を越える新しい日本の劇」を標榜した。歌舞伎と新劇との中間をいく新しい国民演劇の創造を目ざして結成した、剣劇と大衆劇が中心の劇団である。1987年に解散。

恩師・沢田正二郎の急逝後、「動の辰巳、静の島田」と好対照のライバル、辰巳柳太郎と協力して新国劇をもりたてた。天衣無縫で豪放な芸風の同年生まれの辰巳とは、ゴルフでも武蔵島田と辰巳小次郎となるなど、ライバルでかつ親友だった。

新国劇で育った俳優の緒形拳が主役の「国定忠治」の芝居をみたことがある。そのとき、最後に島田省吾が挨拶に立った姿を私も見た記憶がある。芝居について、「厳しいですね。厳しさにチャレンジするのが子どもみたいに楽しいです」と島田は楽しそうに「あの人に会いたい」の映像で語っている姿も今回見た。

盟友辰巳の1989年の死後、島田は1991年から「一人芝居」を上演する。85歳であった。「白野弁十郎」以下、年1作ずつ11年間、96歳まで続ける。自他共に認めるライフワークで「100歳まで続ける」と公言していた。1994年には「十時半睡事件帖」で主演する。日本のテレビドラマ主演俳優の最高齢記録も樹立し、話題になった。

冒頭の言葉は、NHK朝の連続ドラマ「ひらり」で女性主人公の祖父役で出演して縁があった脚本家・内館牧子に2001年ごろに語ったものである。2002年5月には内館に「やるよ！　101歳のシェークスピア！」と声をかけている。この言葉とエピソードは、2004年11月29日発刊の『随筆　ひとり芝居』の最後に、内館牧子が書いた「あとがき」にある。島田省吾が亡くなったのがその3日前の26日であった。享年98と少し届かなかった。島田省吾の役者人生は見事なものだ。

11月27日

新井正明（あらい・まさあき）

毎日毎日、嫌なことばかりだけれども、これは砥石で研かれているようなもんだな。

1912.12.1～2003.11.27

日本の実業家。

住友生命保険社長・会長、松下政経塾理事長を歴任。東京帝国大学卒業後、住友生命に入社。その後、召集を受け、満州国とモンゴル（外蒙古）との国境線をめぐり発生した1939年の日ソ（外蒙古軍も）紛争「ノモンハン事件」で右大腿を切断以後、隻脚人生を送る。

戦後、住友生命で労組委員長を経て、1996年には社長に就任。この間、安岡生篤に師事し中国古典の虜になり、絶望の宿命から立ち直った。新井は本業を超えて、関西経済同友会代表幹事、松下幸之助がつくった松下政経塾の理事長なども務めている。そして、安岡生篤の教えを広めるために関西師友協会をつくり、人を育てた。

「地位に応じて成長するのは難しいことです」、「選り好みをせずに愛憎などの私心を捨てて部下を用いる。自分流儀の者ばかりを取り立てるのは水に水を差すようなもので調理にならず味もそっけない。日ごろ嫌いな人を良く用いることこそ腕前」。

新井正明の対談集『心花、静裏に開く　人物となるために』では、中村元、鈴木治雄、宇野精一、山下俊彦と、学界・財界のトップと語り合っている。対談の中では、中国古典や安岡東洋学の神髄が縦横に引用されているのだが、この人自身のオリジナルの言葉はみかけない。古典には倫理観、文芸、歴史など、人間の生き方に関するすべてが入っているからだろうが、そういうものが本人と混然一体となっている。新井正明という人間そのものが、先哲と恩師という硬質の材料で練りあがっているという印象だ。

一生をかけて世間という砥石で自分を研いていく、その心構えを見習いたい。

11月28日

進藤一馬（しんとう・かずま）

できれば桜を残すことはできんやろか。

1904.1.1 ～ 1992.11.28

　日本の昭和期の右翼活動家、政治家、戦後の衆議院議員、福岡市市長。父は玄洋社の創立者の一人である旧福岡藩士・進藤喜平太。旧制福岡中学校（現・福岡県立福岡高等学校）、早稲田大学政治経済学部卒業。

　１９２９年、中野正剛の秘書となり、１９３３年に中野が結成した東方会に入会し総務部長となる。その後、九州日報社（現・西日本新聞社）取締役を経て１９４４年10月、第十代玄洋社社長に就任し、１９４６年にＧＨＱにより解散させられるまで社長を務めた。

　１９５８年に自由民主党公認で福岡県第一区より出馬し当選。通商産業・法務各政務次官を務めたのち、１９７２年に福岡市長選に出馬、当選し、第二十五代福岡市長に就任。四期当選したが、任期途中の１９８６年11月8日に健康上の理由により辞職、引退した。政界引退後、玄洋社記念館長を務めた。享年88。

　２００６年に、玄洋社記念館を訪ねた。このとき、館長が玄洋社発祥の地に連れて行ってくれた。今はＮＴＴドコモ九州ビルの一角に「玄洋社跡」という碑が建っている。そこからさほど遠くないビルの２階に記念館はあった。

　玄洋社は「皇室を敬載すべし」「本国を愛重すべし」「人民の権利を固守すべし」との三原則を基幹とした政治結

社である。商法制以前、「社」は志を同じくする人間が集まって研鑽をはかる士族の結社という意味を持っていた。佐賀の大隈記念館で大隈外相を襲い条約改正を葬った来島恒喜が玄洋社社員だったことを思い出した。

玄洋社は、自由民権運動、憲法の新設、国会の開設、祖国の国力伸張に奔走する。また屈辱的外交条約の破棄、アジア主義に基づくアジア民族の自決独立の援助を行なう。孫文を助けるなど中国革命における玄洋社の存在は大きく、第二次世界大戦終了直後まで日中平和工作を継続していた。記念館入り口の写真や関係者の名簿に度肝を抜かれた。頭山満、広田弘毅、中野正剛、緒方竹虎、など錚々たる人材を輩出している。進藤一馬の名前もあった。

それから10年後の2016年に、福岡市美術館で開催中のモネ展をみた。美術館の近くに「落日燃ゆ」の主人公。広田弘毅像があり、また美術館の前庭に進藤一馬像が建っている。碑には文化行政に功績があったという説明があった。

1972年から10数年、福岡市長だった進藤一馬の名前は、当時九州大学の学生だったときに知っていた。進藤は訪欧した折には「ムッソリーニは非常にきさくで体格のいい親しみのあるおじさん、ヒトラーは物静かで知性的な態度であった」という感想を残している。

土居善胤「花守り　進藤市長殿　花あわれ　せめてはあと二旬　ついの開花をゆるし給え」という歌が新聞に載ったことから始まり、道路拡張工事で切られる予定だった桜の木が紆余曲折を経て、進藤市長が保存を決めた。この桜の木がある公園の石碑には、土居の歌と並んで「桜花惜しむ　大和心のうるわしや　とわに匂わん花の心は　香瑞麻」という進藤の句が刻まれている。

香瑞麻は「かずま」、進藤の雅号で、多くの色紙や短冊を目にした進藤が、土居の歌への返歌として木に掲げた句であった。この話は「リーダーズ・ダイジェスト」誌や小学校の道徳副読本にも掲載された。

これがきっかけで福岡市民たちは進藤を「花守り市長」と呼んだ。「文化行政に功績があった」というのは、このエピソードに代表される進藤一馬の市長時代を総括したのだろう。一つのエピソードが、一人の人物の全体像をあらわすことがある。進藤一馬はこのエピソードで、人々の記憶に残った。

11月29日

林雄二郎（はやし・ゆうじろう）

情報化社会。

1916.7.27 ～ 2011.11.29

日本の官僚、未来学者。

１９４０年に東京工業大学卒。１９４２年に技術院に入職。戦後は経済安定本部、経済企画庁で長期計画に関わる。１９５９～１９６０年にフランス留学。１９６５年、下河辺淳、宮崎勇らとともに「１９８５年の日本人のライフスタイルを検討する会議」で「林リポート」をまとめる。

１９６７年、東京工業大学に社会工学科が新設される際に教授に就任。１９７１年、財団法人未来工学研究所所長。１９７４年、トヨタ財団設立時に専務理事に就任。１９８８～１９９４年、東京情報大学初代総長。１９９４年、日本財団の顧問に就任。日本フィランソロピー協会会長。２０１１年11月29日、老衰により死去。95歳。

１９６９年発刊の名著『情報化社会』の発行により、情報化社会という言葉が社会的に認知された。以下、この本のまとめ。――情報とは意思決定に影響を及ぼす知らせである。情報化社会においては知識産業が主導的立場に立つ。コンピュータは人間の頭脳に非常に近い形（ＡＩ）で、そのままの形でパターン認識することが可能になるであろう。そういった社会では有効な無駄を常にソフトにセットしておくことが必要だ。日本は情報化社会における先駆者的な国として、21世紀を迎える前に世界の先達的な位置に立つであろう。いいことも悪いことも、世界の中で一番最初に日本の国民が経験する。直面する課題をうまく解けば、日本は名実ともに世界の最先進国になる。うまくいかなかった場合には、最先進国に近いような形をしていながら、一歩中にはいると、世界一ノイローゼの患者の多い国、世界一犯罪者の多い国、世界一欲求不満の満ち満ちている国、といったような、まことに奇妙な国になってしまうかもしれない。日本は他の先進国に範を求めず、自身の運命を切り開いていかねばならない。――

この本で、林は未来学を提唱している。量的な側面と同時に質的な側面での予測を正確に行なえるような、新しい方法論の開発が必要だと主張。この議論に影響を与えた梅棹忠夫、加藤秀俊、小松左京、川添登らと結成する日本未来学会につながっていく。林は学会の会長もつとめた。

現在、私も日本未来学会の理事を拝命しており、「社会工学」を専門とした林雄二郎の影響を受けた人たちと動き始めたところだ。50年前に書かれた『情報化社会』の予言と警告は、今なお生きている。

呉清源（ご・せいげん）

勝っても負けても、最善の一手を尽くせば、それで立派な一局なのです。

1914.6.12 〜 2014.11.30

囲碁の棋士。

中国福建省出身。１９２８年、14歳で来日、故瀬越憲作名誉九段に入門。１９３６年４月帰化。１９７９年中国籍より再び日本に帰化。戦前、戦後を通じて「打ち込み十番勝負」で一流棋士をことごとく破り、昭和囲碁界最強の打ち手と言われ、「呉清源時代」を築く。抜群の戦績と華やかな芸風で常に斯界一の実力者として遇せられた。

１９６７年に木谷實五段（当時）と新布石法を発表。門下に林海峰名誉天元がいる。二十世紀に囲碁界をリードしたのは日本で、ずっと世界最強国だった。その中心に呉清源がいた。台湾から「大国手」の称号を贈られている。

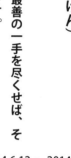

囲碁は勝負事ではない、と呉清源は語っている。「中」の精神を実践しているという考えだった。陰でもない、陽でもない、中を大切にする陰徳思想だ。無形の「中」が形となると「和」になり、無形の「道」も形になると「徳」になる。調和を意識した中国古典の一つの理想である。中の精神とは、陰陽の釣り合いがとれた、最善を尊ぶ精神である。

囲碁のルールは、日中で違う。日本では囲った地の数を競うが、中国では生きた石の数で競うから、勝負事というより、生存権の主張のようで、それが呉清源の碁の基盤にある。

　呉清源は「二十一世紀の碁」を目指していた。東西南北の四方と上下の天地のある碁盤全体を見ながらバランスを上手に保ち、広い視点で打つことを目指した碁である。呉清源によれば、碁盤は縦横19路あり、天元を中心に３６１の交点がある。これを用いて、方角、四季を表し、吉凶を占う道具でもあった。碁盤は宇宙である。白と黒のすべての石の働きを引き出す一手が最善であり、勝ち負けより、相手も含め調和のとれた全体像を目指す共存の思想だ。その調和を目指す打ち方が二十一世紀の碁である。勝とうとするのではなく、一緒に調和ある世界を創っていこうとする態度だったのだ。何をやるにも、思想や哲学が大事だということを教えてくれる。

　私自身は碁は打たないが、碁の世界観には関心がある。図解でも、自分自身を天元に置くことを基本にしている。まさに世界、宇宙を描く作業でもあると考えているので、こういった碁の思想には親しみを感じる。ひとつ、これを機会に碁を学んでみようか。

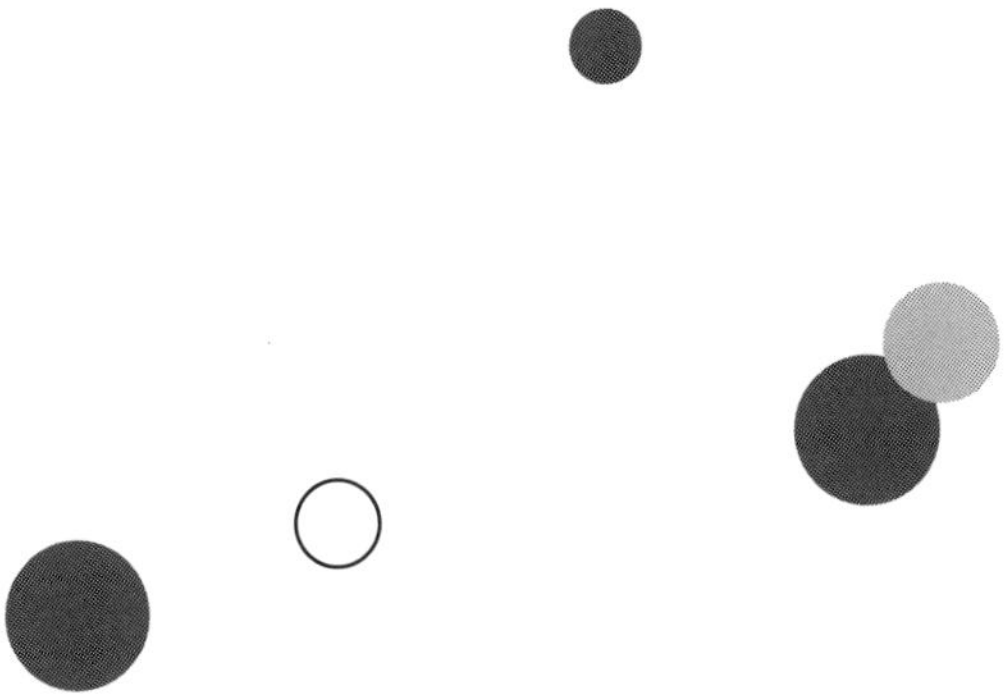

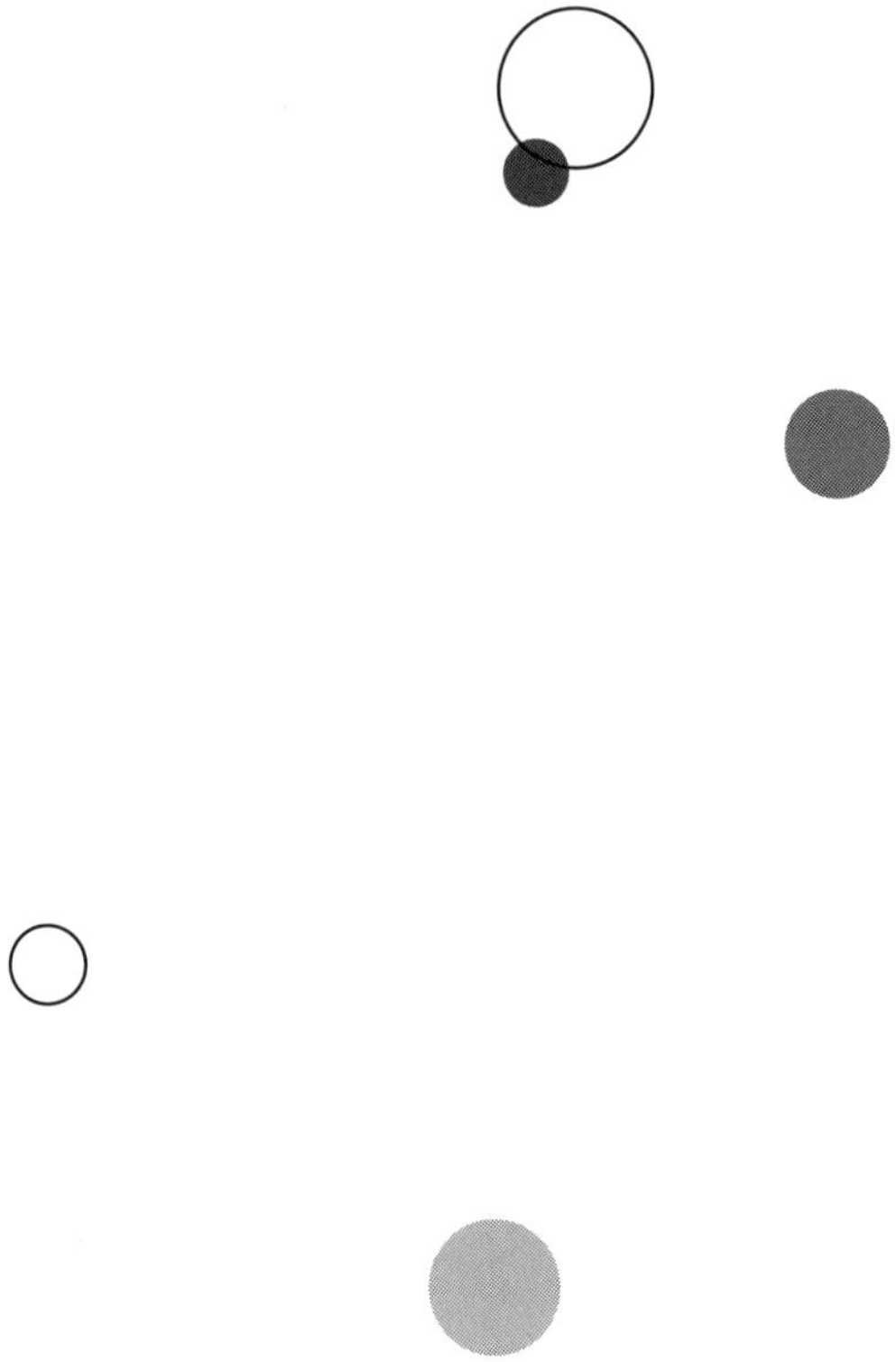

12月

師走

12月1日

益田喜頓（ますだ・きいとん）

本当にこっけいな人は喜劇役者にはなれませんよね。

1909.9.11 〜 1993.12.1

日本の俳優。昭和期を代表するコメディアン。小学校時代から活動写真と野球に熱中。ノンプロ球団函館オーシャンに入団し三塁手として21歳まで活躍する。ボードビリアンに転身し浅草でデビュー。川田義雄、坊屋三郎らとコミック音楽グループ〝あきれたぼういず〟を結成し一時代を画す。「ロッパの大久保彦左衛門」で映画初出演。第2次あきれたぼういずを経て、益田喜頓一座を結成。戦後にあきれたぼういずを再編成し浅草の舞台で活躍。グループ解散後は東宝映画や東宝ミュージカル「マイ・フェア・レディ」など数多く出演。飄々としたとぼけた味を生かし、重要な脇役としてテレビや舞台にと幅広く活動した。１９９０年、60年ぶりに故郷函館へ「永住帰郷」した。

主な出演作に、日活映画「刑事物語」シリーズ、東宝現代劇「がっこの先生」、東宝ミュージカル「マイ・フェア・レディ」、「屋根の上のヴァイオリン弾き」、「王様と私」、「プロミセス・プロミセス」など。

著書も多い。『ハイカラ紳士』『キートンの浅草ばなし』など。主な受賞は、菊田一夫演劇賞、紫綬褒章、勲四等旭日小綬章、演劇功労者、浅草芸能大賞、函館市栄誉賞など。

芸名は、アメリカの短編喜劇の無声映画のチャップリンらと並ぶ三大喜劇王の一人、バスター・キートンのファンだったことからつけた。因みに著名外国人をもじった名前を調べてみた。谷啓はダニー・ケイ。江戸川乱歩はエドガー・アラン・ポー。久石譲はクインシー・ジョーンズ。花登筐は、バーナード・ショーなど。

益田喜頓は体当たりの演技と無表情の顔が特徴で、とぼけた味の名脇役だった記憶が私にもある。野球で得たチームプレーの精神で脇役、バイプレイヤーをつとめた人だ。森繁久彌主演の「屋根の上のバイオリン弾き」では神父役として９００回以上出演している。ＮＨＫ「あの人に会いたい」では、主役の好きな森繁久彌と一緒にミュージカルをつくりあげる喜びを語っている。「喜劇役者」に関する冒頭の言葉は、この番組で最後に吐いている。

人を笑わせることは難しい。自身が滑稽な人は喜劇役者にはなれない。改めて考えると、チャプリンも、三木のり平も、榎本健一も、藤田まことも、植木ひとしも、実像は滑稽な人ではなかった。人間通でなければ、喜劇役者にはなれない。

12月2日

長谷川チヨノ（はせがわ・ちよの）

スーパー・センテナリアン

1896.11.20～2011.12.2

長寿日本一であった女性。佐賀県に在住し、2007年の時点で県内最高齢となった。2010年5月2日に日本国内最高齢の知念カマが114歳357日で死去し、113歳163日の長谷川が最高齢となった。2011年11月20日に115歳の誕生日を迎えた。日本人が115歳を迎えたのは、18年ぶり2人目のことである。同年12月2日、佐賀県基山町の老人ホームにて老衰のため115歳で死去。長谷川チヨノの逝去に伴い、男性世界最長寿者の木村次郎右衛門が日本最長寿者となり、大久保琴が女性の日本最長寿者となった。

長谷川チヨノが生まれた1896年11月20日時点では、小説家の樋口一葉、発明家のアルフレッド・ノーベルらがまだ存命中であった。この人は19世紀、20世紀、21世紀という3世紀を生きたことになる。

現在存命中の確実に証拠がある世界最高齢者は日本の田中力子（1903年1月2日生）であり、2018年7月22日に都千代が死去したことに伴い、世界最高齢となった。

さて、話題の書『ライフシフト』を書いたリンダ・グラッソンは、最近、世界中で長寿化が進行する結果として、2007生まれの子どもの50％が到達するであろう年齢を挙げている。ドイツ102歳､イギリス103歳､アメリカ・イタリア・フランス・カナダは104歳、そして日本は107歳とダントツだ。

100歳長寿を達成した人を日本では百寿者と呼ぶが、欧米では1世紀を生きた人という意味でセンテナリアンと呼ばれ尊敬される。このセンテナリアンの0・1％が110歳を超えるといわれ、スーパー・センテナリアンと呼ばれる。「人生100年時代」のかけ声の先にはセンテナリアンどころか、スーパー・センテナリアン社会が待っているのだ。

12月3日

磯田一郎（いそだ・いちろう）

会社がつぶれるときは、馬鹿が仲良くしているか、利口が喧嘩をしているときだ。

1913.1.12 〜 1993.12.3

ラグビー日本代表選手、住友銀行頭取・会長、経団連副会長。経営危機に陥った安宅産業を伊藤忠商事に救済合併させたほか、マツダ、アサヒビールなどの企業再建、平和相互銀行の合併などを主導し、住友銀行を高収益体質に変えた名経営者である。1982年には国際金融誌「インスティテューショナル・インベスター」から〝バンカー・オブ・ザ・イヤー〟に選出された。

最後は、バブル謳歌時期の裏で発生したイトマン事件を引き起こしてしまう。許永中がイトマンに絵を売り、イトマン株を買い占めている自分の金で乗っ取られるという構造で住銀が支援していた中堅商社イトマンが揺さぶられた事件だ。

最近話題になったノンフィクション『住友銀行秘史』（講談社）は、国重惇史が最も身近にいたものとして、1990年3月から1991年7月までの手帳日記で再現した書であり、大企業の奥の院で志を果たそうとするビジネスマンの物語だ。磯田一郎、巽外夫、西川善文、樋口広太郎、堀田庄三、土田正顕、坂篤郎、佐藤正忠などが実名で登場している。この本は、バブル期の裏面史を描いているが、また大企業の内幕と実態、その中で保身でうごめく人々の群れの姿を写している。読者は自分の組織と自分を重ね合わせるであろう。

「人情を解すること誰よりも深く、部下を鍛えること誰よりも厳しく、企業を愛すること誰よりも深かった」（北康利）磯田一郎は栄光の座から追われる。「私心があってはいかん。周りが納得しませんよ。卑しい人はトップになる資格はない」と語っていた磯田も、トップになった後は、自分を律することはできなかった。

ビジネスマン時代には、磯田語録の中では「向こう傷を恐れるな」が有名で職場でも話題になったが、いくつかの組織をたどってきた現在の私は磯田一郎の「会社がつぶれるときは、馬鹿が仲良くしているか、利口が喧嘩をしているときだ」という言葉に惹かれる。

12月4日

本田靖春（ほんだ・やすはる）

私には肝がんという「記念メダル」がある。

1933.3.21 ～ 2004.12.4

日本のジャーナリスト、ノンフィクション作家。

1955年、読売新聞社に入社。

1964年、売血の実態を探った「黄色い血」追放キャンペーン」を行なった。当時、輸血用の血液は血液銀行に90％以上依存していた。業者に1本（200cc）数百円で血を売るのは主に山谷などドヤ街で暮らす貧しい日雇い労働者だった。黄色い血とは極端に赤血球が薄い血液のことだ。こういったシステムで被輸血者の約5人に1人の確率で「血清肝炎」患者が出ていた。本田は自ら血液銀行に血を売りに行き売血産業の実態を取材したのだ。この「黄色い血」追放キャンペーンの影響もあり、1966年5月にミドリ十字が完全撤退を決め、日本の輸血は献血中心に移行する。日本報道史上に残る快挙であったが、一方で代償も大きかった。本田自身も後年、肝臓がん（肝がん）を発症してしまうのである。

1984年、売春汚職事件で一時逮捕された立松和博記者を取り上げた『不当逮捕』で第6回講談社ノンフィクション賞受賞。主な作品に、吉展ちゃん事件を取材した『誘拐』（1977年）、金嬉老事件を取材した『私戦』（1978年）がある。綿密な取材には定評がある。

「より強く、より大きくならなければならないのは個人であって、国家ではない。これは現代において、自明の理である。強大な国家権力の下で国民が完全支配を受けるとき、いかに多くの不幸が生み出されることか」。こういう思想で積み上げた全作28作品が電子書籍化されている。ノンフィクション作家では初めてだ。

本田は肝がんに続き、2000年に糖尿病のため両脚を切断、大腸がんも患い、同年から「月刊現代」で「我、拗ね者として生涯を閉ず」の連載を開始したのだが、46回で中絶した。「それでもいいかな、という思いがある。なぜなら、このがんは私が社会部記者をやっていた証のようなものだからである」。自身の肝がんは社会派ジャーナリスト・本田靖春という仕事師の勲章というとらえ方だった。

12月5日

加藤周一（かとう・しゅういち）

私は自分自身にも、世間にも、あまり多くを期待しない。けだし失望を避ける唯一の方法は、やたらに高望みしないことだからである。

1919.9.19 〜 2008.12.5

日本の評論家。医学博士。１９５８年に医業を廃し、以後評論家として独立した。１９８４年版『大百科事典』（平凡社）の編集長をつとめる。１９８８年から１９９６年の間、東京都立中央図書館長も務めた。また、２００４年に哲学者の鶴見俊輔、作家の大江健三郎らと結成した「九条の会」の呼びかけ人となった。

上智大学教授、イェール大学講師、ブラウン大学講師、ベルリン自由大学およびミュンヘン大学客員教授、ブリティッシュコロンビア大学教授、立命館大学国際関係学部客員教授、立命館大学国際平和ミュージアム館長など歴任した国際的な学者でもある。

１９８０年に『日本文学史序説』上・下で大佛次郎賞、１９９３年に朝日賞を受ける。長年の文化功労に対して、２０００年、フランス政府からレジオンドヌール勲章（オフィシエ賞）を授与されている。

「読む時間が多すぎて、書く時間が少なすぎる」と嘆いた加藤は、それでも膨大な量の著作をものした。そして『読書術』という名著を書いている。精読術、読まずにすます読書術、原書の解読術、看破術、読破術、などが配置された究極のノウハウ本で、私も含め多くの読者の支持を得た。

　加藤には『雑種文化』という著書がある。日本は外からのさまざまな文化の流入によって出来上がっており、純粋さを志向すると、おかしなことになると警告している。雑種性を認め、それを特徴として生かしていこうという趣旨だ。この本も話題になり、読んだことがある。

　関係した立命館大学には「加藤周一文庫」がある。また加藤と親しく、『加藤周一はいかにして「加藤周一」となったのか』を書いた講談社の鷲津力は立命館の加藤周一現代思想研究文化センター長を務めていた。鷲津はＪＡＬ時代の上司が親しかったこともあり、何度か酒席をご一緒した人だ。

　加藤周一は、理想的な社会というものは存在しないという考えを持っていた。現状が少しずつでもよくなればいいとして悪い流れに抵抗する。また自分自身に対しても失望を避けるために、多くを期待せず、高望みをしないことにしていた。それが少しずつ積み上げていくスタイルを生み、結果的に森羅万象に通じた「知の巨人」と呼ばれる自分を形成したのである。

12月６日

辰濃和男（たつの・かずお）

この世を救う妙薬、こころを柔らかくする妙薬があるとすれば、その筆頭は歩くことだ。

1930.1.1 〜 2017.12.6

朝日新聞記者出身のジャーナリスト、エッセイスト。１９７５年から１９９８年（45〜58歳）まで朝日新聞の「天声人語」を担当。１９９４年朝日カルチャーセンター社長。また、日本エッセイスト・クラブ理事長もつとめた。

辰濃和男には『文章の書き方』（岩波新書）などの名著があり、私ももちろん読んでいる。今回は70歳で書いた『歩けば、風の色』を読んだ。志を持って仕事をしている全国の人々を紹介した本である。辰濃は人と言葉の収集家だ。「人の土台作りに参加している責任」「海や太陽に恥ずかしい生き方をしたくない」「私の通った後を前より少しだけきれいにできたらいいなと思う」「必ず一定の数を残すのが原則だった」「踊っている最中、ずうっと海とか山とか、大自然のイメージをもつ」「大切なのは、親が子どもになることだ」「百年後、二百年後」「大切なのはまじめ作なんだ」「下塗りがいのちだ」「老人は何か一つ、夢中になれるものを持ったほうがいい」「音の詩を創ってゆきたい」など。紹介されているナチュラリストたちの名言の宝庫だ。

白樺、水楢、朴《ほお》、蔓蟻通《つるありどおし》、鋸草、靭草、山母子、峰薄雪草、科木《しなのき》、蝦夷紫陽花、藪椿、椎、隠れ蓑、白山木、武蔵鐙、常盤木、神籬《ひもろぎ》、木五部子《きぶし》、菫《すみれ》、七竈《ななかまど》、岳樺《だけかんば》、小峰楓、裏白樫、栃、楓、羊歯、竜胆《りんどう》、岩桔梗、蝦夷金梅草、鬼胡桃、赤四手、山杜鵑草《やまほととぎす》、曼殊沙華、富士薊《ふじあざみ》、針樅。卯木、花筏、木通《あけび》、西洋踊り子草など。本の中で何気なく紹介している花や木々の漢字の名前には感動する。こういうことを知っているというのは何と豊かだろうか。

「圏央道は、高尾の山を巨大な太い槍で貫く」という言葉には心を揺さぶられた。高尾山を貫く圏央道への反対運動は知っていたが、辰濃も関わっていたのである。私はゴルフに行くときなどに高尾山の腹に刺さった太い槍の中を車で走るという恩恵を受けているのだが、この本を読んでやや心苦しく思った。

歩くことによって、自然の細部にほどこされた造花の神の営みに驚くこころをよみがえらせることができる。硬くなったこころを柔らかくするために、速足で歩くのではなく、余裕をもって、自然を楽しみながら歩きたい。

12月7日

市川健夫（いちかわ・たけお）

私は「文字になっていないことを発見する」ことに一番興味があります。だから一貫して徹底したフィールドワークを行なっていたのです。

1927.9.5～2016.12.7

日本の人文地理学者。東京高等師範学校を卒業後、故郷の長野県で中学校教諭を経て高等学校教諭をつとめる。「八百長なし」という条件で県政100年史の編纂責任者として5年。東京学芸大学助教授、教授。信州短期大学学長時代は「学際・国際・民際の三際主義」を方針とする。長野県文化財保護審議会会長10年（委員は22年）。「常民共栄」の方針で長野県立歴史館初代館長を12年つとめる。「日本のブナ帯文化」の研究により第9回風土研究賞。第5回NHK地方放送文化賞。2010年春の叙勲では、教育研究・文化財保護功労で瑞宝小綬章。小布施町名誉町民。

「週刊長野」に連載された「私のあゆみ」を興味深く読んだ。地理学にのめりこんだ結果、高校教師として16年間同じ高校に勤務する。毎週土曜日の午後から調査対象を高冷地農業に絞ったフィールドワーク。菅平、川上村、開田高原、富士山麓などの高原地帯をコツコツと歩き、10年がかりの調査をまとめた論文で博士号を受ける。

1987年に発行した市川の『ブナ帯と日本人』という本が話題になった。中尾佐助らによる「照葉樹林文化論」は西日本中心の生活様式で日本文化を論じた。一方、市川はクスノキ、シイ、カシ、ツバキなどの常緑広葉樹が茂る中央高地・北陸の山地から東北、北海道に広がる東日本は、水の涵養《かんよう》力、保水力があるブナなどの落葉広葉樹の土地であり、この視点からも日本を考えるべきであるとした。このブナ林帯では、縄文時代以来、米の代わりにヒエ、アワ、キビ、ソバなどの雑穀を栽培し、ダイコン、カブを植えた。また、馬を主体とする畜産の技術もあった。照葉樹林文化を基盤とする大和政権に飲み込まれるまで、まったく異なる文化が花開いていた。その一つが青森県・三内丸山遺跡である。

自然と人の関係を見ていくと、研究テーマは無限である。信州の特徴、地域性を対象にする学問に市川は「信州学」と名付けた。ネーミングが得意だと自分で語っている。「日本のチロル」、「日曜画家の村」、「縄文食のムラ」、対馬海流につけた「青潮」という愛称、そして「食の文化財」の提案など。丹念なフィールドワークによって、地域の特性にぴったりの言葉が浮かぶのだそうだ。フィールドワークで得た資料をまとめる執筆も旺盛だった。一時は、年間で原稿用紙3000枚を手書きで書いていた。稀代のフィールドワーカー・市川健夫は、文字になっていない事実を発見し、それを文字にすることに生涯をかけた。

「現地調査の大切さというのは、無意識に自分たちの文化の中で暮らしている人々を、ある一定の知識をもって見て分析することです。歩いて発見したことが、それまでの発見とつながると新たな理論を生むことができます。その理論を、さらに歩いて検証していきます」。

　小学校時代に「野外巡検」という郷土教育と出会い、地理学に進む。この野外巡検がフィールドワークの始まりだった。徹底したフィールドワークに裏打ちされた理論は強い。市川健夫の生き方、行き方はそのことを教えてくれる。

12月8日

西田厚聰（にしだ・あつとし）

センス・オブ・アージェンシー。緊迫感、緊張感、焦燥感。

1943.12.29～2017.12.8

日本の実業家。

1973年にイランで現地採用され、業績をあげて東芝という名門企業の社長になってアメリカの原子力事業を手に入れた栄光の経営者。であったはずだが、それが契機となって東芝は奈落の底に落ちこんでいく。

経団連会長職を望んだとされる異端の経営者によって、東芝という巨大企業が原子力という「神の火・悪魔の火」に関わる事業展開で転落するストーリーをロングインタビューで構成した優れたノンフィクション『テヘランからきた男――西田厚聰と東芝機械』（児玉博）を読んだ。

西田という人物はいかなる人物か。「情報を集めるだけ集め、学び、考え、判断していく。これを繰り返す」、「起床は4時半。集中」「情報を集めろ、重層的にしておけ」、「営業にいく国の成り立ち、歴史、思想的背景、思想家、民族の英雄……」、「常に、5～6冊の本を読む」、「読書せよ」、「就寝前には藤沢周平作品」、「日本、世界を東京からではなく、パリやボンなどから見れることが必要」、「経済、政治、文明、文化の知識、教養がビジネスで問われる」、「学問の世界だけでは自分の人生が実現できない」、「時代の中におかれた個人」など。

「余力を残してはいけない」という経営哲学を持っており、その実力と迫力で東芝本体の社長、会長に昇り詰める。「リスクは冒します。でもビジネスは賭けではありませんから、決して無謀なことはしません。……大手ウェスチングハウス社の株式買収について、原子力は20年から30年のタイムスパンで収益性を考えなければいけない事業です」と説明していた。宴席で東芝の幹部だった私の友人も西田を高く評価していた。

ＷＨ買収の実態はいかなるものであったか。企業価値は２４００億円。２７００億円で落札。当初は最大４０００億円と見込む。結果として６４００億円で買収する。しかし東芝は現地企業をマネジメントができなかった。その結果が、粉飾決算、人事抗争、そして人物の払底となった。そして東芝は債務超過に陥り、主要な利益部門の売却を迫られてしまう。そのさなかに西田は急性心筋梗塞で世を去った。

「センス・オブ・アージェンシー」、緊迫感、緊張感、焦燥感を携えて難問を解いていった西田厚聰は、選択と集中を実行した「平成のスター経営者」から、最後は「名門崩壊を導いた戦犯」となった。安泰な企業はない。東芝自体も何度も危機に陥りその都度再建を果たしてきた。第十五代社長のこの人の生涯を眺めると、仕事人生を全うすることは難事業だと思わざるを得ない。誰にとっても人生というかけがえのない作品を美しい姿に仕上げることは一大事業だ。

12月9日

坂口謹一郎（さかぐち・きんいちろう）

酒は生き物が造り、その上に人間という微妙なセンスの動物が鑑賞するのであるから、今、科学にとってこれほど手ごわい相手はたくさんいない。

1894.12.9～1978.1.5

日本の農芸化学者。発酵、醸造に関する研究では世界的権威の一人で、「酒の博士」として知られた。結核を患っていたため禁酒令が医者から出ていたが、禁酒令が無意味だったことがわかり、40歳で酒を覚えた。これ以降、体重が増えて健康になった。

「酒によりて得がたきを得しいのちなれば酒にささげむと思い切りぬる」。

50歳で歌を詠み始める。旅の途中で「歌のようなもの」を書くくせがあると自嘲しているが、1975年には新春御歌会始めに召人となっているから優れた歌人でもあったのだろう。

「うま酒は　うましともなく　飲むうちに　酔ひてののちも　口のさやけき」。

「スコッチのつはものこもる古城にはるけくともるまもりのともしび」

「かぐわしき香り流る酒庫《くら》のうち静かに湧けりこれのも

ろみは」

「とつくにのさけにまさりてひのもとのさけはかほりもあじもさやけき」

「うつりゆく世相横目にこの余生いかに生きなむと盃に対する」

「うちに千万無量の複雑性を蔵しながら、さわりなく水の如くに飲める」酒がいいとのことだ。吟醸酒のブームを予言していたように思える。

坂口は微生物の培養に用いられる坂口フラスコを発明している。そして1967年には「永年にわたる微生物学の基礎および応用の分野における貢献」によって文化勲章、1974年には勲一等瑞宝章を受章した。那覇の沖縄県酒造組合の前庭には揮ごうした「君知るや　名酒あわもり」の文字が刻まれた大きな石がある。

故郷の上越市にはその業績を記念した「坂口記念館」があるが、その建物は元々同じ高田市内にあった旧家を移築したものである。那覇と上越には訪問しなければならない。

ベストセラーになった『世界の酒』（岩波新書）以降、『日本の酒』、『古酒新酒』、『愛酒楽酔』、著作集『坂口謹一郎酒学集成』（全5巻）などを書いた。『愛酒楽酔』の中に、先日訪問した山梨県登美のサントリーのワイナリーの創設時のエピソードがあった。国産のシャンパン酒をつくろうとした日本は、ラインのぶどう酒の専門家であるハムというドイツ軍人を雇って山梨県登美村に東洋一の大ぶどう園をつくるが、大震災もあり荒廃した。寿屋の鳥井信治郎社長が赤玉ポートワインをつくるのに国産ぶどうを使いたいというので、坂口は川上善兵衛の指導を受けることをすすめた。川上は登美の農園を買うことを鳥井にすすめた。こういう経緯が書いてある。また、この本は、1992年にサントリー広報室の小玉武に依頼したとある。小玉さんはＴＢＳブリタニカ時代に「知的生産の技術研究会」の出版の関係でお会いしたことがある方だった。

酒で健康になった坂口謹一郎は、専門の研究が酒と大いに関係するという特権を縦横に生かした道を迷いなく歩いた。科学にとってまことに手ごわい難敵であった酒は、また100年になんなんとする97年にわたる生涯の親友であった。今宵は、坂口謹一郎博士をしのびながら、愛酒を堪能しよう。

12月10日

山本七平（やまもと・しちへい）

われわれが通常口にするのは論理的判断の基準だが、本当の決断の基準となっているのは、「空気が許さない」という空気的判断の基準である。

1921.12.18 〜 1991.12.10

日本の評論家。

聖書学専門の山本書店店主。日本社会・日本文化・日本人の行動様式を「空気」「実体語・空体語」といった概念を用いて分析した。その独自の業績を総称して「山本学」と呼ばれる。

クリスチャンの両親は神の安息日（日曜）生まれから「七平」と名づけた。青山学院で学んだ山本本人も10代で洗礼を受けた敬虔なプロテスタントだ。ルソン島で終戦を迎え、マニラの捕虜収容所に収容されるという惨烈な軍隊経験を持つ。

１９４７年復員。１９５８年翻訳書を中心に聖書関係の書籍を刊行する山本書店を設立する。１９７０年に出版し、山本が訳者であった『日本人とユダヤ人』は、私の大学生時代に話題になり、大宅壮一ノンフィクション賞を受賞し単行本・文庫本の合計で３００万部を超える大ベストセラーになった。同書で「日本人は水と安全はタダだと思っている」と喝破した。著者のイザヤ・ベンダサンの正体をめぐってマスコミが沸いたが、山本七平のペンネームであるようだ。当時、ベンダサンと本多勝一との論争を楽しんだことがある。また１９７９年ごろロンドンに駐在していたときに、上司のＪＡＬロンドン空港支店長が「山本さんと会っていたよ」と語っていたことを思いだした。

山本七平の著作は60冊以上に及ぶ。『私の中の日本軍』などの「日本軍」もの。『「空気」の研究』などの「日本人論」。『勤勉の哲学』『日本資本主義の精神』『現人神の創作者たち』などの「日本思想史」。『昭和天皇の研究』など「歴史」もの。『聖書の旅』など「聖書」関係。『論語の読み方』などの「中国古典」。『静かなる細き声』など自伝。そしてイザヤ・ベンダサンの作品としても『日本人とユダヤ人』『日本教について』『日本教徒』などがある。いずれも名著である。何冊かは読んでいる。

山本七平賞は、ＰＨＰ研究所が主催する学術賞。日本語で執筆され日本国内で出版された社会学、政治学、経済学、歴史学、哲学、宗教学、比較文化等の人文科学、社会科学の学術書、論文が対象となっているように、山本自身の守備範囲が広いことがわかる。

今回、You Tube で山本七平のリーダーシップ論を聞いた。戦国から徳川時代への橋渡しをした家康、幕末から明治への橋渡しをした大久保。創業と守成、禄と位、人事と組織、リーダーは耳学問でよく、判定・決断・実行できればよい、など。創業から守成への転換期についての講義だったが、論旨が明快で揺るぎがない。鋭い着眼、本質をずばりと突く慧眼の持ち主であることを改めて確認した。

山本七平は、日本独特の「空気」を発見した。おかしなことと思いながらも、だれも異を挟めないままに進行し、やがてモラルが腐敗していく姿を「空気の前には道理が引っ込む」と分析した。

空気が読めない人を「ＫＹ」と言って揶揄するのも山本の指摘が正鵠を得ていることを証明している。空気論は今でも生きている。

12月11日

三輪壽雪（みわ・じゅせつ）

健康第一。体調は作品に表れるので、体調の悪いときにいくら頑張っても良いものはできん。健康は基本じゃ。

1910.2.4 ～ 2012.12.11

日本の陶芸家。享年102。山口県萩市出身。代々萩焼を家業とし、旧萩藩御用窯であった三輪窯の九代休雪・三輪雪堂の三男として誕生する。旧制萩中学校卒業後、兄・十代休雪を助けながら伝統技法を学ぶ。1941年、川喜田半泥子に師事し、茶陶の制作技法を身につける。独立までの約30年間ひたすら修練に打ち込む。

1955年に作家活動を開始。1957年日本伝統工芸展に初出品した「組皿」が入選し、1960年には日本工芸会正会員になるなど、高い評価を受けた。萩焼の伝統的な茶陶の作風に新たな展開を示した。純白の藁灰釉による「休雪白」の作品を発表している。1967年、兄の休雪の隠居後、三輪窯を受け継ぎ十一代休雪を襲名。1976年紫綬褒章、1982年には勲四等瑞宝章を受章、1983年4月13日に重要無形文化財「萩焼」保持者に認定された。兄弟での人間国宝認定は陶芸界で前例のない快挙だ。

近代萩焼の革新者であり、それまで注目されなかった桃山時代の雄渾なスタイルを現代に甦らせることで、現在美術としての萩焼を創出させた。美濃焼における荒川豊蔵、唐津焼における中里無庵、あるいは備前焼における金重陶陽らに、匹敵する人である。

「若い連中がまねしてやろうという根性になってはだめ。自分の仕事の力になるように受け止めないと」

全ての作陶過程を自らの手で行なう事にこだわりを持ち、晩年まで活動を続けた。2012年老衰のため

１０２歳で死去。
百寿（１００歳）の上もあることが今回わかった。茶寿（１０8歳）、皇寿（１１1歳）、大還暦（１２０歳）。
三輪壽雪は胃腸が悪く、長生きしようと自分で健康法を編み出して実践した。4時半に起床し、体操と全身マッサージを1時間半。その後、無農薬野菜をつくる畑仕事を1時間。冷水を2杯飲んで朝食。就寝は9時半。体が弱かったことが、かえって長生きにつながった。体調管理はどのような分野でもいい仕事をするための基本である。

三輪壽雪は「不器用は、不器用なりに。茶碗の場合はの。器用すぎてもいかんのじゃ、これは。茶碗の場合はの。器用すぎるほど、土が伸びてしまっていかんのじゃ。やっぱし技術的には稚拙なところが、多少はあるほうが茶陶、茶碗としては、好ましい雰囲気のものになるわけじゃ」と不器用を克服し、健康第一の心がけで百寿の名人になった人だ。

30年の修業期間を経ての45歳からの作家活動は遅いと見えるが、１００歳を超えるまで半世紀以上の時間があったことになる。この人も遅咲きといえる。

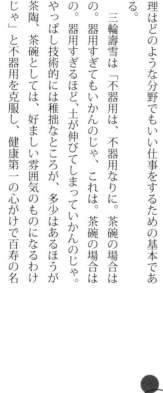

12月12日

隅谷正峯（すみたに・まさみね）

鎌倉期の刀に匹敵するものを作る。

1921.1.24 ～ 1998.12.12

石川県松任市（現在の白山市）出身の日本刀匠。

金沢一中時代、刀剣展を見て刀にひかれ、日本刀愛好会をつくる。立命館大学理工学部機械工学科卒業と同時に刀匠・桜井正幸に入門。独立後は興国日本刀鍛錬所（広島県尾道市）へ。その後、日本刀鍛錬所傘笠亭を松任市に開いて多くの作品を手掛けた。

１９６５年以降には新作刀に与えられる最高賞である「正宗賞」を3度受賞。１９８９年には伊勢神宮式年遷宮御神宝太刀を制作した。天下三名槍である「日本号」の写しは現存の写しの中で最高傑作と言われる。地鉄の研究にも熱心で知られた。１９７５年ごろから正倉院蔵刀子や四天王寺蔵刀剣類を参考に小刀や刀子を研究、制作を続けた。鎌倉時代の備前刀を得意とし、隅谷丁子と呼ばれる独自の華麗な丁子刃文を完成した。１９８１年に「人間国宝」に認定された。

王朝時代を指導した貴族に代わり、勃興した武士が政権を担った鎌倉時代は各方面で新しい文化が花開いた。宗教。彫刻。絵画。工芸。建築。庭園など。仏教の主な宗派は鎌倉時代に起こった。大災害の連続と政治の乱れのあった平安末期以降には既成仏教の堕落があり、新しい仏教が多く生まれている。法然、親鸞の民衆仏教、日蓮の日本を意識する思想、栄西、無学祖元、一遍。仏像も鎌倉期が最高だ。運慶は平安時代から鎌倉時代へと時代が移り変わる激動の時代に生きた日本史上最高の彫刻家であった。作陶の備前焼の藤原啓も鎌倉期の力強い作風に惹かれている。

勃興し意気上がる武士の象徴が刀であり、日本刀も鎌倉時代が最高である。刀の形のよさは作り手の品性から生まれるから、鎌倉期の刀工は優れた鑑識眼を持った、人間的にも立派な人だったことになる。鎌倉期の刀工たちの魂をにらみ、日々鍛錬したのである。世界的な人間ができて初めて世界的な絵が描けると、日本画の横山大観も言っている。こういう思想は共通している。

岡山県倉敷の今泉俊光刀匠記念館を訪れたことがある。1898年生まれで、人間国宝の今泉俊光は、95歳当時（1993年）、これからどんな仕事をしたいですかという問いに、やはり「まだまだ頑張って鎌倉期のような刀を造ってみたい」と答えていた。

「鍛錬」という言葉は、もともと日本刀を作るときのやり方を示した言葉である。鍛とは鋼をたたき鍛えること、錬とは水につけて練ることだ。これによって強く、しなやかな刀が誕生する。人についても鍛錬が大事である。

剣豪・宮本武蔵は「千日の稽古をもって鍛とし、万日の稽古をもって錬となす」と五輪書で言っている。名匠・隅谷正峯は鍛錬の人であった。

12月13日

山下文男（やました・ふみお）

僕自身が津波を甘くみていた。津波は本当に怖い。

1924.1.16〜2011.12.13

いわゆる「津波てんでんこ」を広めた日本の津波災害史研究家である。岩手県気仙郡綾里村（現大船渡市三陸町綾里）出身。１８９６年の明治三陸津波で祖母ら親族三人を含む一族九人が溺死。１９３３年、9歳のときに昭和三陸津波に遭い、高台に登って難を逃れている。

日本共産党の「赤旗」の記者で、文化部長や党出版局長などを務めた。退職後は郷里に戻って津波の災害史研究に専念した。津波の痕跡を訪ね、文献・史料をひもといた。在野の研究者として、義務教育で津波、地震に関する知識、心得を教える授業を取り入れることや津波体験の教訓を伝える「津波伝承館」の建設を訴え続けた。『津波てんでんこ——近代日本の津波史』など多数の著作を通じて津波の恐ろしさを訴え続けた。「最後の『こ』は了解し合うという意味。お互いが信頼し合って逃げる。人間には情があるが、犠牲者を一人でも少なくするには、情を断ち切り、心を鬼にして逃げなければならない」と熱っぽく説いた。

１９９１年『津波ものがたり』で日本科学読物賞、北の児童文学賞、２０００年、日本自然災害学会賞　功績賞、２００３年、平成15年度防災功労者表彰（内閣府、防災思想の普及）、２００６年、岩手日報社文化賞を受賞。

２０１１年３月11日の東日本大震災では、岩手県立高田病院に入院中に津波に襲われた。津波到来の放送が院内に叫び声が響く中、山下は「研究者として見届けたい」と4階の海側の病室でベッドに横になりながら海を見つめていた。津波が轟音と共に病院3階にぶつかるとガラスを破り一気に4階に駆け上がってきた。逃げようにも腰が抜けて動けなくなり、津波に呑まれ、2m近く室内の水位が上がるなか、カーテンにしがみつき、首だけをやっと出す状態だった。10分以上カーテンにしがみついた後、水が引き、一命を取り留めた。翌12日に海上自衛隊によって救助される。

山下文男は、昭和の大津波、チリ地震津波を経験した。そのことで津波の研究というライフワークにまい進することになる。3度目の東日本大震災の平成の大津波では、津波の怖さをさらに知る。「四階までは上がってこないだろうと思った。陸前高田は明治29年の大津波でも被害が少なかった」「だから逃げなくてもいいという思い込みがあった。津波を甘く考えていたんだ、僕自身が」。平静、迅速な避難を訴え続けてきたが、自身はそうしなかったのだ。亡くなるまで病床では迅速な避難の重要性を熱意をこめて語ったそうである。

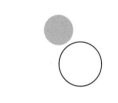

12月14日

木暮剛平（こぐれ・ごうへい）

良い句に接したり句作に耽っているとやすらぎを覚え、いつしか俳句は私の心のオアシスとなっていました。

1924.9.19～2008.12.14

経営手腕は疑いないが、ここでは電通の役員で激務であった中、「五十の手習い」で始めた「俳句」に焦点をあてる。「風」主宰の師の沢木欣一は、木暮の句を「平常心の俳句」としている。

「笛吹いて涼し壁画の飛天仏」にちなんで、15年間にわたる句をまとめた『飛天』と名付けた句集を読んだ。以下、この句集で感銘を受けた句をあげる。

葉桜の母校神父の老いゐたり
桐咲くや母のおはさぬ奥座敷
天平の大屋根越ゆる秋の蝶
夕焼けや西に傾く宿場町
青き串木の芽田楽貫けり
緋の裏の外套を脱ぐ老父かな
河豚刺しの味無き味を好みけり
朝ごとに竹を踏みつつ春半ば
総理より太き下仁田葱届く
雪解川溢るる茂吉生家かな
戦場の肩の疼きや根深汁
古稀の師の能登の話や夏座敷

電通社長・会長。電通でアルバイト中に社長吉田秀雄に認められ、入社しトップに上り詰める。社外での活動も活発だった。日本広告業協会理事長・日本広告業協会会長として広告代理店業界の発展に尽力した。経済同友会副代表幹事、経済団体連合会理事、東京商工会議所議員などを歴任。通商産業省情報処理振興審議会会長として行政運営の円滑化にも手腕を発揮した。

古地図買ふセーヌの初夏の古本屋
石で打つ洗濯春の信度河
宍道湖の舟傾けて蜆採る
床高きマレーの家の夏座敷
啓蟄の石もて棺の釘を打つ
柚子風呂の少し早めに焚かれけり
ゴルビーの温き握手や春の宴
葬壇にボートのオール飾りたる
菜根譚拾ひ読みして秋の旅
婚の日に続く葬の日枇杷の花
社長職辞せし夕や風薫る
萩一枝活けし書斎や古稀迎ふ
着ぶくれてセーヌの河畔の古本屋
大年の紅白知らぬ歌ばかり
男坂女坂あり初詣

　木暮剛平本人が言うように「さりげない市井の生きざまに句趣をうることが多い」との発言はうなずける。句作することは、はまさに「生ける証し、生活の記録」であり、心のオアシスなのだ。

12月15日

小宮山正九郎（こみやま・しょうくろう）

喫茶店ではなく喫茶室。

1920.10.22 〜 2013.12.15

銀座ルノアール創業者・社長。

株式会社銀座ルノアールは東京都・神奈川県を中心に「喫茶室ルノアール」などの喫茶店をチェーン展開する会社である。小宮山が戦後、復員するときに持ち帰った砂糖が高く売れ、その資金を元手にせんべい屋を始める。そして喫茶事業を開始する。そのときつけた名前が「ルノアール」だ。

出店戦略は、兵隊時代の迫撃砲がヒントになっている。数多く撃つことで、その地域のライバルをせん滅させる、というやり方だ。同一地域にいくつも出店し、店舗の多用化や、貸会議室の提供といった工夫で、差別化をした。貸会議室は利益率自体は小さいが、早く来た人がお茶を注文したり、会議後に話し足りない人が場所を変えてお茶をするなどして利益があがるという仕掛けだ。

ルノアールの特徴ともいうべきロビー風喫茶室のスタイルは、「絨毯に金をかけすぎて資金不足となり、苦し紛れに椅子をまばらに配置したところ意外と客に好評だったため始めた」ことがきっかけだった。怪我の功名のヒットだった。

1964年10月、日本橋に第1号店を開店。1971年2月、有限会社銀座ルノアールを設立。1983年には、100店舗の出店を達成。2018年3月の決算報告では、資本金7億7千1百万円。従業員数正社員241名、契約社員1617名。店舗数は120店舗（内2FC店舗）となっている。

コーヒーを飲みに行くのではなく、あくまで何かを行なう場所という意味が「喫茶室」という名前に込められている。私が1980年からかかわっているNPO法人知的生産の技術研究会のスタッフ会議は、ほとんどの場合は都内の喫茶室ルノアールだった。ゆったりとしたスペースでくつろぎながら仲間と企画を練ったことを思い出す。今でも、ルノアールの看板を見かけると懐かしい気持ちが湧き上がってくる。「オヤジのオアシス」と言われているのはうなずける気がする。同世代の友人と待ち合わせると、「懐かしいなあ」と青春時代を思い出す人が多い。当時は気がつかなかったが、ルノアールは喫茶店ではなく、「喫茶室」という考え方だったのだ。やはり事業においてはコンセプトが大事だ。

12月16日

桂信子（かつら・のぶこ）

表現は平明に、内容は深く。

1914.11.1 ～ 2004.2.16

大阪市出身の俳人。１９３８年、女性のエロスを主題とした句や無季俳句で新興俳句運動を主導した日野草城主宰の「旗艦」を知り投句。１９３９年、桂七十七郎と結婚。１９４１年、夫が喘息の発作のため急逝。１９４９年、草城主宰の「青玄」創刊に参加。１９５４年、細見綾子、加藤知世子らと「女性俳句会」を創立、１９７０年、「草苑」を創刊、主宰。

２０１０年、財団法人柿衞文庫によって桂信子賞が創設された。俳句に功績のあった女性俳人に授与される。「俳句創作に加え、地道な研究活動を怠らなかった女性俳人・桂信子を顕彰し、女性俳人の活動のさらなる発展を願って、柿衞文庫が創設した賞」だ。第１回受賞者は「日本列島桜花巡礼」を発心し、30年かけて全国の桜を巡り、「桜」の俳人としても知られる黒田杏子だ。黒田はテレビ「プレバド!!」では、俳句ブームを起こした夏井いつきが尊敬する俳人である。

りんご掌にこの情念を如何にせむ　紫蘇しげるなかを女のはかりごと

窓の雪女体にて湯をあふれしむ　賀状うづたかしかのひとよりは来ず

外套のなかの生ま身が水をのむ　ゆるやかに着てひとと

逢ふほたるの夜

27歳で寡婦となり、以後会社員として自活する。苗字は嫁ぎ先の桂を名乗ったままだ。56歳の定年で辞めて、自ら主宰する「草苑」を創刊する。それから34年の歳月があり、寡婦としての喜怒哀楽を詩情ゆたかに詠んだ。「夫を失い師が逝かれ、母が亡くなり続いて唯一人の兄が逝き、昨年末は長い間共に過した義姉も他界した。あとは俳句だけになった。俳句は自分のよみたいようによむしかない。(略)俳句は唯一私の心のよりどころである。私にとってそれ以外の何物でもない」。そういった心情を読んだ「父も夫も師もあらぬ世の寒椿」には心を動かされる。

1977年、第1回現代俳句協会賞受賞、「新緑」で現代俳句女流賞受賞。1992年、第8句集「樹影」で第26回蛇笏賞受賞。同年第11回現代俳句協会大賞を受賞。2004年、第10句集『草影』で毎日芸術賞。第4句集『新緑』以降の句集では自然をさりげなく視野においた句を多く収めるなど、平明な表現のなかにたたえられた滋味を感じさせる奥行きの深い作風となった。その成果は60代以降の、数々の受賞に結実している。

12月17日

南博（みなみ・ひろし）

日本人ほど自らの国民性を論じることを好む国民は他にない。

1914.7.23～2001.12.17

日本の社会心理学者。医師であった父親の希望により医師を志すが、激務に恐れをなし東京帝国大学医学部を中退。京都帝国大学文学部哲学科卒。1943年にアメリカのコーネル大学で博士号を取得。終戦後帰国し日本女子大学教授。一橋大学教授。成城大学教授。

アメリカ社会心理学を日本に導入し、国民性から大衆文化までさまざまな社会現象の背景にある心理を解き明かし「日本人論」ブームをリードした人。また、伝統芸能や映画、テレビ番組においても幅広く活躍した。フラストレーションの訳語に欲求不満という言葉をあてた。この言葉は当時話題になり、今では普通名詞になっている。

父から「勉強しすぎて死んだ奴はいない」と教えを受けたといわれ、勉強も仕事にも熱心で、生涯無休だった。亡くなる直前まで口述筆記で著書を遺した。

大学のゼミ出身者は、高野悦子、加藤秀俊、辰野和男、山本コウタロウ、杉山隆男、石原慎太郎、太田弘子、など実に多彩だ。

南博の日本人について書かれた書物は何冊か読んでいる。1994年に80歳で集大成として書いた『日本人論』は、代表的著作500点を総覧した大著だ。千数百点にのぼる国民性に関する論著の中から、代表的だと考えるものを選び、明治期80強、大正期約30、昭和戦前期約100、占領期30強、現代（一）約70、現代（二）約130点について歴史的に位置づけ、簡潔な紹介が付されている。日本人の生活、文化、心理についてさまざまな角度から考察した。日本人の自意識の近代史である。この本は手に入れなくてはならない。

「日本人ほど自らの国民性を論じることを好む国民は他にない」という名言は、頭に残っていたが、これは「日本人学」の構築をライフワークとした南博の言葉だったことに納得した。

12月18日

加藤仁（かとう・ひとし）

一点突破で道は開けるんです。

1947.5.3 〜 2009.12.18

ノンフィクション作家。

雑誌編集者を経て、作家として独立。3000人以上の定年退職者に取材するなど生活者の視点に立ったルポルタージュや日本人論を執筆した。著書に『宿澤広朗　運を支配した男』などがあり、私も若いころから本や雑誌記事などをよく読んだ。だが、圧巻はながく続けた定年退職者への取材をもとにした大量のルポだ。

『定年後—豊かに生きるための知恵』、『人生、後半からが面白い』、『待ってました定年　定年後の8万時間に挑む』、『生き場所死に場所—定年が見えてきた、さあどこに住むか』、『「自分史」を書いてみませんか』、『定年前後の「自立」事始め』、『人生を楽しむ—50歳からがゴールを決める』、『定年後の居場所を創る—背広を脱いだ61人の実践ファイル』、『たった一人の再挑戦—早期退職者55人行動ファイル』、『定年百景』、『定年からの旅行術 』など。

『定年百景』には、「万葉集の歌碑巡り、青空の下で土を踏む楽しさ」というタイトルで園部達郎という元銀行マンが紹介されている。90代に突入した私の母が万葉歌碑巡りをライフワークとしているので興味を持った。70歳から本腰を入れた歌碑巡りは、江戸期から建碑され始めた歌碑943（平成3年まで）のほとんどを、10年後の80歳までにすべてをまわっている。

万葉集4516基の歌のうち、もっとも多いのは山上憶良の「しろがねもくがねもたまもなにせむにまされる宝子に如かめやも」である。「あとがき」で加藤は、定年で喪失しかけた「役割」を独自に獲得していった退職者の姿を描いたと語っている。紹介された67人に共通するのは「もうトシだから」と言わないことである。ふとした折に出会ったものにのめり込むことで新たな自己を形成していく人たちだ。

　加藤仁は若くして「定年」というテーマにはまり、「定年後の教科書」を数多く書いて、多くの人を励ました。「定年後を充実して生きるヒントは？」という問いに加藤は、「『一点突破』ですね。つまり、自分がこだわりたいテーマに徹底的にこだわる事で、そこからすべてが開けてくると思います」と答えている。「定年後」というテーマは、「人生100年時代」という今日的な課題に直結している。加藤の本は今後も読まれ続けるだろう。

　ここまで定年というテーマにのめり込んだのは、使命感もあっただろうが、自身の人生をどう過ごすかという面でヒントを得たいと思ったからであろう。その加藤は「取材をして書くという仕事を、できれば一生続けていきたい」と語っていた。自身は弱冠62歳でこの世を去って、豊かな老後には届かなかった。しかし「一点突破」で生涯を全うしたとは言える。これも運命だろう。

12月19日

大東隆行（おおひがし・たかゆき）

リーダーは指導者でなくてはならんと思っています。支配者でも管理者でもいけない。

株式会社王将フードサービスの代表取締役社長。

義兄の加藤朝雄が１９６７年に創業した「餃子の王将」１号店へ１９６９年に入店。２０００年に社長へ就任した時点で、不動産投資の失敗などで有利子負債４７０億円、倒産寸前だった。

1941.3.8 ～ 2013.12.19

社長就任後は毎朝6時前には出社し、本部のある会社の玄関を自ら開錠しては、玄関や駐車場を掃き清めて散水していた。昼には自身でトイレ掃除をしていた。社長就任の翌年から黒字に転換した。

王将には、四つのこだわりがある。王将の魂・餃子、手づくり料理、安全・安心、おもてなしの心。看板商品は餃子で、国内のあらゆるところから食材を調達する。手づくりのオリジナル料理をつくるスタッフは高い調理技術を持つ料理人だ。私も何回か王将で食べたことがある。

２０１３年12月19日早朝、京都の王将本社前で自分の自動車の近くで死亡する。銃弾4発を急所に打ち込まれていた。いまだに未解決の事件である。

○料理は魂、食は雰囲気。

○ピンチにしないように早めに手を打っているんです。数字を毎日細かくチェックして、ちょっとした変化を見逃さないようにしている。

○本社ビルはご覧のとおりボロボロです。ビルはカネを生みません。しかし、コンピュータにはカネをかけました。

○正直に言うと、『再建した』というよりも、『勝手に再建していった』という方が正しいな。毎日無我夢中やったからな。どんなときでも、自分にやれることはそんなに多くない。問題に対して考えられる策を、ただ実行するだけなんや。

○商売は人です。僕の目標は王将の仕事を通して人を残すことです。

○人間の値打ちは優しさと愛嬌だ。

　中退した経理専門学校で身につけた数字を見る目と、人を大事にする姿勢が、倒産の危機を救った。大東隆行は「『湯気が出ている背中』を下の人間に見せなければいけません」というリーダー像も語っている。料理の現場を彷彿とさせる「湯気が出ている背中」は言い得て妙だ。支配者であるという勘違い、管理者だという誤解は、ちまたの役職者に多い。それがパワハラになり、部下からの不信につながる。大東には、未来を指し示し、率先垂範する指導者の姿をみることができる。こういう人がなぜ殺されたのだろうか。この事件は追いたい。

12月20日

青島幸男（あおしま・ゆきお）

才能はみんな同じなのに、やらないだけですよ。気力の問題ですね。ボクは才能は傑出していないが、ウヌボレだけは人一倍です。

1932.7.17～2006.12.20

日本の作家、作詞家、タレント、俳優、放送作家、映画監督、政治家。

映画監督・主演の「鏡」でカンヌ映画祭で批評家賞を受賞。テレビの放送作家として流行語を大量につくる。「お呼びでない。あ、そう、失礼しやした」「ハイそれまでョ」「カッコいい」など。タレントとしては「青島だァ！」が印象に残る。作詞では植木等の「スーダラ節」が大ヒット。

政治家にもなる。1968年参院選全国区で2位。ライバル視していた同年の石原慎太郎がトップ当選。佐藤総理への「財界の男メカケ」発言、中曽根内閣全閣僚への「あんたらは全員アホだ」発言など。田中角栄が「いまの若手議員の中で見込みがあるのは、河野洋平と青島幸男」と言っていた。1974年には「カネ0円、選挙運動なし」で海外で過ごし当選。

作家としては初の小説『人間万事塞翁が丙午』で狙いどおり1981年の直木賞をとった。

1999年には東京都知事選に出馬し、組織選挙を戦った石原信雄を破って都知事に就任。

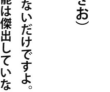

娘は、死に方も父らしく「おしまいチャンチャン」と、木くずを振り払うようにさっさと死んでしまったと語っている。

以下、青島の言葉から。「面白がってやっているヤツと、苦労してやっているヤツと、どっちが勝つかな。やっぱりさ、面白がってやっているヤツにはかなわないんだよ」「自分の得意に、邁進しろ！」「オレはね、何か選択するときは厳しい方を選ぶ。だって、そっちの方が面白そうなことが待ってそうだもん」

子どものころから親に「ほら吹き」と呆れられたという。都庁の建築現場を見たときには、「あそこで仕事をするようになるんだ」と思った。1960年当時、「僕は、運転免許を取って、美容師の免許を取って、映画も撮って、主演もし、作詞作曲をして、直木賞を取り、国会議員になる」と豪語して、植木等からも正気を疑われる。しかし、8年後までにすべて実現することになった。石原慎太郎から才人と言われた青島幸男は、人からは「ほら吹き」と呼ばれ、自身は「ウヌボレ」を自覚しながら、そういう自分を面白がって明日に向かって邁進したのだ。ウヌボレほど大事なものはない。

12月21日

大川慶次郎（おおかわ・けいじろう）

私は競馬で3億得しています。そして4億損しています。

1929.2.6 ～ 1990.12.21

日本の競馬評論家。オーナーブリーダーであった父・大川義雄（高千穂製紙社長）の二男で、渋沢栄一の曽孫にあたる。慶應義塾大学卒業後、会社員となるが競馬をあきらめられず、明治座社長だった新田新作の競馬担当秘書となる。

1957年から日本短波放送の解説者となった。「ホースニュース・馬」を発行するホースニュース社と予想家契約を結ぶ。1961年9月3日、同紙上で予想家としては初となるパーフェクト予想を達成するが、その後、極度のスランプに陥る。1994年に「ケイシュウNEWS」を去った後はフジテレビ「スーパー競馬」の解説者・日刊スポーツ専属評論家として活動した。1981年に設立した競馬予想会社・ホースメン会議の総監督も亡くなるまでつとめた。ファンへの仁義としてみずからも予想のとおり馬券を買うのを常としていた。私は競馬には関心がないが、テレビで大川の顔は知っている。

馬の体型を一目見ただけで他の予想家や競馬記者が気づかなかった体調や故障、先天的障害を言い当てることもあったそうだ。予想家としては通算4度パーフェクト予想を達成し、「競馬の神様」と呼ばれファンに親しまれた。「神さまに戒名なんか要らない」という家族の意向により、大川に戒名はつけられなかった。死の5日後の「生前最後の予想」も的中させている。

「後編でバテる分の少ない馬が勝つ」というなにやら人生訓めく言葉もある大川慶次郎は、事前に用意されていたとしか思えない「競馬」という天職を手にした。天職には就くことが大事なことであって、収支は関係ない。1億の損、それがどうした、ということだろう。

12月22日

加藤シヅエ（かとう・しづえ）

一日10回感動すること。それが長生きの秘訣です。

1897.3.2 ～ 2001.12.22

日本の婦人解放運動家・政治家。東京の富裕な実業家の娘。女子学習院中等科卒業後、石本恵吉男爵と結婚。石本は三井三池炭鉱に赴任し、シヅエは悲惨な労働者の実態をみる。二人の幼子を残しアメリカに渡った夫を追い渡米。産児調整運動のマーガレット・サンガーと出会い、日本での運動を決意し、日本での産児調節運動をスタートさせ、日本産児調節婦人同盟を設立し会長に就任。

夫は満州で音信不通になり離婚。「火の玉勘十」と呼ばれた労働運動の加藤勘十と結婚。48歳で長女多喜子を出産。１９４６年の衆議院選挙で初当選し、日本社会党に入党。優生保護法を成立させる。１９５０年参議院議員に当選し、１９７４年の引退まで参議院議員であった。成田空港反対闘争にも参加。２００１年死去、享年１０４。

『百歳人、加藤シヅエ　生きる』（ＮＨＫ出版）が日本エッセイストクラブ特別賞。若月俊一賞。東京都名誉都民。

「いったん口にしたことは必ず実行するのが母のやり方だ」とみていた娘の加藤タキは、『加藤シヅエ　１０４歳の人生』（加藤シヅエ・加藤タキ）で、97歳のとき新進党結党大会で演説するなど、１００歳を超えても健康で、テレビや雑誌にひっぱりだこになった、と語っている。加藤タキは友人の渡辺幸裕さんのパーティで一度お見かけしたことがある。

「毎日をつつがなく歩み続けていたら、自然と100年がたってしまった」、「健康な思考力をもって生きていれば、いくつになろうと関係なく、日々何かを学んだり感じたりしながら、生き続けていくことができる」、「何か使命感を持つこと。……老いの痛みにどうにか耐えていくことができる」。

102歳でがんの手術をする。見舞いに来た日野原重明先生から「この病院（国立がんセンター）はじまって以来、最高齢の方の手術が、こんなにうまくいって、本当によかった」と手を握って喜んでくれたそうだ。

新渡戸稲造『武士道—日本魂』で社会問題に目を開かれた、センテナリアン・加藤シヅエの遺言は、「もう一度、品位のある信頼される日本人に、日本になってもらいたい」だった。現代を進歩と無気力の時代ととらえ、知的進歩とともに日本の道義的成長を願ったのだ。

生活の中の小さなことの中にも、感動の種はたくさんあるとし、頭と心をフル回転させた聖なる生涯であった。

12月23日

葉室麟（はむろ・りん）

体調管理を万全にして、なすべき仕事をなしとげなければならない。

1951.1.25～2017.12.23

日本の小説家。福岡県北九州市小倉生まれ。地方紙記者、ラジオニュースデスク等を経て、50歳から創作活動を開始する。

2005年に江戸時代元禄期の絵師尾形光琳と陶工尾形乾山の兄弟を描いた『乾山晩愁』で第29回歴史文学賞を受賞した。2007年、『銀漢の賦』で第14回松本清張賞受賞。2009年、『いのちなりけり』で第140回直木賞候補。2009年『秋月記』で第22回山本周五郎賞候補、第141回直木賞候補。2010年、『花や散るらん』で第142回直木賞候補。2011年、『恋しぐれ』で第145回直木賞候補。2012年、『蜩ノ記』で第146回直木賞受賞。2016年、『鬼神の如く 黒田叛臣伝』で第20回司馬遼太郎賞受賞。

葉室は私の友人に愛読者が多い。私も直木賞を獲得した『蜩ノ記』を読んで、すっかりファンになった。今回、葉室の書いたエッセイを読んだ。エッセイは本音が出るからよく読むが、この作家の歴史小説家としての原点や、目指すところがよくわかる。

葉室は高校生のころ司馬遼太郎の『竜馬がゆく』を読み、こういう小説を描きたいと思い、50歳を過ぎてから書き始めた。また、ほとんどの人は勝利者の経験がない、何らかの意味で敗者だとした上で、自分は小藩の軽格武士の末裔なので生まじめ過ぎて損をする人は描けると考える。それで歴史の中にそんな人物をさがし、ようやく歴史小説が書けるようになったのである。葉室によれば、彼等歴史小説家が書くものは、正史ではなく、民間の歴史である、稗史である。

清麿正行という刀工には「刀は、わたしそのものでございます。これが俺だ。古今どこにもないおれの刀だ」(山本兼一『おれは清麿』より）と言わせている。朝井まかて『眩』では、主人公のお栄は、「わたしはわたしになりたいんだ。そのわたしに、まだ手が届かない」と言う。これらの逸話を紹介していることから分かるように、葉室は歴史小説を書くことを通じて、自分にしか書けない小説を書くことを通じて、自分をつくりあげようとしたのであろう。

２０１７年7月10日の65歳の時点で、これからなそうとする仕事のために自分自身のメンテナンスをしっかりしなければ、人生の最終コーナーをまわることはできない、と決意しているのだが、その年の12月23日に亡くなってしまう。代表作、ライフワークは時間が足りなくて完成しなかったのであろう。ファンは皆、脂の乗り切った葉室の書く作品を読み続けたいと言って、惜しんだ。

77歳の小林秀雄と河上徹太郎が、それぞれ代表作をすでに仕上げていることにも言及している。そして北重利と山本兼一という二人の先達が仕事に意欲を燃やす中で、病でその歩みを断たれてしまったことの無念さに同情している。しかしこの葉室本人も同じ無念さを味わうことになってしまった。

「代表作、ライフワークを遺したか」という問いは、自分自身にも問いかけたい切実な言葉だ。

12月24日

三船敏郎（みふね・としろう）

私は日本と日本人のためにこれからも正しい日本人が描かれるよう断固戦っていく。

1920.4.1 〜 1997.12.24

俳優・映画監督・映画プロデューサー。

1946年東宝第一期ニュー・フェイス募集で採用されて入社、翌年「銀嶺《ぎんれい》の果て」でデビューした。1948年黒澤明に認められ「酔いどれ天使「の主役に起用され、豪快な演技力をみせて一躍スターの座を獲得。以後『静かなる決闘」、「野良犬」、「羅生門」、「七人の侍」、「用心棒」などの黒澤作品で個性豊かな演技を発揮した。

1962年には三船プロを設立。また「価値ある男」、「レッド・サン」、「1941」などの海外作品にも出演、国際的な活躍をみせた。そのほかに「蜘蛛巣城」、「無法松の一生」、「椿三十郎」、「天国と地獄」、「赤ひげ」、「日本のいちばん長い日」、「千利休　本覺坊遺文」などの作品がある。

「俳優は人間の屑ではない。人間の宝石が俳優になるのだ。何故なら神なくして人間を創造するには、人間の屑では出来ないはずだ」

「三船無くして黒澤無し」と言われるほど黒澤作品には欠かせない存在であった。三船は150本の映像作品に登場したが、黒澤監督作品は16作である。監督と俳優ではなく、エンジンと車体みたいな関係だったという人もいる。殺陣の腕前に関しては、黒澤をして「殺陣のオリンピックがあれば金メダルである」と言わしめるほどであった。酒量が多いとあばれる三船と乱れない黒澤は対照的だった。

「自分の個性をあくまで生かして、その役に成り切る。そこには非常な努力を要する。自己完成という事が大切である」は、若いころに記したノートに書いた俳優の心がけである。改めて三船主演の黒澤映画を数本観て、三船敏郎は「正しい日本人」を演じようとしたという言葉に深く納得した。

12月25日

柳宗理（やなぎ・そうり）

いくらデザインがよくても、その良さをわかってくれるクライアントがいなくては作れない。

1915.6.29 ～ 2011.12.25

二十世紀に活動した日本のインダストリアルデザイナー。柳宗理は、名前の示す通り柳宗悦の第一子である。柳宗悦は、「民藝」という分野を発見し、日本民藝館を創立した人物である。バーナード・リーチ、河井寛次郎、濱田省吾などと、名もない職人がつくった生活民具に新しい光を当てた。柳宗理の「エッセイ」によると、宗悦は大変な勉強家で相当な蔵書の半分は洋書、後の半分は漢書と日本の書物だった。

この偉人を父に持った宗理は、年頃になって父に反抗し、純粋美術に足を踏み入れ、間もなく前衛美術に入っていく。そしてヨーロッパのバウハウスを知り、コルビュジェを知り、デザインに転向する。このころからやっと父に対する反抗心が薄らいでいく。

日本の無名の職人が手づくりで繰り返しつくった生活用品に価値を見出した父に対し、息子の宗理は機械を用いたデザインでまさに生活用品を中心に仕事をしていった。これは、父の仕事を引き継いだことになると思う。「私の夢は民藝館の隣に現代生活館なるものを建て、現代の機械製品の良いものを並べて、民藝館との繋がりをしっかり明示したい」、「息子の私をおいては真に宗悦の理想を生かしうるものはないと私は信じて疑わない」。

柳宗理は日本における工業デザインのパイオニアとして知られており、ワークショップにおいて模型を作りながら試行錯誤を繰り返し、すぐれたデザインにしていくという手法が特徴である。生活用具にとどまらず、公共建築物のデザインにも影響を与えている。横浜では、市営地下鉄のベンチや消火栓、野毛山公園の吊り橋型の歩道橋なども柳宗理のデザインだ。

横浜開港150周年に沸く横浜のみなとみらい地区に出かけ、横浜美術館で行なわれている「柳宗理展」を観た。柳宗理はインダストリアルデザイナーの草分けだ。インダストリアルデザインとは工業デザインと訳すのだが、この人のデザインした分野の広さに驚いた。生活にかかわるあらゆる分野がフィールドである。

ミシン・レコードプレイヤー・水差し・スピードケトル・ステンレスボール・硬質陶器・御神酒徳利・クリスマスカード・年賀状・三越案内板・自動ドア・標識・トイレ標識・セロテープホルダー・小物入れ・カーテン・札幌冬季オリンピック聖火皿・トーチホルダー・カップ・角付きタンブラー・清酒グラス・ワイングラス・白磁シリーズ・片手鍋・南部陶器・キッチンツール・鉄フライパン・カトラリー・テーブルセット・皇居新宮の手洗い器・トイレットペーパーホルダー・図録『ルーブル美術館』の表紙デザイン・図録『東京国立博物館』の表紙デザイン・東名高速道路東京料金所防音・同足柄橋……。

「つくり手の意識や行為の外にある様々な条件や制約こそが個人の意識を超えた本当の美を生む」、「デザインは……よりその材質と機械を知る為に度々自らその材料に触れ、機械を手に操る必要が生じてきただろう」。

機械工芸の宗理は、手工芸の宗悦の死後15年たって、日本民藝館の館長を引き受けている。また日本民藝会長にも就任している。1981年には紫綬褒章を受章。享年96。

インダストリアルデザインの分野では、アノニマス・デザインという言葉がアメリカから入ってきたのだが、それはデザイナーがタッチしていないデザインという意味だそうだ。それがつまり柳宗悦が言った無名の職人の技ということと同じではないか。宗悦の志は、日本が世界に誇るデザイナー・柳宗理という息子に引き継がれていったのである。ここにも父と息子の葛藤から生まれた新しい世界がある。

白井義男（しらい・よしお）

人生にはピンチばかり多くて、チャンスは極めて少ないものだ。

1923.11.23～2003.12.26

日本のプロボクサー。世界フライ級王者で、前人未踏の4度の防衛を果たす。最終戦績は58戦48勝（20KO）8敗2分。世界戦戦績は7戦5勝2敗。焼け野原となった戦後の日本人を励ましたのは、ノーベル賞の湯川秀樹、水泳の古橋広之進、そしてボクシングの白井義男の三人だった。

戦時中はボクシング界も「敵性英語禁止通達」で混乱した。KOは「打倒」、ストレートは「直打」、フックは「かぎ打ち」、アッパー「突き上げ」、グロッキー「昏迷状態」、ゴング「時鐘」など。

戦後、「オレにはボクシングがある」と生きる目標を持つことができた。白井は「人間の一生は、出逢いによって定められていくものだ」と後に述懐している。ボクシングのコーチでもあり、「人生の師」でもあった進駐軍のカーン博士は「一度欠点を指摘すると、二度と同じ間違いを繰り返さぬことである。……教えたことは必ず実行し、しっかりと修得するまでは倦まずたゆまず練習してくれた」と弟子を語った。そして「敗戦で自信と希望を失った日本のために戦うのだ」と白井を励ました。白井は「非情こそが、リングの友情なのである」と、次々と難敵を倒していく。

引退後はテレビの実況中継で、評論家の郡司信夫と一緒にコンビを組んでいた。この映像はよく覚えている。

白井はハングリーさがなくとも、「気構え、工夫、信頼できるコーチ」で、チャンピオンは生まれるという考えだった。座右の銘は「人生は勝負」であった。勝つためには、無鉄砲なファイティングではなく、相手のパンチを避け、打たれないように動き、そして少ないチャンスで相手を撃ち抜いていく、というボクシングスタイルを身につけた。「打たせないで打つところに、やっぱり妙技がある」という白井義男は、ボクシングで学んだと同じスタイルで生き抜いていったのだ。

12月27日

若狭得治（わかさ・とくじ）

麒麟《おおとり》と遊ぶ。

1914.11.19 〜 2005.12.27

日本の運輸官僚、実業家。全日本空輸社長、会長、名誉会長を歴任した。１９３８年に大学を卒業後、逓信省（現運輸省）に入省。運輸省海運総局日本海事務局輸送課長、大臣官房企画課長、神戸海運局長、灯台部長、海運局長などを経て、１９６５年、運輸事務次官となる。運輸官僚として海運再編、国鉄運賃値上げ問題の処理、船員ストの調停など戦後の難問題を担当したほか、日米航空協定の改定、日ソ航空協定の締結、新成田空港公団の設立などに功績を残し、１９６7年に退任。

１９６９年、全日空顧問として招聘され、１９７０年大庭哲夫の後任として社長に就任すると、全日空の国際線チャーター便進出を実現させ、またホテル事業を展開するなど経営の多角化をはかり「全日空中興の祖」と呼ばれた。しかし、１９７６年に新型ジェット旅客機の選定をめぐり「ロッキード事件」が発覚。贈賄罪での起訴は時効により見送られたが、外国為替管理法違反、議院証言法違反で逮捕起訴され、１９９２年最高裁判所で懲役3年、執行猶予5年の有罪判決。その後も長く日本航空業界の実力者として活躍。１９７６年全日空会長、１９９1年名誉会長、１９９６年日本航空協会会長。１９９7年相談役に退き、１９９８年より常勤顧問となる。２００5年肺炎により都内の病院で死去。享年91。

私は１９７３年から１９９7年まで日本航空で仕事をしたから、若狭得治の辣腕ぶりはよく知っている。今回、改めて『麒麟おおとりと遊ぶ』（本所次郎）を読んで、ロッキード事件で社長以下の幹部がつかまったときには「拘置所に本社を移した全日空」との川柳が新聞に載ったように混乱した全日空の社内事情と、そこから見える航空界の動きを知った。

松永安左エ門は「大病、監獄、浪人」を経験すると大人物になると語っていたが、若狭は大病と監獄を経験し、大きな存在になっていく。しかし若狭は後継者に恵まれなかった。中村大造、近藤秋男、杉浦喬也、そして普勝清治には「三期6年社長、会長6年。三期目には後継者含みの副社長を指名」を指示したが、トップ人事は迷走を続ける。財界は、私心がない若狭をシンボルとしてとどまるべきであるとして、本人は不本意であったが、社長退任後も、会長、名誉会長と、いつまでも役職に居ざるを得なかったのだ。

「麒麟と遊ぶ」は、若狭が色紙に書く言葉であり、若狭の評伝のタイトルにもなっている。麒麟は千里を走る名馬であり、転じて傑出した人物を指す。おおとりは、鳳凰のことで中国神話の伝説の霊鳥である。名馬が霊鳥と遊ぶという雄大、荘厳な景色を示している。名馬である贈った人にそうあれという意味なのだが、それは若狭自身の生き方のようでもある。

12月28日

斎藤十一（さいとう・じゅういち）

芸能人には引退はあるが、芸術家にはない。書きながら柩に入るのが作家だ。……時に私の死期も近いから、私への香典原稿を一作頂きたい。

1914.2.11 ～ 2000.12.28

昭和期の編集者・出版人。31歳、「新潮」編集長。35歳、「芸術新潮」創刊。41歳、「週刊新潮」創刊。67歳、「FOCUS」創刊。71歳、「新潮45」新創刊。すべて成功させている。カリスマ性のある人物で、新潮社の「天皇」とも「怪物」とも呼ばれた。新潮社会長の佐藤亮一の参謀として大活躍した。マスコミの憎まれ者、流行作家も黙らせる文学の鬼、タイトルの天才、タイトルの鬼、と恐れられた編集者である。育てられた作家は多い。吉村昭、山崎豊子、柴田錬三郎、山口瞳、瀬戸内寂聴、五味康佑、新田次郎、筒井康隆など。

以下、妻が企画した『編集者　斎藤十一』に登場する関係者たちが提供した斎藤十一語録から。

○小説家は自分の恥を書き散らして銭をもらう商売だ（「花芯」で悪意の批評を受けた瀬戸内寂聴へ）

○おまえら、人殺しのツラがいたくないのか（「FOCUS創刊時）

○人権よりももっと大事なものがある。それは人間だよ。

人間の精神だよ。
○我々ジャーナリストは、条文に書いてあることよりも、天の法、天の教養を大事にしなければならない。
○売れる雑誌より買わせる雑誌を作れ。売るより買わせろ。
○人間は誰でもひと皮むけば、金と女と名誉が好きな俗物です。俗物が興味を持つのは、金と女と事件。
○人の群がるところに行くな。
○本は書名が命だ。
○自分の言葉をみがけ。
○面白い雑誌をつくるには面白い人間になれ。
○箴言、警句、コピーの連続発射。
○誰が書くかは問題ではない。何を書くかが問題。
○人間は品格だ。品格の高い人間には低い人間は絶対に勝てない。
○人間というのはデーモニッシュな生き物だ。
○書かずにいられない何か、つまり、デーモンを生まれながらに心に秘めているのが物書きの資質だ。これがなければいいものは書けない。

22歳で初婚、後に離婚。51歳で再婚した。妻は、「日本酒三合と、ウイスキー一、二杯」、「愛用の椅子に身を置き、パイプをくゆらせ、お茶を呑みつつ好きなレコードを好きなだけ聴くことが最高の喜び」と斎藤の日常を語っている。

1960年から「週刊新潮」に名物コラム「東京情報」を長期連載していた。自称オランダ人記者ヤン・デンマンが日本のおかしさを語るコラムは、若いころ、苦笑しながら楽しんだ記憶がある。この人気コラムは、ユダヤ人のイザヤ・ベンダサンにならった斎藤の作品だと言われている。斎藤は「編集者は黒子である」との立場を守った。最晩年にテレビのインタビューを受けたのだが、その映像をみて「老醜だ。もう生きているべきではない」と言って床にゆき、翌朝倒れ、数日後に他界した。

山崎豊子が『不毛地帯』で汚名を着せられた報道機関を提訴したときに、「作家は裁判で勝っても作品で負ければ敗北だ」と諌め全四巻を完成させた。『大地の子』を書き終えて現役を引くと言った山崎豊子に「香典原稿」という殺し文句で、『沈まぬ太陽』を書かせた。山崎豊子は辞退は許されぬと観念して最後の力を振り絞って書いた。斎藤十一は、書名のとおり「編集者」であった。

12月29日

朝比奈隆（あさひな・たかし）

ただ確かなことは、自分の中に燃料を持っていなければ、人の心を燃やすことはできない。

1908.7.9 〜 2001.12.29

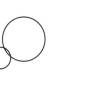

大阪フィルハーモニー交響楽団（大阪フィル）の音楽総監督を務めた日本の指揮者。朝比奈隆は大阪フィルの母体を立ち上げ、54年間にわたって「オーケストラが治められたら、一国の首相がつとまる」と言われるほど難しい音楽総監督を続けた。この偉業は世界史に類がない。「俺は40年、オーケストラを食わせてきた」と豪語しただけのことはある。そして指揮者として「偉大なるアマチュア」と言われながら、「指揮者はどれだけ客を入れられるかだ」として、海外17カ国69のオーケストラ、200回近い客演指揮を重ねた。

「演奏は、姿勢ですよ。剣術で刀を構えただけで、『おぬしできるな』と。演奏家も、構えを見れば一目瞭然。弾かなくてもわかる」

「最初よければすべてよし、最後よければすべてよし」

「作品に忠実な演奏をすることしかないわけですよね。もし個性というものがでてくるとしたら、それを繰り返すところから自然に現れてくると思うのですが」

芸術不毛の地・関西で、財界人は「関響と文楽はつぶすな」を合言葉に、京都大学卒の朝比奈を援助した。その朝比奈は、毎年ベートーベンの「第9」で仕事納めをし、新春の仕事初めは毎年必ずドヴォルザーク「新世界より」を演奏した。

1979年、朝日賞受賞。1989年、文化功労者として顕彰。1994年の文化勲章受章は、山田耕作以来の音楽人の受賞だった。

遅い出発の朝比奈に、恩師メッテルは「一日でも長く生きて一回でも多く指揮をせよ」と語った。朝比奈は「伝記もいらない。評論家の作曲家論もいらない」と言い、95歳まで演奏会を続けるつもりであった。最後の言葉は「引退するには早すぎる」であった。

歴史書を愛読し、塩野七生、井上靖をよく読み、統治や支配に関する記述には線を引いていた。若い指揮者の芽を容赦なく摘み取り、苦楽をともにした事務局長も切っている。後継者問題では「俺が死んだらどうなってもいいんだ」とまで発言している。大阪フィルには朝比奈だけが残った。

90歳以前にがんがあったのだが、直立不動の毅然とした姿勢には明治人の気骨と品格があった。「長生きこそ、最高の芸術である」と語った朝比奈隆は、晩年に絶頂を迎えた幸せな指揮者である。

朝比奈の言う自分の中の「燃料」とは、文学者などの表現者に存在するというデーモン（悪魔）だろう。

12月30日

宮尾登美子（みやお・とみこ）

書きたいことはいっぱいあり、全部書くには二百歳まで生きなくてはなりません。

1926.4.13 ～ 2014.12.30

日本の小説家。高知県高知市生まれ。

宮尾登美子の作品の数は多くはないが、粒ぞろいだ。受賞歴を並べてみる。女流新人賞（前田とみ子名義）（１９６２年）、太宰治賞（１９７３年）、女流文学賞（１９７７年）、直木三十五賞（１９７８年）、吉川英治文学賞（１９８２年）、文藝春秋読者賞（１９８９年）、紫綬褒章（１９８９年）、菊池寛賞（２００８年）、文化功労者（２００９年）。私はこの人の本を少し読んだだけだが、こういった受賞が当然だという気がする。実力者である。

毎日書いている私のブログで「宮尾登美子」が登場するのは、４回である。以下、並べてみると、縁のある作家であると思った。

２００５・９・25：「宮尾登美子の世界」（仙台文学館）。ＮＨＫ「義経」の原本を書いた作家・宮尾登美子の人生と作品、秘蔵の品々を紹介する展示が仙台文学館で行なわれている。１９２６年生まれで、今なお健筆を振るう。２００４年『宮尾版　平家物語』全４巻（青龍之巻・白虎野巻・朱雀之巻・玄武之巻）の完成を記念して行なわれた展示である。46歳の『櫂』が太宰治賞を受賞してから作家としての人生が花開くというから遅咲きだ。5月21日の日記には「第9回太宰治受賞の知らせ、泣く」とある。1978年には『一弦の琴』で3度目で直木賞を受賞する。『春燈』『朱夏』『仁淀川』『寒椿』『鬼龍院花子の生涯』『序の舞』『蔵』『伽羅の香』『天涯の花』『クレオパトラ』など女性の一生を描いた傑作が多い。作家を志して57年、作家としては32年、下積みの無名時代が長い。

宮尾は生涯で三度、持ち物の全てを失っている。満州での難民生活、実家の戦災、故郷からの上京。波乱の人生でもある。整然とした字で書かれ、うづ高く積まれた原稿用紙の束に驚く。いまだに万年筆による手書き原稿。こよなく着物を愛する人である宮尾登美子は着物姿の写真が多い。同時代の女流作家や女優からの手紙、そして仲代達也からの達筆の手紙も見る事ができた。

2010・9・26：「天璋院篤姫」の原作者・宮尾登美子の展示会が狛江市で開かれていることを朝日新聞で知って出かけた。小田急狛江駅の近くの泉の森会館で開かれていた展示は、狛江市の市制施行40周年記念事業の一つだ。宮尾は狛江市の多摩川沿いに住んで30年になる。最近、私は『錦』という小説を読んで、ファンにもなっている。初めて書いた歴史小説である1984年発刊の『天璋院篤姫』の原稿。1983年に第17回吉川英治文学賞を受賞した『序の舞』。エランドール特別賞を受賞した1996年の『蔵』。1988年に第16回女流文学賞を受賞した『寒椿』。第80回直木賞受賞作『一弦の琴』。『仁淀側』の草稿。1973年に太宰治賞を受賞した『櫂』。

原稿を見ると、ずいぶんとしっかりした力強い字を書く人だ。大きな字。万年筆でしっかりと文字を書く。自叙伝的四部作『櫂』『春燈』『朱夏』『仁淀川』は、主人公・綾子の生誕から26歳までの物語である。綾子は芸鼓娼妓紹介業の父の不義の子である。そういった出生の秘密をあますところなく書いて吹っ切れた。宮尾作品は、自伝的作品四部作、琴、香道、歌舞伎、茶道、日本料理などの伝統芸や伝統美を対象とした作品群、『平家物語』などの歴史小説、架空の主人公を描いた作品に分類できる。ちょうど、抽選をやっていて引いたら思いがけず『平家物語』第二巻白虎の巻の初版の単行本があたった。この作品は、北海道の別荘にこもった5年間で3618枚の原稿用紙を埋めた作品である。宮尾は「無用のご来訪は固くお断りします」との葉書を播いていた。その作品である。縁があるということなので、読み始めることにしたい。

２０１３・６・16：『林真理子の名作読本』（文芸春秋）を読んだ。宮尾登美子『櫂』では「宮尾登美子氏の本を、『あなたがまだ読んでいないとしたら、それはとても不幸なことである』との対話」と紹介している。

２０１６・７・12：「耳で聴く」という読書の可能性は高い。宮尾登美子「いま女はさまざまに生きる」を聴いた。「私はいま、書きたい、書きたい、書きたい、書きたいばかり。しかし目の前には繕い物が山積みしている。あきらめるべきか？　否、私は両方やる」（１９４７年７月４日の日記より）の言葉どおり、小説と、仕事や家事との両立を必死に行なった。広辞苑を読むのが趣味で、いつか使いたい言葉を書き留めたノートも膨大であった。一行を書くのに一冊の本を読むこともある宮尾は「彫心鏤骨、孜々営々」と励んだのである。

21歳の決心から60年経った２００７年時点の日経新聞のインタビューで、この「二百歳」発言が出てくる。宮尾登美子は執念の人だ。

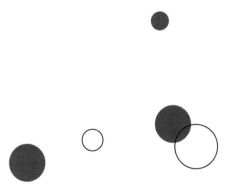

12月31日

松平康隆（まつだいら・やすたか）

金メダルを狙うには、非常識を積み重ねていくしかないんだよ。

1930.1.22 ～ 2011.12.31

日本のバレーボール全日本選手、バレーボール全日本男子代表監督。

中学時代からバレーボール選手として活躍。東京オリンピックはコーチとして銅メダル。直後に全日本監督として「世界制覇8年計画」を立てる。大古誠司、森田淳悟ら身長1m90㎝以上の長身選手を集めて大型化をはかるとともに、「Aクイック」「Bクイック」「一人時間差（↓時間差攻撃）」など、速攻主体の日本式コンビネーションバレー確立に力を注ぎ、メキシコで銀メダル、ミュンヘンで金メダルを獲得。女子バレーは東京オリンピックの「俺についてこい」で東洋の魔女を率いた大松博文監督が有名だが、男子バレーはやはり松平監督だ。2000年には国際バレーボール連盟から20世紀男子最優秀監督に選ばれた。

著書『負け犬になるな―私をささえた忘れ得ぬ言葉』は、人生のさまざまなステージでの出会いと言葉による人格形成がみえるミニ自伝である。

○母「男は語尾をはっきりしろ」。メリハリ。出処進退。生活態度。

○上司「人の世話はとことん見ろ、しかし自分のことは人に頼むな」

○先輩「超一流になることだ。余人をもって替え難いという人間になることだ」。一流と超一流の差。環境づくり。
○先輩「世界一のチームをつくろうと思ったら、リーダーがまず第一に世界の顔役にならなければならない」
○ライバル「俺にやらせろ」。みずから買ってでる。
○友人「嫌なことはまっ先に、しかも最高責任者が打ってでるんだ」。
○愛知揆一「立体史観を持て」。オールラウンド。民族。生い立ち。キャラクター。美術館。生家。歴史。
○ブランデージ「ルールを守るのは法律があるから泥棒をしないということに等しい。みずからの反則をみずから申し出るという姿勢があってこそ、初めてそこにスポーツマンシップ、フェアプレーの精神が高揚されるのだ」。アマチュアリズム。
○大森実「叫ばずして倒れるよりも叫びながら倒れる。これが次の世代へ本当に残すものなんだ」。敗北、卑怯。
○ペレ「うまくなる秘訣は練習、そしてまた練習、それよりまた練習、人一倍練習することだ」
○糸川英夫「10年周期説」「可能性はゴロゴロしていますす」。チャレンジ。生きているという実感。
○王貞治「打撃に限らすべては集中力ですよ」「一打席、一打席、真剣にやるだけです」
○川上哲治「待つという部分が監督の仕事の中で一番大事なところだと思うのです。待つことのできない男は名監督になれない」

以上にみるように、母親、先輩、上司、友人、ライバルの影響で育っていく。そして自分が大きくなるにつれて、同時代の他の分野の最高峰の人物からも学び続けたことがわかる。一流が超一流になると、さらに超一流同士で磨き合う世界がある。

「仕事というものは、自分が『ねばならない』と思いこんだもの、それが人生の仕事である」、「人を見つけるのと育てるのは監督の仕事、しかし最後に勝つのは選手の仕事、負けたときには私の責任」には、リーダーの覚悟がみえる。人は出会った人の言葉で成り立っている。

「金メダルを狙うには、非常識を積み重ねていくしかないんだよ」は、つまり「創造性のないチームが世界一にはなれない」ということであり、具体的には「物事をきちっと詰めているか詰めていないかというのが一番大事で、世界一になるか、ならないかは、そこで決まるんです」だ。これは松平康隆の遺した金言である。

参考文献

Wikipedia 以外には、下記を参考にした。

河原淳「雑学人生のすすめ―これで世界が面白くなる！」（新人物往来社）
向井敏「残る本 残る人」（新潮社）
加藤芳郎「加藤芳郎の仕事も人生もプロでなくちゃ（いい話シリーズ）」（中経出版）
小西和人「楽しみを釣る」（エンターブレイン）
米沢貞次郎 / 永田親義「ノーベル賞の周辺―福井謙一博士と京都大学の自由な学風」（化学同人）
松本重治「上海時代（上）――ジャーナリストの回想 (中公文庫プレミアム)」（中央公論新社）
淡路恵子「死ぬ前に言っとこ」（廣済堂出版）
山平重樹「戦後アウトローの死に様」（双葉社）
佐瀬昌盛「むしろ素人の方がよい――防衛庁長官・坂田道太が成し遂げた政策の大転換」（新潮社）
和田勉「テレビ自叙伝―さらばわが愛」（岩波書店）
文藝春秋別冊　「大島渚―〈日本〉を問いつづけた世界的巨匠」（河出書房新社）
小林繁「男はいつも淋しいヒーロー（エンターテイメントシリーズ）」（プロメテウス出版社）
文芸春秋編「私の死亡記事」（文藝春秋）
大鵬幸喜「巨人、大鵬、卵焼き―私の履歴書」（日本経済新聞社）
萩元晴彦 / 村木良彦 / 今野勉「お前はただの現在にすぎない　テレビになにが可能か」（朝日新聞出版）
戸板康二「ちょっといい話（1978 年）」（文藝春秋）
戸板康二「あの人この人―昭和人物誌」（文藝春秋）
三木のり平 / 小田豊二「のり平のパーッといきましょう」（小学館）
小林恒也「出版のこころ―布川角左衛門の遺業」（展望社）
新・3 人の会「日本の音楽家を知るシリーズ　芥川也寸志」（ヤマハミュージックメディア）
川口松太郎「人生悔いばかり」（講談社）
奈良本辰也「あゝ東方に道なきか―評伝 前原一誠」（中央公論社）
高野悦子「岩波ホールと〈映画の仲間〉」（岩波書店）
マリオニコラーオ /Mario Nicolao/ 小畑恒夫「ロッシーニ 仮面の男」（音楽之友社）
石牟礼道子「苦海浄土　わが水俣病 (講談社文庫)」（講談社）
石井慎二「すばらしき田舎暮らし―人間回復ガイドブック」（光文社）
藤田まこと「最期」（日本評論社）

参考文献

金子兜太「荒凡夫　一茶」（白水社）
黒田杏子「金子兜太養生訓」（白水社）
金子兜太 / 黒田杏子「語る 兜太——わが俳句人生」（岩波書店）
隅谷三喜男「大学でなにを学ぶか」（岩波書店）
廣瀬直人 / 宗田安正 / 齋藤愼爾「飯田龍太の時代—山廬永訣（現代詩手帖特集版）」（思潮社）
宮脇俊三「時刻表 2 万キロ」（河出書房新社）
飯塚昭男「山下俊彦経営語録—企業変身を狙う松下電器産業の意識革命」（かんき出版）
ムッシュかまやつ「ムッシュ！」（文春文庫）
久世光彦 / 森繁久彌「大遺言書」（新潮文庫）
KAWADE 夢ムック　文藝別冊「半村良—SF 伝奇ロマンそして…」（河出書房新社）
石田晴久「インターネット自由自在」（岩波新書）
山口昌男「知の遠近法」（岩波現代文庫）
日本経済新聞社編「私の履歴書　経済人 20　（川村勝巳）」（日本経済新聞社）
清水一行「小説 財界 」（徳間文庫）
笠智衆「俳優になろうか—「私の履歴書」」（朝日文庫）
永井道雄「教育の流れを変えよう」（朝日新聞社）
夏樹静子「腰痛放浪記　椅子がこわい」（新潮文庫）
湯川豊「須賀敦子を読む」（集英社文庫）
胡桃沢耕史「黒パン俘虜記」（文藝春秋）
大橋鎭子「すてきなあなたに 3」（暮しの手帖社）
田村魚菜「舌の味・人の味」（新樹社）
山口誓子（松井利彦編）「山口誓子　俳句十二か月」（桜楓社）
朝倉摂「朝倉摂　舞台空間のすべて」（Parco 出版）
氏家齊一郎 / 塩野米松「昭和という時代を生きて」（岩波書店）
佐藤忠良「つぶれた帽子」（中央公論新社）
東公平「升田幸三物語」（角川文庫）
升田幸三「勝負」（中公文庫）
能村龍太郎 / 大山茂夫「後楽園に「天」をかける—テント技術世界一　関西企業人の経営哲学」（朝日新聞社）
岸田衿子 / 岸田今日子「ふたりの山小屋だより」（文春文庫）
清家清「知的住居学」（情報センター出版局）
清家清「男の城の設計図—書斎のある生活」（ダイヤモンド社）
村田邦彦「はじまりは一軒のレストラン ピエトロ成功物語」（毎日新聞出版）
菅洋志「アジア夢幻行—菅洋志作品集」（玄光社）

門田隆将「奇跡の歌：戦争と望郷とペギー葉山」（小学館）
梅谷羊次「江頭匡一に叱られて」（商業界）
三國連太郎「出逢いの哲学」（世界文化社）
三重野康「赤い夕日のあとに」（新潮社）
村田昭治「人材の条件」（財界研究所）
山田智彦「体験的クロスオーバーのすすめ—二つの顔で生きる」（講談社）
竹内均「私の知的鍛錬法　きれっぱしからの発想」（徳間書店）
竹内均「人生を最高に生きる私の方法」（三笠書房）
多田富雄「寡黙なる巨人」（集英社）
尾崎豊「尾崎豊　約束の日」（ケイエスエス）
須藤晃「尾崎豊　覚え書き」（小学館）
牧伸二「牧伸二のウクレレ人生」（みくに出版）
竹内宏「竹内宏のスキー経済学」（実業之日本社）
竹内宏「現代サラリーマン作法」（筑摩書房）
戸川幸夫「猛犬　忠犬　ただの犬」（講談社文芸文庫）
中野孝次「ハラスのいた日々」（文藝春秋）
槇有恒「わたしの山旅」（岩波新書）
長洲一二「ただ人は情あれ」（草思社）
松下圭一「松下圭一　私の仕事—著述目録」（公人の友社）
伊藤郁太郎「美の猟犬—安宅コレクション余聞」（日本経済新聞出版社）
有田芳生「テレサ・テン十年目の真実 私の家は山の向こう」（文春文庫）
亀倉雄策「亀倉雄策の直言飛行」（六耀社）
蜷川幸雄「演劇力—私の履歴書」（日本経済新聞出版）
瀬戸雄三「月給取りになったらアカン—私の履歴書」（日本経済新聞出版社）
粕谷一希「忘れえぬ人びと（粕谷一希随想集）全３巻」（藤原書店）
鈴木俊一「官を生きる　鈴木俊一回顧録」（都市出版）
邱永漢「野心家の時間割—人生の勝者となるために」（ＰＨＰ文庫）
邱永漢「食は広州に在り」（中公文庫）
邱永漢「私は 77 歳で死にたい　逆算の人生計画」（光文社知恵の森文庫）
大野誠治「人間　平岩外四の魅力—『ビジネスの心』を説く平岩語録」（中経出版）
熊井明子「めぐりあい　映画に生きた熊井啓との 46 年」（春秋社）
西丸震哉「41 歳寿命説—死神が快楽社会を抱きしめ出した」（センチュリープレス）
米原万里「米原万里ベストエッセイ」（角川文庫）
山崎豊子「沈まぬ太陽」（新潮文庫）
十乗院潤一「ミスター・タイガース　藤村富美男伝」（データハウス）

参考文献

粕谷一希 / 他「編集とは何か」（藤原書店）
佐橋滋「憂情無限」（産業新潮社）
松田道雄「私は赤ちゃん」（岩波書店）
なだいなだ「人間、とりあえず主義」（筑摩書房）
崔季煥 / 他「韓流 人が動く―MK タクシー青木定雄の成功哲学」（ふくろう出版）
塚本幸一「塚本幸一―わが青春譜（人間の記録）」（日本図書センター）
酒井田柿右衛門（14 代目）「遺言 : 愛しき有田へ」（白水社）
住井すゑ / 鶴見俊輔「住井すゑ 生きるとは創造すること（人生のエッセイ）」（日本図書センター）
佐々木高明「照葉樹林文化とは何か―東アジアの森が生み出した文明」（中央公論新社）
谷岡ヤスジ「ヤスジのメッタメタガキ道講座―もうひとつの『少年マガジン黄金時代』」（ 実業之日本社）
高橋節郎「漆　高橋節郎黒と金の世界」（京都書院）
「大相撲名力士風雲録 26―月刊 DVD マガジン　東富士　千代の山　鏡里　吉葉山(ベースボール・マガジン社分冊百科シリーズ)」（ベースボール・マガジン社）
宿沢広朗「TEST MATCH―宿沢広朗の『遺言』」（講談社）
山本直純「オーケストラがやって来た」（実業之日本社）
早坂茂三「男たちの履歴書―いかにして道を拓くか」（集英社）
増田通二「開幕ベルは鳴った―シアター・マスダへようこそ」（東京新聞出版局）
別所毅彦「剛球唸る！―栄光と熱投の球譜（野球殿堂シリーズ）」（ベースボール・マガジン社）
尾上松緑「松緑芸話」（講談社）
辰巳渚「『捨てる！』技術」（宝島社）
飯塚昭男「田淵節也・経営語録 知の戦略・人の哲学―情報・人材王国野村證券の秘密」（ＰＨＰ研究所）
アルビン・トフラー「第三の波（中公文庫 M178-3)」（中央公論新社）
御厨貴 / 中村隆英「聞き書 宮沢喜一回顧録」（岩波書店）
地井武男「ちい散歩 地井さんの絵手紙最終集―2011 年 5 月から 2012 年 2 月に描いた 80 枚」（新日本出版社）
岩見隆夫「実録・橋本龍太郎」（朝日ソノラマ）
石寒太「わがこころの加藤楸邨」（紅書房）
土居健郎「『甘え』の構造」（弘文堂）
森瑤子「人生の贈り物」（集英社）
串田孫一「新選 山のパンセ」（岩波書店）
山田五十鈴「山田五十鈴―映画とともに（人間の記録）」（日本図書センター）

大橋巨泉「巨泉―人生の選択（黄金の濡れ落葉講座）」（講談社）
深田祐介「美味交友録 」（新潮社）
石井好子「パリ仕込みお料理ノート」（文藝春秋）
工藤美代子「悪名の棺 笹川良一伝」（幻冬舎）
鶴見俊輔「老いの生きかた」（筑摩書房）
草柳大蔵「絶筆 日本人への遺言」（海竜社）
南部忠平「南部忠平―南部忠平自伝（人間の記録）」（日本図書センター）
森毅「まちがったっていいじゃないか」（筑摩書房）
板坂元「考える技術・書く技術」（講談社）
森田吉彦「評伝　若泉敬」（文藝春秋）
若泉敬「他策ナカリシヲ信ゼムト欲ス」（文藝春秋）
松原泰道「人生を癒す百歳の禅語」（致知出版社）
鶴見和子「遺言―斃れてのち元まる」（藤原書店）
永山則夫「無知の涙」（合同出版）
倉嶋厚「やまない雨はない―妻の死、うつ病、それから…」（文藝春秋）
前田武彦「マエタケのテレビ半世紀」（いそっぷ社）
上原康助「道なかば」（琉球新報社）
田川誠一「やればできる痩せ我慢の道」（行研）
星野道夫「長い旅の途上」（文藝春秋）
大槻文平「私の三菱昭和史（私の昭和史シリーズ）」（東洋経済新報社）
阿部進「カバゴンの放課後楽校―とにかく、おもしろくなくちゃァいけない」（新評論）
両角良彦「反ナポレオン考」（朝日新聞社）
永田淳「評伝・河野裕子：たつぷりと真水を抱きて」（白水社）
福原義春 / 下河辺淳「静かな男の大きな仕事（福原義春サクセスフルエイジング対談）」（求龍堂）
丸山眞男「日本の思想」（岩波書店）
沢村貞子「わたしの脇役人生」（筑摩書房）
柳原良平「柳原良平の仕事」（玄光社）
金大中「金大中自伝―わが人生、わが道」（千早書房）
伊谷純一郎「自然の慈悲」（平凡社）
平松守彦「地方からの発想」（岩波書店）
大下英治「悲しき歌姫 藤圭子と宇多田ヒカルの宿痾」（イースト・プレス）
別冊太陽編集部編「川本喜八郎　人形―この命あるもの（別冊太陽）」（平凡社）
河出書房新社「谷川健一」（河出書房新社）
谷川健一「独学のすすめ―時代を超えた巨人たち」（晶文社）

参考文献

高木東六「高木東六―愛の夜想曲（人間の記録）」（日本図書センター）
真神博「ヘーシンクを育てた男」（文藝春秋）
ミヒャエル・エンデ「モモ」（岩波書店）
徳大寺有恒「間違いだらけのクルマ選び」（草思社）
天谷直弘「日本はどこへ行くのか―21 世紀への 5 つの視点」（ＰＨＰ研究所）
シモーヌシモンズ / 他「ダイアナ妃の遺言」（清流出版）
二子山勝治「土俵に生きて 若乃花一代（この道シリーズ）」（東京新聞出版局）
小室直樹「ソビエト帝国の崩壊―瀕死のクマが世界であがく（カッパ・ビジネス）」（光文社）
宮台真司 / 他「小室直樹の世界―社会科学の復興をめざして」（ミネルヴァ書房）
アイリーン・イーガン / 他「マザー・テレサの愛と祈り―み言葉を生きる 52 の黙想」（ドン・ボスコ社）
都築政昭「人間 黒澤明の真実 : その創造の秘密」（山川出版社）
山口淑子「『李香蘭』を生きて (私の履歴書)」（日本経済新聞社）
加藤紘一「強いリベラル」（文藝春秋）
小島直記「人間・出会いの研究 」（新潮社）
小島直記「福沢山脈（上）（下）」（日本経済新聞出版社）
会田雄次「人生の探求―変わるものと変わらないもの」（大和出版）
土井たか子 / 吉武輝子「やるっきゃない！　―吉武輝子が聞く土井たか子の人生」（パドウィメンズオフィス）
浪川攻「前川春雄『奴雁』の哲学」（東洋経済新報社）
永井英明「平凡は妙手にまさる―大山康晴名言集」（佼成出版社）
浪越徳治郎「浪越徳治郎―おやゆび一代（人間の記録）」（日本図書センター）
鬼塚喜八郎 / 大阪府「なにわ塾」編「念じ、祈り、貫く―求める心が成功を導く（なにわ塾叢書）」（ブレーンセンター）
大滝秀治 / 谷古宇正彦「大滝秀治写文集　長生きは三百文の得」（集英社クリエイティブ）
盛田昭夫 / 石原慎太郎「『NO（ノー）』と言える日本―新日米関係の方策」（光文社）
三木鶏郎「私の愛する糖尿病」（筑摩書房）
飯沢匡「飯沢匡の社会望遠鏡」（講談社）
筒井康隆「読書の極意と掟」（講談社）
中村元「学問の開拓」（佼成出版社）
飛鳥田一雄「生々流転―飛鳥田一雄回想録」（朝日新聞社）
河出書房新社編「丸谷才一（文藝別冊）」（河出書房新社）
丸谷才一「挨拶はむづかしい」「挨拶はたいへんだ」「あいさつは一仕事」（朝日新聞出版）
傅虹霖「張学良―その数奇なる運命」（連合出版）

木村尚三郎「ご隠居のすすめ—人生の自由時間を豊かに生きる法」（ＰＨＰ研究所）
連城三紀彦 / 他「連城三紀彦 レジェンド 傑作ミステリー集」（講談社）
中村秀一郎「21 世紀型中小企業 」（岩波書店）
宮脇檀「日曜日の住居学—住まいのことを考えてみよう」（河出書房新社）
坂田栄男「栄光の軌跡（炎の勝負師 坂田栄男）第 3 巻」（日本棋院）
山本夏彦「ひとことで言う—山本夏彦箴言集」（新潮社）
笹崎龍雄「とことトン人生 96 年」（サイボク文庫）
赤瀬川原平「個人美術館の愉しみ」（光文社）
河出書房新社編集部「赤瀬川原平：現代赤瀬川考」（河出書房新社）
三笠宮崇仁「古代オリエント史と私」（学生社）
三遊亭圓楽「圓楽 芸談 しゃれ噺」（白夜書房）
白川静「回思九十年」（平凡社）
河出書房新社編集部「増補新版　幸田文：生誕 110 年、いつまでも鮮やかな物書き」（河出書房新社）
上野昂志 / 橋本文雄「ええ音やないか—橋本文雄・録音技師一代」（リトル・モア）
桂小金治「江戸っ子の教訓」（幻冬舎）
隆慶一郎「影武者徳川家康（上中下巻）」（新潮文庫）
隆慶一郎「時代小説の愉しみ」（講談社）
村山雅美「昭和基地」（ブルーバックス）
徳大寺有恒「駆け抜けてきた　我が人生と 14 台のクルマたち」（東京書籍）
星野芳郎「自然・人間　危機と共存の風景」（講談社）
江上波夫「学問の探検」（佼成出版社）
田英夫 / 岩附茂「こちら現場—田英夫の国会・緊急発信」（神保印刷出版社）
小長谷有紀 / 山極寿一「日高敏隆の口説き文句」（岩波書店）
鎌田忠良「日章旗とマラソン—ベルリン・オリンピックの孫基禎」（講談社）
木村義雄「ある勝負師の生涯—将棋一代」（文藝春秋）
福田恒存「私の幸福論」（筑摩書房）
河出書房新社編集部「立川談志 増補新版」（河出書房新社）
今井正監督を語り継ぐ会「今井正映画読本」（論創社）
飯塚毅「職業会計人の使命と責任」（ＴＫＣ出版）
高田宏「還暦後」（清流出版）
國弘正雄「烈士暮年に、壯心已まず—國弘正雄の軌跡」（たちばな出版）
島田正吾「随筆 ひとり芝居」（三月書房）
新井正明「心花、静裏に開く—人物となるために (活学叢書)」（致知出版社）
林雄二郎「情報化社会 復刻版—ハードな社会からソフトな社会へ」（オンブック）

参考文献

呉清源「中の精神」（東京新聞出版局）
國重惇史「住友銀行秘史」（講談社）
加藤周一 / 凡人会「ひとりでいいんです―加藤周一の遺した言葉」（講談社）
辰濃和男「歩けば、風の色―風と遊び風に学ぶ〈2〉」（朝日ソノラマ）
児玉博「テヘランからきた男 西田厚聰と東芝壊滅」（小学館）
坂口謹一郎「代日本のエッセイ）」（講談社）
山本七平「「空気」の研究」（文藝春秋）
山下文男「津波てんでんこ―近代日本の津波史」（新日本出版社）
木暮剛平「飛天―句集」（角川書店）
南博「日本人論―明治から今日まで」（岩波書店）
加藤仁「定年百景」（文藝春秋）
森炎 / 青島美幸「昭和に火をつけた男 青島幸男とその時代」（講談社）
加藤シヅエ / 加藤タキ「加藤シヅエ 104 歳の人生―大きな愛と使命に生きて」（大和書房）
葉室麟「河のほとりで」（文藝春秋）
松田美智子「サムライ　評伝　三船敏郎」（文藝春秋）
白井義男「ザ・チャンピオン（この道シリーズ）」（東京新聞出版局）
本所次郎「麒麟おおとりと遊ぶ〈下〉―若狭得治の軌跡 全日空篇」（徳間書店）
斎藤美和「編集者斎藤十一」（冬花社）
中丸美繪「オーケストラ、それは我なり―朝比奈隆、四つの試練」（中央公論新社）
大島信三「宮尾登美子 遅咲きの人生」（芙蓉書房出版）
松平康隆「負け犬になるな―私をささえた忘れ得ぬ言葉」（ＰＨＰ研究所）

著者紹介

久恒啓一（ひさつね・けいいち）

多摩大学特任教授。多摩大学総合研究所長。1950年大分県中津市生まれ。九州大学法学部卒業後、1973年日本航空入社。労務担当を経て、広報課長、サービス委員会事務局次長を歴任。在職時から「知的生産の技術」研究会で活動し、「図解コミュニケーション」の理論と技術を開発し、1990年に『図解の技術』（日本実業出版社）を刊行。それがきっかけとなり1997年日航を早期退職し、新設の県立宮城大学教授（事業構想学部）に就任。2008年多摩大学教授、2012年経営情報学部長、2015年より副学長。2019年より現職。

2005年から始めた「人物記念館の旅」はもう一つのライフワークとなり、850館を突破。

『図で考える人は仕事ができる』（日本経済新聞社）、『図解で身につく！ドラッカー理論』（中経出版）、そして『遅咲き偉人伝』（ＰＨＰ研究所）、『100年人生の生き方死に方』（さくら舎）、『心を成長させる名経営者の言葉』（日本実業出版社）、『偉人の命日366名言集』、『偉人の誕生日366名言集』、監修『女流歌人が詠み解く！万葉歌の世界』（日本地域社会研究所）など、著書は100冊を超える。

平成時代《へいせいじだい》の366名言集《めいげんしゅう》

2019年7月26日　第1刷発行

編　者　久恒啓一《ひさつねけいいち》
発行者　落合英秋
発行所　株式会社 日本地域社会研究所
〒167-0043　東京都杉並区上荻1-25-1
TEL　(03)5397-1231(代表)
FAX　(03)5397-1237
メールアドレス　tps@n-chiken.com
ホームページ　http://www.n-chiken.com
郵便振替口座　00150-1-41143
印刷所　中央精版印刷株式会社

ISBN978-4-89022-243-8

日本地域社会研究所の好評図書

中本繁実著…発想のヒントから企業への売り込み・商品化までを発明学会会長が丁寧に解説してくれるビジネス書。出願書類の書き方はもちろん、そのまま使える見本・練習用紙付き。町の発明家が億万長者に大化けするかも…。

完全マニュアル！ 発明・特許ビジネス

A5判236頁／2200円

玉木賢明著…過疎化や高齢化などで全国的に増える空き家。地域の資源として有効に使い、手入れ・再生・復活するために専門の弁護士が法律問題だけでなく、先進事例や新しい取り組みなども紹介。行政や企業、地主・家主などの必読・必備書！

空き家対策の処方箋 利・活用で地域・都市は甦る！

46判155頁／1680円

桜庭昇著／一般社団法人ザ・コミュニティ編…山菜採り・無農薬の自家菜園づくり30年の経験から、みんなの健康づくりにも役立つ本物の情報をおしみなく紹介！　農と食の王国シリーズ第3弾！

おいしい山野菜の王国 〜自然な山野菜の薬効成分と採り方・育て方・食べ方〜

46判110頁／1000円

高島豊蔵著／白濱洋征監修…理想の幼児教育を求めて、102歳で亡くなるまで生涯現役を貫いた園長先生の魂の記録。生きるとは、教育とは、戦争とは、学ぶとは何かを考えさせられる啓蒙の書。

高島豊蔵自伝 北海道の子どもたちの夢と希望をひらいた真の教育者

46判153頁／1300円

三浦清一郎著…高齢になっても、独りになっても、老いに負けず、世間から取り残されず、生きがいをもって充実した楽しい人生を送るための指南書！

老いてひとりを生き抜く！ 〜暮らしに負けず、自分に負けず、世間に負けず〜

46判174頁／1480円

遠藤伸一著／一般社団法人発明学会監修…「アイデア」で数千万円の収入も夢じゃない！商品製作の基本や失敗しない商品開発、奇想天外な販路戦略など、ためになるオトク情報が盛りだくさん。発明は楽しいを実感できるうれしい1冊！

あなたの「アイデア」商品がお店に並びます！ 頭の体操！発明は楽しい

46判201頁／1700円

日本地域社会研究所の好評図書

女流歌人が詠み解く！ 万葉歌の世界

久恒啓一監修／久恒啓子著…万葉時代の庶民たちはどんな思いで歌を詠んでいたのか。恋・望郷・家族の絆・祈りなど詩情豊かな歌の世界へ誘う。古典に学び、万葉びとの世界を楽しむ書！ 山上憶良の歌、防人の歌、東歌なども収録。

46判336頁／2200円

不登校を直すひきこもりを救う 原因の分析とその対処法は間違っていないか？

三浦清一郎著…家庭での親の過保護・過干渉は子どもの自立を遅らせ、世間に出られない子をつくる原因になる。社会問題化している不登校・引きこもりの現状を憂い、支援方法の抜本的な再検討の必要性を説く。

46判133頁／1400円

偉人の命日366名言集 ～人生が豊かになる一日一言～

多摩大学出版会編／久恒啓一著…きょう亡くなった偉人がのこした名言から、いい生き方や人生哲学を学ぶ。古今東西の偉人たちはどう生き、どう最期を迎え死んでいったのか。式典の挨拶、スピーチにも使える名言の数々を網羅した座右の書！

46判478頁／3241円

日本をよくするために日銀の株を買いなさい！

石川和夫著／日本の銀行研究会編／一般社団法人経営実践支援協会監修…最大の利権を獲得、保持し、国民を犠牲にしてきたわが国の巨大銀行を国民のための銀行にするために、みんなで日銀の株の保有しようと呼びかける話題の書。

46判147頁／1480円

千利休は生きている！ 上巻

石井健次著…武力が支配した戦国時代に、権勢に文化（茶の湯）で抗った千利休。権力は栄枯盛衰、文化は千年を超えて生き続ける。茶聖・千利休が時空を超えて現代に蘇る。驚くべき歴史未来小説！

46判257頁／2000円

千利休は生きている！ 下巻

石井健次著…いかに生き、いかに死ぬか。死生観が軽視され、考えることを忘れた現代人に、千利休が茶道を通じて伝えたかったことは何かを解き明かす歴史未来小説！

46判253頁／2000円

※表示価格はすべて本体価格です。別途、消費税が加算されます。